GLANZ UND ELEND DER MEISTER

VERLAG
FRITZ
MOLDEN

ERIK WERBA

HUGO WOLF

ODER

DER ZORNIGE ROMANTIKER

MIT 16 SEITEN KUNSTDRUCKBILDERN

VERLAG FRITZ MOLDEN · WIEN-MÜNCHEN-ZÜRICH

Bildnachweis:

Bildarchiv der Österreichischen Nationalbibliothek, Wien (8), Historisches Museum der Stadt Wien (5), Foto Gottfried, Maria Enzersdorf (1), Dr. Werner, Wien (4). — Umschlagbild: Hugo Wolf, nach einer Radierung von Ferdinand Schmutzer (Bildarchiv der Österreichischen Nationalbibliothek).

HERAUSGEBER:
WOLFGANG KRAUS, REINHARD URBACH, HANS WEIGEL

1. Auflage

Schutzumschlag und Ausstattung: Hans Schaumberger, Wien
Schrift: Garmond Garamond-Antiqua
Satz und Druck: Friedrich Jasper, Wien
Druck des Bildteiles: Astoria, Wien
Bindearbeit: Albert Günther, Wien
ISBN 3-217-00240-7

INHALT

„DIE STIMME DES KINDES"
Heimat 1860—1870

„1860 13. März in Windischgraz geboren. Bereits im 5. Jahre vom Vater im Violinspiel unterwiesen worden; fast gleichzeitig auch im Klavierspiel. Bis zum 10. Jahre im elterlichen Haus verblieben."

„1870 Den Winter über das Staatsgymnasium in Graz besucht."

Hugo Wolf: Daten aus meinem Leben

Das Opus 18, ein Terzett in D-Dur, ist im Dezember 1859 begonnen und im Sommer 1868 vollendet worden; Detmold, Göttingen, Hamburg und Bonn waren die Kompositionsstädte dieses hellen, freundlichen Werkes, das dem sechsunddreißigjährigen Johannes Brahms bald Anerkennung bringen sollte. Der junge Komponist betätigte sich aber im März 1860 auch als Streiter im Kampf gegen neuartige, „ketzerische" Kunstdogmen. In Hamburg, in seinem Heim, Hohe Fuhlentwiele 74, erwartete er die Zustimmungen zu einer „Erklärung", die von ihm und seinem Freund Joseph Joachim vorgeschlagen und vervielfältigt und, mit ihren und den Unterschriften von zwei Proponenten versehen, an Gleichgesinnte verschickt worden war. Ihr Wortlaut:

„Die Unterzeichneten haben längst mit Bedauern das Treiben einer gewissen Partei verfolgt, deren Organ die Brendelsche Zeitschrift für Musik ist. Die genannte Zeitschrift verbreitet fortwährend die Meinung, es stimmten im Grunde die ernster strebenden Musiker mit der von ihr vertretenen Richtung überein, erkennen in den Kompositionen der Führer eben dieser Richtung Werke von künstlerischem Wert, und es wäre überhaupt namentlich in Norddeutschland der Streit für und wider die sogenannte Zukunftsmusik, und zwar zugunsten derselben, ausgefochten.

Gegen eine solche Unterstellung der Tatsachen zu protestieren halten die Unterzeichneten für ihre Pflicht und erklären wenigstens ihrerseits, daß sie die Grundsätze, welche die Brendelsche Zeitschrift ausspricht, nicht anerkennen, und daß sie die Produkte der Führer und Schüler der sogenannten ‚Neudeutschen' Schule, welche teils jene Grundsätze praktisch zur Anwendung bringen und teils zur Aufstellung immer neuer unerhörter Theorien zwingen, als dem innersten Wesen der Musik zuwider, nur beklagen und verdammen können.

Johannes Brahms — Joseph Joachim — Julius Otto Grimm — Bernhard Scholz." Auf Schleichwegen kam der umständlich stilisierte Text nach Berlin und wurde in diesem Rohzustand mit den Unterschriften der vier Rädelsführer im Berliner „Echo" publiziert.

Am 13. März 1860 wurde dem Ehepaar Philipp und Katharina Wolf (geb. Nußbaumer) im Städtchen Windischgraz am Fuße des Ursula-Berges im Mieslingtal der Steiermark als viertes Kind ein Knabe geboren, der im Taufschein mit den Vornamen Hugo Filipp Jakob Wolf ausgewiesen wurde.

Im Juli 1860 brachte die Berliner „Zeitschrift" eine Parodie auf die Erklärung von Brahms und Konsorten, unterzeichnet mit „I. Geiger, Hans Neubahn, Pantoffelmann, Packe, Krethi und Plethi". Liszt hielt sich vornehm zurück, Richard Wagner polemisierte in seinen Schriften („Über das Dichten und Komponieren"), und Gustav Mahler kam, ähnlich demonstrativ wie Hugo Wolf, in dem Ort Kalischt in Böhmen am 7. Juli 1860 zur Welt.

Beide Orte, Windischgraz und Kalischt, gehören seit dem Friedensvertrag von St. Germain nicht mehr zu Österreich. Um nach Kalischt, heute Kaliště, zu gelangen, muß man die nördliche Grenze Österreichs zur ČSSR überschreiten; das in der Untersteiermark der Österreichisch-Ungarischen Monarchie gelegene „freundliche Städtchen" mit seinen damals zweitausend Einwohnern gehört heute zur Sozialistischen Föderativen Republik Jugoslawien und heißt seit dem Jahre 1919 Slowenjgradec, Wolfs Geburtshaus ist in eine Musikschule verwandelt worden.

Den zweiten Taufnahmen Filipp hatte Hugo von seinem Vater übernommen, der die modernistische Schreibweise dieses Vornamens vorzog. Er war am 1. Mai 1828 in Windischgraz, wo sich sein Großvater Maximilian im 18. Jahrhundert niedergelassen und das Lederhandwerk betrieben hatte — Vater Franz hatte diese Tätigkeit fortgesetzt —, geboren worden und mußte, höheren Neigungen zum Trotz, das Familiengewerbe, das zu einem blühenden Geschäft geworden war, weiterführen. In seiner Freizeit hatte er sich schon in jungen Jahren zur Musik gerettet: als wahrer Selfmademan brachte er sich Kenntnisse im Spiel des Klaviers, der Geige, ja auch der Flöte, der Harfe und der Gitarre bei und nützte jede Gelegenheit zur Übung auf diesen Instrumenten. Haus und Hof waren nach dem Tode des Vaters in Filipps Besitz übergegangen. Geschickt vergrößerte er das Unternehmen: die Bauern benötigten zum Ausbessern ihres Schuhwerks Leder; die Nachfrage stieg, zumal Filipp immer wieder erfolgreiche Propagandareisen in die benachbarten Märkte und Dörfer unternahm. Unter solcherart gesicherten Voraussetzungen gründete er als Dreiundzwanzigjähriger eine Familie. Seine Frau Katharina Nußbaumer war um vier Jahre älter. Sie stammte aus Malborghet in Kärnten; dieser Ort wiederum heißt seit 1919 Malborghetto und gehört jetzt zu Italien. Im Besitze von Frau Traute Wolf findet sich eine „Sammlung verschiedener Gebethe für Kathi Nußbaumer, geschrieben und verehrt von Philipp Wolf", datiert vom 30. April 1849. Diese Sammlung in Ledereinband mit Goldschnitt, die 117 in zierlicher, überaus regelmäßiger und peinlich sauberer Schrift geschriebene Seiten im Format 10 × 13 cm umfaßt — gedruckte Heiligenbilder sind beigegeben! —, hatte Filipp seiner Braut gewidmet. Es hat Spezialuntersuchungen darüber gegeben, ob Hugo Wolfs Mutter eine „Welsche" war; ein exakter Hinweis darüber konnte bis heute nicht erbracht werden. Sicher ist aber der slowenische Blutanteil: Katharinas Großvater hieß Orehovnik und war in Moistrana zur Welt gekommen; erst später nahm er den Namen Nußbaumer, die deutsche Entsprechung für Orehovnik, an. Der Familienname ihres Großvaters mütterlicherseits soll Stanko oder Stank gewesen sein. Beide Familien waren Bauern, Jakob Nußbaumer, der Vater der Braut Filipps, lebte als Schmied in Malborghet. Katharina selbst war, den Erzählungen ihrer Nachfahren gemäß, klug, energisch, praktisch gesinnt, freilich den künstlerischen Neigungen ihres Gatten keineswegs aufgeschlossen. Ihr Foto zeigt ein einfaches, gütiges Wesen; mit ihrer Vitalität und ihrer außergewöhnlichen Willenskraft kam freilich Filipp nicht mit. Es scheint, daß Temperament, im positiven wie im negativen Sinne, und Selbstüberzeugung von der Mutter her auf Hugo gekommen waren, während das musikalische Talent des Vaters in dem Knaben zur höchsten Blüte entwickelt war. Drei Geschwister waren vor Hugo geboren worden: Modesta am 8. Juni 1852, Adrienne im Jahre 1854 (sie ist im Alter von vier oder fünf Jahren gestorben) und Max am 25. April 1858; Gilbert, geboren am 14. April 1862, Cornelia (7. August 1863), Katharina (26. April 1865) und eine zweite Adrienne (24. Februar 1867) folgten nach.

Vater Filipp lehrte den vierjährigen Hugo „die Klaviatur" und die erste Lage auf einer Viertelgeige. (Das war in der Zeit, als Richard Strauss in München am 11. Juni 1864 zur Welt kam.) Die Töchter entrannen gerne dem väterlichen Musikunterricht; die Söhne hatten es da viel schwerer: Max und Gilbert beispielsweise wurden in einem Zimmer im ersten Stock des Familienhauses zum „Üben" eingesperrt; und als sie dieser musikalischen Haft eines Tages durchs Fenster entkommen waren, mußten sie später im überschaubaren Keller weiterüben. Hugo aber machte rasche Fortschritte: frühzeitig entwickelte er ein treu bewahrendes musikalisches Gedächtnis und ein zuverlässiges „absolutes Gehör", das ihn schnell dazu befähigte, Akkorde, die jemand hinter seinem Rücken auf dem Klavier anschlug, zu identifizieren. Die vier Jahre in der Volksschule zu Windischgraz ließen den hohen Intelligenzgrad, den Fleiß und das gute Benehmen Hugos erkennen; der Vater schloß sich immer enger an den Buben an, brachte ihn bald zu seinem Freund, dem an der städtischen Schule tätigen Lehrer Sebastian Weixler, dessen Klavierunterricht die Grundlage für Hugos spätere außerordentliche Beherrschung dieses Instrumentes schuf. In dieser Zeit machte Hugo durch seinen Vater auch die erste Bekanntschaft mit der Gitarre: vom Intonieren der Saiten führte Filipp ihn zum Klavierstimmen, zu einer Fertigkeit, die Wolf später als eine Art Hobby immer von neuem trainiert hat.

Diese sechziger Jahre des vorigen Jahrhunderts waren nicht nur der Hausmusik, sondern auch dem Amateurorchester-Musizieren hold. In einem Städtchen wie Windischgraz, mit Bezirksgericht und Bezirkshauptmannschaft, wo also höhere Beamte und Akademiker wohnten, die für ein paar Jahre zuzogen und dann wieder abgelöst wurden, mußte es einem so auf Musik versessenen Allroundmusikanten vom Schlage Filipp Wolfs auch gelingen, eine Art Hausorchester zustande zu bringen, in dem dann Filipp die erste Geige, sein Sohn Hugo die „Zweite", dessen Bruder Max das Violoncello, Lehrer Weixler die Bratsche und ein Onkel Ruess das Horn spielten. Dazu traten „Gast-Instrumentalisten". Im Historischen Museum der Stadt Wien findet sich eine Originalphotographie, die „um 1863" datiert ist: sie zeigt den Unterlehrer Pfeifer als Flötisten, Sebastian Weixler cellospielend; stehend musizieren nebeneinander Filipp Wolf mit vollkommen richtiger Geigen- und Bogenhaltung, Schullehrer Franz S. Hafner und ein Herr Urschitz. An solchen Musizierabenden trat Hugos Konzentrationsfähigkeit bereits zutage: der Kleine duldete einfach keine Plauderei, kein Hin- und Hergehen. Man ist versucht, an jenen Hugo Wolf im Wiener Richard-Wagner-Verein zu denken, der bei einem falschen Ton des Sängers, den er begleitete, zu spielen aufhörte, den Klavierdeckel zuschlug und das Podium verließ . . .

Im Jahre 1866 trat das kleine Wolf-Orchester wieder einmal öffentlich auf. Es handelte sich um einen Kostümball — für den sechsjährigen Hugo war ein Mozart-Gewand aus Graz bestellt worden. In einer lichtblauen, seidenen Kniehose, in einem spitzenbesetzten Samtröckchen, mit Schnallenschuhen ausgestattet, spielte das Kind bis Mitternacht. Vom Schlaf überwältigt, mußte Hugo vom Vater heimgetragen werden. Im Besitze der Erben von Hugo Wolfs jüngster Schwester sind noch Noten bewahrt, nach denen dieses Liebhaberorchester musiziert hat: da findet sich Tanzmusik (Polkas und Mazurkas), eine Cavatine Donizettis (aus „Ugo conte di Parigi"), ein Duett und eine Arie aus Bellinis „Norma". Menschlich berühren die Manuskripte zweier Tänze, die mit S. W. signiert sind, also wohl aus der Feder Sebastian Weixlers, des Lehrers, stammen: sie heißen „Katharinen"-Quadrillen und „Hugerl"-Polka, tragen also den Namen zweier Wolf-Kinder. Hier, in diesem „Repertoire" des Kindes Hugo Wolf, finden wir den Schlüssel für die Tatsache, daß der junge Komponist so zaghaft, um nicht zu sagen dilettantisch zu seinem eigenen Stil fand. Joseph Haydn hatte seine musikalische Erziehung bei den Wiener Sängerknaben genossen, Mozart war durch den guten Geschmack seines Vaters von vornherein gegen billige Gebrauchsmusik abgeschirmt gewesen, Franz Schubert war ebenso wie Haydn als Sängerknabe tätig, Beethoven wuchs im Milieu eines fürstlichen Hofes auf. Eine einzige Parallele findet sich in Hugo Wolfs eigenem Zeitalter: Anton Bruckner, der sich ebenfalls aus eigener Kraft emporgearbeitet hat.

Dieses „Goldene Zeitalter“ der ersten Talentproben und Erfolge Hugos inmitten einer glücklichen Familie und eines musischen Freundeskreises wurde von einem äußeren Ereignis, einer Brandkatastrophe, jäh beendet. Eines Tages im Jahre 1867 — das Datum läßt sich nicht mehr genau eruieren — brach in einer Mansarde des Wohnhauses ein Feuer aus, das rasch auf das ganze Anwesen, auf die Nachbargebäude und auf das Warenlager übergriff. Der Wiederaufbau des Geschäftes verschlang alles ersparte Kapital; das Leben Vater Filipps wurde von nun an „eine ununterbrochene Kette von Sorgen und Mühseligkeiten“, wie Hugo es zwanzig Jahre später formuliert hat. (Freilich ersieht man aus den Filipp Wolfs Nachlaß betreffenden Dokumenten, die sich heute im Besitz von Dr. Otto Werner befinden, daß sich das Vermögen Filipp Wolfs zur Zeit seines Todes im Jahre 1887 auf rund 20.000 Gulden belief, doch hatte Vater Wolf, wie sich aus seinen späteren Briefen an Hugo nach Wien ergibt, oft kein Bargeld zur Verfügung und mußte immer wieder die besten Zimmer des wiederaufgebauten Hauses an Fremde untervermieten.)

Als Filipp im November 1868 nach Klagenfurt zu seiner ältesten Tochter Modesta reiste, die dort eine Handarbeitsschule besuchte, nahm er den kleinen Hugo mit und erstand Eintrittskarten zur Opernaufführung des Theaters in der Hauptstadt Kärntens: Donizettis „Belisario“ stand auf dem Programm. Der noch nicht Neunjährige schien vom Theater überwältigt, gab von der ersten Spielminute an keine Antwort auf Fragen und konzentrierte sich so sehr auf die Musik, daß er daheim imstande war, auf dem Klavier ganze Teile der Oper aus dem Gedächtnis nachzuspielen. Wir erfahren aus dieser Episode zweierlei: Die lebenslange, eigentlich unerfüllt gebliebene Liebe Hugo Wolfs zum Musiktheater hat in diesem Kindheitserlebnis ihren Urgrund; nicht das Fluidum eines Konzertes symphonischer Musik wurde dem Kind als Ersterlebnis geschenkt — das „Konzert“, das er kannte, war „Hausmusik“ vor Freunden! —, sondern Vokalmusik in dramatischer Form. Und die Konzentrationsfähigkeit blieb dem Knaben in späteren Reifejahren treu: aus ihr wird das eruptive Schaffen, das Entstehen vieler Meisterwerke innerhalb kürzester Zeit erklärlich.

Überblickt man diese entscheidenden Kindheitsjahre Hugo Wolfs, so findet man Vater und Sohn als die denkbar besten, der

Musik hingegebenen Freunde. Aus späteren Briefen Hugos an seine Mutter geht hervor, daß das Kind auch an Mutter Katharina mit inniger Liebe hing. Es lassen sich auch die Bräuche in der Familie Wolf nachzeichnen: Mutters Geburtstag wurde von den Kindern jedesmal mit Blumen und selbstverfaßten Versen gefeiert (Brief Hugos vom 27. Januar 1891); hatte jedoch eines der Kinder selbst Geburtstag, so erhielt es von der Mutter eine Silbermünze (für die Sparbüchse) und eine Wurst zum spontanen Verzehr (Brief Hugos vom 25. Dezember 1880). Die Vorliebe für hausgemachte Würste blieb Hugo Wolf übrigens fürs Leben. Wenn die Kinder am Abend des Epiphanias-Tages in Windischgraz von Haus zu Haus zogen, war Hugo stets einer von den „Drei Königen". Die Melodie, die die Kinder dabei sangen, hat der Komponist später in seiner „Christnacht" verwendet. Das Kommen, Sich-Aufstellen und Gehen der „Drei Könige" kommt auch in seinem Widmungswerk für die drei Köchert-Kinder, „Epiphanias" nach Goethe, prächtig zum Ausdruck. Modesta, die älteste Schwester Hugos, hat in ihren unveröffentlichten Jugenderinnerungen festgehalten, daß ihre drei Brüder auch bei anderer Gelegenheit gerne dieses Spiel pflegten, wobei sie einfach das rote Futter ihrer Mäntel nach außen wendeten. Mutter Katharina hat Edmund Hellmer, dem späteren Freund Hugos, mitgeteilt, daß der jüngere Bruder des Komponisten, Gilbert, als Kind in einer völlig irrealen, nur der Musik hingegebenen Traumwelt lebte.

Hugo hatte also seine vier Volksschulklassen absolviert. Im September 1870 hieß es zum ersten Mal vom Elternhaus Abschied nehmen: die Aufnahmeprüfung am Gymnasium in der Lichtenfelsgasse in Graz war bestanden. Hugo wohnte zusammen mit seinem älteren Bruder Max in der Wielandgasse auf Untermiete bei einer Familie Canterio. Beide Buben besuchten den „Steiermärkischen Musikverein" in der Burggasse, wo ihnen Ferdinand Caspar Violinunterricht erteilte. Daneben begann Hugo den Klavierunterricht bei Johann Buwa. Laut den Eintragungen dieses Lehrers erhielt Hugo die erste Unterrichtsstunde am 30. September 1870, die letzte bereits am 12. November des gleichen Jahres; die einzige Notiz bei seinem Namen nimmt Bezug auf sein „ausgezeichnetes Skalenspiel".

„TRAURIGE WEGE"
Schulen 1870—1875

„1871 Im Stift St. Paul Gymnasialstudien fortgesetzt. Sommer in Windischgraz. Hand gebrochen."
„1872 Wieder St. Paul. Während des Gottesdienstes Orgel gespielt."
„1873 und 74: Gymnasium in Marburg besucht. Haydnische Symphonien im vierhändigen Klavierauszug zum erstenmale kennengelernt. — kolossal begeistert gewesen und allsogleich eine Klaviersonate componiert. Kurz darauf Variationen, später Lieder."

Hugo Wolf: Daten aus meinem Leben

Der zehnjährige Hugo Wolf ist „klein, untersetzt, hat runde Wangen, blondes Haar, ein auffallend ernstes Wesen und jene weiche gedehnte Sprechart, die zumeist den deutschsprachigen Kindern in slawischer Umgebung eigen ist". So beschreibt ihn einer seiner Gymnasiallehrer, Georg Kaas. Die Grazer Schulzeit dauert für Hugo Wolf nur ein Semester: er wird „wegen ganz ungenügender Leistungen" bereits im Februar 1871 von der Schule verwiesen. (Joseph Marx, der bedeutendste Liedlyriker in der Hugo-Wolf-Nachfolge, hat mir erzählt, er habe in derselben Schule einen Mathematikprofessor zum Lehrer gehabt — das muß im Jahre 1898 gewesen sein —, der sich rühmte, „bereits einen dieser verrückten jungen Musiker aus der Anstalt entfernt zu haben, den Hugo Wolf"; es ist ihm dann auch im Falle des jugendlichen Peppo Marx gelungen . . .) Man kann für Hugos Schulentlassung äußere Gründe finden wollen, die Wahrheit wird im Denken des Kleinen gelegen sein: er wollte einfach nicht bleiben, er wollte nach Hause. Dort finden wir ihn vom Frühling bis zu den letzten Augusttagen. Im September 1871 ist er Studiosus im Konvikt des Benediktinerklosters von St. Paul im Kärntner Lavanttal. In seiner Klasse hat er nur elf Kollegen, bei denen er wegen seiner musikalischen Späße sehr beliebt ist. Er vermag beispielsweise das Lied „O, du lieber Augustin" meisterhaft karikierend vorzutragen und in endlosen Variationen immer neue Nuancen zu finden. Das erste Schuljahr in St. Paul läßt Hugo als Sechsten unter zwölf Schülern rangieren.

Während der Sommerferien kehrte Mutter Katharina mit ihren drei jüngeren Töchtern, der neunjährigen Cornelia, der sieben Jahre alten Kathi und der fünfjährigen Jenny (wie man die Adrienne rief) von einem Besuch in Bleiburg in Kärnten wegen einer Erkrankung Cornelias zurück und fand den Hausarzt Dr. Unger dabei, Hugos Rechte zu bandagieren; Hugo war von der Mehlkiste heruntergestürzt und hatte sich die Hand gebrochen. Auf dem Boden verstreut lagen der Mutter schönste Damasttischtücher, die Vater Filipp in Stücke zerrissen hatte, um sie als Notverbände für Hugos Hand zu verwenden. Wie seine Tante Katharina Vinzenzberg späteren Biographen mitzuteilen wußte, schrie Hugo erbärmlich, zur Hauptsache aus Angst, sein weiteres Musizieren könnte durch den Unfall gefährdet sein. Die kleine Cornelia erlag bald darauf, am 19. September 1872, dem Typhus.

Die Tatsache, daß er als nun bald Dreizehnjähriger noch immer nicht die Oktave auf dem Klavier spannen konnte, bereitete Hugo großen Kummer. Pater Sales Pirc, Hugos Klassenvorstand, schreibt in seinen Erinnerungen von der Leidenschaft Hugos für die Musik und von der starken Liebe, mit der er an seinen Eltern hing. Schon im ersten Studienjahr waren aus Graz Potpourris aus Opern von Bellini, Donizetti und Gounod für den jugendlichen Klavierspieler bestellt worden — immer von neuem prägte sich die Opernform dem Kleinen als das große musikalische Ereignis schlechthin ein —, auch durfte er an Wochentagen als einziger Schüler bei der Messe auf der Orgel spielen. Außerdem bildete sich ein Trio, bei dem ein Herr Denk, der Sekretär des Internats, Violoncello, ein Mitschüler namens Ernst Gassmayer Violine und Hugo Wolf Klavier spielte. Nicht selten „gastierte“ Vater Filipp als Geiger, wenn ihn seine Geschäfte in die Nähe des Klosters führten.

Im ersten Semester des zweiten Jahrgangs in St. Paul war Hugo, dem Zeugnis nach, immerhin Fünfter unter elf Schülern geworden. Sein Betragen ist „lobenswert“, ein „vorzüglich“ findet sich für Turnen, in Geographie, Geschichte und im Singen. Latein und Slowenisch schloß er mit „ungenügend“ ab. Der Lateinlehrer Hermann fand am Schluß des Sommersemesters 1873 nur vier von elf Schülern für würdig, in die nächste Klasse aufzurücken. Das ergab einen neuerlichen Schlußpunkt: Pater Sales gab Filipp Wolf den Rat, Hugo wieder heimzuholen. Drei Briefe von der Hand Pater Sales' an Vater Filipp sind erhalten, dazu ein Schreiben Hugos aus dieser Zeit, eine leidenschaftliche Rechtfertigung. Wir erkennen aus diesen Briefen das Verständnis des Pädagogen und den Eigensinn des Buben: „Ich kann Ihnen nicht sagen, wie sehr mir das Schicksal Ihres Hugo zu Herzen geht, weil ich den Knaben trotz seiner zeitweiligen Leichtfertigkeit sehr lieb habe!" (P. Sales) — „Von meinem Benehmen schreibt er, daß ich stolz, trotzig, eigensinnig sei. Ich kann das gar nicht begreifen, wann er sich dies ausgetüftelt hat." (Hugo Wolf) — „Ich habe diesen Brief, wie er hier ist, dem Hugo vorgelesen und hoffte, ihn dadurch zu Reue und Einsicht zu bringen, in welchem Falle ich das Schreiben kassiert und Sie damit vielleicht nicht betrübt hätte. Leider täuschte ich mich. Ich sah an Hugo gar keine Veränderung — er bat nicht um Vergebung, sondern, nachdem ich ausgelesen, machte er rechtsum und ging, als wenn gar nichts wäre." (P. Sales)

Eine Umsiedlung nach Marburg an der Drau lag „in der Luft": Bruder Gilbert war elf Jahre alt geworden, Schwester Modesta großjährig; zusammen mit diesen beiden kam Hugo in die Obhut von Onkel Liebezeit (welch ein Märchenname!) nach Marburg. Hugo hatte zunächst Glück, wie auch in Zukunft stets am Anfang einer neuen Konstellation: nach einer erfolgreichen Aufnahmeprüfung kam er in die Tertia. Hier hatte ein unerfahrener junger Supplent namens Weinsterben-Hocher Sprachen (Deutsch, Latein, Griechisch) zu lehren, ein Religiosus namens Dr. Schager (oder Žager) geistert als kurzsichtiger, engstirniger Lehrer durch Hugos Briefe, in denen der tüchtige, aber pedantische Direktor, Johann Gutscher, auch nicht gut wegkommt.

Hugo behagt es in der neuen Umgebung gar nicht. Nur das Thema Musik vermochte ihn aus seiner Reserve herauszulocken. Die Zeit der Opernpotpourris war vorbei; Mozart, Haydn und Beethoven, aus deren Symphonien er spielte, wurden seine Götter. Seine Beethoven-Begeisterung führte zu Witzeleien und Sticheleien seiner Mitschüler, die ihm immerhin aber den Diminutiv-Spitznamen „Wölferl" verliehen; wurde es ihm zu arg, ging er auf sie mit erhobenen Fäusten los ...

In seinen „Daten aus meinem Leben" vermerkte Hugo Wolf später: *„... eine Klaviersonate componiert. Kurz darauf Varia-*

tionen, später Lieder." Diese Zeilen sind aufschlußreich, was die Reihung der ersten Kompositionen betrifft, und werden durch die Eintragungen Wolfs in ein Notizbuch, das die Österreichische Nationalbibliothek aufbewahrt, zeitlich genau auf das Jahr 1875 fixiert. Da heißt es: „Am Sonntag, den 11. April um $^1/_2$9 Uhr abends die Sonate angefangen, am 12ten Montag um $^3/_4$ 12 Uhr im Stadtpark geschrieben, um 5 Uhr bis $^1/_4$ auf 8 im Wald ober den drei Teichen geschrieben. Fortsetzung am 13. April Dienstag um 3 bis $^3/_4$ auf 5 Uhr. Freitag den 16. $^1/_2$12 bis $^1/_2$5 mit Unterbrechung; Fortsetzung abends beiläufig $^1/_2$9 bis $^1/_2$10. Am 29. April 5 Minuten über $^3/_4$ auf 5 Uhr Nachmittags."

Hugo Wolfs Werkverzeichnis hat also so zu beginnen: Op. 1 — Klaviersonate. „Gewidmet dem Herrn Philipp Wolf." Das unvollständige Manuskript, das im Besitz der Wiener Stadtbibliothek ist, enthält ein Adagio als Überleitung zu einem Allegro, ein Menuett und dessen Trio. Komponiert im April 1875. — Op. 2 — Variationen für Klavier. Op. 3 — Lieder. „Nacht und Grab" (Zschokke), „Sehnsucht" (Goethe), „Der Fischer" (Goethe), „Wanderlied" (Goethe), „Auf dem See" (Goethe). Auch das Opus 2, die Variationen, sind in der Wiener Stadtbibliothek aufbewahrt, ebenso wie die fünf Lieder des Opus 3. Sieben Werke liegen vor dieser Datierung: Drei Liedfragmente: „Das taube Mütterlein", „Soldatenlied" und „Der Morgen" wurden von Hugo Wolfs Nichte Fräulein Cornelia Strasser gegen Ende des Krieges, im Jahre 1943, dem von Hans Wamlek gegründeten Hugo-Wolf-Museum in Windischgraz leihweise überlassen; dort befand sich auch aus dem Besitz Filipp Wolfs das Titelblatt zu einem „Frühlingslied", dessen Manuskript schon früher verlorengegangen war. Hans Wamlek, ein Original unter den „Sammlern", der bis in die fünfziger Jahre unseres Jahrhunderts in Graz lebte (er starb am 24. März 1959, seine Witwe Elisabeth, Tochter des bekannten Gelehrten Dr. Viktor Junk, ist in Graz daheim), hatte in seiner Weltfremdheit just zu einem Zeitpunkt, da der Zusammenbruch des Hitler-Reiches mit Sicherheit bevorstand, die Gründung eines Hugo-Wolf-Museums in der Geburtsstadt des Komponisten betrieben. Am 25. September 1943 hatte die feierliche Eröffnung des Museums stattgefunden, nicht ganz zwei Jahre danach war aus Windischgraz wieder Slowenjgradec geworden. Die dort ausgestellten Dokumente gelten als verloren. Es wird berichtet, daß alles, was in deutscher Sprache vorhanden war, in den Wirren des nahen Kriegsendes verbrannt wurde, daß man die deutschen Bücher einstampfte; ein Hoffnungsschimmer leuchtet auf, wenn man annimmt, daß Sammler einzelnes zur Seite geschafft, also immerhin gerettet hätten, was zu gegebener Zeit auftauchen würde. Zwei andere Lieder ohne Opuszahl, aus den frühesten Jahren Hugo Wolfs, besitzt die Familie seiner Schwester Adrienne: „Die Sterne“ und „Gebet“, simple Melodien ohne Begleitung. Das „Gebet“ ist überdies eine Bearbeitung von Agathens Cavatine „Leise, leise, fromme Weise“ aus Webers „Freischütz“. In der Wiener Stadtbibliothek liegen zudem noch Fragmente einer balladenartigen Komposition für Sopran, Bariton und Klavier, sechs Manuskriptseiten, ohne Anfang und Ende. Schließlich ist hier noch eine Kuriosität zu verzeichnen: Ein Lied „Meine Harfe“, im Todesjahr Wolfs 1903 vom Hofmeisterverlag ediert. Es wurde als „Liedentwurf von Hugo Wolf, in versuchsweiser Neuschöpfung vollendet von August Ludwig“ publiziert. Ludwig war Herausgeber der „Neuen Berliner Musikzeitung“, noch im Jahre 1894, als Hugo Wolf zum zweiten Male Berlin besuchte, doch findet sich nirgends ein Anhaltspunkt dafür, daß Hugo Wolf und August Ludwig einander getroffen hätten. Ludwig hat es dazu auch unternommen, Schuberts „Unvollendete“ durch ein „Philosophen-Scherzo“ und einen „Schicksalsmarsch“ zu komplettieren.

Musikalisch gesehen sind all diese frühen Kompositionsversuche Hugo Wolfs recht unwesentlich. Sie bleiben Zeichen für die Verehrung der Wiener Klassiker und Franz Schuberts, es finden sich jedoch keinerlei Charakteristica für das Wolf-Schaffen späterer Jahre. „Autodidaktische Übungen“ möchte man das alles nennen, mehr ist aus den vergilbten Blättern einfach nicht herauszulesen. Die ersten Gehversuche des Komponisten gehören der Lebensgeschichte zu, sind Spiegel der schrittweisen künstlerischen Entwicklung, nicht Kunstwerke aus frühen Jahren.

Am Ende des ersten Halbjahres der Tertia, also im Februar 1874, landete Hugo Wolf unter 29 Schülern an der 22. Stelle, rückte aber im Sommersemester an die 12. Stelle und stieg ungehindert auf. In der Quarta jedoch wurde er im ersten Semester Vorletzter, im zweiten gar der Letzte. Wiederholt äußerte Hugo sich zu seiner Schwester Modesta, es würde ihm niemals gelingen, an das Wiener Konservatorium zu kommen, solange er am Gymnasium nur einigermaßen Erfolg hätte.

In Marburg hatte sich Hugo auch einen Platz unter den ersten Geigern eines Orchesters gesichert, das bei Hochämtern in der Stadtkirche mitwirkte; so begann er die Schulmesse zu schwänzen und tat dies erneut am 27. Juni 1875, als in der Stadtkirche Hummels d-Moll-Messe uraufgeführt wurde. Am nächsten Schultag stellte ihn sein Religionsprofessor Dr. Schager darob zur Rede, bestand darauf, Hugo als „unentschuldigt von der Schulmesse abwesend" ins Klassenbuch einzutragen, was Wolf zur Erwiderung veranlaßte, „es sei genug, wenn er einmal an einem Vormittag sonntags in die Messe ginge". Nach der Darstellung eines Schulkollegen Richard Kukula, dem wir in der Redaktion des Wiener „Salonblattes" wieder begegnen werden, verhielt sich Hugo angesichts des Redeschwalls seines Lehrers durchaus ruhig, bis dieser wütend zum Fluch „Diese verdammte Musik!" fand, worauf es mit Wolfs Selbstbeherrschung zu Ende war; er überschüttete „funkelnden Auges und durchbohrenden Blickes" den Lehrer mit einer Verteidigungsrede für seine Kunst. Zusätzlich hatte Dr. Schager die Tatsache, daß Hugo in der Religionsstunde heimlich sein Frühstücksbrot zu verzehren versuchte, bei der Direktion gemeldet. Der Direktor berief eine Konferenz ein. Bevor aber diese noch entscheidungsbereit war, bat Hugo brieflich seinen Vater, die Marburger Schule verlassen zu dürfen. Er würde in dieser Stadt reichlich Beschäftigung finden, und wenn der Vater ihm nicht bald schriebe, würde er die Schule auf eigene Faust meiden. Briefe gingen hin und her, die für Hugos weiteres Lebensschicksal entscheidende Debatte setzte sich fort. Ein erschütternder Brief Hugos aus Marburg an seinen Vater, datiert vom 29. Juni 1875, ist erhalten. Der „in seinen schönsten Hoffnungen getäuschte" Sohn — bedenken wir, Hugo hatte erst drei Monate vorher sein 15. Lebensjahr vollendet und stellt nun fest, „die Musik" sei ihm „wie Essen und Trinken"! — beschwört seinen Vater: „Gott gebe nur, daß Ihnen die Augen nicht aufgehen werden, wenn es schon zu spät für mich zum Umkehren zur Musik sein wird." Noch war es nicht so weit.

Tante Katharina Vinzenzberg, im Sommer wieder aus Wien in Windischgraz eingetroffen, gab der bis dahin ausweglosen Familiendiskussion über Hugos Zukunft eine neue Richtung: Warum sollte Hugo nicht zeigen, was er könne, warum sollte er nicht ins Wiener Konservatorium eintreten, wo ihre Töchter Anna und Ida schon studierten? Hugo und Tante Katharina überredeten Vater

Filipp; schließlich willigte er ein. Hugo wird in die Familie der Tante gegen einen Beitrag von monatlich 16 Gulden aufgenommen. Der Weg nach Wien ist frei!

Das Opus 4 Hugo Wolfs fehlt unter den frühen Manuskripten: Wolf vertonte zweimal Goethe („Wanderlied" und „Auf dem See"), die beiden Gedichte, die ihn schon zu den beiden letzten Liedern des Opus 2 inspiriert hatten, als Chöre. Lediglich die Altstimme des Chores „Auf dem See" war noch im Besitz Gilbert Wolfs, als sie im Heft 3 der Festblätter zum 6. Deutschen Sängerbundfest in Graz (1902) publiziert wurde. Außerdem gibt es noch ein „Variationen"-Fragment, dessen Abfassung mit großer Wahrscheinlichkeit für 1875 angenommen wird: Eine Variation IV, Moderato, und den Anfang von Variation V, deren Thematik keineswegs mit Opus 2 zusammenzuhängen scheint. Opus 5: eine unvollendete Vertonung des „Raubschütz" von Lenau, wird in Wolfs Tagebuch am 13. Februar 1876 erwähnt und einem Manuskript zufolge am 24. Juni umgearbeitet. Irrtümlich hatte Wolf die Vertonung der „Frühlingsgrüße" von Lenau als Opus 6 aus dem Jahre 1875 notiert. Er nahm sie dann später in sein Opus 9 als Nr. 1 auf, verwarf sie schnell wieder und ließ schließlich beide Fassungen, von denen eine unvollständig ist — man schreibt sie nach eingehenden Erhebungen dem 3. Januar 1876 zu — im Manuskript liegen. Als wahres Opus 6 ist das unvollendete „Violinkonzert", nicht orchestriert, in der Wiener Stadtbibliothek einzusehen. Maestoso, Scherzo und Trio, sowie fünfundzwanzig Takte eines Adagio sind für Violine mit Klavierbegleitung notiert. Das Manuskript trägt kein Datum, in einem Hugo-Wolf-Brief vom Dezember 1875 werden jedoch drei vollendete Sätze des Violinkonzerts erwähnt. Schließlich hat Hugo Wolf 1875 auch noch eine Klaviersonate op. 7, die unvollendet geblieben ist, geschrieben. Sie umfaßt die Sätze Allegro ma non troppo, Allegretto und ein nicht fertiggestelltes Adagio. (Auf dem Manuskript ist das Werk mit Bleistift als op. 8 bezeichnet — als dieses fungiert jedoch die G-Dur-Sonate, auf die wir im nächsten Kapitel zu reden kommen werden —, auf einem einzelnen Umschlag als op. 7.) Diese Handschriften, nach dem Tode Wolfs in den Besitz des Hugo-Wolf-Vereines in Wien gekommen, wurden nach der Selbstauflösung der Vereinigung dem Wiener akademischen Wagner-Verein übergeben und kamen nach dessen Eliminierung 1939 in das Eigentum der Wiener Stadtbibliothek.

„DER SCHOLAR“
Konservatorium 1875—1877

„1875 Im September nach Wien gereist. Conservatorium besucht. Zum erstenmale ‚Tannhäuser‘ gehört — Wagner im Hotel Imperial aufgesucht und empfangen worden. Kindische Freude. Zum erstenmal auf Wagners Berathen Chöre komponiert.“

„1876 Selbständig gewohnt (Margarethenstr. 7). Sehr fleißig komponiert. Mottl, Goldschmidt etc. kennengelernt. Sehr aufgemuntert worden. Plötzlich Konservatorium verlassen. Manfred von Schumann großen Eindruck bei Aufführung gemacht.“

„1877 Fortwährender Wohnungswechsel. Ziemlich fleißig komponiert.“

Hugo Wolf: Daten aus meinem Leben

Hugo Wolf in Wien. Der Scholar wurde im Haus der Vinzenzberg in der Leopoldstadt, Mayergasse 14 (der Familie des Onkels, der Schneidermeister gewesen sein soll, seiner Gattin, der Schwester Vater Filipps, und der beiden Töchter Anna und Ida, die mit Hugo gemeinsam das Konservatorium besuchten — Anna lernte das Klavierspiel, Ida singen), wie ein Sohn aufgenommen. Im Wiener Konservatorium der Gesellschaft der Musikfreunde (aus dem in den letzten Jahren vor dem Ersten Weltkrieg die Akademie für Musik und darstellende Kunst hervorgegangen ist, die 1970 zur Hochschule erhoben wurde) herrschte seit 1851 als Direktor Josef Hellmesberger, dessen Streichquartett-Vereinigung ebenso stadtbekannt war wie sein quellender Humor, der in vielen, heute noch von Mund zu Mund weitererzählten Wortwitzen und Anekdoten weiterlebt.

Der junge Hugo kam zu Robert Fuchs, zum sogenannten „Serenaden“-Fuchs (weil er in dieser Kompositionsform besondere Erfolge hatte), in das Fach Harmonielehre, wo der um ein paar Monate jüngere Gustav Mahler sein Jahrgangskollege war. Wolfs

Lehrer im Klavierspiel hieß Wilhelm Schenner. Musik beherrschte nicht nur das Haus der Tante, das Studium, sondern auch den ganzen täglichen Lebenskreis. Hugo stürzte sich als „Publikum“ kopfüber in das Wiener Musikleben, führte über besuchte Opernaufführungen und Konzerte ein kleines Tagebuch, aus dem nur die Notiz über sein Hörer-„Debut“ in der Oper herausgegriffen sei: „Am 11. Oktober 1875 das erste Mal in der Hof-Oper gewesen. Oper: Hochzeit des Figaro von Mozart. Gräfin: Fr. Wilt. Pöch war mit.“ (Ein neuer Freund, dessen Visitenkarte dem Tagebuch in der Österreichischen Nationalbibliothek auch heute noch beiliegt.) „Sehr regnerisches Wetter. Die Aufführung sehr gut. Auf der IV. Galerie gewesen. Heute den 12. Oktober Oberon von C. M. v. Weber. Rezia: Fr. Dustmann. Die Ausstattung war außerordentlich prachtvoll. Die Musik wundervoll und bezaubernd. Beim Schlusse sehr schlechtes Wetter. Die Biographie von Beethoven hätte ich bald vergessen ...“

Daheim suchte Hugo, vom Wunsche besessen, seine bisherigen autodidaktisch erworbenen Kenntnisse mit der nun zu erarbeitenden Lehre von der Harmonie in Einklang zu bringen, Akkordfolgen auf dem Klavier der Vinzenzbergs und war von den neugefundenen Möglichkeiten so hingerissen, daß er der Cousine Anna mit dem Zuruf: „Hör zu, wieder eine neue Auflösung!“ die gewonnenen Tonfolgen immer von neuem vorspielte. Diese Anna hatte in einem Schülerkonzert des Konservatoriums Franz Liszts Bearbeitung von Webers „Polacca“ gespielt; der Komponist war als Ehrengast dabei und soll die jugendliche Pianistin nach ihrer hervorragenden Darbietung umarmt und geküßt haben. Auf dem Gebiet der Oper trafen sich die Interessen der drei, der jungen Sängerin Ida, der Pianistin Anna und des komponierenden Hugo. So erklärte er den beiden Cousinen die Mozart-Opern, den „Freischütz“, Kreutzers „Nachtlager von Granada“ — Hugos Lieblingswerke in dieser Zeit — immer wieder von neuem, spielte sie auswendig auf dem Klavier, sang dazu, erstand eines Tages den Klavierauszug von Meyerbeers „Hugenotten“ und konnte sich vor Enthusiasmus für diese Oper nicht beruhigen; Meyerbeer war für Wolf das Erlebnis der großen Oper, bevor ihn Wagner überwältigt hat. Die „Hugenotten“ wurden ihm auch zum Instrumentationsvorbild.

Schon in diesen gemeinsamen Proben beim Blattlesen eines Opernauszuges war Hugo unduldsam gegen jeden Verstoß Idas im Hinblick auf Intonation und Rhythmus. Meist beendete Streit über musikalische Nuancen die gemeinsame Arbeit, und Hugo setzte in Form einer „One-man-show“ seine Werkerkenntnisse vor der Familie Vinzenzberg fort. Die Spontaneität des Jünglings entflammte sich auch bei anderen Gelegenheiten: auf dem Heimweg vom Konservatorium kam er mit seinen beiden Cousinen eines Tages an einem Drehorgelspieler vorbei, der eine ihnen wohlvertraute Opernmelodie werkelte. Hugo blieb mitten auf der Straße stehen und sang und stellte die Arie derart theatralisch dar, daß sich eine Menschenmenge ansammelte.

Vater Filipp sparte — über den Umweg von Briefen an seine Schwester — nicht mit sorgenvollen Ermahnungen. Hugo solle Latein weiterlernen, seine allgemeine Bildung pflegen, um einst eine „ordentliche Stellung“ zu erringen. Hugos Wagner-Enthusiasmus aber schlug alle Warnungen in den Wind. Er hatte am 23. November 1875 die „Tannhäuser“-Premiere erlebt. Lassen wir ihn selbst seine Eindrücke schildern (Brief an den Vater vom 23. November 1875):

„Richard Wagner befindet sich seit 5. November in Wien, u. z. im Hotel Imperial. Er bewohnt mit seiner Frau 7 Zimmer. Trotzdem er schon so lange in Wien ist, hatte ich nicht eher das Glück und die Freude, ihn zu sehen, als am 17. November um $^{3}/_{4}$11 Uhr, u. z. vor dem Eingang der Bühne in das Hofoperntheater, von wo ich mich auf die Bühne begab und den Proben zuhörte, denen Wagner beiwohnte.

Mit einer wahrhaft heiligen Scheu betrachtete ich diesen großen Meister der Töne, denn er ist nach dem jetzigen Urteile der erste Opernkompositeur unter allen Künstlern. Ich ging ihm einige Schritte entgegen und grüßte ihn ganz ehrerbietig, worauf er mir freundlich dankte. Schon von diesem Augenblick an hatte ich eine unüberwindliche Neigung zu Richard Wagner gefaßt, ohne noch eine Ahnung von seiner Musik zu haben. Erst am Montag, den 22. November wurde ich in seine wunderbare Musik eingeweiht, es war Tannhäuser, unter der Anwesenheit des großen Richard Wagner. Ich stellte mich schon um $^{1}/_{4}$ auf 3 Uhr an, obwohl die Oper erst ausnahmsweise um $^{1}/_{2}$7 (sonst um 7 Uhr) anfing. Es war ein so furchtbares Gedränge, daß ich um mich schon besorgt war. Ich wollte den Rückweg antreten, doch war es schon unmöglich, da keiner neben mir von der Seite wich. So blieb mir nichts übrig als auf meinem Platz zu bleiben. Als endlich die Türe geöffnet wurde, drang der ganze Schwall hinein, und mein Glück, daß ich in die Mitte gerissen wurde, denn wäre ich auf die Seite gekommen, so würde ich zerschellt sein an der Mauer. Doch wurde ich reichlich für meine Todesangst entschädigt. Ich hatte meinen alten guten Platz auf der IV. Galerie. Schon die Ouvertüre war wundervoll und erst die Oper — ich finde keine Worte dazu, dieselbe zu beschreiben. Ich sag' Ihnen nur, daß ich ein Narr bin. Nach jedem Akt wurde Wagner stürmisch gerufen, und ich applaudierte so, daß mir die Hände wund wurden. Ich schrie nur immer Bravo Wagner, Bravissimo Wagner, u. z. so, daß ich fast heiser geworden bin und die Leute mehr auf mich als auf Richard Wagner schauten. Nach jedem Akt wurde er fortwährend gerufen, wo er sich von der Loge aus bedankte. Nach dem 3ten und letzten Akt erschien er auf der Bühne und da der Jubel kein Ende nehmen wollte, hielt er nach dreimaligem Hervorrufen eine kleine Anrede an das Publikum . . .

Ich bin durch die Musik dieses großen Meisters ganz außer mir gekommen und bin Wagnerianer geworden."

Nach der Aufführung streicht Hugo um das Hotel Imperial herum, in der Hoffnung, Wagner noch einmal sehen zu können. In seinem steirischen Lodenumhang muß sich der junge Musiker unter den elegant gekleideten Menschen nicht sehr wohl gefühlt haben. Deshalb auch im gleichen Brief die Bitte an den Vater um Geld, um sich Stoff für eine neue Hose und Gilet kaufen zu können; auch ein Paar neue Schuhe könnte er gut gebrauchen.

Wagner beherrschte das Denken des Jünglings. Ein erotischer Traum findet im Tagebuch Erwähnung: „Gestern um x Uhr Nachts (9.—10. Dezember) erschien mir Richard Wagner im Traume. Ich kam dabei mit ihm in innigste Berührung. Ich sang ihm den bekannten Teil aus Tannhäuser (Venusbergmusik)."

Am 11. Dezember 1875 kam es am Nachmittag zu der ersehnten Begegnung mit Richard Wagner. Wolf selbst schilderte sie nicht nur im Brief nach Windischgraz ausführlich, sondern später zusammenfassend in einem seiner Artikel im „Wiener Salonblatt" vom 20. Februar 1887: „Als ich, ein ganz kleiner Junge, einfältig genug war, dem großen Richard Wagner einige von mir komponierte Klavierstücke zu unterbreiten, um aus seinem Mund zu erfahren, ob ich Talent für Musik hätte oder nicht, und ich, da der Meister das Manuskript freundlich durchblätterte, die Bemerkung nicht unterdrücken konnte, daß dasselbe noch gar sehr im Mozartschen Stil gehalten sei, entgegnete zu meiner großen Beruhigung der Meister in halb ernstem und halb scherzhaftem Tone: ‚Ja, ja! ... man kann nicht gleich originell sein; ich war's ja auch nicht!'" Es muß sich also um die Klaviersonate op. 1 und um die Variationen op. 2 gehandelt haben, die Hugo Wolf dem Meister mitgebracht hatte.

Am 15. Dezember 1875 gab es Wagners „Lohengrin" in der Hof-Oper. Wieder war Hugo auf der IV. Galerie, wieder nimmt er ausführlich — im Tagebuch — Stellung: „... So prachtvoll ist die Musik, daß man sich in ganz andere Regionen versetzt glaubt. Man findet kein Wort, so ein Meisterwerk zu beschreiben. Beim Schlusse des 3. Aktes, wo Lohengrin von seiner Elsa Abschied nimmt und das Schwanenlied zum 2ten Male singt, wurde ich von der Gewalt der Musik so ergriffen, daß ich — weinte."

Hugo Wolf strebte vom ersten Tag seines Wiener Aufenthaltes nach Selbständigkeit. Zunächst erhoffte er sich vom Musikunterricht eine Aufbesserung seiner materiellen Existenz. Im November 1875 fand sich der erste Schüler: ein Ingenieur, der dreimal wöchentlich um einen Gulden pro Stunde Violinunterricht nahm. Weitere Schüler für Klavier erwartete Wolf für Dezember. Für Kost und Quartier sorgte die Tante. Mit den Stundengeldern wollte er für Bücher, Partituren, Notenpapier und Eintrittskarten aufkommen, war aber immer in Geldnöten. So heißt es zur Weihnacht im Brief an den Vater: „Ich hätte gerne für den Christbaum etwas nach Hause geschickt, aber das Porto kostet viel." Er berichtet auch von den Schwierigkeiten, Aufführungen von Kompositionen durchzusetzen. Die Direktion des Konservatoriums habe es beispielsweise abgelehnt, seine Kompositionen aufzuführen, solange er noch nicht Studierender in einer Kompositionsklasse sei. Die Besorgnis des Vaters löst einen gramvollen Brief Filipps an seine Schwester (18. Februar 1876) aus; einzelne Passagen daraus mögen zur Darstellung der Stimmung genügen: „... Armer Hugo! Möchte er doch beizeiten umkehren und weiterstudieren ... Indem ich Dich wiederholt bitte, gelegentlich über Hugos Aussichten bei maßgebenden Professoren Erkundigungen einzuziehen, grüße ich Dich ... aufs herzlichste Dein tiefbekümmerter Bruder Filipp Wolf."

Am 28. Februar suchte Hugo den Dirigenten Hans Richter auf: er legte ihm die Komposition des Chores „Die Stimme des Kindes“ nach Lenau vor. Angesichts der verworrenen Stimmführung — die Baßstimmen waren höher geführt als die Tenöre —, riet Richter Wolf ab, dieses Werk Wagner bei dem geplanten Gespräch am 3. März, am Tag nach der vom Meister selbst dirigierten Benefizvorstellung des „Lohengrin“, zu zeigen.

Alle diese zu frühen Fühlungnahmen des Jünglings haben sich erst später zu seinem Nachteil ausgewirkt. Dann, als er befähigt war, Wertvolles aus eigener Werkstatt vorzulegen, erinnerte man sich an den sich selbst überschätzenden „Provinzler“ von ehedem und traute ihm auch weiterhin nichts zu.

Am 15. März 1876 findet Hugo Wolf — er hatte zwei Tage vorher sein sechzehntes Lebensjahr vollendet — in einem Brief an seinen Vater erstmals zur Selbstüberzeugung: „. . . Meine Sonate in G-Dur fand lebhaften Beifall des Prof. Fuchs, da auch die Sonatenform hierin besser beherrscht wird. Angeregt durch diesen Beifall schrieb ich am selben Tage meine Sonate in g-Moll. In diesem Werk ist mir die Sonatenform recht klar vor Augen, und hier sage ich mich von allen meinen Vorbildern los und folge meiner eigenen Richtung . . .“

Im Mai 1876 übersiedelte die Familie Vinzenzberg nach Hetzendorf, also in die Vorstadt. Hugo Wolf hatte vorher mit den Vinzenzbergs nicht nur im zweiten Bezirk, in der Leopoldstadt, sondern auch „auf der Landstraße“, im dritten Bezirk, im „Arsenal“ (wo der Gatte seiner Tante, wie man annimmt, eine Schneiderwerkstätte hatte) gelebt —, und Hugo wanderte nun von dort ein paarmal in der Woche nach Meidling hinüber, wo er für eineinhalb Gulden von acht Uhr abends bis zur Mitternachtsstunde zum Tanz aufspielte, um sein „Taschengeld“ für Noten und Bücher aufzubessern. Schon damals suchte er — dieses Bestreben sollte ein Leben lang anhalten! — in der Literatur, die er sich zugänglich machte, ein Opernlibretto. Theodor Körners Stoff „Alfred der Große“ machte den Anfang.

Im Juli 1876 ging das erste Konservatoriumsjahr zu Ende; mit dem Zeugnis, in dem für Harmonielehre und Klavier zwei „Erste Grade“ verzeichnet waren, fuhr Hugo auf Ferien in die Heimat. Nicht weniger als vier Hämmer des Klaviers im elterlichen Haus in Windischgraz fielen da gleich Hugo Wolfs begeisterter und kraftvoller Wiedergabe der „Tannhäuser“-Ouvertüre zum Opfer; das Lieblingsinstrument seiner Jugend war nun auf einmal ein „elender Kasten".

Ein neuer Opernplan tauchte auf. Ein Brief an die Cousine Anna Vinzenzberg nach Wien enthüllte ihn: „. . . ‚Alfred der Große' werde ich nun nicht bearbeiten, wohl aber ‚Alboin und Rosamunde', wozu Körner schon in seinen Briefen Anweisungen zur Behandlung gibt. Jetzt werde ich eine Ouverture komponieren, wozu ich aber noch keinen Stoff habe." Längere Zeit hielt diese Opernvorlage den jungen Wolf in ihrem Bann. Ein Wiener Freund Hugos, ein Schriftsteller namens Peitl, der auch unter den Pseudonymen Paul Günther und Paul Mannsberg publizierte, schrieb das Libretto: Alboin, König der Lombarden, wird im Auftrag seines Weibes ermordet, weil er sie gezwungen hat, aus dem Totenschädel ihres Vaters zu trinken. Ein Fragment der Komposition ist erhalten geblieben, einundzwanzig Takte davon gelten einem Zweikampf des Königs mit seinem Gegner Lintram, mit folgender Spielanweisung: „Lintram verdoppelt seine Schläge. Alboin sinkt, von Lintram tödlich getroffen, mit zerhauener Waffe zusammen." Im Brief an seine Schwester Käthe nimmt Wolf später (Dezember 1892) dazu Stellung: „Man spürt schon das kleine Wölferl darin" (in den Skizzen), „es heult nicht mit den andern, wenn schon auch sein eigenes Geheul noch lange nicht das richtige ist, aber es heult doch etwas apart, und das will auch was sein."

Im Herbst 1876 beginnt das neue Studienjahr am Konservatorium: Hugo tritt nach gründlicher Vorbildung in Harmonielehre in eine Kompositionsklasse ein und behält Professor Schenner als Klavierlehrer. Sein Handicap: Die Person des für ihn neuen Professors Franz Krenn, eines nüchternen, trockenen Patrons, der auch in seiner Lebensart das Gegenteil des temperamentgeladenen Schülers ist. Am 15. September war Hugo zu den Vinzenzbergs ins Arsenal zurückgekehrt, verließ aber die Familie endgültig im Oktober — aus welchen Gründen, ist niemals bekannt geworden. Das Wort „Familienverhältnisse" schwebt über dem Zerwürfnis. Zunächst zog Hugo in die Mayerhofgasse „auf der Wieden", in den vierten Bezirk, dem auch später seine Milieuzuneigung gehörte. Ob Wolf nun „Zimmerherr" (Untermieter) oder Hotelgast war, ein von Heinrich Werner in einer Wiener Zeitung veröffentlichtes Verzeichnis von „Hugo Wolfs Wohnstätten in Wien" nennt für die Zeit vom September 1876 bis Mai 1879 nicht weniger als einundzwanzig Adressen. Wolf wohnt auch zwei Wochen lang im Michaelerhaus, das einst Haydn und Metastasio beherbergt hatte, übersiedelt zurück in den zweiten Bezirk, „in ein Gebäude im k. k. Augarten“, bleibt dann länger in der Margaretenstraße 7.

Von seinem Kampf mit der symphonischen Form soll am Ende dieses Kapitels die Rede sein. Die Lyrik Heinrich Heines tritt in seinen Gesichtskreis, Lenau ergreift ihn. Leider gibt es keine Briefe über die genaue Zeit seines Austritts aus dem Konservatorium. Wir wissen lediglich aus einem Schreiben an seine Eltern vom 5. März 1877, daß Hugo am 15. März nach Windischgraz zurückkehren wollte. Was war geschehen? Eines Tages hatte Hugo seinem Direktor Hellmesberger erklärt, er wolle die Anstalt verlassen, „an der er mehr vergessen als gelernt hätte“. Die Folge: Entlassung „wegen Disziplinarvergehens“. Wolf freilich hielt zeit seines Lebens daran fest, er habe die Anstalt aus freien Stücken verlassen, bevor die Direktion zum Entschluß gekommen wäre, ihm den weiteren Besuch zu untersagen.

Auch über die dramatischen Vorfälle, die dem folgten, gibt es nur mündliche Überlieferung und Feststellungen in der biographischen Literatur ohne Quellenhinweis: Direktor Hellmesberger hatte eines Tages einen Drohbrief erhalten mit dem Hinweis, seine Tage seien gezählt. Gezeichnet war der Brief mit „Hugo Wolf“, er stammte aber augenscheinlich von einem Studienkollegen Hugos, der sich einen makabren Spaß erlaubt hatte. Wolf, auf dem Wege zum Direktor, die Sache aufzuklären, traf am Eingangstor mit Hellmesberger zusammen; dieser empfing einen wütenden Blick des Studenten, mißdeutete ihn und schrie: „Ich habe nichts mit Ihnen zu schaffen, Sie sind nicht mehr am Konservatorium!“ Wolf schlug einen Handschriftenvergleich vor, Hellmesberger lehnte ab. Man erzählt heute noch, Josef Hellmesberger habe Hugo Wolf sogar wochenlang von der Polizei überwachen lassen. Nur in einem späteren Brief Hugos an seinen Vater (vom 19. Dezember 1882) findet sich noch ein konkreter Hinweis: „... heute kam ich auch mit Hellmesberger zusammen; er war sehr freundlich, erkundigte sich, wie es mir gehe, was ich komponiere etc. etc. Er fürchtet sich nicht mehr vor mir.“ Kurzum: Hugo Wolf war am 18. März 1877 wieder in Windischgraz.

Wir haben im vorigen Kapitel von der unvollendeten Klaviersonate op. 7 erzählt. Die Klaviersonate in G-Dur, op. 8 — von der Hugo Wolf in seinem früher zitierten Brief vom 15. März 1876 seinem Vater berichtete — wurde laut Wolf „am 9. Jänner Sonntags 11 Uhr nachts angefangen. 1 Teil nach 2 Uhr fertig". Dieses Werk hat drei vollständige Sätze; die letzten Seiten des Rondos sind verlorengegangen. Die Satztitel: Allegro giocoso, Largo e sostenuto, Scherzo und Trio, Rondo (Allegro). Der Anfang des letzten Satzes ist mit 6. Februar 1876 datiert. Das Manuskript liegt in der Wiener Stadtbibliothek. Im Opus 9 sind sechs Lieder vereinigt: Ein undatiertes nach Lenau, „Meeresstille", der „Liebesfrühling" desselben Dichters, am 29. Januar 1876 komponiert, „Erster Verlust" nach Goethe; am Tage darauf entstanden „Abendglöckchen" (Vinzenz Zusner), zwischen 18. März und 24. April 1876 komponiert, Goethes „Mai", am 25. April niedergeschrieben und umgearbeitet am 1. Mai 1876, und schließlich „Der goldene Morgen", mit der gleichen Datierung. Dieses Lied, auf dem Umschlag von Opus 9 erwähnt, ist nur in einem Skizzenbuch der Jahre 1876 bis 1878, das die Österreichische Nationalbibliothek besitzt, erhalten; die anderen fünf Lieder befinden sich in der Wiener Stadtbibliothek, wobei die beiden Fassungen des Goetheschen „Mai" unvollständig sind. Als Opus 10 ist von Wolf der Männerchor mit Klavier: „Stimme des Kindes" (nach Lenau) fixiert. Hierüber schrieb Hugo Wolf am 15. März 1876 an die Eltern: „Ich komponiere jetzt sehr fleißig, hab' gleich ... einen Chor, ‚die Stimme des Kindes' von Lenau, komponiert, u. z. für 4 Männerstimmen und Klavierbegleitung. Mit der fertigen Arbeit ging ich am 28. Februar zum Kapellmeister der Oper, Hans Richter ... Der Chor gefiel ihm sehr gut, aber wie ich immer das Pech mit der Stimmführung habe, die Bässe gingen im Verhältnis zum Tenor viel höher als der Tenor selbst, damit wird die Melodie selbstverständlich verschwommen. Er zeigte mir hierauf die verschiedenen Lagen, schrieb mir alles auf und gab mir die Erlaubnis, ihm andere Chöre, aber im Tenorschlüssel zu bringen." Auf das Manuskript schreibt der Komponist: „Die zwei Tenorstimmen müssen durch Sopran und Alt vertreten werden. An der Stelle des ersten Basses kommt der Tenor." Auch dieses Manuskript befindet sich in der Wiener Stadtbibliothek. Eine „Fantasie für Klavier", die er am 15. Februar 1876 begonnen hatte, plante Hugo Wolf als Opus 11; sie bricht nach einunddreißig Takten ab — zweiundzwanzig Takte sind ausgeschrieben, neun Takte ausradiert. Als Opus 12 wird ein vierhändiger „Marsch für Klavier" geführt, der im Wolfschen Tagebuch Erwähnung findet: „Am 16. Feb. das 2te Mal die Donau gesehen, bei Gelegenheit, als ich bei der Rotunde hinter einem einzelnen Baum den Anfang zum Marsch komponierte." Dem vollständigen ersten Teil folgt ein leeres Blatt mit der Bezeichnung „Trio". Als Opus 13 begegnen wir „Drei kleinen Chören für Männerstimmen" nach Goethe-Worten. Auf dem Titelblatt steht in der knabenhaft steifen Schrift des jungen Wolf die Widmung: „Herrn Philipp Wolf". Der erste Chor, „Im Sommer", wurde entsprechend dem Brief Hugos vom 15. März 1876 am 28. Februar begonnen; ein Manuskript-Fragment zeigt, daß Hugo Wolf den Chor am 4. Dezember 1876 umzuarbeiten begann. „Geistesgruß" (Nr. 2), der anläßlich des 6. Deutschen Sängerbundfestes in Graz 1902 publiziert wurde, ist wohl undatiert, wurde aber vor dem 11. März geschrieben, an dem Wolf das „Mailied" begann, das er am 3. April vollendete. Das nächste Opus, die „Vierte Klaviersonate in g-Moll" ist schon im Briefzitat vom 15. März 1876 erwähnt. Der mit Elan und Verve beginnende Stirnsatz wurde am 13. März, also am 16. Geburtstag des Komponisten, begonnen und am 31. März beendet. Ein achttaktiges Thema für ein Adagio, am 1. April 1876 hinzugefügt, bricht ohne Weiterführung ab. „Op. 13" steht auf dem Manuskript, „op. 14" auf dem Umschlag. Der erste Satz trägt die Tempobezeichnung Allegro maestoso. Eines der wenigen vollständigen Werke der Wolfschen Frühzeit ist das Opus 15: „Rondo capriccioso, in B-Dur für Klavier". Die Komposition wurde am 4. April 1876 angefangen, am 4. Juni beendet. Die Zueignung: „Dem Ritter Fischer von Ankern gewidmet" hat Hugo Wolf in griechischen Buchstaben geschrieben, wohl um sie nicht jedermann zur Kenntnis zu bringen. (Fritz Fischer, Ritter von Ankern, war außerordentliches unterstützendes Mitglied des Wiener Wagner-Vereines.) Neben dem Datum am Kopf des Manuskriptes steht das Wort „Fantasie". Es galt wohl dem Ort, an dem die Komposition zuerst niedergeschrieben wurde: einem Café-Restaurant gleichen Namens nahe dem Schloß Hetzendorf (der Name erscheint auch später im Manuskript und läßt den Rückschluß auf diese Bedeutung der Bezeichnung „Fantasie" als logisch erscheinen). Das Werk erschien 1940 im Musikwissenschaftlichen Verlag,

Leipzig und Wien, als Anhang zur Partitur des „Scherzo und Finale der Symphonie in B-Dur".

Die Manuskripte aller bisher besprochenen Werke und Werkversuche liegen in der Wiener Stadtbibliothek. Als verloren gelten „Wanderers Nachtlied" und „Die schöne Nacht" (nach Goethe), Männerchöre, die auf dem Umschlag der Goethe-Chöre, op. 13, wohl zunächst erwähnt sind; „Wanderers Nachtlied" wurde jedoch ausradiert und durch „Geistesgruß" ersetzt. Es ist durchaus wahrscheinlich, daß es sich bei diesen beiden Kompositionen nur um Projekte handelt, die Wolf niemals ausgeführt hat. Die Metier-Nähe der beiden Gedichte läßt den Schluß zu, daß Hugo Wolf ihnen eine eigene Opuszahl, eben 16, geben wollte, die nun in der Zählung fehlt. Zu Opus 17 sind drei Chöre vereinigt: „Fröhliche Fahrt", nach einem Gedicht Edmund Höfers, für gemischten Chor a cappella, am 6. und 7. Mai im Prater in Wien komponiert, am 6. September in Windischgraz umgearbeitet, „Im stillen Friedhof", nach Ludwig Pfau, für gemischten Chor mit Klavierbegleitung geschrieben, am 10. Mai begonnen, am 28. Mai vollendet, und das „Grablied", nach den Worten eines Windischgrazer Freundes des Hauses Wolf, Lenz Lorenzi, für gemischten Chor ohne Instrumentalbegleitung, das im Lechner Wald bei Windischgraz während der Sommerferien des Konservatoriums abgefaßt wurde. Dazwischen liegen noch sieben Takte eines geplanten Chorwerkes „Mailied", diesmal nach Hölty, die am 13. Juni 1876 niedergeschrieben, später ausradiert und als Sololied wieder in Angriff genommen wurden.

Aus den genauen Notizen auf den Manuskripten erkennen wir die damalige Gewohnheit Wolfs, möglichst im Freien zu komponieren. So steht etwa am oberen Rand des Manuskriptes des „Mai": „angefangen Dienstag, 25. April 1876, 7 Uhr, in der Aue links, Prater; vollendet $^1/_2$9 Uhr Vormittags Dienstag, 25. 4." Ein anderes Beispiel: Zum Chor „Fröhliche Fahrt" wird kommentiert: „Angefangen $^1/_4$5 Uhr Nachmittags, Samstag 6. Mai 76, geendet Sonntag den 7ten Mai $^1/_4$11 Vorm. im Prater." Dazu kommt der Vermerk in griechischen Buchstaben, aber auf deutsch: „Sehr kalt." Beim unvollendeten „Mailied" ist zu lesen: „Angefangen Dienstag, den 13. Juni 1876 $^3/_4$5 Uhr Nachmittags in der Nähe von Gloriette." Der Schönbrunner Schloßpark hatte nun den Prater als „Werkstätte" abgelöst. Das „Rondo Capriccioso" wurde in Hetzendorf beendet, wo auch die Transkription der cis-Moll-Sonate Beethovens — die man so gerne die „Mondscheinsonate“ nennt — für Orchester entstand. Das waren wohl Handgelenksübungen des Selfmademan Hugo Wolf — der, wie er an seine Cousine Anna schreibt, schon Freundschaft mit Berlioz' „Traité de l'instrumentation“ geschlossen hatte —, sicherlich keine ernstgemeinten Umarbeitungsversuche; sonst hätte sich Wolf nicht neue kontrapunktische Gegenstimmen fürs Beethoven-Werk einfallen lassen.

Erneut kommt es zu Skizzen, unvollendeten Manuskripten: Zweiunddreißig Takte eines Presto, eine fugierte Exposition, datiert vom 9. März 1876, finden sich für ein „Streichquartett in D-Dur“ gesetzt; im Skizzenbuch der Jahre 1876 bis 1878 sind achtzehn Takte, alle ausradiert, dem Text von Otto Roquettes „Perlenfischer“ gewidmet, während zwei Lenau-Vertonungen: „Horch, wie still es wird im dunklen Hain“ (Robert Franz hat das gleiche Gedicht unter dem originalen Titel „Stille Sicherheit“ vertont) und „Als ein unergründlich Wonnemeer“ (das wieder bei Lenau „Scheideblick“ heißt) — für letzteres gibt es sogar das Fragment einer konzipierten Orchesterfassung — undatiert niedergeschrieben sind. Die Handschrift deutet auf Kompositionsnähe zum Lied „Ein Grab“ nach Worten des Freundes Paul Peitl, der das Libretto für die geplante Oper „König Alboin“ verfaßt hatte. Auf dem Manuskript, das zwischen dem 8. und 10. Dezember 1876 entstand, ist der Dichtername mit Paul Günther, einem der Pseudonyme des Autors, angegeben.

Im Juli 1876 hatte Wolf die Orchesterbearbeitung der „Mondschein“-Sonate Beethovens begonnen; der erste Satz wurde zwischen 4. und 6. Juli instrumentiert, der zweite vom 7. bis 9. Juli; der letzte Satz, wahrhaft der schwerste für eine Orchestrierung angesichts der Klavier-Pedalwirkung, am 10. Juli begonnen, blieb unvollendet.

Die Idee, eine Symphonie zu komponieren, trug Hugo schon seit den Ferien in Windischgraz mit sich herum. Am 26. Oktober 1876 begann er den ersten Satz in B-Dur zu schreiben; von diesem ist nur ein Fragment erhalten, obwohl anzunehmen ist, daß Hugo ihn fertiggestellt hat. Anfang November wurde ein Scherzo konzipiert, und das „Rondo Capriccioso“, das er im August in der Heimat instrumentiert hatte, wurde als Finale in die B-Dur-Symphonie übernommen. So weit gedieh die Arbeit an der Symphonie im Herbst 1876; vorher, noch in den Ferien, am 13. September 1876 in Windischgraz, hatte Wolf auch ein Klavier-Quintett begonnen, das er in Wien am 18. Oktober fortgesetzt hat. Das Fragment dieser achtzehn Takte — weiter gedieh das Werk nicht! — befindet sich im Besitz der Familie von Hugo Wolfs jüngster Schwester Adrienne.

Um wieder die Verbindung mit der musikschöpferischen Umwelt herzustellen: am 4. November 1876 wurde die erste Symphonie von Johannes Brahms mit großem Erfolg im Großen Musikvereinssaal zu Wien uraufgeführt.

Von den drei ersten Heine-Liedern Hugo Wolfs, im Zeitraum von fünf Tagen (zwischen 17. und 21. Dezember 1876) niedergeschrieben, erweist sich „Mädchen mit dem roten Mündchen" als das originellste, „Du bist wie eine Blume" und „Wenn ich in deine Augen seh" als fast bewußtes Schumann-Epigonentum. Wieder schwer zu datieren ist das Chanson „Bescheidene Liebe", dessen Dichter unbekannt geblieben ist und das auch heute bei Liederabenden vor allem als Zugabe besonders gut wirkt, ohne daß es den typischen Wolf-Stil zu erkennen gibt; in der Flüssigkeit seines Parlando und im Rezitativ-Stil seiner weiten Phrasen steht es dem „Geheimen" von Schubert nahe: es kann 1876 oder 1877 entstanden sein und wurde 1903 durch den Verlag Lauterbach und Kuhn, Leipzig, veröffentlicht. Mit dem „Grab"-Lied begann im Jahre 1936 die Publikationsreihe der Jugendlieder Hugo Wolfs im Musikwissenschaftlichen Verlag Leipzig-Wien. (Im Oktober 1969 ist der Band „Nachgelassene Lieder II" als 7/2 im Rahmen der Gesamtausgabe des Musikwissenschaftlichen Verlages Wien, von Hans Jancik vorgelegt, neu erschienen.) Ungefähr sechzig Takte für ein Klavierstück „Wellenspiel", als Nr. 1 für eine Folge von „Sechs Charakterstücken" im Januar 1877 geplant, sind im Besitz der Nachkommen von Adrienne Wolf, während vier Takte eines zweiten Klavierstükkes, „Verlegenheit", niedergeschrieben am 23. Februar 1877, in der Wiener Stadtbibliothek ruhen. Ein eigenartiges, wieder schubertnahes Unternehmen Hugo Wolfs am Ende seiner Wiener Studienzeit war es, drei Oden von Lenau unter dem Titel „Abendlieder" zusammenzufassen; er hatte die Komposition am 4. Januar 1877 begonnen und am 24. Februar beendet. Hugo schien sich hier am bildhaften Detail zu üben: das Klavier „beschreibt" das Aufgehen des Mondes, Nachtigallengesang ertönt, Almglocken läuten, der Wald rauscht.

„MORGENTAU"
Lieder 1877—1880

„1877 Ziemlich fleißig komponiert."
„1878 Endlich stabile Wohnung (Florag. 7). Heine'sche Lieder, Balladen etc.
Sommer Waidhofen a. d. Ybbs, dann Windischgraz."
„1880 Wenig komponiert, Sommer Windischgraz und Mayerling, Winter Rennweg."

Hugo Wolf: Daten aus meinem Leben

Hugo Wolf war also wieder einmal heimgekehrt. In Ungnaden bei den Erwachsenen, als liebenswerter Freund für die Jüngeren. Schwester Käthe, die damals zwölf Jahre alt war, hat die Erlebnisse mit Hugo in ihren Erinnerungen, die gekürzt und revidiert in den Jahren 1928 und 1933 in Wiener Zeitungen („Neues Wiener Tagblatt" und „Volkszeitung") erschienen sind, festgehalten (Käthe Salomon-Wolfs ungekürzte Kopien konnte Frank Walker noch vor dem Zweiten Weltkrieg einsehen). Hugo hatte gewisse „Glanzdarbietungen", etwa den Dialog miteinander streitender Wiener Fiaker, deren Schimpforgien er zungengewandt wiederzugeben wußte. Wagners „Lohengrin", „Der fliegende Holländer" und Webers „Freischütz" wurden im Kreise der Geschwister immer wieder debattiert. „Schips", der von den Kindern verwöhnte Haushund, war Hugos Liebling und sein Begleiter bei seinen stundenlangen Wanderungen. „Wer diese gottgesegnete Landschaft kennt, auf Höhenwanderungen und Hängen des Bachergebirges das farbige Leuchten des Herbstes und den sinnverwirrenden Frühling der Wälder erleben durfte, wo der Kuckuck tausendmal ruft, während es von den Obstbäumen in weißen Wolken auf lila Veilchenwiesen niederschneit — wer sich an all dem immer wieder berauscht, wie an ewig Unverlierbarem, der findet in Wolfs Liedern süßes Anklingen dieser Stimmungen in einem leise erblühenden Akkord, in einer zarten Melodie, die selig zum Himmel strebt, wie Frühlingsbirken am

Abend. Wenn dann der Südwind durch die Äste fährt und weiße Blütenstaublawinen niederstäubt, oder wenn im Herbst die Windräder harfenartig anklingen, silbrig fein wie Celesten, wenn der Horizont in fernen Nebeln verschwimmt und das Meer ahnen läßt, dann wird die schöpferische Phantasie rege." (Joseph Marx)

Hugo Wolf komponierte: er schrieb nach Körner „Das Ständchen", Matthissons „Andenken" wurde neu vertont, „An *" nach Lenau; einem alten Liederbuch entnahm Hugo die Verse „Wanderlied" und „Morgentau". Dieses Werk hielt Hugo Wolf später für würdig, als seine früheste Komposition publiziert zu werden. Hier wird an einer Grundstimmung festgehalten, der melodische Einfall ist von bezwingender Anmut; echt ist die Schlichtheit, die einfache, in sich geschlossene Stimmung dieses Liedes. Das unvollendete Manuskript „Die Verlassenen" mit seinen 17 Takten, in der Familie von Hugo Wolfs jüngster Schwester Adrienne, die mit Dipl.-Ing. Josef Korschitz verheiratet war, bewahrt, wurde am 19. Juni 1877 in Windischgraz begonnen und im Band III der „Allgemeinen Geschichte der Musik" von Batka und Nagel, Stuttgart 1909—1915, veröffentlicht. Im September 1877 — zwischen dem 9. und 26. — entstand die „Humoreske" für Klavier, deren Manuskript in der Österreichischen Nationalbibliothek einzusehen ist.

An der 1876 begonnenen Symphonie weiterzuschreiben, war Wolfs höchste, selbstgewählte Aufgabe. In der Musikabteilung der Österreichischen Nationalbibliothek befindet sich ein Skizzenbuch Hugo Wolfs; aus diesem ist zu ersehen, daß Hugo Wolf am 26. April 1877 einen langsamen Satz in D-Dur als dritten Satz einer B-Dur-Symphonie vorsah. Aus einem anderen Manuskript geht hervor, daß im Mai 1877 das Scherzo fertiggestellt und ausgearbeitet wurde. Aber mit Datum vom 17. Juni 1877 werden im Skizzenbuch Themen für ein neues Finale und für einen neuen Stirnsatz, diesmal in g-Moll, eingetragen, was als Zeichen dafür gelten darf, daß Wolf von der Idee der Hineinnahme des „Rondo Capriccioso" und vom ursprünglichen ersten Satz in B nicht mehr angetan war. Das fertig ausgearbeitete Scherzo erschien ihm brauchbar, er radierte nur im Titel „Scherzo aus der Symphonie in B-Dur" die ursprüngliche Tonart mit dem Federmesser aus und ersetzte sie durch die Bezeichnung „g-Moll". Man kann mit Fug und Recht annehmen, daß auch der langsame Satz und das Finale im Laufe des Windischgrazer Sommers vollendet wurden. Denn immer wieder schrieb und sprach Wolf von seiner Symphonie als von einem vollständigen Ganzen.

Es muß vorweggenommen werden, daß Hugo Wolf auf seiner Rückreise nach Wien in der Nacht vom 10. auf den 11. November 1877 im Wartesaal des Grazer Bahnhofes das Manuskript der Symphonie zurückgelassen und vergessen hatte. Von Bruck an der Mur aus hatte er dann zurücktelegraphiert — das Manuskript war bereits von fremder Hand genommen worden und wurde bis zum heutigen Tag nicht wieder gefunden. In Wien versuchte Wolf die Rekonstruktion der Partitur, hat jedoch nur — neben dem Scherzo und dem orchestrierten „Rondo Capriccioso" — einige Fragmente der anderen Sätze hinterlassen. Der Musikwissenschaftliche Verlag hat im Jahre 1940 die beiden fertigen Sätze veröffentlicht (der Herausgeber Helmut Schultz hat die Instrumentation des „Rondo Capriccioso" vollendet). Im Anhang wurden alle erhaltenen Fragmente der Symphonie in ihrer ursprünglichen B-Dur- und in der späteren g-Moll-Form veröffentlicht. Gegenüber dem nicht mehr als braven „Rondo Capriccioso" liest sich das „Scherzo" mit seinen gelungenen Instrumentations-Effekten (meisterliche Verwendung der vier Pauken!) geradezu fesselnd: die kanonischen Führungen erweisen Wolf als gediegenen Kontrapunktiker, gelungene Modulationen als Harmoniker von Passion, die abgeänderte Wiederholung des Scherzos nach dem rustikal beginnenden, später sich polyphon hervorragend entwickelnden Trio zeigen seinen Sinn für variable Technik, die Instrumentation weist ihn als frühen Beherrscher der Orchestertechnik im Sinne von Berlioz' Lehre aus.

Ein sommerliches Hauskonzert für die Familie und einige Freunde in Windischgraz am 22. August 1877 wies ein Programm mit Werken von Wagner, Mozart, Schubert, Schumann, Chopin und Beethoven auf, mischte Original und Bearbeitung, Orchestermusik, Klavierkomposition und Lied. Hugo pflegte Umgang mit Musikliebhabern unter den Einheimischen — in den Familienbriefen finden sich die Namen Josef Walter und Franz Pecharz (der spätere Bezirksrichter) —, lebte aber zumeist zurückgezogen und schmiedete auf seinen Wanderungen Pläne für die Rückkehr nach Wien. Im Nachlaß Felix Mottls hat sich ein Brief Hugo Wolfs gefunden, in dem er von den finanziellen Sorgen des Vaters schreibt und von der Hoffnung auf Hilfe seitens der Wiener Freunde, die ihm die Rückkehr in die Hauptstadt ermöglichen sollten. Vater Filipp, der auch mit dem ältesten Sohn Max und dem jüngsten, Gilbert, seine Sorgen hatte (der eine hatte erst die Hälfte der dreijährigen Militärzeit hinter sich, der andere zunächst weder Talent noch Lust, die Nachfolge seines Vaters im Ledergewerbe anzutreten), sah schließlich ein, daß Hugo nichts anderes als Musiker werden konnte, schloß sich den Hoffnungen des Sohnes auf die Existenzsicherung durch Unterrichtsstunden und Freundeshilfe an und ließ ihn wieder einmal ziehen. Am 10. November 1877 bestieg Hugo Wolf die Postkutsche, ließ sich elf Kilometer nach Unterdrauburg zur Eisenbahnstation bringen, faßte da bereits den Plan zum Entwurf einer Violinsonate, brachte am Bahnhof Skizzen zu Papier (sie fanden sich in einem Skizzenbuch und wurden in einem Anhang zur Herausgabe der beiden Symphoniesätze im Musikwissenschaftlichen Verlag veröffentlicht), traf im Zug Freunde, debattierte über Richard Wagner, nützte den Aufenthalt in Graz zu einem Besuch bei Universitätsprofessor Doktor Friedrich von Hausegger, einem der führenden Wagnerianer in der sonst so konservativen steirischen Hauptstadt und zugleich Kritiker der „Grazer Tagespost", verließ die Stadt mit dem Nachtzug — es folgte die bereits erwähnte Episode mit dem verlorengegangenen Manuskript der Symphonie — und stieg am Wiener Südbahnhof am 11. November 1877 um halb sieben Uhr morgens aus.

Es war Sonntag, und ein „philharmonischer" dazu. Also ging's zuerst zu Wolfs Vetter Hans Meier, andere Freunde stellten sich ein — Treffpunkt Kaffeehaus — und von dort in den Großen Musikvereinssaal. Da war der Kreis, der ihn als Heimkehrer begrüßte, noch größer.

Die Familie Goldschmidt hatte Hugos Rückkehr ökonomisch ermöglicht. Moritz von Goldschmidt, ein Prokurist des Hauses Rothschild, bewohnte mit seiner Familie die beiden Stockwerke des Hauses Opernring 6. Von seinen fünf Söhnen stand der jüngste, Adalbert, geboren 1848, also zwölf Jahre älter als Hugo, diesem bereits seit der Konservatoriumszeit am nächsten. Der „schöne Berti", wie er in Wiens Gesellschaftskreisen genannt wurde, war eine poetische und musikalische Doppelbegabung, hatte Paula Kunz, eine Schülerin der Marchesi, von der Bühne weg geheiratet; allsonntäglich gab es musikalische Soireen in ihrem Salon, der von Prominenz, wirklicher und vermeintlicher, wimmelte. Goldschmidt, ganz im Bannkreis von Franz Liszt, hatte in diesem Jahre 1877, das für Wolf ein Schicksalsjahr wurde, weil es die Hauptstadt bis zu seinem frühen Tode zu seiner künstlerischen Heimat machte, Premiere in Wien: sein weltliches Oratorium „Die sieben Todsünden" wurde nach erfolgreicher Uraufführung in Berlin (1877) gegen Hanslicks Opposition in seiner Geburtsstadt erstaufgeführt (1884 folgte eine Oper „Helianthus").

Goldschmidts künstlerische Entwicklung verflachte durch Beliebtheit, Verschwendungssucht, Sportehrgeiz und gesellschaftlichen Geltungsdrang. Später hatte er sich einzuschränken, aus dem Komponisten hohen Gedankenfluges wurde der Schöpfer einer Wilhelm-Busch-Operette „Die fromme Helene", deren Premiere in Hamburg ein Mißerfolg war. Als sein Schöpferdrang längst erlahmt war, gehörte „Berti" noch bis zu seinem Tode (am 21. Dezember 1906) zu Wiens stadtbekannten Originalen. Im Jahre 1877 freilich versammelte er bedeutende Männer um sich: den Maler Julius von Blaas, den Bildhauer Victor Tilgner (der zu den intimen Freunden von Johann Strauß zählte), die Musikkritiker Dr. Hans Paumgartner und Dr. Gustav Schönaich, den erst 21jährigen, aber schon im Wagner-Verein aufhorchen lassenden Korrepetitor Felix Mottl. Sie alle waren dem kleinen, anmutigen, trotz seiner Armut peinlich geschmackvoll gekleideten Wolf zugetan. Als Erwachsener hat Hugo Wolf die Größe von 1,54 Meter erreicht. Er war also, als er zu diesem Kreis stieß, vermutlich noch kleiner, hatte eine aschblonde, lange Künstlermähne, war unkompliziert und scherzbereit unter Freunden, mißtrauisch und zornig in Gegenwart von Fremden. Helene Bettelheim-Gabillon, Schriftstellerin und Tochter des großen Schauspielers Ludwig Gabillon, der mehr als vierzig Jahre im Burgtheater spielte, hat uns den Hugo Wolf von damals ganz charakteristisch geschildert:

„... Nur wenn unser Kreis durch einen ihm unliebsamen Besuch sich erweiterte, wurde er sofort verdrießlich und still, oder verdrießlich und grob, saß mit gekreuzten Armen, vorgebeugt, mit verärgertem Gesicht wie ein kleiner Kobold da; seine noch knabenhaft jugendlichen Züge, sonst gut und gewinnend, erhielten dann durch einen stechenden Blick, der seine Augen ganz diabolisch aufleuchten ließ, einen vollständig veränderten Ausdruck."

Hugo schrieb damals an seinen Vater: „Alle ... haben mich sehr lieb, besonders, wenn ich über ihr frivoles Benehmen recht zu schimpfen anfange, worauf dann Goldschmidt sagt: ‚Jetzt hört doch den Wolf mit seiner göttlichen Grobheit an!' " Man organisierte Unterrichtsstunden für Wolf, Hugo hatte auf Grund der Goldschmidt-Partitur die Orchesterstimmen für die nahende Wiener Erstaufführung der „Sieben Todsünden" im Dezember 1877 zu korrigieren, er hoffte auf weitere Privatstunden, schwelgte in den Briefen an den Vater in grenzenlosem Optimismus und war voll von Enthusiasmus und ungezügelter Überheblichkeit. Da denkt man oft an den jungen Mozart.

Zunächst, nach seiner Ankunft in Wien, hauste Wolf in einem Zimmer im Hause Schleifmühlgasse 22, übersiedelte vierzehn Tage später in die Mozartgasse, beidemale also wieder „auf die Wieden". Stets standen ihm Goldschmidts Haus, aber auch Goldschmidts Brieftasche, Bibliothek und Landsitz offen. (Elf Jahre später hat sich Hugo Wolf einen musikalischen Spaß erlaubt: er ließ in der von ihm vertonten Goethe-Ballade „Ritter Kurts Brautfahrt" bei der Erwähnung der Juden zwei Themen-Fragmente aufklingen, von denen eines aus Goldmarks „Königin von Saba", das andere aus Goldschmidts „Sieben Todsünden" stammte.) Dr. Gustav Schönaich, der durch seinen Stiefvater Dr. Josef Standhartner zum engeren Wagner-Kreis gehörte (der Meister hielt sich in Wien meist in Gesellschaft dieser Freunde auf), war längere Zeit Wolfs vertrauter Freund. In alten Musikzeitschriften kann man Artikel aus seiner Feder entdecken; von seiner Persönlichkeit wissen wir durch mündliche Überlieferung, die in Wien bis in unsere Tage immer hoch im Kurs steht. Er zählte zu den bedeutendsten „Pokulierern" seiner Zeit, hatte eine dementsprechende Körperfülle, hinter der freilich der geistige Radius eines klugen Kopfes stand.

Hugo Wolf hatte viel an Bildung, an Schliff, an Wissen nachzuholen. Hier, im Kreise der Goldschmidts und Schönaichs, war beste Gelegenheit dazu. Der musikschöpferische Drang kam in diesen ersten Wiener Wochen ein wenig zu kurz. Es hatte ja auch in jüngster Zeit genügend Ereignisse musikalischer Natur gegeben, die die Diskussionen nicht aufhören ließen. Bruckners III. Symphonie war am 16. Dezember 1877 uraufgeführt worden, die „Zweite“ von Brahms am 30. Dezember. Am 27. Dezember 1877 hatte Wolf eine Ouvertüre zu Byrons „Der Korsar“ entworfen, die nie vollendet wurde und deren Manuskript bis auf ein Thema in einem Skizzenbuch (datiert vom 14. Januar 1878), das in der Österreichischen Nationalbibliothek liegt und im Anhang zur Partitur des Scherzos und Finales auch publiziert wurde, als verloren gilt. Am 29. Dezember war noch das daheim in Windischgraz begonnene Lied „Der Schwalben Heimkehr“ fertiggestellt worden (veröffentlicht 1936 im Musikwissenschaftlichen Verlag); die Kompositionen „Das Lied der Waise“ nach Friedrich Steinebach, am 10. Oktober 1877 in Windischgraz begonnen (dreizehn Takte), und „Wunsch“, nach Lenau, in Wien mit zweiundfünfzig Takten am 26. November 1877 niedergeschrieben, sind unvollendet geblieben. Die Ankunft des neuen Jahres feierte Wolf als Gast bei Goldschmidts, trennte sich erst am Neujahrsmorgen bei einer Kaffee-Nachfeier von Freunden um halb fünf Uhr früh und arbeitete daheim in seiner Wohnung noch bis sechs Uhr früh an der Byron-Ouverture . . .

Am 5. Januar 1878 übersiedelte Wolf in ein ruhiges Zimmer des Hotels „Goldenes Lamm“ in der Wiedner Hauptstraße. Dort blieb er nur wenige Tage, schlief dann (so scheint es) in dem Archiv der Hofoper(!), zog für ein paar Tage ins Hotel „Erzherzog Karl“ in der Inneren Stadt, bis er noch im Januar 1878 im Hause Kärntnerstraße 39 ein Domizil bis März fand. Aus dieser Zeit stammt, später bei Lauterbach und Kuhn in Leipzig erschienen, das in Wien vom 22. bis 25. Januar komponierte Lenau-Lied „Traurige Wege“ (eine Manuskriptseite trägt das zusätzliche Datum 3. Februar 1878). In der Wiener Stadtbibliothek verwahrt, findet sich auch ein kleines Strophenlied nach Rückert „So wahr die Sonne scheidet“ vom 8. Februar 1878, ein mit 15. Februar datiertes Fragment „Ich sah die blaue unendliche See“ nach Hoffmann von Fallersleben von sechs Takten. „Nächtliche Wanderung“ nach Lenau trägt auf den Manuskriptseiten drei Daten: den 19. und den 21. Februar und den 11. März 1878 und erschien im Todesjahr Hugo Wolfs, wieder bei Lauterbach und Kuhn. Das erste Lied eines geplanten Chamisso-Zyklus „Auf Wanderschaft“ wurde vom 20. bis 23. März 1878 niedergeschrieben; Wolf selbst hat es mit der hingekritzelten Bezeichnung „Schlecht!“ (und „Noch schlechter!“ nach einer rhythmischen Abänderung) abgeurteilt. Ein weiterer Chamisso-Vertonungsversuch, einunddreißig Takte zu „Was soll ich sagen“, die der Zeitspanne zwischen 1. April und 4. Mai 1878 zuzurechnen sind, ist wie der vorige in der Wiener Stadtbibliothek einzusehen. In einem Brief an seine Eltern vom 10. April 1878 hat Hugo Wolf auch ein Lied „Geschiedensein“ erwähnt, das — wenn es überhaupt niedergeschrieben wurde — verlorengegangen sein muß.

Erste Versuche, mit Verlegern und Kritikern in lohnende Diskussion zu kommen, schlugen fehl: ein Freund Schönaichs, Emmerich Kastner, brachte im Verlag Johann André in Offenbach einen Wagner-Katalog heraus und half mit einer Empfehlung von Wolf-Liedern. Der noch nicht achtzehnjährige Komponist wählte „Traurige Wege“, „An *“, „Morgentau“ und „Wanderlied“ aus und fieberte mit unbegründeter Zuversicht dem Erscheinen der Lieder entgegen; die Ablehnung schreckte Hugo Wolf nicht ab. Er legte die „Nächtliche Wanderung“ dazu und sandte das Liederpaket an Breitkopf und Härtel in Leipzig, die die Veröffentlichung ebenfalls ablehnten. Zorniger reagierte Wolf auf das einschränkende Urteil Hauseggers: „Im allgemeinen machten die Lieder, die an Mendelssohn erinnern, keinen ungünstigen Eindruck auf mich, aber ich kann mein Urteil, daß sie oberflächlich sind, nicht zurücknehmen.“ Hugo schrieb erzürnt an seinen Vater, der ihm zu dieser „Intervention“ geraten hatte: „... eine größere Beleidigung könnte mir wohl niemals ins Gesicht geworfen werden, als mich der Nachahmung Mendelssohns zu zeihen und obendrein noch im Lied! Wahrscheinlich hat er sie vorm Schlafengehen, nachdem nicht allein schon seine physischen, sondern auch psychischen Kräfte sehr erschlafft waren, durchgesehen, denn sonst könnte er niemals zu diesem Fazit gelangen. Sogar ein starker Schumannscher Zug geht durch die Lieder, am meisten in den ‚Traurigen Wegen‘, aber Mendelssohn nimmermehr.“

Der Musikunterricht, von dem Hugo Wolf lebte, geriet nicht immer zum besten. Sein Stolz vertrug es nicht, daß man ihn als Handlanger, als untergeordnete Person behandelte. Schließlich blieb es dabei, daß Wolf nur mehr in jenen Familien als Privat-Musiklehrer agierte, die ihn als schöpferischen Musiker schätzten und ihm bewußt ein bescheidenes Einkommen zu sichern trachteten, indem sie ihm ihre Kinder zur musikalischen Schulung anvertrauten. So hielt es der bekannte Arzt Dr. Josef Breuer, der Mitarbeiter Sigmund Freuds auf dem Gebiet der Psychopathologie (1895 erschien das gemeinsame Buch beider Autoren: „Studien über Hysterie“). Der achtjährige Robert und seine siebenjährige Schwester Bertha erhielten nicht nur auf dem Klavier Unterweisung, sondern auch in Harmonielehre (was sich nur bei Robert gelohnt hat), und die Eltern hatten den jungen Lehrer bald freundschaftlich in die Familie aufgenommen. Dr. Breuers Schwager war der Kaiserliche Rat Leopold Altmann, der durch fünf Jahre Hugo Wolf in freigebiger Art durch Widmung beträchtlicher Geldbeträge unterstützte; Verwandte der Altmanns wieder, eine Familie Kauffmann, deren Kinder auch Musikunterricht von Hugo Wolf erhielten, stellten sich mit Kleidungsstücken ein. Die wirtschaftliche Abhängigkeit Wolfs von dieser Einkommensquelle ist durch einen Brief an seine Eltern belegt (10. August 1878): da berichtet er, die Ferien der Kinder Breuer hätten ihm die Beschränkung auf eine Hauptmahlzeit im Tage auferlegt. Zur selben Zeit hatte er in der Floragasse 7 im vierten Bezirk ein billiges und ruhiges Zimmer gefunden, mit Gartenblick und Morgensonne. Wieder wurde ein neuer Plan für eine „große“ Komposition gefaßt: „Die Stunden verrauschen“, für Soli, Chor und Orchester nach einer lyrischen Vorlage von Gottfried Kinkel. Hugo hatte das Werk in einem Brief an seine Eltern ebenfalls am 10. April 1878 als „beinahe vollständig skizziert“ erwähnt. In der Stadtbibliothek in Wien sind zwölfeinhalb Seiten Manuskript einzusehen, von denen zehn Seiten und eine halbe vollständig ausgeführt sind. Auch Grenzdaten der Beschäftigung mit diesem Werk sind aus dem Fragment ersichtlich: am Anfang ist „Wien, 27. März 1878“ zu lesen, am Beginn der Seite 7: „Waidhofen a. d. Ybbs, 11. September 1878“. Heute wissen wir, daß dieser Frühling für Hugo Wolf schicksalsentscheidend wurde. „Ich fühle auch die Kraft, mich über das gewöhnliche Niveau emporzuarbeiten“, so hat Hugo Wolf am 12. Mai 1878 an seine Eltern geschrieben.

Es wirkt meist künstlich, Einschnitte, Haltepunkte in einem Lebenslauf rückwirkend festzustellen. Hier aber, bei Hugo Wolf, hat sich der seltene Fall ereignet, daß trotz erhalten gebliebener Briefe erst die Zeit reifen mußte, bis sich *der*

Biograph für Wolf einstellte, der mehr als siebzehn Jahre, von 1936 bis zum Erscheinen seines Buches, 1953, an der Rekonstruktion der Wahrheit über das Leben und Schaffen unseres Meisters gearbeitet hat. Seine Arbeit bestand in erster Linie aus Quellensuche. Auch dieses Buch verdankt den von Walker eruierten Daten sehr viel. Wo aber die Quellen nicht ausreichten (oder nicht mehr sagen durften, weil persönliche Rücksichtnahme mit im Spiel war), ließ Frank Walker neue Quellen schaffen. Jetzt, da sich der Lebensbericht dem Entscheidenden zu nähern beginnt, ist man auf zwei Darstellungen verwiesen, die Walker selbst ins Leben gerufen hat: er bat Helene Bettelheim-Gabillon, eine Beschreibung jenes Mädchens zu verfassen, das als die „erste Liebe" Hugo Wolfs in die Musikgeschichte eingegangen ist, der Vally Franck, die in diesem Frühjahr 1878 das Herz des jungen Musikers eroberte; und er hat Frau Bertha Hammerschlag — der wir schon als Bertha Breuer in ihrer Kindheit begegnet sind — veranlaßt, Wolfs eigenartiges Benehmen rund um die Mahlzeiten bei befreundeten Familien zu schildern. Auf Grund beider Darstellungen scheint es, als ob „himmlische" und allzu irdische Liebe beinahe zu gleicher Zeit Wolfs Leben zutiefst erschüttert hätten.

Die Familie Goldschmidt hatte den 3. und 4. Stock des Hauses Opernring 6 an einige ihr besonders nahestehende Freunde vermietet. In dieser Zeit wohnten dort die Schauspielerfamilie Ludwig und Zerline Gabillon mit ihren Töchtern Helene und Dora und Anton Lang mit Gattin und Nichte Valentine. Frau Lang, Schwägerin des Gelehrten Adolph Franck (1809—1893), der an verschiedenen französischen Universitäten philosophische Vorlesungen gehalten und schließlich am Collège de France eine Lehrkanzel „du droit de la nature et des gens" innehatte, hatte dessen jüngere Tochter Valentine („Vally") nach dem frühen Tod ihrer Mutter zu sich geholt, also nach Wien und auf ihren Familienbesitz im böhmischen Roskosch. Vally Franck und Dora Gabillon freundeten sich schnell und innig an, gründeten bald die „Eulonia", einen Kreis von Freunden der Lyrik, der gesprochenen und der gesungenen, und hatten da oft Adalbert von Goldschmidt und seine Freunde zu Gast. Aus dem Tagebuch Helene Gabillons ist ersichtlich, daß Vally Franck noch aus Cannes am 4. März 1878 nach Wien geschrieben hatte und gemeinsam mit dem Ehepaar Lang das Goldschmidt-Haus am 13. Mai zur Reise nach Roskosch verließ. In den Wochen dazwischen muß es zu den ersten Begegnungen mit Hugo Wolf gekommen sein; Hans Makart, der Dora Gabillon porträtiert hatte, stand im Banne von Vallys Schönheit. Doch lesen wir zunächst die Darstellung ihrer Persönlichkeit, die Helene Gabillon für Frank Walker geschrieben hat: „Die schön geschwungenen dunklen Brauen, die langen Wimpern, das schwarze Haar und die mattweiße Hautfarbe gaben dem Kopf, mit dem Profil einer antiken Gemme, ein fast tragisch-ernstes Gepräge. Aber wie sehr täuschte dieser Eindruck! Sie ist eine heiter gelassene Lebenskünstlerin gewesen; ihrer Schönheit wohl bewußt, wollte sie gern bewundert und geliebt sein, aber die Liebe sollte nicht zu tief gehen, nicht schmerzlich, nicht verantwortungsvoll werden. Das Dasein sollte sonnig und unbeschwert bleiben, sie lachte ja auch so gern und hatte, ihrer gallischen Abstammung gemäß, einen lebhaften Sinn für Witz und Humor. Im vertrauten Gedanken- und Gefühlsaustausch mit ihrer liebsten Freundin gab sie sich oft einer ungehemmten Fröhlichkeit hin, weit gemessener war sie in größerem geselligem Kreis, in dem ihre Konversation durch ihre Heiterkeit und ihren speziellen Esprit reizend belebt wurde, aber es blieb im Allgemeinen alles an der Oberfläche haften. Sehr selten ging sie ganz aus sich heraus, man mußte sie da genau kennen, um zu bemerken, wenn sie sich über etwas kränkte oder ärgerte; ihre einschmeichelnd wohlklingende, sanfte, etwas dunkle Stimme erhob sie kaum, selbst wenn sie innerlich erregt gewesen. Bewundernswert war ihre klaglose, beherrschte Ruhe, mit der sie, zweiunddreißigjährig, in vollster Blüte ihrer Schönheit, die zeitweilige Lähmung ihrer linken Gesichtshälfte ertrug. Auch hierbei, wie stets, voll Rücksicht auf ihre Adoptiveltern, die sie liebend umsorgten und verwöhnten. Sogar ihrer vertrauten Freundin berichtete sie die Heimsuchung sehr ruhig, nur mit einem Anflug wehmütiger Selbstironie. Ihre einsamen Stunden widmete sie sehr ernster Lektüre, wie ihr kultivierter Geist und ihr echter Wissensdrang dessen bedurften. Sie besaß ein großes Sprachentalent, die gebürtige Pariserin beherrschte die harten tschechischen Laute so sicher wie Deutsch, Englisch und Italienisch. Sie liebte die Musik nicht nur, sondern verstand auch viel davon, spielte ganz hübsch Klavier und sang mit ihrer Freundin oder im Chor befreundeter

Stimmen gern Volkslieder, etwas Schubert, Schumann oder Mendelssohn — die deutsche Romantik lag den jugendlich sentimentalen Gemütern damals am nächsten."

Während ihres Aufenthaltes in Roskosch war Vally schwer erkrankt und kehrte in den letzten Tagen des Juni 1878 nach Wien zurück, blieb aber nur wenige Tage, um dann in Badgastein Heilung für die Lähmung zu suchen. In einem Brief vom Juli 1878 schreibt sie an Helene Gabillon: „Ich war in Wien noch ziemlich unwohl und bis zur Abreise so matt, daß ich nur mit großer Kraftanstrengung die nötigen Reisevorbereitungen treffen konnte ... daß ich Dich in Wien nicht mehr sah, war bitter ... es war ohnehin ein schmerzlicher Tag, mein kleiner Freund schied, und das übrige kannst Du Dir denken. Die letzten Tage in Wien waren unerträglich, heiß, einsam, krank, sehnsüchtig, — es war kein Leben mehr ... Der erste Brief, den ich gleich am Tage meiner Ankunft erhielt, war ein sechs Seiten langer von Hugo — ist das nicht schön?"

Wie war nun Hugo Wolfs Lage? Bertha Hammerschlag, geb. Breuer, schreibt für Frank Walker auf: „Ein ewiger Streitpunkt war es nur, daß er nicht zu bewegen war, einen Bissen im Hause zu essen. Er saß am Klavier und spielte, und meinen Eltern schmeckte das Essen nicht, weil sie wußten, wie hungrig er war. Wenn er mit uns Kindern im Garten war, aß er mit Begeisterung das Obst, das von den Bäumen gefallen war, und hat uns seine Erfindung, den Hungerriemen, erklärt, den er enger schnüren konnte, um den Hunger weniger zu fühlen. Aber trotzdem war er nicht dazu zu bringen, an einer Mahlzeit teilzunehmen. Ich erinnere mich ganz genau an eine Szene, wie meine Mutter das Kinderfräulein, das er sehr gerne hatte, als Abgesandte mit einem großen Stück Torte zum Klavier schickte und ihn bitten ließ, es zu essen — aber umsonst." Absichtslos, nur bestrebt, Wolfs absonderlichen Stolz zu schildern, erzählt Helene Bettelheim-Gabillon in ihren Erinnerungen („Im Zeichen des alten Burgtheaters", Wien 1921): „Er war oft unser Tischgast, aber selten kam es vor, daß er andere Speisen berührte als etwas Brot, Käse und Obst vom Nachtisch ... Ganz zwanglos dagegen vertiefte er sich in die Jause, die nach der Klavierstunde genommen wurde." Dr. Breuer kam zu der Ansicht, daß Hugo Wolf in dieser Zeit die ersten Zeichen einer venerischen Infektion erlebt und über ärztliche Anweisung die Benützung des gemeinsamen Tischbestecks wegen Infektionsgefahr vermieden hat. 1926 erschien aus der Feder eines Brunold Springer in Berlin eine Abhandlung „Die genialen Syphilitiker", in der behauptet wird, Hugo Wolf wäre im Alter von siebzehn Jahren angesteckt worden. Obwohl es in der gesamten Wolf-Literatur dafür keine Bestätigung gibt, hat die mündliche Überlieferung derlei bewahrt: Joseph Marx deutete einmal bei einem gemeinsamen Spaziergang zum Theater an der Wien auf ein Haus in der heutigen Lehár-Gasse (früher Dreihufeisengasse) und meinte: „Schau'n S', lieber Freund, hier hat sich Hugo Wolf, noch nicht sechzehn Jahre alt, anstecken lassen."

Später, im Begeisterungssturm nach der Niederschrift der Mörike-Lieder im Jahre 1888, hat Wolf einmal seinem Freund Edmund Lang geschrieben: „Mein Lodi im Lied ist bekanntlich das Jahr 1878 gewesen; damals komponierte ich fast jeden Tag *ein* gutes Lied, mitunter auch zwei." Im April 1878 war's noch nicht soweit. Da entstand am 5. April „Die Spinnerin" nach Rückert, das wohl am 12. beendet wurde. In einer aufsprühenden Hebbel-Begeisterung (Wolf las in jenen Tagen auch Kuhs Hebbel-Biographie) schrieb er innerhalb von wenigen Tagen drei Hebbel-Lieder: „Das Kind am Brunnen", das drei Daten trägt (16., 22. und 27. April 1878), „Das Vöglein", das er am 2. Mai 1878 niederschrieb, als er auf einer Bank im Schwarzenberg-Garten dem Schlag eines Finken lauschte, und „Knabentod", der vom 3. bis 6. Mai 1878 entstand. („Die Spinnerin" und „Das Vöglein" hielt Hugo Wolf später zusammen mit „Morgentau" vom Juni 1877 der Veröffentlichung würdig.) Gerade im „Vöglein" findet sich schon die „persönliche Schrift" des Komponisten, jene durchsichtige Klarheit und Helligkeit im Klaviersatz, die in den späteren Meisterliedern das Profil der Faktur bestimmt. „Die Spinnerin" vermag das junge Mädchen im frühen Herzenssturm bezaubernd zu charakterisieren.

Seit Dezember 1876 war Heines „Buch der Lieder" ungenützt geblieben. Nun aber, wie wir anzunehmen Grund haben, wollte sich das verliebte Herz des jungen Komponisten romantisch aussprechen — er nahm die schöpferische Lektüre wieder auf: die ersten Takte von „Sie haben heut' Abend Gesellschaft" wurden am 18. Mai niedergeschrieben; zwei Tage später entstanden zwei Klavierstücke, denen Schumanns „Kinderszenen" Pate gestanden habe mögen: das „Schlummerlied" (das unter dem Titel „Albumblatt“ Mizzi Werner, der wir noch begegnen werden, am 31. Juli 1880 vom Komponisten dediziert wurde) und „Scherz und Spiel“. Der Verlag Schott hat das erste Stück sieben Jahre nach Wolfs Tod herausgegeben, das zweite ist in der Wiener Stadtbibliothek verwahrt. Am 23. Mai 1878 gab Hugo Wolf dem Gedicht Julius Sturms „Über Nacht“ eine edle musikalische Fassung, die uns das Werk immer wieder in Konzerten begegnen läßt. Am 25. Mai wurde das für Wolfs persönliche Situation sicherlich symbolisch zutreffende Heine-Lied fertiggestellt; gleich am nächsten Tag kam „Ich stand in dunklen Träumen“; es folgten „Das ist ein Brausen und Heulen“; „Wo ich bin, mich rings umdunkelt“, „Aus meinen großen Schmerzen“, „Mir träumte von einem Königskind“, „Mein Liebchen, wir saßen beisammen“ (das Manuskript, das sich in privaten Händen befand, wurde während der Kämpfe um Wien im Jahre 1945 vom Feuer zerstört) und „Es blasen die blauen Husaren“; man schrieb den 22. Juni. Zwei weitere Entwürfe („Manch Bild vergessener Zeiten“ nach Heine, mit dreißig Takten, und „Frühling, Liebster“ nach Rückert mit vierunddreißig Takten), am 24. Juni, bzw. am 30. Juni 1878 niedergeschrieben, blieben Torsi.

Wolf steht in all diesen Liedern stilistisch Schumann nahe, aber immer wieder kündigt sich Eigenes, Unverwechselbares an: die „blauen Husaren“ marschieren amüsant und lassen an spätere Meisterstücke wie „Mein Liebster muß scheiden“ oder „Sie blasen zum Abmarsch“ denken; es gibt schon rein musikalische oder (besser gesagt) pianistische Assoziationen vom „Brausen und Heulen“ zur „Begegnung“; „Über Nacht“ erhält im Klavier jenen unruhigen Pulsschlag, der später im Meisterlied „Alle gingen, Herz, zur Ruh“ pocht. Anderseits klingt vom Klavier her in „Mein Liebchen, wir saßen beisammen“ wie von weitem Chopin-Stimmung auf; Schumann-Heines „Das ist ein Flöten und Geigen“ aus der „Dichterliebe“ scheint Wolfs „Sie haben heut’ Abend Gesellschaft“ ausgelöst zu haben. So war es Ende Juni geworden, Wolfs Schüler wanderten nach Schulschluß mit ihren Eltern in die „Sommerfrischen“; von Goldschmidts Einladung an Wolf nach Ischl war nicht mehr die Rede, ein Brief des Vaters zeigt die wirtschaftlichen Schwierigkeiten der Familie auf („Wenn ich Dir in meiner jetzigen Lage nicht helfen kann, wie ich gerne wollte, so wäre Dir doch vielleicht mit dem Sommeraufenthalt hier gedient ...“); Dr. Breuer erwies sich als Retter in der Not: er machte Hugo den Vorschlag, seine Familie nach Waidhofen an der Ybbs zu begleiten und dort den Musikunterricht der Kinder und der Familie Kauffmann fortzusetzen. Zweimal zwanzig Gulden stellten sich als „Darlehen“ des Dr. Schönaich und der Familien Goldschmidt ein — der Urlaub war gesichert. Am 1. August wurde übersiedelt. Wolf wohnte nicht bei der Familie Breuer, sondern mietete ein Zimmer im Gasthof „Zum goldenen Pflug“. Die mündliche Überlieferung läßt uns auch von einer Episode wissen: Bei einem der zahlreichen Ausflüge wurde Wolf während des Schwimmens im eiskalten Wasser der Ybbs von einem Krampf befallen und wäre beinahe ertrunken.

Am 9. August 1878 stellte sich die schöpferische Lust erneut ein: sechs Lieder — fünf Vertonungen von Gedichten Hoffmann von Fallerslebens, niedergeschrieben zwischen diesem 9. August und 1. September, und die Komposition des Monologs „Gretchen vor dem Andachtsbild der Mater Dolorosa“ aus Goethes „Faust“ (zwischen 22. August und 9. September entstanden) — wurden geschrieben: zuerst der „Liebesfrühling“; dieses siebenundzwanzig Sechsachteltakte umfassende Lied in F-Dur ist ein fröhliches Ding, zeigt in der bukolischen Tonart bereits bemerkenswertes Können im Satz und in der Stimmführung, führt unbeschwert den Chromatiker und in knapper Andeutung den Nachspiel-Fanatiker en miniature vor und erfreut auch in der plaudernden, jedoch mit Konsequenz dem Höhepunkt zustrebenden Gesangsmelodie. Schon tags darauf, am 10. August 1878, ist „Auf der Wanderung“ niedergeschrieben worden, ein Poem desselben Dichters, von Wolf bezeichnenderweise aus „Des fahrenden Schülers Lieben und Leiden“ genommen. Da wird in C-Dur „frisch und kräftig markiert“, im Dreivierteltakt, von dem man vier Einheiten zusammennehmen muß, um zum Ausschreiten zu kommen. „Wonnige Lust“ (so die beiden letzten Dichterworte) durchströmt die an Schumann mehr im Wesen als in Einzelheiten gemahnende dreiteilige Form. Von gleicher Herkunft ist das Gedicht „Ja, die schönst’! ich sagt’ es offen“, zwei Tage später vertont, A-Dur, Dreivierteltakt, „kräftig und etwas gemessen“, mit relativ wenig Vortragsanweisungen. Hier wendet Wolf eine musikalische Charakterisierungsform an, die er in seinen Meisterjahren zu höchster Blüte geführt hat: Das

Klaviernachspiel dient der Pointe, dem Sinn der ganzen Komposition. Eigenartigerweise aber — derlei finden wir später niemals — entspricht die Vertonung dem Sinn der Schlußworte erst nach Beendigung der letzten Gesangsphase. Um es konkret zu sagen: Fallerslebens Formulierung „Nur Dein Herz, o Leonore, bleibt verschlossen mir fortan“ ist eine negative Äußerung, die der Komponist in der musikalischen Konsequenz nicht wahrhaben will und nur im Ritardando der letzten Silben, ganz aber erst im instrumentalen Nachspiel „wertet“. „Nach dem Abschiede“ wurde am 31. August und am 1. September 1878 niedergeschrieben. „Etwas getragen“ beginnt das Lied in e-Moll und wandert zu gutem Schluß nach G-Dur. Im Mittelteil begegnet uns im Klavierpart das rhythmische Bild der „Verborgenheit“, der Beginn des Gesanges läßt an den späten Schubert der Heine-Lieder denken. „Gretchen vor dem Andachtsbild der Mater Dolorosa“ — am 22. August 1878 in Waidhofen an der Ybbs begonnen, am 9. September 1878 vollendet — ist für mich der bedeutendste Geniewurf Hugo Wolfs unter allen nach seinem Willen zu Lebzeit unveröffentlicht gebliebenen Liedern. Hier ist in musikalischer Gestalt und Stimmung ein Ausdrucksgemälde entstanden, das mit den Dialogen zwischen Mensch und Gott in den geistlichen Gesängen des Spanischen Liederbuches („Herr, was trägt der Boden hier“, „Wunden trägst du, mein Geliebter“) in seiner mystischen Haltung korrespondiert. Allein für die (hoffentlich auch auf dem Konzertpodium zu erwartende) Renaissance dieses ergreifenden Werkes lohnt sich die Mühe und Sorgfalt dieser Neuausgabe der „Nachgelassenen Lieder“. Ist es da nicht eine fast selbstverständliche Konsequenz im Schaffen Hugo Wolfs, daß die fünfte und letzte der Hoffmann-von-Fallersleben-Vertonungen, „Die Nachtigallen schweigen“, datiert vom 10. September 1878, nur bis zum vierten Takt geriet?

Hugo Wolf weigerte sich, mit der Familie Breuer im selben Eisenbahnzug nach Wien zurückzukehren. Er wußte nicht, woher er die Mittel nehmen sollte, Kost und Logis zu bezahlen. Frau Breuer rettete hinter seinem Rücken die Situation, und so konnte er am 21. September nach Wien heimkehren.

Seinem „angeborenen Wandertrieb folgend“ (wie er dem Vater schrieb), wechselte Wolf immer wieder sein Domizil. Zunächst wurde wieder ein Zimmer im Hotel „Goldenes Lamm“

in der Wiedner Hauptstraße gemietet, zwei Tage später zog er in die Tulpengasse, in der Josefstadt, blieb wieder nur zwei Nächte und kehrte „auf die Wieden“ zurück, in die Neumanngasse 5. Dort hielt es ihn längere Zeit: bis 15.Oktober, da er in eine geräumigere Wohnung in die Wiedner Hauptstraße zog, wo er nur vierzehn Tage wohnte. So folgten an Wohnungsadressen: ab 1. November Wien IV, Hofmühlgasse 2, ab 12. November Wien I, Himmelpfortgasse 3.

Wenige Werke wurden in dieser modulationsreichen Zeit fertiggestellt: „Es war ein alter König“ (am 4. Oktober), „Mit schwarzen Segeln“, ein Weltschmerzausbruch von bemerkenswerter Kraft (am 6. Oktober), der schubertnahe „Spätherbstnebel“ und „Ernst ist der Frühling“, ein zarter trauernder Gesang (der zwischen 13. und 17. Oktober entstand). Sonst gibt es aus dieser Zeit ein erhaltenes Titelblatt mit „Schön Hedwig“, nach Hebbel, und Lieder, deren Titel uns aus der Korrespondenz Wolfs bekannt sind: „Der Kehraus“, „Das zerbrochene Ringlein“, „Der traurige Jäger“, alle nach Eichendorff, „Der schwere Abend“ nach Lenau; dazu ein paar Skizzen in der Wiener Stadtbibliothek, die einem ersten Versuch an Eichendorffs „Verschwiegene Liebe“ galten, ein Titelblatt zu „Acht Lieder aus des Knaben Wunderhorn“ — die alle als verloren gelten müssen, falls sie überhaupt schriftlich festgehalten wurden. Irgendwann in diesen neun Monaten muß eine Klavierphantasie über Lortzings „Zar und Zimmermann“ entstanden sein, die in Wamleks Wolf-Museum in Windischgraz während der Kriegswirren Anno 1945 verlorenging. (1943 wurde vom Rundfunk Graz eine Aufnahme, unseren Informationen nach leider in Direktübertragung — also ohne Bandaufzeichnung —, gesendet.)

Dann sind drei Titelblätter (in der Wiener Stadtbibliothek) erhalten, von denen eines den Titel „Reiseblätter nach Gedichten von N. Lenau für das Pianoforte“ trägt, die anderen beiden tragen sogar die Jahreszahl 1878 und betreffen eine „Phantasie in c-Moll“, die ebenfalls nirgends aufzufinden ist.

Eine manische Überempfindlichkeit hat Hugo Wolf so oft seine Adresse wechseln lassen. Er klagt im Brief: „Die Wohnungsfrage beschäftigt mich so stark, daß alle Poesie der Musik von mir gewichen ist. Wenn ich nur einmal eine anständige Wohnung fände, wie zum Beispiel in der Floragasse, um wieder ungestört arbeiten zu können!“

Die Ereignisse im Herbst 1878 lassen sich aus der Erwähnung oder aus der Verschweigung in Wolfs Briefen herauslesen: Die Premiere von Wagners „Siegfried" in der Hofoper hat er am 9. November erlebt, der Aufführung von Brahms' c-Moll-Symphonie „mit Spannung entgegengesehen". Verschwiegen wird die ökonomisch triste Lage und die Rückkehr Vally Francks Ende Oktober aus Roskosch. Das eine erfährt man erst aus Briefen vom Januar 1879 nach Windischgraz, das andere aus späteren Erinnerungen von Helene Bettelheim-Gabillon. Sie berichtet uns auch über „das teilnahmslose Verhalten einer jungen Dame, die er liebte". Im Dezember 1878 begann Wolf mit der Arbeit an einem Streichquartett, auf dessen Titelblatt er die Goethe-Worte aus „Faust" schrieb: „Entbehren sollst du, sollst entbehren." Wir wollen auf dieses interessante Werk erst bei den Schilderungen der Ereignisse im Jahre 1884 zurückkommen, in dem es fertiggestellt worden ist.

Vally Franck und Hugo Wolf — nur wenig ist über ihre Gemeinsamkeiten im Winter 1878/79 bekannt. Beide waren am Neujahrstag Gäste bei einem Fest im Hause Gabillon, auf dem Schauspieler des Burgtheaters eine Parodie auf Shakespeares „Antonius und Cleopatra" spielten, zu der Hugo Wolf die Begleitmusik geschrieben hatte. Vally dürfte „die sehr schöne junge Dame" gewesen sein, die er als jüngste Schülerin im Brief an den Vater vom 8. Januar 1879 erwähnt.

Die Jahre 1878 bis 1880 standen im Zeichen „rastloser Liebe", entscheidender Begegnungen mit Brahms und Mahler, äußerer Not und innerer Unrast, neuer Freundschaften, die ein Leben lang anhalten sollten (Köchert, Lang, Werner).

Bleiben wir zunächst beim Thema Vally Franck. Wolf hatte zunächst auf gemeinsame Sommerferien gehofft: „Frau Lang hat mich definitiv für die Sommermonate eingeladen, nach Böhmen zu gehen." Daraus wurde nichts. Vally schrieb am 25. Juli 1879 aus Roskosch an ihre Freundin Helene Gabillon: „Wie kannst Du glauben, ich würde Dir etwas so Wichtiges wie Hugos Hiersein verschweigen? ... Ich wäre nur zu froh, ihn hier zu haben ..." Einen Monat später heißt es im nächsten Brief an Helene: „... das liebe Geschöpf ist mir und sich treu geblieben, ich erhalte viele und liebe Briefe, ab und zu auch Compositionen. Nicht verhehlen kann ich Dir, daß ich die Briefe beantworte, die Compositionen spiele und die mir geschickten

Bücher lese. Wie das enden soll wissen die Götter ..." Am 4. Oktober erhielt Helene Einblick in die Dissonanzen der jungen Liebe: „... ich bin steinunglücklich ... Ich habe mich mit meinem einzigen, besten, liebsten Freund Hugo entzweit. Und warum? Aus verwünschter dummer Tugend und Vernunft meinerseits! Er schrieb mir nämlich immer heißer und heißer werdende Briefe, die Flammen loderten immer höher, und mir ward endlich gruselig. Was soll bei diesem leidenschaftlichen Temperament aus so einer Liebe werden? dachte ich, und da ich bei meiner herzlichen Neigung zu dem Kleinen es ohnehin hatte zu weit gedeihen lassen, schrieb ich in einer Anwandlung von Tugend einen harmlos heiteren, etwas kühleren, nicht verstehen wollenden Brief. Ich wollte ihn nur nach und nach wieder in vernünftigere Regionen bringen. Diese sensitive Pflanze verstand es aber sogleich, und wie erschrak ich, als ich einen Brief erhielt, worin er mitteilt, infolge meines Schreibens hätte er anfangs mich gar nie mehr wiedersehen wollen, dann aber hätte er den goldenen Mittelweg ergriffen, wie ich es wünsche wolle er mein Freund sein, künftigen Winter wolle er nach Nußdorf oder Währing ziehen (so weit als möglich von uns!) und einmal in der Woche zu uns kommen, mir einiges vorzuspielen. Und wieviel Schmerz und Bitterkeit zwischen den Zeilen zu lesen war! ..." Vierzehn Tage später aber sind die Gewitterwolken verflogen: „... Wie Du wohl ahnen möchtest, war mein Streit mit Hugo längst ausgefochten — Jupiter se rit des sentiments des amants. Wie lange der Frieden halten wird, weiß ich nicht, wenn er aber nur bis zu unserem Wiedersehen dauert, für das Andere will ich schon sorgen ..." Wie diese Freundschaft zwischen der dreiundzwanzigjährigen Vally und dem neunzehnjährigen Hugo Wolf in den Wintermonaten weiterging, ist uns nicht bekannt. In einem Brief Vallys aus späterer Zeit erfährt man, daß es Schwierigkeiten gab. Ein eigenartiges Blatt, eine Art Umschlag für Manuskripte ist aus dieser Zeit erhalten. Er trägt die Aufschrift: „Lieder und Gesänge von N. Lenau und J. Eichendorff. Fräulein V ... F ... geweiht von Hugo Wolf." Der volle Name wurde, so scheint es, radiert. In Mayerling, unweit von Baden, etwa zwanzig Kilometer im Süden von Wien, an der Straße nach Heiligenkreuz, im „Marienhof", einem Besitz des Wiener Rechtsanwaltes Dr. Joseph Reitzes, logierte Wolf als Gast der Familie des Architekten

Viktor Preyss mehrere Frühlings- und Sommermonate des Jahres 1880. Hier sollte die Liebesgeschichte ihren Höhepunkt finden. Vally Franck war im August von einer Freundin nach Reichenau eingeladen worden, fuhr von dort heimlich nach Alland, das nur wenige Kilometer von Mayerling entfernt liegt, und logierte da einige Tage. Heinrich Werner hat später eine Broschüre „Hugo Wolf in Mayerling" publiziert, in der er von neugierigen Freunden schrieb, die die Liebenden durch ein Fernrohr beobachtet hätten, wie sie einander am Waldrand umarmt und geküßt hätten; ein vagierender Kesselflicker sei der Postillon d'amour zwischen Mayerling und Alland gewesen. Vally Franck hatte da „gegen gewisse Gesichtspunkte in der Darstellung ihrer Beziehungen zu Hugo Wolf" protestiert. Vally fuhr im Herbst nach Paris zurück und blieb den Winter darauf in Frankreich.

Die heute noch in Wiener Musikerkreisen heftig diskutierte Vorsprache Hugo Wolfs bei Johannes Brahms muß im Januar 1879, auf jeden Fall vor dem 13. März, stattgefunden haben. An diesem Tag reiste Brahms von Wien nach Frankfurt, und Hugo erhielt an diesem Tag, seinem neunzehnten Geburtstag, einen Brief seines Vaters, der sich auf die Unterredung mit Brahms bezog. Bisher hatte Wolfs Wagner-Enthusiasmus die Freude an Brahms-Musik nicht geschmälert: er hatte die deutschen Volkslieder in der Bearbeitung von Brahms zu Helene Gabillon gebracht, er erwartete, wie er seinen Eltern schrieb, mit Spannung die Uraufführung der c-Moll-Symphonie, er war, wie er später in Gesprächen zugab, ein Bewunderer der Brahmsschen Kammermusik und ein Liebhaber der Magelone-Lieder. Max Kalbeck schildert in seiner 1912 erschienenen Brahms-Biographie Einzelheiten des Zusammentreffens in Brahms' Wohnung (das er in der Karlsgasse fälschlich zwei oder drei Jahre später ansetzte) in durchaus unangenehmer Formulierung: „Brahms saß gerade vor dem Flügel, als er ein verdächtiges Geräusch an seiner Glastüre hörte." (Bei dieser Szene kommt einem spontan das Brahmssche Baßlied „Verrat" in den Sinn, das eine ähnliche Ausgangssituation schildert!) „Zugleich sah er den Schatten eines Menschen auf der Gardine, der sich, wie es schien, am Türschlosse zu schaffen machte. Brahms erhob sich endlich und öffnete. Er hatte Mühe, seinen seltsamen Besucher hereinzubekommen, weil dieser von der Klinke nicht fortzubringen war, die er immer wieder küßte. — ‚An den Kompositionen, die er mir brachte‘, so erzählte Brahms, ‚war nicht viel. Ich ging alles genau mit ihm durch und machte ihn auf manches aufmerksam. Einiges Talent war ja vorhanden, aber er nahm die Sache gar zu leicht. Ich sagte ihm dann ganz ernsthaft, woran es ihm fehlte, empfahl ihm kontrapunktische Studien und wies ihn an Nottebohm. Da hatte er genug und kam nicht wieder. Nun speit er Gift und Galle.‘ “ Kalbeck erzählt dann weiter, ein Komponist namens Richard Mandl hätte Wolf unmittelbar nach diesem Besuch bei Brahms in einem Kaffeehaus getroffen, wo Hugo Wolf „hochrot im Gesicht und tobend vor Wut“ seinen Freunden den Ausspruch Brahms zitiert habe: „Sie müssen erst was lernen, und dann wird es sich zeigen, ob Sie Begabung haben.“ Das Ergebnis dieser Unterredung in den Wolfschen Familienbriefen: „Wegen Notebone erfahre ich von Dir nichts, so gerne ich sehen würde, daß Du von ihm unterrichtet würdest, es muß Dir doch noch manches fehlen, daß Brahms den Unterricht anrathet.“ (Vater Filipp an Hugo am 28. März 1879.) — „Mit Nottebohm ist nichts zu machen. Er verlangt 3 fl. für die Stunde und tut's nicht anders. Ich werde schon ohne Nottebohm fortkommen, und das ist nur eine norddeutsche Pedanterie von Brahms, wenn er mir Nottebohm aufdrängt.“ Die feindselige Version von Kalbecks Darstellung, die schon 1904 in Kalbecks Besprechung der ersten Nummer einer Art österreichischen Musiklexikons „Ein Musikbuch aus Österreich“, herausgegeben von Richard Heuberger (dem Komponisten der Operette „Opernball“), und da in noch unangenehmerer Formulierung erschienen war, hatte scharfe Reaktionen seitens der Wolf-Freunde zur Folge. In dieser ersten Darstellung hatte Kalbeck Brahms sagen lassen: „Ach Gott, das ist ja so ein dürftiger armseliger Kerl, ein verunglückter Musikant, der nichts lernen will. Er kam zu mir, da war er nicht von der Tür wegzubringen. Er küßte immer die Klinke aus Verehren — ekelhaft!“ Wollte Kalbeck mit dieser unwahrscheinlichen Geschichte nicht Wolf lediglich die gleiche Bewunderung gegenüber Brahms andichten, wie er sie für Richard Wagner hegte? Wie dem im einzelnen auch gewesen sein mag, Brahms' bewußt bedächtiges Schaffen und Wolfs Ekstatik kamen schon im Notenbild als extreme Gegensätze zum Ausdruck.

Daß die Anhänger stets geneigt sind, Persönlichkeiten gegeneinander auszuspielen, ist eine nicht nur in den letzten Jahrzehnten des 19. Jahrhunderts übliche und üble Praktik. Mochten die Brahmsianer beim Lesen der Wolf-Kritiken im „Wiener Salon-Blatt“ aufheulen, drohten die Angehörigen des toten Hugo Wolf Kalbeck mit gerichtlicher Klage ob seiner posthumen Beleidigungen: Brahms war am 2. Dezember 1894 — also beinahe sechzehn Jahre später — ein aufmerksamer und beifallsfreudiger Zuhörer im Konzert der Gesellschaft der Musikfreunde, als man Wolfs Chorwerke „Elfenlied“ und „Feuerreiter“ aufführte. Hanslicks Kritik deckt sich ganz mit der heutigen Überzeugung: er lobte die Deklamation und Stimmführung, beanstandete einige zu „dicke“ Stellen im Orchester und erklärte: „Im Gesellschaftskonzert hat Hugo Wolf sich zum ersten Male einem größeren, nicht ausschließlich wölfisch gesinnten Publikum mit Glück vorgestellt. Unzweifelhaft ein Mann von Geist und Talent, er hat sich nur zu hüten vor guten Freunden.“

Auch im Falle der Jugendfreundschaft mit dem gleichaltrigen Gustav Mahler ist nicht alles, was man darüber lesen kann, ganz klar: die beiden jungen Musiker kannten einander seit 1875, ihrem Eintrittsjahr ins Konservatorium. Heinrich Werner erzählt in seiner Abhandlung über „Hugo Wolfs Wohnstätten in Wien“, Mahler hätte am Opernring 23 in der gemeinsamen Wohnung mit Wolf sogar das Bett teilen müssen. Alma Mahler-Werfel, deren Memoiren wir mit Skepsis aufnehmen müssen, hat allerlei über die gemeinsam durchlebten Jugendjahre der beiden erzählt. Wir dürfen zusammenfassen: Mahler, Wolf und Rudolf Krzyzanowski (einer der intimen Freunde Gustav Mahlers) hätten ein Einzelzimmer gemietet und dort einige Monate zusammen gewohnt. Alle drei seien überempfindlich gegen Lärm gewesen, wenn einer komponieren wollte, hätten die beiden anderen die Nacht auf der Straße zugebracht. Beispielsweise habe Mahler einen Quartettsatz für einen Wettbewerb komponiert, während die beiden Freunde auf Bänken der Ringstraßenallee geschlafen hätten. Die drei Freunde — so geht es weiter — hätten zu dieser Zeit den Klavierauszug der „Götterdämmerung“ Richard Wagners studiert, hätten das Terzett Gunther-Brünhilde-Hagen mit Emphase gesungen und seien von der wütenden Hausfrau auf die Straße gesetzt worden. Die „Götterdämmerung“ wurde in Wien zum ersten Mal am 14. Februar uraufgeführt, also könnten wir cum grano salis diese ihre

Darstellung glauben. Aus den Familienbriefen (im speziellen Hugos Brief vom 17. Dezember 1879 an seinen Vater) tritt die enge Freundschaft mit Gustav Mahler zutage: „...wenn Sie nach Wien zu kommen gedenken, könnten Sie prächtig bei mir sein. Ich habe eine Jahreswohnung, Zimmer, Kabinett, Vorzimmer, Küche, Boden und Keller um das billige Geld von 45 fl. vierteljährlich, also 15 fl. monatlich — natürlich möbliert. Auch habe ich ein gutes Klavier, für das ich jetzt noch keine Miete werde zahlen brauchen, weil mein Freund Mahler, der mir die künftige Wohnung morgen abtritt, bis 1. bezahlt hat. Das Instrument ist vorzüglich." Mahler selbst gab in einem Brief vom 22. September 1879 als seine Adresse Rennweg 3 an, eine Wohnung, in der Wolf vor seinem Aufenthalt in Windischgraz gewohnt hatte und die er im Oktober wieder bezog. In der heutigen Weimarer Straße 24 (im achtzehnten Bezirk) stand dann das Haus, das damals noch außerhalb der Stadtgrenze lag und auf das sich Wolf im obigen Brief an den Vater bezog.

Immer wieder muß Hugo von seinem Vater Geld erbitten. Der Ton in Filipp Wolfs Antworten wird immer bitterer. Er hatte in dieser Zeit speziell mit Gilbert, dem jüngsten Bruder Hugos, Sorgen. Dieser war als Lehrling im Lederergewerbe nach Wien gekommen, hatte von Hugo abgelegte Kleider erhalten, auch Geld verlangt, Wien wieder verlassen und war nach bösen Auftritten vom Vater aus dem Haus gewiesen worden. Hugo trägt in der Korrespondenz, was seine Kompositionen betrifft, stärksten Optimismus zur Schau. Er ist dann spätestens in den ersten Julitagen 1879 daheim in Windischgraz eingetroffen. (Er sollte bis in die erste Oktoberwoche bleiben.) Dort vollendete er am 8. Juli den Stirnsatz des Streichquartettes, das er in Wien begonnen hatte. Von der in einem Brief an seinen Vater am 7. April 1879 erwähnten Klaviersonate in fis-Moll ist nur das Titelblatt vorhanden, von einer Symphonie in f-Moll (in einem Brief an den Vater am 10. Mai 1879 erwähnt) findet sich absolut nichts. Außerdem schrieb er drei Lenau-Lieder und begann — ebenfalls nach Lenau — eine „Herbstklage", die mit zweiundvierzig Takten unvollendet geblieben ist. Am gleichen 8. Juli entstand „Herbstentschluß", ein düsteres Gedicht von pompöser Wirkung, am 21. Juli „Frage nicht", das uns bekenntnishaft und ausgewogen erscheint, drei Tage später „Herbst", das uns das vollendetste Lied dieser Zeit zu sein scheint. Man hat beim Spielen dieser Werke den Eindruck, als sei der distanzierte, epigonenhafte Romantizismus nun von tiefer Spannungsdichte und kühnem Realismus (Vorschrift in „Frage nicht“: „Krampfhaft, wie in leidenschaftlicher Aufwallung“) abgelöst worden.

Eine Verkettung unglückseliger Umstände führte zu Wolfs schwerer wirtschaftlicher Lage im Herbst 1879 in Wien. Krzyzanowski war mit der Hofopernsängerin Maria Wilt auf Konzertreise gegangen und hatte seine Schüler an Wolf abgetreten. Dadurch hätte Hugo zwei Monate lang sein Auslangen gefunden. Doch die Wilt erkrankte, brach die Tournee ab, Krzyzanowski holte sich seine Schüler wieder, und Wolf blieb nur noch eine Schülerin, nämlich Dora Gabillon. Verzweifelt antwortete der Vater auf Hugos Hilferuf (der Brief kam ausgerechnet am Heiligen Abend in Währing an): „... was nützt Dir Dein Aufenthalt in Wien? In maßgebenden Kreisen bist Du nicht beliebt und wirst Dich bei Deinem Temperament nicht beliebt machen, selbst Deine vermeintlichen Freunde thun nichts für Dich, haben höchstens schöne Worte oder ein Almosen — das ist alles. Ich bedaure Dich und Dein Unvermögen, sich in alle Verhältnisse zu fügen ...“ Das nächste halbe Jahr ist Schweigen im Briefwechsel, der Vater schreibt, der Sohn antwortet nicht ...

In diese Zeit fallen zwei bedeutsame Geburtsdaten: am 13. September 1879 war Arnold Schönberg in Wien, am 22. Dezember Franz Schmidt in Preßburg zur Welt gekommen.

Zum Epiphanias-Tag 1880 hatte Leopold Altmann ein erhebliches Geldgeschenk aus Triest gesendet. Dieses setzte Hugo auch wieder in den Stand, zurück auf Rennweg 4 zu übersiedeln. Dort entstanden ein paar Lieder, darunter die frühesten Eichendorff-Kompositionen, die sein Schöpfer für würdig hielt, seinen 1889 veröffentlichten Band „Eichendorff-Lieder“ zu eröffnen: „Erwartung“ am 26. Januar 1880 und „Die Nacht“ am 3. Februar 1880. Doch die Komponistenliebe zu diesen Werken hielt nicht lange an. Gelegentlich einer Neuauflage der Eichendorff-Lieder zog er sie später wieder von der Veröffentlichung zurück. Erneut nahm er dann wieder Heine-Vertonungen auf: am 13. Februar wurde „Wie des Mondes Abbild zittert“ niedergeschrieben, ein zartes, rührendes Tongebilde. Nur achtzehn Takte umfaßt die unvollendete nächste Komposition, dreieinhalb Monate später zu Papier gebracht (am 28. Mai 1880): „Der kriegslustige Waffenschmied" nach Lenau. Nicht mehr als drei vollendete und zwei fragmentarische Kompositionen entstanden im Juni, November und Dezember dieses Jahres: der Eichendorffsche „Nachruf" am 7. Juni, ein „Nachtgruß" nach demselben Dichter, begonnen (dreißig Takte) am Allerseelentag 1880, „Sterne mit den gold'nen Füßlein" nach Heine am 26. November und das Acht-Takte-Fragment „Das gelbe Laub erzittert" (ebenfalls Heine), das wie alle Titelblätter erträumter, vernichteter oder verlorengegangener Werke in der Wiener Stadtbibliothek liegt; das letzte Werk des Jahres ist das am Heiligen Abend komponierte Lied „Suschens Vogel", das wir als erste Begegnung mit Mörike zu verzeichnen haben.

Seit mehr als einem Jahr war Wolf mit Mörikes Gedichten vertraut (er hatte einen Mörike-Band im Besitz und kannte die Vertonungen Adalbert von Goldschmidts, die er selbst später weit übertrumpfen sollte). Läßt sich retrospektiv eine Parallele zwischen den „Sternen mit den gold'nen Füßlein" und dem Geniewurf im Italienischen Liederbuch „O wäre dein Haus durchsichtig wie ein Glas" feststellen, so ergibt sich andererseits bei „Suschen" kein gewichtiger Eindruck, der auf den späteren Mörike-Band vorausweist. Wolfs Umgebung in Mayerling — zum ersten Mal seit dem Auszug von der Familie Vinzenzberg führte er wieder im Sommer 1880 eine Art Familienleben — bestand die Woche über aus Frau Preyss, deren Schwester Bertha von Lackhner und dem kleinen Lottchen, während Vater Viktor Preyss nur zum Wochenende da war. „Tante Bertha" tat alles dazu, den kleinen „Wölferl" zu verwöhnen, ein Brief Wolfs aus dem Jahre 1897 beweist die enge Bindung des Komponisten an diese mütterliche Freundin. Oft kamen Freunde des Hauses Preyss zu Besuch: die entfernten Verwandten der Familie Werner, deren siebenjähriger Sohn Heinrich, der Hugo Wolf bald mit „Du" anreden durfte und sein Freund übers Leben hinaus wurde. (1913 hat er das Buch „Hugo Wolf in Mayerling" verfaßt, das zu einer Apotheose dieser „alten unnennbaren Tage" und der Wienerwaldlandschaft wurde.) Heinrich Werners Schwester Mitzi durfte oft mit Wolf am Klavier (Dr. Reitzes hatte es aus Wien kommen lassen) als Sängerin musizieren. Frau Marie Werner hatte es leichter mit Wolf als ihr Gatte, dem es schwerfiel, sich zu Wagner zu bekehren.

Das Sommerhaus der Werners stand (und steht) in Perchtoldsdorf, auf wienerisch „Petersdorf“ genannt, eine halbe Bahnstunde von Wien und etwa vier Gehstunden von Mayerling entfernt. Oft und oft wanderte Wolf vom „Marienhof“ in die Brunnengasse, hetzte mit den Werner-Kindern im Grase herum, half bei der Traubenernte und spielte begeistert Kegel, ohne es zu wissen, daß er hier in Perchtoldsdorf die wichtigsten, wertvollsten Werke seines Lebens niederschreiben würde. Alle diese neuen Freunde, dazu die Familien Lang und Köchert, hatte Wolf durch Goldschmidt kennengelernt. Was ihn freilich am stärksten fesselte, war die Landschaft, die herrliche Umgebung dieses Mayerling, dessen Menschen damals noch nicht ahnen konnten, zu welch tragischem Ruhm dieses Dorf weniger als neun Jahre später durch den Selbstmord des Kronprinzen Rudolf kommen sollte (auf Befehl des Kaisers wurde nach dieser Tragödie der hochgelegene Teil des Dorfes mitsamt der Kirche und den alten Lindenbäumen zerstört!). Freund Edmund Hellmer hat im Jahre 1921 ein Büchlein „Hugo Wolf: Erlebtes und Erlauschtes“ herausgegeben, in dem er uns diesen jungen Wolf der Mayerlinger Zeit beschreibt: „Noch sehe ich ihn dort“ (über das Ufer eines einsamen Weihers gebeugt, die Hand am Ohr) „stehen und horchen: gedrungen, breitschultrig, starknäckig wie ein junger Faun und doch so leicht und zierlich, anmutig in Stellung und Haltung wie — Puck, der Elf.“ Seinen Eltern beschreibt Hugo (in einem Brief vom 17. Juli 1880) den Weg von Mayerling über den Berg im Sattelbachtal nach Heiligenkreuz: „Dort liegt das Stift auf einer Anhöhe, man muß hinaufschauen — hier ist die Straße höher als die Türme der Abtei, und man muß hinabsehen. Das gibt einem keine besondere Meinung von Heil. Kreuz. Aber man muß darin gewesen sein, um alle Wunder und Träume der Romantik wieder neuerstanden zu sehen, ja, ich war so entzückt und ergriffen, daß ich keinen anderen Wunsch mehr übrig hatte als den: Mönch zu werden ... Nichts kann mich in eine so poetische Stimmung versetzen, als eine Weile (besonders in der Dämmerung) im Kreuzgang zu verträumen, um für einige Zeit durch den mitgenommenen Eindruck der poesielosen Gegenwart zu entfliehen.“ Im Besitze Viktor Keldorfers, des unvergessenen, führenden Männerchordirigenten Wiens in den beiden Jahrzehnten zwischen den Weltkriegen, finden sich die Niederschriften zweier sicherlich von Wolf durch jeweilige Improvisationen zusätzlich ausgestatteten Paraphrasen über zwei Wagner-Opern („Die Meistersinger von Nürnberg“ und „Die Walküre“), die in diesen Monaten entstanden sein müssen („Die Meistersinger“ waren in Wien noch nicht aufgeführt worden) und von Hugo Wolf dem Eigentümer des „Marienhofes“, Dr. Joseph Reitzes, geschenkt wurden. Sie sind sicherlich dem sehr regelmäßigen Tagesablauf im „Marienhof“ zu danken. Frank Walker, der große Wolf-Biograph, hat diesen auf Grund aller vorhandenen „Indizien“ in folgender Weise rekonstruiert: Am Frühstückstisch unter den Apfelbäumen fand sich die Familie allmorgendlich zusammen — Wolf kam im braunen Samtrock mit Künstlerkrawatte, ähnlich dem jungen Mozart, wie man meinte. Oft brachte er Wertvolles aus seiner Lektüre mit und las vor: einen Abschnitt Schopenhauer, ein Kapitel Jean Paul ... Wenn Vater Preyss zugegen war, machte dieser sich nach dem Frühstück auf den Weg nach Wien, während Hugo sich in seinem ebenerdig gelegenen Zimmer seiner Musik widmete. Nach dem Mittagessen zogen sich beide Damen gerne zur einstündigen Siesta zurück, aber wenn es Wolf in dieser Zeit überkam, dann war das ganze Haus von seinem Klavierspiel erfüllt. Gegen Abend wanderte man in den Wäldern und machte gemeinsam Besorgungen im nahen Alland. An Regentagen aber spielte Wolf stundenlang vor: hauptsächlich aus Wagner-Klavierauszügen, aber auch aus der damaligen Modeoper Marschners, aus dem „Hans Heiling“. Der Lektüre war nächtens wie morgens und mittags viel Zeit eingeräumt. Wolfs Geschmack hielt sich an Wagners Prosaschriften, an Schopenhauers „Parerga und Paralipomena“, an Goethes „Faust“, Gottfried Kellers „Grünen Heinrich“, an Heines Gedichte und Reisebilder, an Lenau, Kleist, Immermanns „Münchhausen“, an E. T. A. Hoffmann und Jean Paul; außerhalb der deutschen Literatur griff er nach Turgenjew, Lermontow, Leopardi, Byron, Scott, Mark Twain, Dickens, Sterne, Molière, Rabelais, Merimée und Tilliers „Mon oncle Benjamin“.

So verworren die Entstehungsgeschichte des d-Moll-Quartettes ist, die Datumsnotiz zu Beginn des langsamen Satzes ist nicht abzuleugnen: „Mayerling bei Baden, 9. Juli 1880“. Eine andere Frage ist, ob nicht der langsame Satz, beginnend mit dem Hauptthema „breit, innig“, schon bestand und diesem nun in Mayerling eine Einleitung von zweiundfünfzig Takten vorangestellt wurde. Wie dem auch gewesen sein mag, im Brief vom

25. September 1880 fragte Vater Wolf nach: „... wurde das Quartett fertig? ... Muße hast Du im Marienhof genug gehabt, was Ordentliches zu schaffen." Wir werden dem Werk und den Stationen seiner Niederschrift noch begegnen ...

Spätestens Anfang Oktober kehrte Hugo Wolf in seine Wohnung am Rennweg zurück. Im Winter fand er sich immer wieder bei den Familien Preyss und Werner, auch bei „Tante Bertha" ein. Immer stärkere Bindungen findet er zu den Vettern und Cousinen der Familie Lang. Neu taucht in Wolfs Briefen, dieser Fundgrube für den Biographen, Heinrich Rauchberg auf, ein auch musisch begabter Student der Jura an der Wiener Universität. Im Hause der Eltern Rauchberg war Wolf ein stets freundlich begrüßter Gast. (Aus der Feder H. Rauchbergs stammte um das Ende des Jahres 1889 eine Wolfs Lyrik gewidmete Abhandlung „Neue Lieder und Gesänge", die in der „Österreichisch-ungarischen Revue" veröffentlicht wurde.) Auch dieser Herbst ist für Wolf ökonomisch armselig; der Vater, den er um Geld bitten muß, spart nicht mit Vorwürfen, ja sein Brief vom 5. Dezember 1880 gleicht einem Ausbruch: „... Wenn du einen Funken Gefühl für Eltern hast, so raffe Dich auf, arbeite und entbehre, sonst bist Du verloren!"

Der Inhalt zweier zarter, liebevoller Weihnachtsbriefe an die Mutter, in denen sich Hugo der Heiligen Abende seiner Kindheit im Elternhaus erinnert, entsprach der Überraschung, die er in seinem Zimmer am 24. Dezember 1880 vorfand: ein schön geschmückter Christbaum strahlte auf, ein Geschenk „Tante Berthas", wie Wolf nachträglich herausbekam. Es ist wohl kein Zufall, daß diesem glücklichen Tag das erste, bereits genannte Mörike-Lied „Suschen", gewissermaßen als Vorahnung glücklicher Zukunft, entsproß.

Oft sind auch später um die Weihnachtszeit wertvolle Lieder Wolfs entstanden: am 17. und 20. Dezember 1882 die beiden „Wiegenlieder" nach Reinick, am 22. Dezember 1888 die dritte „Mignon", am 27. Dezember desselben Jahres „Epiphanias", am 21. Dezember 1889 das geistliche Lied „Ach, des Knaben Augen" im Spanischen Liederbuch; an einem 23. Dezember (1891) wurde der erste Teil des italienischen Liederbuches beendet, im Kompositionsjahre 1896 wurde am 25. Dezember das erste der Byron-Lieder, das zweite am Silvestertag vollendet ... Romantiker ohne Zorn — um die Jahreswende!

„IN DER FREMDE“
Theaterkapellmeister 1881

„1881 Bruch. Elend. Jammer. Nur ein Lied componiert. Sommer Windischgraz. Winter über in Salzburg. Kapellmeister beim Theater. Schauderhafte Zeit gewesen.“

Hugo Wolf: Daten aus meinem Leben

Zu Anfang des Jahres bemühte sich Hugo Wolf erneut um Verlagskontakte. Er sandte, wie aus einem Brief an Henriette (die Nichte Anton Langs, die jüngere Schwester der Melanie Köchert) hervorgeht, eine Gruppe von sieben Heine-Liedern an Kistner nach Leipzig. Damit dürfte wohl der Abänderungsversuch im Zusammenhang stehen, der dem Lied „Mir träumt von einem Königskind“ galt: am 16. Juni 1878 war, wie wir uns erinnern, dieses Werk entstanden, nun, am 20. Januar 1881, ersetzte Wolf die ursprünglichen Takte 10 bis 18 durch neue Takte. Das Manuskript ist in der Österreichischen Nationalbibliothek einzusehen, zusammen mit einem Fragment zu Lenaus „An die Wolke“, das — am 7. Januar 1881 skizziert — nur aus einem einzigen Takt besteht. Das einzige vollständige Lied dieses Jammerjahres heißt „In der Fremde I“, nach Eichendorffs Worten „Da fahr ich still im Wagen“, das am 27. Juni in Windischgraz entstand. Hier ist sehr deutlich wieder das Schumannsche im jungen Wolf spürbar. Aus Hugo Wolfs Januar-Brief an Henriette Lang geht hervor, daß er zu Anfang dieses Jahres 1881 eine neue Klavierschülerin erhalten hatte: ihre Schwester Melanie, Frau Melanie Köchert, die ihm bis zu seinem Abschied von dieser Welt das „Glück des Verstehens“ geschenkt hat. Wir erfahren auch, daß Wolfs Streichquartett im privaten Kreis — im Hause der Geigerin Natalie Bauer-Lechner, die zweite Geige im Soldat-Röger-Quartett spielte — aufgeführt wurde (mit welchem Schlußsatz, bleibt ungeklärt: entweder mit einem in Mayerling komponierten, der später verworfen und durch einen neuen ersetzt wurde, oder in dreisätziger Form). Heute verstehen wir, daß auf Grund der enormen technischen Schwierigkeiten, die dieses Werk jedem Spieler und erst recht dem Gleichgewicht des Zusammenspiels bietet, der Komponist „mit innerem Grausen den vier Mordgesellen, die — auf sein Zeichen — die vier Mordinstrumente schwingen, zusehen muß, wie sie sein Kind schaudervoll verstümmeln". In diesem Winter schloß sich Hugo Wolf begeistert einer Freundesgruppe an, die sich um Dr. Friedrich Umlauf scharte. Der Gelehrte hatte im Rahmen der Österreichischen Geographischen Gesellschaft eine Reihe von Büchern herausgegeben, die die Schönheit der Landschaften der Österreichisch-Ungarischen Monarchie schilderten. Da fand sich der Maler Franz Ruß ein (der Bruder des berühmten Landschaftsmalers Robert Ruß), ein Dr. Grone, Dr. Josef Jüttner, Gymnasialprofessor in Mariahilf, der Jahre vorher als Hauslehrer der Töchter Gabillon gewirkt hatte und mit Vally Franck sehr befreundet gewesen war.

Am 26. April 1881 schrieb Wolf einen langen, verworrenen Brief an Henriette Lang, aus dem der endgültige Bruch mit Vally Franck hervorgeht. Was war geschehen? Vally hatte Helene Gabillon noch in einem Schreiben vom 12. Februar 1881 aus Cannes gestanden, Hugo Wolf wäre ihr der liebste unter allen Bewerbern, „der kleine braunäugige ‚Ulf', wenn er nicht schmollt und nicht alles schief geht zwischen uns, wie im vorigen Winter". Zwei Monate später etwa muß sie an Hugo selbst geschrieben haben, um die Beziehungen gänzlich abzubrechen. Wir kennen ihre Beweggründe nicht. Hugo Wolf, der Vally ein halbes Jahr nicht mehr gesehen hatte, sandte ihr, völlig gebrochen, ihre Briefe und ein paar Erinnerungsstücke zurück, erhielt seine eigenen Briefe zurück und verbrannte sie. Seine Verzweiflung hielt an. Sicherlich stehen die im April 1881 entstandenen sechs „Geistlichen Lieder" für gemischten Chor nach Eichendorff-Gedichten unter dem Eindruck dieser endgültigen Trennung. Wolf hat die sechs Gesänge zyklisch zusammengeschlossen: die Kompositionsdaten und die Anordnung der Reihenfolge heben sich voneinander ab: Präludium („Aufblick") und Postludium („Erhebung") umrahmen vier Bekenntnisse („Einklang", „Resignation", „Letzte Bitte" und „Ergebung"), von denen das letzte ergreifend ist: „O mit uns Sündern gehe — Erbarmend ins Gericht. — Ich beug' in tiefstem Wehe — Zum Staub mein Angesicht." Dieser Chor ist aus dem mystischen Dunkel der Votivkirche (er wurde hinter dem Altar gesungen) aufgeklungen, als am 24. Februar 1903 das, was an Hugo Wolf sterblich war, eingesegnet wurde.

Freilich mag das Ende der Beziehung mit Vally nur der Anlaß zur Niederschrift dieser Chöre gewesen sein, die allgemeine Verfassung Hugo Wolfs, die bittere Hoffnungslosigkeit, die auch das schöpferische Leben des eben erst großjährig gewordenen Komponisten einschloß, gab den Impuls zu diesen Chören, denen man leider allzuselten im Konzertsaal begegnet. Es gibt da für den Musikhistoriker auch noch nicht ganz gelöste Probleme der Fassung. Eugen Thomas, der damalige Dirigent des Wiener Lehrer-a-cappella-Chores, hat im Todesjahr Wolfs im Verlag Lauterbach diese Chöre herausgegeben. „Aufblick“ ist ohne Datumsnennung, „Einklang“ wurde am 14. April, „Resignation“ am 1. April, „Letzte Bitte“ am 12. April, „Ergebung“ am 28. April und „Erhebung“ am 30. April 1881 niedergeschrieben. Da tauchten plötzlich Varianten in einer Kopie dieser Chöre auf, die sich unter den nachgelassenen Schriften des Komponisten Arnold Mendelssohn fanden (Wolf hatte ihn im Herbst 1890 in Köln kennengelernt und war schnell mit ihm in Kontakt gekommen). Im November 1941 wurden sie von „The Music Review“ in London publiziert. Da heißt nun der Titel des zweiten Chores „Einkehr“, die Reihung von Nr. 4 auf Nr. 5 ist umgedreht, der Schluß von „Ergebung“ ist um acht Takte verlängert und die letzten vier Takte von „Resignation“ lauten ganz anders als in der von Thomas edierten Ausgabe. Es scheint, als handle es sich hier um die Erstfassung, während große Wahrscheinlichkeit besteht, daß Wolf diese Chöre (die er 1892 und auch noch 1894 publizieren wollte) für eine etwaige Veröffentlichung umgearbeitet hat.

Zwei vertrauliche Briefe aus Windischgraz, wohin ihn seine Eltern zurückgerufen hatten, orientieren uns über den Nachklang des Bruches mit Vally in Träumen und qualerfüllten Nächten:

„Da erscheint sie mir so schön und mild, wie ich sie nur immer mit den Augen der Seele gesehen. Bilder des Glücks seligsten Beisammenseins ziehen da ganz so, wie es einstens wirklich war, vorüber — sie liebt mich — o Gott, warum, warum darf es nicht mehr wahr sein, was ich geträumt und was doch einmal so glücklich uns beide gemacht? ... Weit schrecklicher sind jedoch die Träume, wo sie von mir weicht, mich nicht kennt, wo ich deutlich die Worte vernehme: ‚Ich liebe dich nicht'. Darüber zu erwachen, tausendmal ihren Namen zu rufen, oft wie im Starrkrampf dazuliegen, derweil das Hirn in Fieberhitzen glüht — o! diese Qualen zu ertragen, gehört viel Mut dazu!" (Am 26. Juni 1881 an Henriette Lang.) — „Mancher Sturm ist, seit ich das erste und letzte Mal von Ihnen so viel Liebes gehört, über mein Herz gegangen. Der Wind blies aus einer bekannten Gegend, und zwar so heftig, daß mir das Steuer meiner Willenskraft brach, und ‚des Meeres und der Liebe Wellen' das Wrack meiner Erinnerungen mit solcher Vehemenz überfluteten, daß nicht viel gefehlt hätte, und ich wäre samt dem traurigen Fahrzeug im Strom umgekommen. Zum Glück jedoch ist es anders gekommen. ‚Unkraut verdirbt nicht', und sowie der Sturm etwas nachgelassen, ließ ich das gescheiterte Schiff meiner Hoffnungen im Stich, sprang ins Meer des kalten Verstandes (ich meine das Eismeer), kämpfte mich wacker durch, nicht ohne schmerzlichen Seitenblick auf das einst so hoffnungsvoll dem Hafen der Glückseligkeit zusteuernde Schiff zu werfen, das sich mit der Zeit in ein unheimliches Gespensterschiff und jetzt gar in ein elendes Wrack umgewandelt hatte, und landete glücklich am sandigen Boden der Wirklichkeit." (Am 22. Juli an Bertha von Lackhner.)

Ein Nachspiel, eine Coda hatte noch dieses jugendliche Liebeserlebnis, es sei hier vorweggenommen: Im Oktober 1882 hatte Wolf durch Goldschmidt vom Tode Anton Langs gehört, des Onkels und Vormundes der Vally; man erzählte ihm auch, Vally und ihre Tante würden nun endgültig nach Frankreich übersiedeln. Inzwischen hatte sich Wolf immer enger an die Familie Köchert angeschlossen, in deren Haus am Mehlmarkt (heute Neuer Markt 15) er ein und aus ging. Heinrich und Melanie Köchert wohnten mit ihren drei kleinen Kindern im vierten Stockwerk, unter ihnen Heinrichs Bruder Theodor mit den Seinen. Frau Marie Lang, die Gattin Theodors, hat weniger als ein Jahr nach Wolfs Tod in der „Zeit" vom 3. Januar 1904 Erinnerungen an „Hugo Wolfs Entwicklungszeit" veröffentlicht. Sie schildert ihre erste Begegnung mit Hugo Wolf. Er trug einen „höchst eleganten" Samtrock. Kaum war er ihr vorgestellt worden, wurde sie zu ihrem Baby Erich im unteren Stockwerk gerufen und kehrte nach einer Viertelstunde zurück: „Als ich aber auf die enge Wendeltreppe hinaustrat, stürzt mit lautem Gepolter, wild wie ein angeschossener Eber, Wolf an mir vorbei, fällt, rafft sich blitzschnell wieder auf und die Treppe hinunter. Der Gastgeber und andere hinter ihm her, rufend und schreiend: ‚Dableiben, halt, Wolf zurück!‘ — Es half nichts, er war davon. In wilder Hast davon, ohne Rock, den hielt der Hausherr in den Fäusten, mit denen er ihn festzuhalten getrachtet hatte." Vally Francks unvermutetes Erscheinen im Salon hatte Wolfs Flucht veranlaßt. Sie war, nach Absprache mit Köcherts, plötzlich vor Hugo gestanden, die Hand zur Versöhnung ausgestreckt, Wolf hatte spontan abgewehrt und ihr den Rücken zugekehrt. Den Debatten entzog er sich durch Flucht . . .

Doch zurück zum Sommer 1881, nach Windischgraz. Da gibt es „eine neue Bekanntschaft, die Frau eines hiesigen Gerichtsbeamten", mit der er musiziert, debattiert, die er von Brahms zu Wagner „bekehrte" und die ihn schließlich langweilte. Er sehnte sich nach Mayerling zurück, ertrug nicht die Kleinstadtatmosphäre, hatte die Familienzwistigkeiten satt, rettete sich in gereimte und ungereimte Parodien, deren „Dedikation" Frank Walker aufzählt und von denen Dolf Lindner mit Erlaubnis der Schwiegertochter von Frau Katharina Salomon-Wolf „Windischgrazer Typen" in der Sondernummer der Österreichischen Musikzeitschrift 1960 veröffentlicht hat. Sie entstammen dem Schreibheft „Sommer und Herbst 1881", in dem Wolf sich abreagierte. Leider ist es unvollständig auf uns gekommen. Frau Salomon Wolf hat Frank Walker erzählt, daß Vater Filipp die fehlenden Gedichte vernichtet habe, weil sie allzuscharfe Verhöhnungen des Bürgermeisters von Windischgraz enthielten.

Wolf war seit seiner ersten Begegnung mit Richard Wagner am 12. Dezember 1875 „Wagnerianer". Nun hatte aber der „Meister" im Oktober 1880 in den „Bayreuther Blättern" eine Schrift über „Religion und Kunst" veröffentlicht, in dem er dem Vegetarismus in der Hoffnung auf eine Wiedergeburt der Menschheit huldigte. Die jungen Künstler unterzogen sich nun auch dieser Strapaz (Wagners Gegnerschaft den Juden und Brahms gegenüber bereitete schon Anstrengungen genug), und von der Hand Gustav Mahlers steht bereits am 1. November 1880 in einem Brief an Emil Freud zu lesen: „Ich bin seit einem Monat vollkommener Vegetarier. Die moralische Wirkung dieser Lebensweise ist in Folge dieser freiwilligen Knechtung

. . . eine immense. Du kannst Dir denken, wie ich davon durchdrungen bin, wenn ich eine Regeneration des Menschengeschlechtes davon erwarte." Wolf, der bereits im Oktober 1879 aus Geldnot einen Wiener Vegetarierklub wegen seiner billigen Speisen besucht hatte, dürfte diese Essensweise ein paar Monate später angenommen und etwa eineinhalb Jahre dabei geblieben sein. (Mit Wolfs Antisemitismus war es angesichts seiner vielen Gönner und Freunde jüdischer Abstammung nicht weit her, seine Brahms-Gegnerschaft war da im Wagnerschen Sinne und im eigenen am weitesten gediehen!)

Die Familie Wolf war ihres hitzigen Temperamentes wegen in Windischgraz nicht gerade beliebt, aber für die dortigen Verhältnisse doch interessant genug, daß sich nicht die für Hugo Wolf selbst überraschend gekommene Berufung zum Chordirektor ans Stadttheater Salzburg schnell herumgesprochen hätte. Adalbert von Goldschmidt hatte sich mit Empfehlungsschreiben bei Direktor Leopold Müller für den jungen Musiker verwendet, Karl Muck war glücklich, zur persönlichen Entlastung in seinem Kapellmeisteramt einen Freund aus dem Kreise der Wiener Richard-Wagner-Anhänger als Assistenten zu bekommen. Hugo Wolf fuhr also am kalten Allerheiligentag 1881 zunächst mit der Südbahn nach Wien, um den Goldschmidts zu danken, und stieg dann in den Zug nach Westen ein, laut Decsey mit einem kleinen Bündel Habseligkeiten und mit einer Gipsbüste Richard Wagners ausgerüstet. Im zweiten Stock des Hauses Berggasse 8 fand er noch am 2. November Quartier und hielt bereits einen väterlichen Brief in Händen, mit der stolz formulierten Adresse: „Herrn Hugo Wolf, Chor-Direktor am k. k. Theater in Salzburg" und mit dem ersten Satz voll Genugtuung: „Ich begrüße Dich als Direktor in Deinem neuen Asil!" Am 16. November 1881 konnte Filipp Wolf bereits adressieren: „Herrn Capellmeister Hugo Wolf" — der junge Mann hatte sich bei den Proben mit Solisten und Chor für die damals populären Operetten von Millöcker und Johann Strauß als so begabt und gewissenhaft bewährt, daß er so rasch zum Zweiten Kapellmeister avancierte. Am 21. Dezember war Hugo Wolf der Dirigent der Aufführung von Lortzings „Waffenschmied"; in einer Kritik im „Salzburger Volksblatt" ist nachzulesen, daß das Urteil des Rezensenten über diesen Abend nicht sehr positiv war und daß Wolfs Leistung verzeichnet, aber nicht besprochen wurde.

Der einzige Künstler, mit dem Wolf in Salzburg positiven Kontakt hatte, war der Direktor des Conservatoriums der Internationalen Stiftung Mozarteum, Hummel, der vor Wolf als Kapellmeister am Salzburger Stadttheater gewirkt hatte.

Der frühe Wolf-Biograph Decsey nahm später die Gelegenheit wahr, mit Direktor Müller über die Hintergründe von Wolfs Versagen in dieser Funktion zu sprechen, und erfuhr, daß Mangel an Erfahrung — die Musiker des Orchesters weigerten sich bald, unter seiner Leitung zu spielen — und sein unbeherrschtes Temperament Schuld an der frühzeitigen Lösung des Vertrages getragen hätten. Von Wolf selbst erfuhren seine Freunde später einmal gesprächsweise, er selbst hätte bei der musikalischen Leitung einer Schauspielmusik für ein Anzengruber-Stück „geschmissen"; sein Vater hält in Hugos Brief vom 4. Januar 1882 die Erklärung in Händen: „... Ein heftiger Wortwechsel zwischen mir und dem Direktor führte die beiderseitige Kündigung herbei. Vom 16. ab gehöre ich nicht mehr diesem Saustall an ..."

„RÜCKKEHR"
Auf Richard Wagners Spuren 1882—1883

„1882 Greulicher moralischer Katzenjammer, Winter Rennweg. Sommer Mayerling. Nichts als Mausfallensprüchlein komponiert und einige Wiegenlieder. Zum ersten Mal Bayreuth."

„1883 Lieder. Penthesilea entworfen. Bayreuth gewesen. Sommer Rinnbach."

Hugo Wolf: Daten aus meinem Leben

Es ist eigenartig: Bis zum Anfang des Jahres 1882 haben wir genug Dokumente, Quellen für die Darstellung von Hugo Wolfs Leben, nennen können. Auch das Werden der Kompositionen ließ sich bis auf die genannten Unklarheiten zuverlässig verfolgen. Nun aber klafft eine Lücke in Hugo Wolfs Leben: Edmund Hellmer erfuhr nach Hugo Wolfs Tod aus Kreisen der Familie, es sei zu einem zeitweisen Bruch zwischen Hugo und seinem Vater gekommen. Sofern dieser tatsächlich erfolgt ist, dann innerhalb der ersten fünf Monate des Jahres 1882; es existieren Briefe des Vaters an Gilbert (der ebenfalls nach Wien zurückgekehrt war), in denen er Nachricht über Hugo erbittet und fürchtet, es müsse wohl schlecht stehen mit ihm, doch würde ihm dies nicht schaden, er werde sich vielleicht doch seiner Möglichkeiten bewußt werden, Hugo hätte es auch nicht für notwendig befunden, „daß er sich für lausige 5 Gulden bedanken möcht". Der Tonfall im Brief zum Thema Hugo war niemals vorher so bitter gewesen.

Aus der Zeit nach seiner Rückkehr aus Salzburg findet sich von Wolfs Hand nur ein im Inhalt für uns bedeutungsloser Brief. Erst von Mitte Mai 1882 liegen wieder Dokumente vor. Auch im Schaffen, in Entwürfen und Fragmenten, stockt es: in der Österreichischen Nationalbibliothek liegt lediglich ein mit 3. Februar 1882 datiertes Liedfragment zum Eichendorff-Gedicht „In der Fremde II" („Ich geh durch die dunklen Gassen"), das achtzehn Takte umfaßt und in keiner Weise der Vertonung desselben Gedichts vom 3. Mai 1883 gleicht. Die nächste Komposition, das am frühesten entstandene Lied, das die Welt erobert hat, entstand am 18. Juni 1882 in Mayerling: das „Mausfallensprüchlein" nach Mörike.

Dazu kann man in der Kongreßbibliothek in Washington eine undatierte Visitenkarte, auf beiden Seiten eng beschrieben, einsehen, deren Text lautet: „Carissima! — Flöh, Wanzen u. sonstiges Ungemach glücklich überstanden. Bin von heute an aus ganzer Seele für die allgemeine Wehrpflicht. Wahrlich eine ‚scheene' Sache, der Tod für's Vaterland, aber um dieses erhabene Gefühl recht durch zu kosten, muß man ihn an anderen erleben. Ich muß gestehen, daß mir mit dem heutigem Tag selbst die schöne Gregorich kein lieblicherer Anblick ist, als eine Kaserne. Damit ist aber nicht ausgeschlossen, daß ich die Gregorich nicht öfter's, als die Kaserne, die ich täglich vor Augen habe, sehen möchte, aber auch Sie möchte ich gerne wieder einmal sehen. Samstagabend? Vielleicht laden Sie an jenem Abend Frau Karabacek zu sich — — vielleicht auch, hat sich bis dahin mein Halsweh gehoben u. ich kann den ‚Siegfried' singen u. vielleicht sind Sie disponiert ihn (u. wozu mehr Disposition gehört) — mich zu hören — vielleicht aber auch nicht? Steigern Sie meine quälenden Vermuthungen nicht in's Unendliche. Ein paar Zeilen von Ihrer Hand werden mich beruhigen. Der ich etc etc, verharre in etc etc etc u zeichne etc etc etc als etc. Ihr etc u. s. w." Niemand konnte bis heute die Identität der „schönen Gregorich" feststellen, es blieb auch die Empfängerin der Karte in Dunkel gehüllt. Frau Karoline Karabacek war die älteste Schwester Edmund Langs — das ist das einzig Nachweisbare dieses Karteninhalts. Vater Wolfs Karte an Hugo vom 14. Februar 1882 paßt hierher: „Warum kein Brief? Heute Deine Stellungskarte erhalten, weil Du nicht angesucht hast, in Wien Dich zu stellen, sondern Du hast Dich doch bloß gemeldet — also sogleich ansuchen, sonst wirst Du als Stellungsflüchtling behandelt." Man könnte also mit gutem Recht kombinieren: Hugo Wolf bezieht sein Domizil am Rennweg, meldet sich bei der Militärbehörde, schreibt den Liedentwurf am 3. Februar nieder, erhält die Karte des Vaters, holt seine Stellungsbereitschaft nach, wird zum Militär eingezogen, dort vielleicht nach der Grundausbildung als körperlich untauglich entlassen. Kann es sein, daß Hugo Wolf sich daraufhin in geheime ärztliche Behandlung begab, die jenes Leiden einzudämmen versuchte, das fünfzehneinhalb Jahre später zur progressiven Paralyse geführt hat? Sollte sich die Notiz vom „greulichen moralischen Katzenjammer“ gar nicht auf Salzburg und die Fehlschläge der Existenzsicherung beziehen, sondern auf die körperliche Existenz überhaupt? Wir können keine Beweise beibringen, um diese Meinung vollgültig vertreten zu können. Aber auch die latente Geldnot Wolfs könnte durch eine Spätbehandlung ihre Begründung finden. Wie dem auch gewesen sein mag: Wolf war wieder in Wien willkommen. Bei der Familie Preyss, bei „Tante Bertha“, bei den Werners; er studierte mit Mitzi Werner die Partie der Susanne in Mozarts „Figaros Hochzeit“ und machte sie auch mit eigenen Liedern vertraut. In dieser Zeit — etwa Ende April, Anfang Mai — veranstaltete der Österreichische Alpenverein einen musikalischen Abend, an dem Mitzi Werner singen sollte. Sie wollte Wolf-Lieder zu Gehör bringen, mit dem Komponisten am Klavier, er aber stellte eine Bedingung: die fürs Publikum neuen Lieder sollten vorerst als Werke Robert Schumanns angekündigt werden. Als dann während des Konzertes der Veranstalter die Darbietung mit den stammelnden Worten „eine Liedgruppe von Schumann — eh — glaub' ich“ ankündigte und einen vielsagenden Blick auf Hugo Wolf am Flügel richtete, sprang dieser wütend auf und flüchtete; dieser Teil der Veranstaltung mußte gestrichen werden.

Der Wagnerianer Wolf aß also täglich in einem vegetarischen Restaurant (es bestand damals ein kleines Gasthaus an der Ecke Wallnerstraße/Fahnengasse) und befand sich dort in Gesellschaft der Sozialisten-Führer Dr. Viktor Adler und Heinrich Adolf Braun, von Gustav Mahler, Krzyzanowski, August Göllerich mit seiner Löwenmähne, dem treuen Schüler und Anhänger Franz Liszts, von Gefolgsmännern des Pythagoras oder des Empedokles, die das ganze Jahr über in Sackleinen gehüllt herumwanderten und meist wallende Vollbärte und langes, zu den Schultern herabfließendes Haar trugen. In diesem bunten Kreis tauchte Wolf regelmäßig auf; Friedrich Eckstein beschreibt ihn in seiner 1936 in Wien erschienenen Schrift „Alte, unnennbare Tage“: „Ein schmächtiger Jüngling mit blondem Haar, flaumigem Kinn und einem Anflug auf der Oberlippe, mit blassem Gesicht und etwas stechendem Blick; er sprach fast nie eine

Silbe und seine Äußerungen waren zumeist ein feindseliges Knurren." Dieser Friedrich Eckstein war Privatschüler Anton Bruckners, ein Wagnerianer durch und durch, ein junger bärtiger Pythagoräer dazu, dem ein wohlgeordnetes Vermögen finanzielle Unabhängigkeit sicherte. Eckstein war ein „wanderndes Lexikon", wußte über Gott und die Welt Bescheid. Seine Bibliothek wurde für Wolf, der sich nach anfänglichem Mißtrauen mit ihm angefreundet hatte, zu einer Fundgrube für seine Bildung und für die niemals unterbrochene Suche nach einem Opernstoff. Auch in der Schauflergasse, im nahen Café Griensteidel, als „Café Größenwahn" bekannt, trafen sich die Gesinnungsgenossen. Dort wurde niemals ein lautes Wort gesprochen, bloß in Zeitungen gestöbert, Kaffee getrunken und gräßlich viel geraucht.

Am 16. März — bald nach seinem zweiundzwanzigsten Geburtstag — zog es Wolf wieder hinaus in den Wienerwald. Der „Marienhof" stand erneut der Familie Preyss zur Verfügung, diese übersiedelte aber erst im Juni. So hauste Wolf dort zunächst allein, mit den kärglichen Gaben zufrieden: mit seinen selbstgedrehten Zigaretten, mit seiner Kaffeemaschine und seinen fleischlosen Mahlzeiten. „Hier ist's warm, blumig, freundlich, sonnig, und ich fühl mich so behaglich, bin so göttlich faul, als wäre ich im Schlaraffenland. So wohl hab ich mich schon lange nicht befunden, als die paar Tage in Mayerling. War das eine traurige Zeit vor zwei Jahren im Gegensatz zu jetzt ... Zukunft und Vergangenheit sind mir fern, ich lebe nur in der Gegenwart und das macht mich so froh und glücklich. Daß ich einstmals so einfältig sein konnte, wie ein Duckmäuser den Kopf hängen zu lassen, könnte mich jetzt ärgern, wäre ich nicht gar zu sehr zum Lachen aufgelegt ..." Passen nicht auch solche Bekenntnisse zum Bild eines Genesenden, dem der Arzt goldene Brücken in eine neue Zukunft gebaut hat?!

An Sonntagen führte die Wienerwald-Wanderung ihn hinüber nach Perchtoldsdorf zu den Werners, wo man den Lieblingsbeschäftigungen huldigte: dem Musizieren und dem Kegelspiel. Abends nahm Hugo Wolf den Drei-Stunden-Weg zurück nach Mayerling. Burleske Verse schrieb der Komponist zur Erheiterung der Freunde, „Tante Berthas Auferstehung" etwa, Stimmungsbilder in rechtem Kontrast zu den bissigen Häkeleien der Familie und des Milieus im vorigen Windischgrazer Sommer!

Wolf bestand noch immer auf vegetarischer Kost, ein Paket Würste und Speck wanderte den Postweg zum Vater zurück. Mit Mitzi Werner hat Wolf oft musiziert. Vielleicht war ihr heller Parlando-Sopran der Anlaß zur Komposition des „Mausfallensprüchleins", das damals am 18. Juni 1882 in Mayerling wie aus einem Guß gelang. Die Leichtigkeit der Diktion, das zarte Lächeln, das mitkomponiert wurde, die Anmut des Klavierparts, der gleichsam vorüberhuscht, der rhythmische Kontrast zwischen Gesangsmelodie und motivisch durchsetzter Klavierstimme machen den Reiz dieses Meisterstückes aus, das wohl die Zärtlichkeit jener Tage atmet, die Wolf im Vollgefühl seiner Lebensfreude ausgekostet hat. — Wo immer diese 39 Takte in F-Dur auf dem Programm stehen, ist das Publikum entzückt; auf Tourneen durch Deutschland habe ich als Begleiter von Ingeborg Hallstein die Wirkung dieses Werkchens in größten und kleinsten Konzertsälen erprobt.

Als allerletzte Schöpfung im Rahmen der Klavierkompositionen komponierte Wolf „Canons", neun Takte in Zweistimmigkeit, denen sogar Fingersätze unter den Phrasierungsbögen beigegeben sind (das Manuskript wurde im Februar 1970 in der „Österreichischen Musikzeitschrift" publiziert). Es war wohl für die Tochter der Familie Preyss geschrieben worden, für Lotte, der Hugo Wolf auch in Mayerling Klavierstunden gegeben hat. Wolf hatte in den ersten Sommertagen beschlossen, von nun ab regelmäßig zu arbeiten. Er stand nun meist um sechs Uhr früh auf, arbeitete tagsüber und legte sich erst um Mitternacht schlafen. Zwei Gedanken beherrschten ihn in diesen Wochen: die Suche nach einem geeigneten Opernstoff und Wagners „Parsifal", dessen Klavierauszug er studierte, um für die Reise nach Bayreuth gewappnet zu sein. Heines „Harzreise" entzündete Wolfs Phantasie, und er wollte der Sage von der Prinzessin Ilse auf den Grund gehen. Drei Briefe an einen Dr. Gustav Winter (deren Originale sich im Archiv der Gesellschaft der Musikfreunde in Wien befinden), zu dem ihm Freund Dr. Crone als Experten für Volksdichtung geraten hatte, hatten als Ergebnis zur Folge, daß Winter Heines Hinweis, „einer unserer bekanntesten Dichter" hätte die Geschichte von Ilse und Ritter Westenberg erzählt, auf Wilhelm Blumenhagen bezog; doch nirgends, auch nicht in den Antiquariaten, fanden sich die einst populären Werke dieses Schriftstellers, und Wolfs Interesse an diesem Stoff ließ nach. Die Begeisterung für Wagners „Parsifal“ hielt freilich auf Grund des von „Tante Bertha“ im nahen Baden erstandenen Klavierauszuges an. Wolf hatte eine Stipendien-Freikarte für eine „Parsifal“-Aufführung in Bayreuth erhalten und selbst „nur“ noch die Reise- und Aufenthaltskosten zu sichern. Verschiedene Freunde spendeten Geldbeträge, Dr. Breuer allein siebzig Gulden. Freilich gab es noch Garderobesorgen, die schließlich Leopold Altmann behob, nachdem der Windischgrazer Schneider bei einem bestellten Sommeranzug versagt hatte und sich damit Hugo Wolfs Spott zuzog.

Am 12. August 1882 reiste Wolf von Mayerling ab und traf immerhin am gleichen Tag vor Mitternacht in Bayreuth ein. Am 13. August hörte und sah er die neunte der „Parsifal“-Aufführungen, wobei er für den Platz dreißig Gulden bezahlte, um sich einen zweifachen Genuß des Werkes zu sichern (seine Studentenkarte hatte für eine spätere Aufführung Gültigkeit). Wolf hatte selbstverständlich vor, Richard Wagner persönlich zu treffen, erbat von der dramatischen Sängerin Amalie Materna ein Empfehlungsschreiben an Wagner, mußte aber erfahren, daß keine Möglichkeit bestand, den Kordon, den die Trabanten um ihren Meister gezogen hatten, zu durchstoßen. So blieb Wolf nichts anderes übrig, als zu den Fenstern des Hauses „Wahnfried“ hinüberzublicken, zu den Schlössern „Eremitage“ und „Fantasie“ zu wandern, Jean Pauls Grab aufzusuchen und von dort Efeu- und Fliederblätter mitzunehmen. Die Aufführungen, die Sänger, die fränkische Stadt und ihre reizvolle Umgebung begeisterten Wolf. Am Morgen des 16. August nahm er den Zug zurück und wollte Nürnberg und auch München kennenlernen.

Dazu ist es aber nicht mehr gekommen, denn bereits am 18. August war er bei seinem Gönner Dr. Breuer und bei dessen Tochter Bertha, seiner einstigen Schülerin, in Gmunden zu Besuch, segelte mit ihnen, spielte abends auf dem Klavier, was er von „Parsifal“ im Gedächtnis behalten hatte, debattierte und philosophierte mit Breuer bis zur Abfahrt des Nachtzuges. Mittellos kehrte er nach Mayerling zurück, heftig erkältet; am 30. August aber, am Tag der Bayreuther Schlußaufführung des Festspieljahres 1882, feierte er Wagner auf seine Weise: er schloß sein Zimmer ab, verdunkelte, begann punkt vier Uhr nachmittags mit dem Vorspiel zu „Parsifal“ und musizierte singend und klavierspielend bis 9.30 Uhr abends strichlos das Bühnen-Weihespiel vor „Tante Bertha“ als Publikum.

Nehmen wir gleich Wolfs nächsten Bayreuther Sommer 1883 vorweg. Am 6. Juli 1883 zog Hugo Wolf zum zweiten Mal von Wien nach Bayreuth — nicht wie Eckstein im Sommer vorher zu Fuß(!), sondern per Eisenbahn wieder, aber diesmal in Gesellschaft von Mottl, Schönaich und anderen Mitgliedern des Wagner-Vereins. Zweimal hörte er „Parsifal“ wieder, am 8. und 10. Juli. Der übermächtige Einfluß Wagners, der sein Denken und Fühlen, ja sein Träumen beherrschte, ließ seine schöpferischen Kräfte brachliegen: „Was bleibt mir da zu tun übrig? Er hat mir keinen Raum gelassen, gleich einem mächtigen Baume, der mit seinem Schatten das unter seinen weithängenden Ästen aufsprießende Jungholz erstickt“, lautete Wolfs Klage, und Marie Lang schreibt in dem schon genannten Zeitungsartikel „Hugo Wolfs Entwicklungszeit“ über seine seelische Lage: „Tiefste Niedergeschlagenheit ergriff ihn. Die Erkenntnis von Wagners übermäßiger Größe, seines ungeheuren Reichtums, der Universalität seines Genius übte eine zermalmende Wirkung auf Wolf aus“, und „Wagner, der Wolfs ganzes Wesen, all sein Denken und Fühlen vollständig überschattet hatte, der Übermenschliche, der Titane, wuchs für ihn bis zur Sonne und verdunkelte sie ihm“.

Zur Weihnachtszeit 1882 waren noch drei Lieder in Wien entstanden, von denen Wolf die ersten zwei für würdig erachtete, die bei Wetzler 1888 erschienenen „Sechs Lieder für eine Frauenstimme“ zu komplettieren: Reinicks „Wiegenlied im Sommer“ (komponiert am 17. Dezember 1882) und des gleichen Dichters „Wiegenlied im Winter“ (am 20. Dezember niedergeschrieben); „Wohin mit der Freud?“ — wieder nach Reinick —, erst 1936 im Rahmen der nachgelassenen Lieder vom Musikwissenschaftlichen Verlag der Öffentlichkeit vorgelegt, wurden am Silvestertag 1882 abgefaßt. Wieder ist in dieser Komposition der sanfte Hugo spürbar, der klare, wahre Lyriker. Fünf Lieder kamen im Januar 1883 aufs Notenpapier: Eichendorffs „Rückkehr“ (am 12. Januar), zwei Reinick-Texte: „Ständchen“ (19. Januar) und „Nachtgruß“ (24. Januar), dazu „Wolken wälderwärts gegangen“ nach Eichendorff, dem geplanten Zyklus „In der Fremde“ zugedacht (am 30. Januar 1883). Jeder der nächsten vier Monate in Wien zeitigte ein kleines

Werk. Drei Reinick-Lieder („Frühlingsglocken“, „Liebesbotschaft“, „Liebchen, wo bist du?“) entstanden um die Monatsmitte: am 19. Februar, 18. März und 12. April, ein neues Eichendorff-Lied, „Ich geh’ durch die dunklen Gassen“, wurde am 3. Mai 1883 aufgeschrieben. Es handelt sich um nicht mehr und nicht weniger als um „Handgelenksübungen“ des Komponisten für noch nicht absehbare spätere Taten: „Rückkehr“ nach Eichendorff beispielsweise läßt in der Zusammenschau an das 1888 entstandene köstliche „Ständchen“ (ebenfalls nach Eichendorff) denken. Hier findet sich auch das später zur Meisterschaft entwickelte Prinzip, der Singstimme einerseits und dem Klavier andrerseits kontrastierende Gefühlsinhalte anzuvertrauen.

Im September 1882 hat Wolf wieder ein „Winterquartier“ am Rennweg bezogen. Adalbert von Goldschmidt schickte seine Gattin Paula zu Hugo Wolf, Gesangsunterricht zu nehmen. Wolf war auf diese Weise ökonomisch für einige Zeit gerettet und zudem erneut in die große Freundesschar am Opernring eingegliedert; dort fand er sich oft und oft mit dem Schauspieler Alexander Girardi einer Meinung. Frau Paula machte das „Mausfallensprüchlein“ in vielen Salons populär. Zu Ende dieses und zu Beginn des Jahres 1883 skizzierte Wolf selbst ein Opernlibretto. Ort der Handlung: Sevilla zur Karnevalszeit. Die Hauptfiguren sind aus dem Titelblatt zu ersehen: Don Antonio, ein reicher Edelmann, Don Alphonso, sein Bruder, als Chaldäer verkleidet, Gregorio, ein Musiklehrer, Donna Angela, Antonios Tochter, und Donna Clarissa, ihre Base. Es finden sich in der Wiener Stadtbibliothek sechs verschiedene Entwürfe der beiden Akte mit variiertem Handlungsgang. Wie in den Liedern dieser Zeit ergibt sich auch im Falle der Opernsehnsucht eine äußere Ausgangsbasis: die erstrebte komische Handlung und das südliche Milieu.

Die Flucht vor Vally Franck bei der Begegnung im Köchert-Haus fällt ebenso in diese Zeit — wir haben die Episode schon eingehend geschildert — wie die erneut aufgenommene Bemühung, die Kompositionen zu veröffentlichen. Wolf entschloß sich, den gefürchteten Kritiker Hanslick um sein Urteil über einige seiner Lieder zu bitten; Goldschmidts Freund, der Bildhauer Viktor Tilgner, der im gleichen Häuserblock wie Hanslick wohnte, dürfte vermittelt haben. Auf solche Weise kam Wolf in den

Besitz eines Briefes von Professor Hanslick mit Datum vom 1. Februar 1883:

„Sehr geehrter Herr. Obwohl es meinen Augen nicht leicht war, die Miniaturschrift Ihres Manuscriptes zu bewältigen, so verdanke ich demselben doch die Bekanntschaft eines neuen, vielversprechenden Talentes und beehre mich, Ihre fein empfundenen interessanten Lieder mit bestem Dank zurückzustellen. Hochachtungsvoll ergebenst Dr. Eduard Hanslick."

Um diese Zeit müssen Kritiker und Komponist einander persönlich kennengelernt haben; wir wissen nur vom Rat des Professors, Wolf möge das Verlagshaus Simrock anschreiben.

Wolf aber sandte am 17. Februar 1883 eine Anzahl von Liedern an Schott. Vier Tage vorher war Richard Wagner in Venedig gestorben. Am 14. Februar war die Nachricht wie ein Lauffeuer durch Wien gegangen; Wolf hatte das Haus der Familie Werner aufgesucht, vom jungen Heinrich keinerlei Notiz genommen, sich an den Flügel gesetzt, den Trauermarsch aus „Götterdämmerung" gespielt und dann wortlos das Haus wieder verlassen. „Ich habe geweint wie ein Kind", waren Wolfs Worte, als er abends wieder Menschen suchte, nachdem er die restlichen Stunden des Tages in den Zweigen eines Baumes zugebracht hatte. Am 26. Februar ist in einem Brief Wolfs an Mottl zu lesen, daß er „heute nacht" geträumt habe, Wagner sei nur scheintot ... „Wir sprachen hierauf lange miteinander, dabei klagte er über beständiges Unwohlsein. Er war im selben Zimmer in Wahnfried, in welchem ich schon andermal im Traum mit ihm verkehrt, als er mir seine chinesischen Vasen und Figuren mit sichtlichem Behagen vorzeigte ..."

Wolf war es also wohl unerträglich, dem Rat des Wagner-Gegners Dr. Hanslick zu folgen und seine Lieder dem Verleger von Brahms anzubieten. Freilich mußte er Mottl berichten: „Schott refüsierte in der höflichsten Weise die Herausgabe meiner Lieder und bedauerte die Ablehnung derselben umsomehr, als Sie ihm meine Sache so warm ans Herz gelegt ..." Er sandte die Lieder mit der Berufung auf Hanslicks Urteil nun auch an Breitkopf und Härtel und mußte später dem Vater schriftlich sagen: „... Sie können mir ... keine Schuld beilegen, denn über das Herz eines Verlegers kann ich so wenig gebieten, wie über seinen Verstand. Es sind filzige, grausame Schufte, einer wie der andere."

Wieder sollte Adalbert von Goldschmidt in dieser Situation Wunder vollbringen. Franz Liszt war im April 1883 auf einige Tage nach Wien gekommen und empfing am 6. April den jungen Komponisten. Wolf hat ihm einige Lieder vorgespielt; Liszt, von dem Gehörten sehr angetan, umarmte ihn, küßte ihn auf die Stirn und sagte, er hoffe bald ein größeres Werk von Hugo Wolf zu hören. Vier Monate später erfahren wir aus einem Brief Hugos an seinen Vater, er arbeite an der „Penthesilea“. Am 2. Mai 1883 hatte sich Wolf ein Skizzenbuch erstanden, in dem ein Entwurf zu einem nicht kompletten Orchesterwerk, aber auch Skizzen zur „Penthesilea“ eingetragen wurden, einem „Tongedicht für Orchester nach Heinrich von Kleists Drama“. Dieses Skizzenbuch gibt uns folgende Daten: 19. Juli 1883 zum „Penthesilea“-Thema (Takt 520 und die folgenden); dann folgt ohne weiteres Datum der größte Teil des zweiten Abschnittes, „Penthesileas Traum“ in gekürzter Skizze, 20. August 1883, Beginn des ersten Teiles „Marsch der Amazonen“ — auf den folgenden Seiten fast fertig entworfen; dann kommt noch ein relativ kurzes Stück des 3. Abschnittes in Skizzenform ohne weitere Angaben. Franz Liszt hat also den Beginn der Arbeit an einer „Symphonischen Dichtung“ ausgelöst.

Aus einem Brief Hugos an seine Eltern vom 7. April 1883, einen Tag nach der denkwürdigen Unterredung mit Liszt, erfahren wir: „Gilbert hat mir drei Wahlsprüche eingesendet, die ich (alle drei) komponieren werde. Vielleicht krieg ich die 20 Dukaten.“ Schon länger als drei Jahre vorher hatte Vater Filipp Hugo brieflich gebeten, einen Wahlspruch für einen in Windischgraz neu gegründeten Gesangsverein zu komponieren: „für Männer-Chor . . . u. z. nach Deinem Gutdünken . . .“ Der Text zum Wahlspruch findet sich in einem Katalog (von Liepmannssohn): „Das Menschenherz wird nur erhalten, so lang des Liedes Zauber walten.“ Nichts von all dem ist auffindbar. Aber es könnte sein, daß Hugo einen oder alle drei Wahlsprüche komponiert hat.

Am 16. Juni 1883 jedoch entstand ein Werk, das von grundlegender Bedeutung für die späteren Meisterlieder ist: das Lied „Zur Ruh, zur Ruh!“ nach Justinus Kerners Worten. Hier erscheinen die Fesseln der frühromantischen Vorbilder, vor allem Schuberts und Schumanns, abgestreift, der eigene Tonfall ist gefunden. Bleibt das „Mausfallensprüchlein“ Vorbote all der lichten Sopranlieder wie „Elfenlied“, „Nixe Binsefuß“, so treten hier in dem Kerner-Lied spätromantische Züge zutage, die die Technik Richard Wagners mit einschließen, aber ganz persönlich umformen. Der Kompositionsstil liegt ja immer sozusagen „in der Luft“. 1881 war Modest Mussorgsky gestorben und hinterließ der Nachwelt „Lieder und Tänze des Todes“, die, im „Wiegenlied“ etwa oder im „Ständchen“, auf gleicher Ebene stehen wie dieses „Zur Ruh“. Im nächsten Jahr, 1882, wurde in Graz am 11. Mai Joseph Marx geboren — seine Liedschöpfungen der ersten Jahre des neuen Jahrhunderts sollten die impressionistische Technik Claude Debussys in die österreichische Tonsprache eingemeinden und taten das in durchaus eigenständiger Form. Nichts ist falscher, als im Falle Wolf vom „Wagner des Liedes“ zu sprechen. Die Wagnersche Motivtechnik, die vorherrschende Chromatik in der Harmonie hat Wolf in seinem Stil vermählt, aber jedes einzelne, nach diesem Kerner-Gesang entstandene Lied zeigt uns Wolfs eigenes Wesen, sein persönliches Anliegen, seine Welt realer Erfahrungen und phantasievoller Vorstellungen. „Zur Ruh! Zur Ruh!“, das nach Wolfs selbsterkenntnisreichem Entschluß eine neue Werkgruppe „Sechs Gedichte von Scheffel, Mörike, Goethe und Kerner“ anführen sollte, die er 1888 bei Wetzler publiziert hat, ist eine Vorstufe fürs „Gebet“, für „Heimweh“ und „Seufzer“, für „An den Schlaf“.

Wir wissen schon von Hugo Wolfs zweiter Reise nach Bayreuth. Anschließend besuchte er die Breuers in Gmunden, verzweifelte am Wetter, fuhr bald zur Familie Köchert nach Rinnbach, bezog dort nach einigem Hin und Her am 1. August neues Quartier und blieb trotz anhaltender Unzufriedenheit sieben Wochen. Hier sollte er Hermann Bahr kennenlernen, den damals wegen „revolutionärer Umtriebe“ von der Wiener Universität relegierten Studenten — er hatte vor dreitausend jungen Wagnerianern eine aufrührerische Rede gehalten —, den sein Vater nach einem Grazer Intermezzo in das entlegene Steinkogl-Gasthaus zwischen Ischl und Ebensee für eine Zeitlang ins Exil geschickt hatte.

Von Einsamkeit war jedoch keine Rede. Edmund Lang, der Schwager Heinrich Köcherts, ebenfalls Studiosus an der Universität Wien und intimer Freund Bahrs, hielt sich, kaum eine Stunde von Steinkogl entfernt, in Rinnbach auf, und Wolf stieß nun als zunächst mürrischer Dritter dazu. Es sollte nicht lange dauern, bis Wolf beim Lieblingsthema Bahrs: populäre Komponisten und Schriftsteller in Wien, zu toben und schimpfen, ja zu fluchen begann, so daß allabendlich die beiden Diskussionsliebhaber vom Hausherrn getrennt werden mußten, um die Nachtruhe einigermaßen sicherzustellen. Daneben beschäftigte sich Wolf unablässig mit der Lektüre von Kleists „Penthesilea". Mit der Komposition dürfte er nicht recht weitergekommen sein, aber die Dichtung las er immer wieder und rezitierte gern daraus: „Er schwärmte für sie, seine Hände zitterten, wenn er nur ein paar Verse daraus las, sein Auge leuchtete, und wie im Anblick einer höheren und helleren Region, deren Tore plötzlich vor ihm aufgesprungen waren, schien er wie verklärt", kommentierte Bahr Wolfs Begeisterung für Kleist. Wolf — der unter Wagner litt — und Kleist — dem Goethe im Wege war — scheinen schicksalsverwandt.

Der Abschluß der Sommertage 1883 in Rinnbach stand unter keinem günstigen Stern. Wolf trennte sich von seinem Gönner Dr. Breuer eines nichtigen Anlasses wegen. Eines Abends war er im Breuer-Haus in Gmunden erschienen, setzte sich, nicht ganz nüchtern, zum Abendtisch der Familie und begann, als die Rede auf das damalige Wunderkind Ilona Eibenschütz, die später vielgerühmte Pianistin, kam, über deren Mutter ohne Rücksicht auf die bei Tisch anwesenden Kinder herzuziehen. Nach vergeblichen Beschwichtigungsversuchen mußte ihm Frau Breuer schließlich Einhalt gebieten: „Herr Wolf, ich erlaube nicht, daß an meinem Tisch über eine andere Frau in solchen Ausdrücken gesprochen wird!" Wolf verstummte, stand auf und verließ das Haus. Am nächsten Morgen dankte er auf einer Karte der Familie Breuer für alle ihm erwiesene Güte und trat niemals wieder in ihren Gesichtskreis. Im Köchert-Haus in Rinnbach brachen schließlich die Masern aus. Der Lederindustrielle Fritz Flesch, ebenfalls aktives Mitglied des Richard-Wagner-Vereines, der die Bayreuther Festspiele besucht hatte, lud Hugo Wolf in sein Haus nach Unter St. Veit, einer westlich gelegenen Vorstadt Wiens, ein und stellte ihm zum ungestörten Komponieren das ganze erste Stockwerk seines Besitzes in der St. Veiter Hauptstraße zur Verfügung. Wolf reiste am 17. September an und blieb bis Jahreswende. Die Handschrift der Partitur der „Penthesilea" in der Österreichischen Nationalbibliothek trägt zwar am Schluß das Datum „Sommer und Herbst 1883", doch bezieht sich dieses nur auf den Beginn der Entwürfe, der Niederschriften, auf die Planung des Werkes.

Auch von Flesch schied Wolf in Unfrieden. Er war die Bequemlichkeit, den selbstverständlichen Luxus der Lebenshaltung nicht gewöhnt. Er war zu lange in Armut unabhängig gewesen, als daß er sich hätte daran gewöhnen können, daß der Gastgeber am Ende einer Mahlzeit einen Zahnstocher benützte, um seinem Schützling eine Birne über den Tisch zu reichen — Wolf stand auf und verließ das gastfreundliche Haus für immer. Er zog spontan bei Edmund Lang in eine Mansarde des Trattnerhofes ein. Er zerstritt sich bald danach auch mit Dr. Schönaich. Während eines Gespräches spann sich Wolf immer mehr in eine seiner unrealistischen Ideen ein, worauf Schönaich feststellte: „Ich kann Sie nicht ernst nehmen." Worauf sich Wolf entfernte und nie mehr mit seinem Gönner ein Wort sprach. Schon 1880 hatte er Dora Gabillons Mutter in wütender Laune einen Brief geschrieben: er könne eine „so unmusikalische Gans" nicht länger unterrichten, weiterhin mit einer dermaßen unbegabten Person zu tun zu haben, bedeute für ihn den Tod. Die Breuers, deren Schwager Altmann, die Gabillons, Dr. Schönaich und Flesch waren für den zornigen Wolf verloren — es blieb ihm die Familie Köchert. Die Köcherts sicherten Wolf eine Stelle mit regelmäßigem, wenn auch bescheidenem Einkommen: als Hofjuwelieren und Gönnern des „Wiener Salonblattes" (in Form von Annoncen) fiel es ihnen nicht schwer, dem zornigen Wolf dort die Stelle eines Musikrezensenten zu verschaffen.

„ICH HABE DIE EHR', IHR REZENSENT ZU SEIN ..."
Wiener Salonblatt 1884—1887

„1884 Winter ein Theil bei Flesch in Unter St. Veit. Hernach Graben. Recensent beim Salonblatt. Karlsgasse 4. Penthesilea instrumentiert. Sommer Rinnbach, dann Schloß Gstatt."

„1885 Gar nichts componiert, außer zwei Streichquartettsätze. Winter Kumpfgasse. Sommer Wien, Mehlmarkt 15 und Döbling."

„1886 Christnacht entworfen. König bei der Krönung (Kumpfgasse). Sommer Murau."

„1887 Vater gestorben (9. Mai). Windischgraz gewesen. Winter Kumpfgasse. Wächterlied etc. Sommer Rinnbach (Fuß gebrochen), hernach Leibnitz, dann übersiedelt mit Schwager Bruck a. d. Mur."

Hugo Wolf: Daten aus meinem Leben

Am 20. Januar 1884 ist Hugo Wolfs erster Artikel, zum ersten und einzigen Male mit der Signatur „x. y." versehen, im „Wiener Salonblatt" erschienen. Hunderteif Berichte, voll gezeichnet, folgten bis zum 24. April 1887. Hugo Wolf war also noch nicht vierundzwanzig Jahre alt, als er zu rezensieren begann, und beendete dieses sein Wirken bald nach seinem siebenundzwanzigsten Geburtstag. Heinrich Köchert hatte, wie gesagt, die „Berufung" Wolfs — sein Gehalt betrug monatlich sechzig Gulden — „durchgesetzt". Frank Walker erklärt uns die Art dieses „Durchsetzens": „Sooft Köchert die Rechnung für Inserate bezahlte, legte er noch eine Summe bei, die als Gehalt an Wolf ausbezahlt wurde." Von Ernest Newman stammt der 1907 in einer Wolf-Biographie gezogene Vergleich des Rezensenten Wolf im „Wiener Salonblatt" mit einem „heulenden Derwisch im Boudoir einer Dame". Ein früherer Offizier namens Moritz Engel, in aristokratischen Kreisen wohlbekannt, hatte diese Wochenzeitung in Wien gegründet. Sie „diente den oberen Tausend der Wiener Menschheit, deren Brautpaare es der Selbstbewunderung auf der ersten Seite darzubieten pflegte", wie Ernst Decsey es formuliert hat.

Hugo Wolf war mit den Meistern des Spätbarock zu wenig vertraut, als daß uns eine Besprechung der Bach-Kantate „Es ist dir gesagt, Mensch, was gut ist" oder des „Saul" von Händel als kompetent oder wissenswert erschiene. In den Chören des Händel-Oratoriums fand er „einen Schwung, ein dramatisch bewegtes Leben, eine titanische Kraft, eine hinreißende Gewalt des Ausdrucks, wie sie uns heute noch und wohl so lange, als überhaupt musiziert werden wird, mit Staunen und Bewunderung erfüllen". Der niemals kontrapunktisch gesinnte Komponist war mit seinem Interesse ganz auf der Seite der „klassischen" Opernkomponisten Gluck und Mozart und der Symphonien, Sonaten und Kammermusikwerke Beethovens: „Gluck, Mozart und Wagner sei nur die göttliche Dreieinigkeit, welche heilige Drei zu Eins sich eigentlich erst in Beethoven konzentrierte. Ihnen verdanken wir die höchsten Genüsse des Lebens. Tiefstes Weh und wonnigsten Jubel, die Qualen des Prometheus und die Seligkeit des Nirwana, jede menschliche Regung wird uns in den Tönen dieses Meisters erschlossen." Die „Große Fuge" Beethovens bezeichnet er „als ihm schlechthin unverständlich" (wie mag die Interpretation gewesen sein?!).

Die Liebe zu Schubert enthüllt sich in einer Besprechung des Oktetts: „Die lachende Erde in ihrem Frühlingsschmucke, die lebensfrohen Menschen in der Einfalt ihres Herzens mit dem leidenschaftlichen Verlangen nach Genuß und Befriedigung — das ist die Welt, in der sich diese Harmonien ergehen. Nur in der Einleitung zum letzten Satz dünkt es uns, als zöge ein fernes Gewitter heran. Man hört das Grollen des Donners, Blitze durchzucken die Nacht, es ist, als ob der Tondichter den Vorhang vor dem Fenster seines Feenstübchens lüfte, die empörten Elemente zu belauschen. Aber kein Schatten soll heute in sein heiteres Gemüt fallen. Er verschließt dieses finstere Bild, und, den begeisterten Blick nach innen gerichtet, durchströmt himmlische Seligkeit sein Herz, und eine Welt voll Liebe und Güte verklärt sich in seinen aus tiefster Brust hervorquellenden Melodien." Durch die Besprechung der h-Moll-Symphonie erfahren wir Wolfs grundsätzliche Stellungnahme zu Schubert: „. . . Schuberts h-moll-Symphonie, ein treues Spiegelbild der künstlerischen Individualität ihres Schöpfers, ist leider ein Fragment geblieben. So gleicht sie auch in ihrer Form dem äußeren Lebensgange des Meisters, der ja in der Blüte seines Lebens, in der Vollkraft seines Schaffens vom Tode hinweggerafft wurde. Schubert hat nur ein halbes Menschenalter gelebt, als Mensch sowohl, wie auch als Künstler ... Wohl besitzen wir von ihm ein kostbares Vermächtnis in seiner C-Dur-Symphonie; aber aller blühender Gedankenreichtum, der üppigste Melodienzauber kann uns über das lockere Gefüge ihres symphonischen Baues nicht hinwegtäuschen. Die h-moll-Symphonie ist nicht nur knapper, einheitlicher in der Form, als die C-Dur, in ihren Themen spricht auch der pathetische Schubert ebenso überzeugend, als der elegisch träumerische. Er gibt sich in ihr so vollständig, als in seinen Liedern, in denen er freilich das höchste geleistet."

Webers „Freischütz" hat in Wolf einen glühenden Bewunderer; den „Oberon" hält er „trotz aller Schönheit der Musik" für einen Fehlschlag. Schumann (nicht dem späten, etwa dem Komponisten des „Neujahrsliedes" oder der Ballade „Des Sängers Fluch") gehört seine ganze Liebe, nicht minder Chopin, den er bei einer Besprechung eines Klavierabends Rubinsteins als überragenden Klaviermeister feiert. Neben Marschner und Lortzing schätzt er auch Auber und die leichte Hand Suppés. Verdis Opern, die er hörte, verschwieg Wolf in seinen Rezensionen, Ponchiellis „Gioconda" oder Boitos „Mefistofele" fanden vor ihm keine Gnade. Rubinsteins „Nero" und Hermann Goetz' „Der Widerspenstigen Zähmung" wurden vernichtend beurteilt. Auch Meyerbeer, in Wolfs Jugendtagen eine Art Prophet vor und für Wagner, kommt schlecht weg.

Von Bizets „L'Arlesienne" war Hugo Wolf sehr angetan, Smetanas „Vyšehrad" und „Vltava" nannte er Meisterwerke. Mendelssohn mißfällt ihm (sein Violinkonzert sei „heiter, aber keineswegs spaßhaft"), Dvořak wird zerpflückt: „Die Musik", — es handelt sich um die Oper „Der Bauer ein Schelm" — „aus böhmischen Nationalmelodien zusammengeflickt, wirkt auf die Dauer recht einschläfernd. Die Instrumentation ist abscheulich, brutal, abgeschmackt." Tschaikowsky und Glinka fanden seine Sympathie. Berlioz' „Fausts Verdammnis" — so lesen wir im „Salonblatt" vom 21. März 1886 — weist er einen Platz neben Wagners „Faust"-Ouverture und Liszts „Faust"-Symphonie an. Im Nachruf auf Franz Liszt vom 8. August 1886 heißt es: „Ein Stern ist erblichen, vor dessen siegreichem Lichte alles Unechte und Erborgte erblindet, dessen Wunderglanz dem Bedrängten freundlich winkte, dorthin weisend, wo Kampf und Mißgunst, aber auch Sieg und Vollendung seiner harren, dessen heiliges Feuer, vernichtende Blitze sprühend, die Altäre der Götzendiener niederschmetterte und hochaufflammend den Brand der Begeisterung entfachte, das wahrhaft Große schützend und fördernd."

Ein Urteilswandel ist im Fall Anton Bruckners festzustellen. Zunächst hieß es: „Der Mangel an Intelligenz, das ist es, was uns die Brucknerschen Symphonien bei aller Originalität, Größe, Kraft, Phantasie und Erfindung so schwer verständlich macht. Überall ein Wollen, kolossale Anläufe, aber keine Befriedigung, keine künstlerische Lösung." Später vergleicht Wolf: „Es sind Werke eines verunglückten Genies, ähnlich wie die kolossalen Dichtungen Grabbes. Kühne, großartige Konzeptionen sind beiden ebenso gemein, als das Zerfahrene, Formlose in der Durchführung." Dem gemeinsamen Freund Eckstein gelang ein „Rendezvous" mit beiden Komponisten am Fronleichnamstag 1885 in Klosterneuburg. Der Bann war gebrochen. Wolf bekannte sich nun ohne Einschränkung zu Bruckner. Nach einem „Philharmonischen Konzert" schreibt er am 28. März 1886: „Der Erfolg war ein vollständiger, das Publikum hingerissen, der Beifall betäubend. Die Philharmoniker aber mögen bedenken, daß noch ein halbes Dutzend Brucknersche Symphonien, im Pulte liegend, ihrer Aufführung harren, und daß unter diesen selbst eine minder bedeutende ... noch immer ein Cimborasso ist gegen die Maulwurfshügel der Brahmsschen Symphonien." Im gleichen Jahr hat Hans von Bülow an Bruckner drei ironische Telegramme gerichtet, die die Mitteilung enthielten, er wäre auf den Thron Bulgariens berufen worden, man benötigte zehntausend Photos von ihm zur Information der Bevölkerung, und man würde die Kritiker, die sich um ihn verdient gemacht hätten, mit Ministerämtern auszeichnen; Theodor Helm, Wolfs unmittelbarer Vorgänger im „Salonblatt", Gustav Schönaich und Hugo Wolf selbst wurden für die Kabinettsmitgliedschaft genannt.

„Die Maulwurfshügel der Brahmsschen Symphonien" führen uns zum Thema der „Anti-Brahms-Kritiken" Hugo Wolfs. Zum Klavierkonzert in B-Dur heißt es da: „Wer dieses Klavierkonzert mit Appetit verschlucken konnte, darf ruhig einer Hungersnot entgegensehen; es ist anzunehmen, daß er sich einer beneidenswerten Verdauung erfreut und in Hungersnöten mit einem Nahrungs-Äquivalent von Fenstergläsern, Korkstöpseln, Ofenschrauben u. a. dgl. mehr sich vortrefflich zu helfen wissen wird." Zu den Haydn-Variationen: „Variationen für Orchester von Herrn Brahms über ein Thema von Haydn legen ein beredtes Zeugnis ab für die eigentliche Begabung Brahms': die der kunstvollen Mache. Auf Variieren von gegebenen Themen versteht sich Herr Brahms wie kein anderer. Ist doch sein ganzes Schaffen nur eine große Variation über die Werke Beethovens, Mendelssohns und Schumanns." Zur dritten Symphonie in F-Dur: „Als Symphonie des Herrn Dr. Johannes Brahms ist sie zum Teile ein tüchtiges, verdienstvolles Werk; als solche eines Beethoven Nr. 2 ist sie ganz und gar mißraten, weil man von einem Beethoven Nr. 2 alles das verlangen muß, was einem Dr. Johannes Brahms gänzlich fehlt: Originalität . . . Er ist ein tüchtiger Musiker, der sich auf seinen Kontrapunkt versteht, dem zuweilen gute, mitunter vortreffliche, zuweilen schlechte, hie und da schon bekannte und häufig gar keine Einfälle kommen." Zur vierten Symphonie in e-Moll (2. Jänner 1886): „. . . solche Nichtigkeit, Hohlheit und Duckmäuserei wie sie in der e-moll-Symphonie herrscht, ist noch in keinem Werke von Brahms in so beängstigender Weise ans Tageslicht getreten. Die Kunst, ohne Einfälle zu komponieren, hat entschieden in Brahms ihren würdigsten Vertreter gefunden. Ganz wie der liebe Gott versteht auch Herr Brahms sich auf das Kunststück, aus nichts etwas zu machen . . . In diesem Sinne mag man die Kunst Brahms's immerhin eine göttliche nennen . . ." Das Violinkonzert in D-Dur nennt Wolf in seiner Kritik vom 7. November 1886 „ein ganz widerwärtiges Stück, voll von Platitüden und nichtssagendem Tiefsinn". Zum d-Moll-Klavierkonzert: „Durch diese Komposition geht eine Luft, so eisig, naßkalt und nebelig, daß einem das Herz erfrieren, der Atem benommen werden möchte . . ." Höhepunkt der Schimpforgie: „Auch kannte ich einst einen berühmten Musikästhetiker, der ein abgesagter Feind von Käse war, und andrerseits sich an Brahmsscher Musik vergnügte." Immer wieder wendet sich Wolf zornig gegen die „Unwahrheit der Brahmsschen Musik". Er hörte das introvertierte Wesen Brahms' aus dessen Musik heraus und deutet es auf seine Weise: „. . . die wahre Größe eines Komponisten wird man immer nur daran erkennen, ob er jubeln kann. Wagner kann jubeln, Brahms nicht."

Zu den Interpretationen einzelner Wagner-Partien durch führende und kleinere Sänger wußte Wolf genug zu sagen; Lilly Lehmanns Isolde war ihm zu sehr Mann-Weib („Die vom Dichter gezeichnete Isolde ist ganz nur Weib, das zu Tristan in Liebe entbrannte, von ihm aber zurückgestoßene, verleugnete, verletzte, verhöhnte Weib. Nie aber ist eine Frau weiblicher, als wenn sie liebt, und Isolde liebt von der ersten Szene an bis zum Liebestod ..."), Herr Vogl als Lohengrin zu leidenschaftlich („Auch die Erzählung zum Schlusse der Oper hätte Herr Vogl ... ruhiger, sanfter, geheimnisvoller vortragen können. Er hat zuviel Leidenschaft hineingelegt, er gab sich zu menschlich. Lohengrins Auge schwebt während der Erzählung wie abwesend über den Kreis seiner Umgebung. Sein Geist kommt von den Wundern Montsalvats, derweil sein irdischer Teil noch unter den gemeinen Menschen weilt, um zum letzten Male zu ihnen zu sprechen. So soll auch seine Stimme nicht anders sein, als das Organ, das den holden Traum seines Geistes in verklärter Weise austönt."). Auch mit Kapellmeistern wurde schonungslos verfahren: „Herr Fuchs mag ein ausgezeichneter Taktschläger sein, aber den ‚Tristan' dirigieren!!! Herr Fuchs ist ein Metronom." Zorn ergießt sich über die Kürzungspraxis der Wiener Hofoper bei „Tristan": „Bei den Indianern wird am höchsten respektiert, der die größte Anzahl abgehäuteter Skalpe aufweisen kann. Ganz gewiß genießt unter seinen Kollegen auch derjenige Kapellmeister das größte Ansehen, der die Partituren am meisten schindet, der sich rühmen kann, mit dem Rotstift (Rotstift! wie bezeichnend! der Stift rötet sich in dem Herzblute der Partituren, wühlt in deren edlen Teilen) nicht nur die Kopfhaut, sondern gleich den ganzen Kopf zusamt den Füßen der Handlung rasiert zu haben. Die Indianer begnügen sich mit dem Skalp und sind Wilde. Die Kapellmeister zerfleischen ihr Opfer und sind gemeinhin Zivilisierte, ja, wollen auch Künstler sein, Künstler!" Es gibt aber auch Lob aus Wolfs Feder, für eine Tannhäuser-Vorstellung beispielsweise (die Kritik erschien am 6. September 1885): „... das schöne Maßhalten, die Bekundung des feinen Geschmacks in der Gesangsweise, diese seltenen Vorzüge waren es, die mich nun völlig überzeugen durften, daß Frau Materna unstreitig die erste Wagner-Sängerin der Gegenwart sei. Da war keine Willkür, keine Häßlichkeit, kein Mißgriff, keine Ungereimtheit zu bemerken. Nichts trübte die Reinheit, ja die Verklärung des Vortrages."

Italienische Opernsänger und ihr Wiener Publikum kommen schlecht weg: „So wird ein italienischer Sänger mit beispielloser Ruhe die Kunde von einem erschütternden Ereignis singend erzählen, sobald kein *h* oder *e* für ihn herausschaut, wogegen der gleichgültigste Umstand, wenn nur der Kehlkopf des Sängers vom Komponisten hinreichend bedacht worden ist, denselben in eine Aufregung und Beweglichkeit versetzen kann, die je nach den gesanglichen Effektstellen mehr oder weniger ins Possenhafte hinüberschlägt. Der italienischen rabbia verfällt der ausgemachte Bösewicht in der gräßlichsten Rachearie ebenso, wie der sentimentalste Liebhaber im weichsten lyrischen Ergusse. Die hohen Töne sind entscheidend ... man beobachte das Publikum in jenen erhabenen Momenten, wo der Tenor von der seligmachenden Höhe eines *c* oder *cis* verklärt auf das Publikum herunterschmunzelt: da schnalzt man vergnügt mit der Zunge, streichelt behaglich die Bäuche ... Die ehrgeizigen darunter versuchen's dem Sänger nachzumachen, indem sie in gleicher Höhe mitsingen, die bescheidenen wählen den sicheren Weg der unteren Oktave; der eigentliche Enthusiast aber macht nur die Pantomime des Sängers mit (ein Zeichen großer Ergriffenheit), indem er Ober- und Unterkiefer, je nach der Höhe und Dauer des angesetzten Tones, auch so weit und so lange voneinander trennt."

Zum Kritikeramt selbst nimmt Wolf gern Stellung. Am 15. Juni 1884 beispielsweise: „Dünkten dem Leser meine Kritiken zu scharf, so möge er bedenken, daß jedem Menschen, der für Recht und Wahrheit einsteht und gegen die Lüge zu Felde zieht, dabei sozusagen warm ums Herz wird. Man ist dann nicht sehr wählerisch in Worten. Wahrheit ist nicht die Sprache der Höflichkeit, diese ist die Sprache der Diplomaten. Auch sagte schon Goethe: ‚Im Deutschen lügt man immer, wenn man höflich ist.' — Schön schreiben war allerdings nicht meine Sache. Wer zu viel auf die Form hält, verliert nur zu häufig den Inhalt aus den Augen. Wenn sich Form und Inhalt zu decken vermögen, ist's freilich am besten." Bekenntnishaft klingt auch ein Appell an die Wiener Philharmoniker im Essay

„Ein Monolog", der am 1. November 1884 veröffentlicht wurde: die Musiker mögen „allein, was einen Fortschritt in der Kunst bezeichnet, was als wahrhaftig neu, gehaltvoll und bahnbrechend sich ankündigt, was sich über das Gemeine, Mittelmäßige erhebt und dem Höchsten zustrebt, ihr tönendes Organ leihen, vor keiner Schwierigkeit zurückschrecken und bis auf den letzten Mann ausharren, wenn es gilt, eine gute Sache zu fördern".

Am 8. November 1885 erscheint „Ein Traum. Aus dem Tagebuch eines Chinesen". Zwölf Jahre vor Ausbruch seiner Geisteskrankheit, da er sich zum Hofoperndirektor berufen glaubt, schreibt er eine Traumgeschichte, die in einem fiktiven China spielt („... Ich war Intendant des Hofoperntheaters in einer großen Stadt meines Vaterlandes ..."), gibt eine Beschreibung seines späteren Spiegelbildes: „... Diese Gesichtsfarbe, schillernd zwischen dem saftigsten Meergrün und wohlgefälligsten Schwefelgelb, dieser kahle Schädel, ... diese hohlen Augen, dieser erloschene Blick, diese ekelhaften Runzeln ... Mein Gott! welch ein niederträchtiger Anblick! Aber zu diesem würdigen Aussehen gesellt sich ... ein analoger Seelenzustand. Wie ich mich entsinne, geschah diese seltsame Umwandlung in und an mir kurze Zeit nach jener denkwürdigen Aussprache ..." Dolf Lindner, dessen Bergland-Büchlein in der Österreich-Reihe „Hugo Wolf. Leben — Lied — Leiden" 1960 zur hundertsten Wiederkehr des Geburtstages Hugo Wolfs erschienen ist, stellt als erster diese Vision Wolfs dem Verlauf von Wolfs Krankheit gegenüber und hat durchaus recht, hier von „mystischen Zusammenhängen" zu sprechen. In den praktischen Auswirkungen dieser Traum-Intendanz wollte Wolf die Einrichtung des Zuschauerraums ändern, die Claque abschaffen, alle „Star"-Sänger entlassen, das Ballett auf die Hälfte reduzieren und das Theater zweimal wöchentlich schließen, um genügend Probenmöglichkeiten zu schaffen.

Im Konzertsaal findet Wolf Beifallsbezeigungen nur dort angebracht, wo gewissermaßen das Kunstwerk selbst den Applaus herausfordert — „bei Schlüssen, bei Tonstücken heiteren, festlichen, kriegerischen, heroischen Charakters". Aber etwa nach Beethovens „Coriolan"-Ouverture? „Noch starrt das Auge trunken vor sich hin, wie in einen Zauberspiegel, darin der riesenhafte Schatten Coriolans langsam dem Blick entschwebt, noch rieselt die Träne, zuckt das Herz, stockt der

Atem, fesselt ein Starrkrampf alle Glieder — und kaum, daß der letzte Ton verklungen, seid ihr auch schon munter und vergnügt und rumort und kritisiert und klatscht und — — o ihr habt in keinen Zauberspiegel geblickt, ihr habt nichts gesehen, nichts gefühlt, nichts gehört, nichts verstanden, nichts, nichts, gar nichts. Aber gut geklatscht habt ihr."

Lindner meint in seinem Beitrag zum Wolf-Festheft der Österreichischen Musikzeitschrift 1960 („Der Kritiker Hugo Wolf"), Wolf habe sich in seinen Kritiken „abreagieren" wollen. Ich glaube, er wollte sich durch die erzwungene schriftliche Stellungnahme selbst finden. Lindner argwöhnt, die Kritik an der fremden Leistung sollte die eigene Lage verdecken. Walker sagt: „Die Zeit seines musikalischen Journalismus bildet eine charakteristische Phase in Wolfs ungleichem Leben, war aber für seine künstlerische Entwicklung ohne Bedeutung." Meiner Ansicht nach stand wohl der Kritiker Wolf dem Komponisten durch die Reaktion der Umwelt im Wege, hat ihn aber auf innerlichem Wege weitergebracht, zum explosiven Schaffen von 1888 und den folgenden Jahren!

Noch haben wir den Lebensweg Hugo Wolfs während dieser Kritikertätigkeit nachzuzeichnen. Nur wenige Dokumente liegen aus dieser Zeit vor, die Briefe an seine Eltern sind fast alle unauffindbar. Eine kleine Anzeige im „Salonblatt", bald nach Beginn von Wolfs Tätigkeit als Rezensent erschienen, empfahl einen Musiker, der „Unterricht in Klavier- und Harmonielehre, Contrapunkt etc etc. zu geben" wünscht. Bald trafen auch — wie Engel amüsiert erwartet hatte — empörte Briefe in der Redaktion ein; es kam freilich zu Auftritten mit dem Herausgeber, wenn Wolf stilistische Milderungen seiner heftigen Attacken im Bürstenabzug entdeckt hatte. Vater Filipp Wolf sah die Dinge voraus, die auf Grund solcher öffentlichen Feststellungen kommen mußten: „... aber sie werden alle einmal über Dich herfallen, wenn Du mit Deinen geistigen Kindern in die Öffentlichkeit trittst." Wolf, der bei Lang im Trattnerhof wohnte — Mozart hatte einst im selben Haus gewohnt, sein Sohn Carl Thomas war dort zur Welt gekommen —, hatte bald noch einen dritten Hausgenossen, wieder Hermann Bahr, der seit den gemeinsamen Tagen in Rinnbach auch noch von der Universität Czernowitz relegiert worden war; Langs Wohnung bestand aus drei Zimmern; Wolf konnte sein Zimmer nur erreichen, wenn er durch das kleine vorderste Zimmer Langs und durch das Mittelzimmer Bahrs durchging. Bahr und Lang waren sehr oft bis in späte — oder frühe — Stunden aus; bei ihrer Heimkehr tauchte dann meist Wolf in wallendem Nachthemd auf, eine flackernde Kerze in der einen, ein Buch in der anderen Hand, setzte sich auf Hermann Bahrs Bett und begann vorzulesen: Kleist oder Grabbe (aus „Scherz, Satire, Ironie und tiefere Bedeutung"). Bahr und Lang waren immer wieder ergriffen. Jedermann, der Wolf näher kannte, wußte um seine ungeheure Einfühlung in das Wesen einer Dichtung.

Vater Filipps Briefe waren bis zum 12. März 1884 an diese Adresse gerichtet, spätestens im Mai und Juni finden wir Wolf im 3. Stock des Hauses Karlsgasse 4, in dem Brahms noch immer wohnte, seit 1871, also auch damals, als Wolf ihn besuchte. Doch Wolfs Bleiben war dort nicht lange. Er hatte sich mit der Hausfrau überworfen, dachte an einen dritten Sommer in Mayerling, doch die Preyss winkten ab. So fuhr Wolf wenige Tage nach seiner Saison-Abschlußkritik, die am 15. Juni erschienen war, als Gast der Familie Köchert nach Rinnbach. Im „Krähbauer", wie das Haus der Köchert hieß, wo sich Wolf nun bis zum 1. August aufhielt, ließ es sich mit dem Blick auf den Traunsee gut leben. Von dort ging's am 1. August nach Schloß Gstatt, einem Ort nahe Öblarn im Ennstal in der Steiermark. Schwager Josef Strasser, der Gatte von Schwester Modesta, übte dort das Amt eines k. k. Steuerinspektors aus. Wolf blieb, bis ihn die journalistischen Pflichten wieder nach Wien zurückriefen. Wir kennen nicht das genaue Datum der Rückkehr; die erste Rezension vom 19. Oktober 1884 gibt immerhin einen Anhaltspunkt. Hugo war seinem Schwager sehr gewogen, wie viele seiner Briefe beweisen („... Du bist der einzige Mensch, dem ich vom ganzen Herzen zugetan bin, den ich liebe, achte und verehre ..."). Es war eine glückliche Zeit mit Josef, Modesta und deren Kindern. Da gab es stundenlange Spaziergänge, mehrtägige Ausflüge, auch begleitete Wolf Strasser auf dessen Steuer-Aufsichtsgängen im Distrikt. So kamen sie in den Ausseer Bezirk, wo sie oft mit dem Volksdichter und Komponisten Johann Kain zusammen waren. Wolf kannte dessen Lieder bald auswendig und brachte sie auch der kleinen siebenjährigen Nichte Cornelia und dem fünfjährigen Neffen Konstantin bei. Später einmal studierte er ein Kain-Lied, in dem sämtliche dem Autor vertrauten Knödel-Arten das Sujet bildeten, mit den drei Köchert-Töchtern, stellte sich mit ihnen in Bad Aussee ein und ließ sie Kain vorsingen; diesem wurden die Wangen feucht, und er zählte die Stunde zu den glücklichsten seines Lebens.

Wolf war gern den volkstümlichen Dichtern und Komponisten nahe; wir wissen, daß er oft Raimund- und Nestroy-Stücke sah, wir kennen seine persönliche Bindung an Alexander Girardi — so kann sein Interesse an steirischer Volksmusik nicht überraschen.

Eines Abends, nachdem Wolf Modesta und Josef aus Kleists „Zerbrochenem Krug" vorgelesen hatte, zeigte er ihnen voll Stolz einen Brief Franz Liszts: Wolf hatte ihm eine Abschrift des Liedes „Die Spinnerin", das er, wie wir wissen, im April 1878 nach einem Rückert-Text komponiert und bei seiner Vorsprache bei Liszt am 6. April 1883 vor ihm gespielt hatte, zugesandt und sie nun mit einem freundlichen Schreiben und einer Korrektur aus der Feder Liszts am Rande des Manuskripts zurückerhalten. Am 22. Oktober schrieb Hugo an Strasser von seiner neuen Wohnung in der Kumpgasse 9, im ersten Bezirk: „Ich bin glücklich über mein neues Heim. Was ich so lange und so sehr angestrebt: ein ganz von der Stiege aus separiertes Zimmer — endlich find ich's, u. z. noch mit einem hübschen Vorzimmer, welches dem Wohnzimmer erst den würdigen Anstrich gibt, zumal wenn ein Kritiker ein solches bewohnt." Mit Ausnahme der Sommermonate sollte er hier nun drei Jahre bleiben.

Die Bemühungen um Aufführungen und Drucklegungen seiner Werke führten vorläufig zu nichts. Arnold Rosé, erst einundzwanzig Jahre alt und schon Konzertmeister der Wiener Philharmoniker, Primarius eines nach ihm benannten Quartetts dazu (solche Tradition sollte sich bis auf unsere Tage über Mairecker, Schneiderhan, Boskovsky, Barylli, Sivo bis Weller halten), hielt sein Versprechen nicht, das d-Moll-Streichquartett aufzuführen; Wolf wandte sich an den Wagner-Verein mit dem Verlangen, dieses Werk (und die Eichendorff-Chöre dazu) im November 1884 in einem Privatkonzert anzusetzen — auch das mißlang; der Wiener Verleger Gutmann hat im Januar 1885 Lied-Manuskripte an den Komponisten zurückgesandt ... Doch Wolf ließ sich nicht beirren. Er sagte seinem Schwager den bereits geplanten Sommerbesuch ab, erbat sich von der Familie Köchert am Mehlmarkt (dem heutigen Neuen Markt) ein Zimmer mit Klavier, übersiedelte am 13. Juni dorthin und machte sich an die „größeren Arbeiten“, die er im Brief vom 9. Juni an Strasser erwähnte. Es handelte sich um „Penthesilea“ und um den „Prinzen von Homburg“. Die sinfonische Dichtung wurde Ende August 1885 fertiggestellt.

Somit ist es Zeit, sich wieder dem kompositorischen Schaffen Hugo Wolfs zuzuwenden. Seit 16. Juni 1883, seit dem Kerner-Lied „Zur Ruh, zur Ruh“, war kein Werk mehr fertiggestellt worden. Am 11. Juni 1884 hatte Wolf in Rinnbach das Lied „Die Tochter der Heide“ niedergeschrieben und am neuen Schlußsatz für das Streichquartett zu werken begonnen. In Schloß Gstatt bei den Strassers feilte er neuerlich an der Instrumentation der „Penthesilea“ und machte sich an die Arbeit für eine neue Musik zum Kleist-Drama „Der Prinz von Homburg“. Auf einem Ausflug nach Schladming nahm die Trauermusik zu diesem Schauspiel endlich spontan Gestalt an, und Wolf war in seinem Glück. Wolf am 23. Juli 1885 an Strasser: „. . . Ich habe heute in meinen Manuskripten herumgestöbert und manche darunter gefunden, die auf Schloß Gstatt von mir bekritzelt wurden. Auch Schladming, vom 30. August datiert, verewigt (!?) sich auf einem Blatt, das mit einer Skizze zum Trauermarsch aus dem ‚Prinzen von Homburg‘ beschmiert ist. Welche wunderbaren Erinnerungen erwachen in mir beim Anblick dieser Blätter! Es war die schönste Zeit meines Lebens, die ich auf Gstatt verlebt . . .“

„ENTBEHREN SOLLST DU, SOLLST ENTBEHREN“
Streichquartett 1878—1884

„1879 ... Erstes Quartett geschrieben ...“

Hugo Wolf: Daten aus meinem Leben

„Wurde das Quartett fertig?“ hatte Vater Filipp schon 1880 gefragt. Der letzte Satz — der erste Entwurf dieses Satzes trägt die Aufschrift „1. Septb. Gstatt“ — entstand in der uns heute bekannten Form erst 1884. Wir wollen uns erinnern: Brieflich hat Hugo seinen Eltern mitgeteilt, der „3. Satz“ des Quartetts sei in der Nacht vom 30. auf den 31. Dezember 1878 — in der nun schon gewohnt fruchtbaren Weihnachtszeit — vollendet worden. Am 8. Januar 1879 heißt es im Brief nach Hause: „Ich arbeite jetzt ziemlich rasch am Streichquartett.“ In der Partitur finden wir das Datum „16. Januar 1879“ am Ende des Scherzos. Hatte Wolf vielleicht den Satz revidiert oder (auch) an einem anderen gearbeitet? Der Beginn der Arbeit am ersten Satz ist mit 20. Jänner 1878 angegeben. Am 7. April ging die Nachricht an den Vater, das Quartett wäre zur Seite gelegt, „weil es mir nicht gut genug schien, es zu vollenden“. Dieser Entschluß wurde, wie aus den Entwürfen herauszulesen ist, die die Österreichische Nationalbibliothek von der Familie Köchert im Jahre 1940 erstanden hat, bereits am 25. Juni 1879 in Windischgraz umgestoßen; am 8. Juli 1879 wurde der Satz beendet. Zu Beginn des langsamen Satzes steht im Autograph „Mayerling bei Baden, 9. Juli 1880“, doch dürfte sich diese Notiz nur auf die Takte 1 bis 52 beziehen. Der erste Entwurf dieses Satzes, mit dem Hauptthema „Breit und innig“ beginnend und mit der Überschrift „Zweiter Satz“, kann ebenfalls in der Österreichischen Nationalbibliothek eingesehen werden; dazu fand sich im Besitz der Wiener Stadtbibliothek in einem „Konvolut von Skizzen“ ein anderer Entwurf, dessen gleiches Hauptthema das Datum 15. April trägt, wobei unentschieden bleibt, ob es sich um 1879 oder 1880 gehandelt hat. Auch diese Handschrift bestätigt, daß Wolf in

Mayerling dem Hauptthema die einleitenden Takte vorangestellt hat. Sollte nicht noch ein Fund auftauchen, wird es ungeklärt bleiben, ob dieses Quartett lediglich dreisätzig im Januar 1881 aufgeführt wurde oder ob es einen vierten, einen Schlußsatz, aufwies, der mit dem uns bekannten nichts zu tun hat, vielleicht vom Komponisten verworfen wurde. Das B-Dur-Thema des auf uns gekommenen Schlußsatzes findet sich auch, einen halben Ton höher notiert, in einem Skizzenbuch Wolfs und trägt das Datum 11. Juli 1884.

Beethoven steht diesem Werk Pate — nicht Wagner, wie man annehmen möchte. „Entbehren sollst du, sollst entbehren!“ hat Kraft, Bekennermut und ist inhaltlich wie formal von Übermaß an seelischem Leid, an musikalischen Einfällen und an spieltechnischen Schwierigkeiten beladen.

Noch einmal konnte sich Hugo Wolf auf eine Aufführung des Streichquartettes Hoffnung machen: Richard Kukula, den wir schon aus Wolfs Schulzeit in Marburg kennen und der nach Wolfs Tod in der Wiener „Neuen Freien Presse“ im Prager „Tagblatt“ und im „Merkur“ Erinnerungen an Hugo Wolf veröffentlicht hat und 1885 in der Redaktion des „Salonblattes“ tätig war, hatte Hugo Wolf schließlich überredet, das Werk nochmals Rosé zuzustellen; Kukula war nämlich befreundet mit Anton Loh, dem Sekundarius des Rosé-Quartettes, der sein Eintreten für Wolf zugesagt hatte. In einem Brief an Theodor Köchert erzählt Hugo Wolf am 4. Oktober, wie er vor einer „Alceste“-Aufführung in den Opernarkaden unschlüssig hin und her gegangen war, „in der Absicht, Rosé zu beschimpfen, eventuell auch zu prügeln“, jedoch von dem Geiger Liebert, dem Kretschmann-Quartett angehörig, abgelenkt wurde, der seinerseits Interesse an diesem Werk bekundete. Im Oktober 1885 stellte sich dann folgender Brief ein: „Geehrter Herr Wolf! Wir haben Ihr d-moll-Quartett aufmerksam durchgespielt und einstimmig den Entschluß gefaßt, dieses Werk für Sie beim — Portier der k. k. Hofoper (Operngasse) zu hinterlegen. Wollen Sie die Liebenswürdigkeit haben, es baldmöglichst abholen zu lassen, er könnte es leicht verlegen. Mit den herzlichsten Grüßen, das Quartett: Rosé, Loh, Bachrich, Hummer.“ Bachrich, zweiundzwanzig Jahre älter als sein Primarius, federführend („Rosé hatte zu mir, dem Älteren und Erfahreneren, unbedingtes Vertrauen, er ernannte mich gleich zu seinem Minister für — widerwärtige Angelegenheiten, und weiß der Himmel, die blieben auch nicht aus", heißt es in seinen Memoiren „Aus verklungenen Tagen", die in Wien 1914 erschienen sind), war nicht nur gleich seinen drei Kollegen Mitglied der Wiener Philharmoniker, sondern speziell noch Operettenkomponist, dessen Werke „Mezzedin" (1883) und „Heini von Steier" (1884) den Spott des Musikkritikers Wolf hervorgerufen hatten. Im Verlauf der Rezensenten-Jahre Wolfs wurde Bachrich für das „Salonblatt" eine Art komische Figur; schon am 8. März 1885 hatte Wolf in seinen Spalten den ironischen Vorschlag gemacht, die Wiener Philharmoniker mögen doch zur Belebung ihrer Konzertprogramme ebendenselben Bachrich mit der Instrumentation von Karl Cernys „Schule der Geläufigkeit" betrauen. So konnte eine derart formulierte Ablehnung des Streichquartettes (man bedenke den boshaften Gedankenstrich vor dem „Portier", die „herzlichsten" Grüße und den Vollzug der Unterschriften in einer — nämlich Bachrichs — Schrift!) nicht ausbleiben. Hier ist es, glaube ich, an der Zeit, mit den Vorurteilen — auch der Gegenwart — gegenüber Wolfs Gegnern aufzuräumen. Immer wieder wird geklagt, „Juden" hätten Wolfs „Karriere" hintertrieben: Leute wie Rosé oder Mahler, Juden in führender Position bis in unsere Tage, die Wolf „nur" als Liedmeister, in der „kleinen Form", niemals aber in der Oper, im Orchesterkonzert, im Chorkonzert oder im Kammermusikabend hätten aufkommen lassen. Denken wir an die vielen Anhänger aus jüdischen Kreisen, die Wolf zeit seines Lebens hatte, die ihn in der Hauptstadt der österreichisch-ungarischen Monarchie nicht untergehen ließen; denken wir an die Interpreten seiner Werke bis herauf in die Gegenwart, an die Biographen und ihre Helfer. Kein Vorurteil kann unbegründeter sein als dieses. Zudem hatte Wolf an Wagners Kampagnen gegen die Juden, gegen Brahms und gegen das Fleischessen recht aktiv teilgenommen, auch in seinen Kritiken mit antisemitischen Äußerungen nicht gespart. („Was soll man dazu sagen, wenn einen ganzen Monat hindurch keine Wagner-Oper, hingegen dreimal in der Woche Meyerbeer gespielt wird? Sind wir in Palästina oder in einer deutschen Stadt?") Und noch eins: Wenn es jüdische und nichtjüdische Künstler waren, die Wolfs Streichquartett, seine „Penthesilea", den „Corregidor" später abgelehnt, beziehungsweise ihre Ablehnung gefördert haben, dann haben sie mit Verstandesschärfe die Schwächen dieser Werke erkannt. An der mangelnden Erkenntnis des Liedmeisters trug bei ihnen allen wiederum die ihrer Zeit entsprechende Geringschätzung der kleinen Form die Schuld. Das ging herauf bis Hans Pfitzner und Richard Strauss, die von Wolf wenig oder nichts hielten, und kulminierte in der glücklicherweise falschen Prophezeiung Gustav Mahlers über Hugo Wolfs Komponistenschicksal, die dieser Ferdinand Loewe gegenüber gemacht und die Loewe wieder an Joseph Marx weitergegeben hat: „Dieses kleine Wässerlein wird bald versickert sein; in ein paar Jahren wird niemand mehr wissen, wer dieser Wolf war . . .“

Wolf beantwortete die Ablehnung seines Streichquartettes durch die Rosé-Leute mit einem ausgesprochen schwachen, kläglichen Artikel im „Salonblatt“ vom 23. Oktober 1885. Kukula berichtet, Wolf selbst habe die Annahme des Werkes kaum erwartet, sei nach einigen Tagen des Tobens einigermaßen beruhigt gewesen und habe auf seine drängende Frage erklärt, er habe die Noten in einem Straßenbahnwaggon versehentlich liegengelassen. Dem konnte kaum so sein, denn in einem Wolf-Brief vom 25. Jänner 1886 ist von einer nahen Privataufführung des Quartettes im Hause Goldschmidt vor sechzig bis achtzig Gästen die Rede, die freilich niemals — schon gar nicht durch Decseys diesbezügliche Frage an Adalbert von Goldschmidt („Ich kann mich daran nicht erinnern“, war Goldschmidts Antwort) — belegt werden konnte.

Noch einmal begegnen wir in Wolfs Leben diesem Streichquartett: Der Mannheimer Wagner-Verein wollte zum 22. Mai 1890 ein Orchesterkonzert zu Ehren seines Meisters veranstalten; Oskar Grohe, den wir bald kennenlernen werden, fragte bei Wolf an, ob dieser ihm einige seiner Werke nennen könne, die für diese Veranstaltung in Frage kämen, und Wolf schlug in einer begeisterten Antwort acht orchestrierte Lieder, dann „Penthesilea“, „Christnacht“, den „Trauermarsch“ aus Kleists „Prinz von Homburg“, das Streichquartett, das „Humoristische Intermezzo“ und die „Italienische Serenade“ vor. Wolf sandte die Stimmen des Quartettes mit nach Mannheim.

Waldemar Rosen („Hugo Wolfs musikalischer Nachlaß“, in „Allgemeine Musikzeitung“, Berlin, vom 30. April und 7. Mai 1937) und Helmut Schultz („Hugo Wolf“ in „Die großen

Deutschen — Neue Deutsche Biographie", Berlin 1937) haben Joseph Hellmesberger, dem Jüngeren, Konzertmeister der Wiener Hofoper und Hofkapellmeister, den Editor der Veröffentlichung dieses Werkes im Verlag Lauterbach und Kuhn (Leipzig, 1903) vorgeworfen, ungerechtfertigte Änderungen an Wolfs Kompositionen vorgenommen zu haben. Hans Jancik, der Herausgeber der Studienpartitur dieses Quartettes im Band 5/1 der Kritischen Gesamtausgabe sämtlicher Werke Hugo Wolfs (Musikwissenschaftlicher Verlag, 1960), stellt fest: „Joseph Hellmesberger hat den Notentext an fünf Stellen geändert, am einschneidendsten in den Takten 15 und 201 des zweiten Satzes, wo Wolf im Dreivierteltakt je einen Viervierteltakt eingeschoben hat, von dem der Herausgeber kurzerhand ein Viertel eliminierte. Phrasierung und Stricharten sind, oft entgegen den ganz klaren Anweisungen Wolfs, sehr weitgehend verändert. Da die in der Weihnachtsbeilage zur Wiener Tageszeitung ‚Die Zeit' vom 25. Dezember 1903 erschienene Faksimile-Reproduktion der ersten Seite des Autographs die dort angebrachten Zusätze Hellmesbergers, die durchwegs mit roter Tinte erfolgten, nicht ohneweiters erkennen läßt, konnte zunächst der Eindruck entstehen, der Herausgeber habe das Original unangetastet gelassen." Frank Walker, der in Wien von August 1945 bis April 1946 leidenschaftliche Nachforschungen einleitete, hat damals verzweifelt die Nutzlosigkeit seiner Bemühungen um die Auffindung des Manuskripts vom Streichquartett beklagt. Eine Kopie von zwei Quartettsätzen in Partiturform und ein vollständiger Stimmensatz mit Korrekturen in der Handschrift Hugo Wolfs sind in der Wiener Stadtbibliothek aufbewahrt. Im Jahre 1955 aber konnte die Österreichische Nationalbibliothek das so lange verschollen gewesene Autograph auf dem Auktionswege erwerben. „Ein Leinenband, wahrscheinlich zur Zeit der Drucklegung angefertigt, umschließt 22 Notenblätter, von denen 21 beiderseitig beschrieben sind. Eine bindetechnische Untersuchung ergab, daß ursprünglich jeder Satz für sich eine Einheit, ein Konvolut, bildete; der Notentext jedes Satzes begann jeweils auf einer Rekto-Seite oben. Daher konnte der erste Herausgeber ohne weiteres die Sätze nach seinem Gutdünken, das heißt nach der traditionellen Gepflogenheit reihen, also den langsamen Satz vor dem scherzoartigen ‚Resolut'. Diese Reihenfolge, die auch Wolfs ursprüngliche Absicht darstellte, änderte er aber später ... Der Komponist ließ den langsamen Satz an die dritte Stelle rücken ... auch hat Wolf die ursprünglichen Überschriften der einzelnen Sätze in der autographen Partitur später getilgt." Die Uraufführung des Streichquartettes hat am 3. Februar 1903 — also zwanzig Tage vor Wolfs Tod — durch Karl Prill und sein Quartett im Wiener Bösendorfersaal stattgefunden.

„Das Streichquartett, das Wolf als Neunzehnjähriger begonnen hat, ist erstaunlich in der Beherrschung der schon sehr eigenständig abgewandelten Form und der Ausdrucksmittel, ohne daß der starke Einfluß Beethovens, vor allem seiner späteren Quartette und Sonaten, übersehen werden kann. Beethovens Vorbild zeigt sich in der Thematik ebenso wie in der Stimmführung und Instrumentation. Dagegen ist die Einwirkung Richard Wagners auffallend gering; lediglich die Einleitung des langsamen Satzes läßt an den Beginn des ‚Lohengrin' denken. Noch ist das Gewebe der Sätze vielfach äußerst dicht und überladen, ein Umstand, der Wiedergabe und Aufnahme schwierig macht. Doch ist auch dieses Werk ein vollgültiges Zeugnis von Wolfs Künstlertum und verdient es darum, studiert, gespielt und gehört zu werden." (Hans Jancik)

Harry Halbreich hat einen sehr persönlichen Kommentar zu diesem Streichquartett verfaßt: „Der erste Satz wird von einer leidenschaftlichen Einleitung eröffnet (Grave), das dem Motto noch am ehesten entspricht und dessen pathetisches Violinrezitativ (mit den riesigen Wiener-Schule-Sprüngen) im Laufe des Allegros (‚Leidenschaftlich bewegt') in veränderter Gestalt wiederkehrt. Mit seinen wild zerklüfteten Marschrhythmen, seinen bohrenden Tonreibungen und seiner trotzigen Willenskraft erinnert dieser Satz an die kahle Felsenwelt der Bethovenschen ‚Großen Fuge'. Im Scherzo (‚Resolut') wirkt der Einfluß des Bonner Meisters fast hemmend; das ganze Stück, samt punktierter Rhythmik und an Schumannsche Lyrik gemahnendem Trio, ist dem Scherzo aus dem f-Moll-Quartett (op. 95) fast ‚nachgeschrieben'. Die Krone des Quartettes bildet der edle, sehr breit entwickelte dritte Satz (‚Langsam'). Hier kommen moderne Einflüsse zutage: die schwebenden Akkorde in den hohen Geigen gleich zu Beginn (zweimal kehren sie noch wieder) sind ohne Vorbild des ‚Lohengrin'-Vorspiels undenkbar. Dagegen zeugt das herrliche Seitenthema (‚breit, innig') vom Erlebnis der 3. Symphonie von Anton Bruckner (Seitenthema des langsamen Satzes). Die Großform dieses Satzes schließt noch einen dritten Gedanken in sich ein: ein dramatischer Staccato-Rhythmus (der entsprechenden Stelle im 2. Satz des D-Dur-Quartettes op. 161 von Schubert auffallend verwandt!), über welchem sich dann eine Variante des Einleitungs-Rezitativs des 1. Satzes entfaltet. Der Schlußsatz (‚Sehr lebhaft') reicht an die seelische Tiefe der früheren Sätze und an deren Ausdrucksvermögen nicht heran, erweist sich dagegen als der persönlichste und geschlossenste, was sich aus seiner späteren Entstehungszeit erklären läßt. In der spukhaften, bisweilen fahlen Heiterkeit eines schwingenden Sechsachtel-Taktes sowie in seiner bitteren wie harmlosen Ironie und seinen tonalen ‚Entgleisungen', die auf Schönberg hindeuten, steht das zukunftweisende Stück in engem Verhältnis zur ‚Italienischen Serenade'."

„PENTHESILEA" UND „PRINZ VON HOMBURG"
Kleist-Kompositionen 1883—1885

„1883 ... Penthesilea entworfen ..."
„1884 ... Penthesilea instrumentiert ..."
Hugo Wolf: Daten aus meinem Leben

Wir konnten berichten, daß Franz Liszt bei Wolfs Vorspiel am 6. April 1883 seiner Hoffnung Ausdruck gab, bald einem umfangreicheren Werk aus des jungen Komponisten Feder zu begegnen. Hugo Wolf hat sich die Bemerkung des verehrten Meisters zu Herzen genommen: in einem Brief vom 31. Juli an Vater Filipp findet sich die erste schriftliche Erwähnung des Werkplanes, der sich in der Form der „Symphonischen Dichtung" ganz Franz Liszt verpflichtet und in dem auch später die Themen in der Art dieses Meisters verändert werden. Ein Skizzenbuch, das heute in der Österreichischen Nationalbibliothek zu finden ist, wurde von Hugo Wolf am 2. Mai 1883 (kaum einen Monat nach der persönlichen Begegnung mit Liszt) erstanden, am 5. Mai mit einem Entwurf zu einem nicht näher bezeichneten Orchesterwerk, das keinerlei Beziehung zur kommenden „Penthesilea" aufweist, eröffnet, dem dann auf den nächsten Seiten Skizzen zur „Penthesilea" folgten. Mit 19. Juli ist das Penthesilea-Thema in seiner Grundform, wie es im dritten Abschnitt des Werkes (Takt 520 ff.) aufscheint, datiert, dann folgt der größere Teil des langsamen zweiten Teils im noch knappen Entwurf. Während des Rinnbacher Sommers hat sich Hugo unablässig mit dieser Kleist-Dichtung beschäftigt. Da aber Wolf beinahe ausschließlich am Flügel zu komponieren gewohnt war, kann die Arbeit in Rinnbach nicht sehr viel weitergekommen sein. Im Skizzenbuch finden wir mit 20. August 1883 den Beginn des ersten Abschnittes, „Marsch der Amazonen", fast völlig fertig entworfen vor, dann folgt in Skizzenform ein kleinerer Teil des langsamen dritten Abschnitts ohne weitere Datumangabe. Auf der handschriftlichen Partitur der „Penthesilea" in der Österreichischen Nationalbibliothek steht am

Ende der letzten Seite klar und deutlich „Sommer und Herbst 1883", das ist das Datum des frühesten Entwurfs, aus dem bei Wolf meist der erste Klavierauszug entstand; die Ausführung der Details der Vortrags- und Instrumentationsnuancen war Aufgabe für später. Josef Strasser bestätigte später Ernst Descey, dem ersten Wolf-Biographen („Hugo Wolf", Berlin und Leipzig 1906), daß sich Hugo Wolf im Öblarner Sommer 1884 eingehend mit seiner „Penthesilea" beschäftigt habe; außerdem hat Frank Walker mit Recht auf den Artikel „Ein Monolog" im „Wiener Salonblatt" vom 1. November 1884 verwiesen, der folgenden selbstbiographisch wichtigen Passus enthält: „Penthesilea von Goldmark. — Ein herrlicher Vorwurf für die musikalische Bearbeitung; aber das Talent des Komponisten reicht nicht aus für die Größe dieses Stoffes. Ein Makart nur hätte die Penthesilea in Farben, ein Liszt oder Berlioz nur musikalisch versinnbildlichen können. Kein anderer vermag es." Also auch Hugo Wolf (noch) nicht. Von Aufführungsmöglichkeiten bis 1885 ist seit dem optimistischen Brief vom 31. Juli 1883 an den Vater, in dem er Mottl in Karlsruhe als Uraufführungsdirigenten im Sinn hat, nicht mehr die Rede. Auf Schloß Gstatt im Sommer 1884 — das erscheint sicher — instrumentierte er weiter an der „Penthesilea". Vom 13. Juni 1885 an werkte er, wie er seinem Schwager Josef Strasser am 9. Juni schrieb, in der Köchert-Wohnung auf dem Mehlmarkt an „größeren Arbeiten". So kam die „Penthesilea" frühestens Ende August 1885 zur Vollendung, gerade noch zeitgerecht, um beim Komitee der Wiener Philharmoniker für eine Probeaufführung eingereicht zu werden. Der Komponist hatte zuvor noch anderes im Sinn: er wollte sich zu allererst die Unterstützung des Dirigenten Hans Richter sichern, war ihm dieser doch von früheren Anlässen her vertraut. Wie wir uns erinnern, hatte er schon die Vokalsätze des Sechzehnjährigen korrigiert und ihm 1882 einen Stipendienplatz für Bayreuth verschafft. Wolf kreiste also um die Hofoper, versuchte Richter zu sprechen — vergebens! „Der Kerl ist unzugänglich wie der Kaiser von Rußland, dachte ich — und auch noch Verschiedenes andere. Die Geschichte wird mir schon zu dumm. Hol' der Teufel den Richter und meine Penthesilea. Ich will mich weder um den einen noch um den anderen scheren. Die Penthesilea reich' ich ein. Wird sie angenommen, gut; wo nicht, auch gut." (Brief vom

18. September 1885 an Theodor Köchert.) Drei Tage später hatte er sich anders besonnen: Wolf war in die Köchert-Villa nach Döbling übersiedelt, wo ihm freilich nur ein Pianino zur Verfügung stand (das heute in der „Sammlung alter Musikinstrumente“ in der Hofburg nahe den Mozart-, Beethoven-, Schubert- und Schumann-Flügeln steht), wanderte von dort per pedes mit der Partitur unterm Arm zu Richters Haus in die Cottage-Gasse nach Währing und klingelte. Lesen wir, was er selbst in seinem zweiten Brief an Köchert vom 21. September (es sind leider nur drei Briefe an Theodor Köchert erhalten) zu berichten hat: „Zu meinem Entsetzen wälzte sich Richter selbst aus dem Hintergrund hervor und läßt mich ein. Er war einigermaßen erstaunt über meinen Besuch und sah mich mit großer Betrübnis an, als er die Partitur gewahr wurde. Ich versicherte ihm mit der heitersten Miene, daß ich mit meiner Partitur keineswegs ein menschliches Attentat auf seine, mir heilige Ruhe vorhabe, und bat ihn nur um die Kleinigkeit: Die Noten nach ihrem Aussehen und nicht nach ihrem Inhalt zu prüfen. Mein bescheidenes Anliegen beruhigte ihn sichtlich. Er lobte meine Notenschrift und fand sie sehr leserlich, konnte sich aber nicht genug verwundern über die Ähnlichkeit meiner Handschrift mit der Richard Wagner's. Er glaubt, ich müsse mir die schändlichste Mühe gegeben haben, die Hand Wagner's zu kopieren. — Schließlich erbat er sich meine Partitur zur genaueren Durchsicht und versprach mir die Aufführung trotz Bachrich und Konsorten, wenn er das Werk für gut finden sollte. Er drückte mir in ziemlich warmen Worten seine Freude über meine musikalische Beschäftigung aus und bedauerte, daß ich unter die Schreiber gegangen. Er gestand mir, daß er zwar nie eine Zeile von mir gelesen — glücklicherweise! —, daß aber der schlechteste Musikant ihm lieber sei, als der beste Rezensent, in welchem Fall ich ganz seiner Meinung war. Die Ankunft seiner Frau machte unserem gemütlichen Diskurs ein baldiges Ende. Ich empfahl mich Richtern und dem lieben Gott, daß alles so gut abgelaufen, und setzte mich, athemlos zu Hause angelangt, sofort an den Schreibtisch, Sie von dieser glücklichen Wendung zu verständigen. Gott geb' es nur, daß Richtern die Penthesilea gefällt, denn es wäre des Teufels, wenn nichts daraus würde.“ Und in seinem dritten Schreiben vom 4. Oktober 1885 schließlich erzählte er dem Freund und Gönner Kö-

chert, daß er vor der Oper den Kritiker Hans Paumgartner, den Gatten der Sängerin Rosa Papier (ihr Sohn ist Bernhard Paumgartner), getroffen habe: „Sofort begrüßte er mich als den Komponisten der ‚Penthesilea', und als ich darüber verwundert ihn um die Bedeutung dieser seltsamen harrangue befragte, da erfuhr ich nun, daß Richter sich für mein Werk sehr interessiere, daß er es — kaum wag' ich's zu wiederholen — für ein bedeutendes halte, daß er all seinen Einfluß aufbieten werde, dasselbe bei der Probe durchzubringen. Sie können sich denken, wie mir dabei zu Mute ward, mit welcher Aufmerksamkeit ich der ‚Alceste' beigewohnt. Ich hätte gleich in einem fort schreien, grunzen, heulen, pipsen, weinen und lachen mögen. Heilige Radagunda! Wenn ich die Aufführung der Penthesilea überlebe, dann werd' ich älter als Methusalem." Bis zum 23. Dezember 1885 hören wir nichts über irgendeinen Fortschritt hinsichtlich des Probespiels der Penthesilea. Und auch jetzt erscheint alles ziemlich hoffnungslos. Wolf schreibt an seinen Schwager Josef Strasser: „Wie kommt es nur, daß wir voneinander so lange nichts gehört? Weißt Du's? ich weiß es nicht. Doch halt. Ich für meine Person weiß es schon. Ich wollte Dich mit einer Nachricht überraschen, die bei Deiner Teilnahme an den Schicksalen meiner künstlerischen Tätigkeit auch Dir eine große Freude bereiten sollte. Aber ich wartete, wartete, wartete — bis zum heutigen Tag, jedoch wurde ich nur mit Aussichten, Hoffnungen, Versicherungen und dgl. schönen Sachen gespeist, die freilich den Appetit auf eine angenehme Art reizen, aber den Magen leer ausgehen lassen. Ich habe gute Aussichten, meine Penthesilea in München und Wien zur Aufführung zu bringen. Bis Ende Januar muß sich's entscheiden. Bete für mich." Doch einen Monat später, im nächsten Brief an Strasser (25. Januar 1886), heißt es konkreter, München habe die Komposition abgelehnt und — „ob sie in Wien zur Aufführung gelangen wird, das weiß der Himmel". Diese Konzertsaison war dann zu Ende gegangen, Wolf zu seinem Schwager nach Murau, einem altertümlichen kleinen Städtchen im Murtal, gezogen, wohin Strasser versetzt worden war. Die dortigen Ereignisse zwischen 12. Juni und 7. Oktober 1886 seien später nachgeholt. Die „Penthesilea" sollte nun endlich bei einer Probe der Wiener Philharmoniker am 15. Oktober durchgespielt werden. Wolf — völlig überzeugt, das Verbot der Anwesenheit der Komponisten bei dieser Probe für seine Person umgehen zu müssen — schlich sich zusammen mit Edmund und Marie Lang auf die Galerie des Großen Musikvereinssaales ein, um dort unbemerkt lauschen zu können. Was sich da ereignet hat, wurde zur bittersten Erfahrung in Wolfs Komponistenleben. Der Brief vom 18. Oktober an Strasser enthält folgende konkrete Stellen: „... Am vergangenen Freitag ward meine Penthesilea in der Novitätenprobe aufgeführt. Meine Penthesilea? Nein, die Penthesilea eines Wahnsinnigen, Trottelhaften, eines Spaßmachers und was ihr sonst wollt, aber meine Penthesilea war das nicht. Ich kann es euch nicht beschreiben, wie das Stück gespielt wurde ... Es war der reine Narrenturm!" „Schallendes Gelächter" von Seiten des Orchesters wäre aufgekommen, Richter habe sich dann an die Spieler mit den Worten gewendet: „Meine Herren, ich hätte das Stück nicht zu Ende spielen lassen — aber ich wollte mir den Mann anschauen, der es wagt, so über Meister Brahms zu schreiben." Audiatur et altera pars! Zwanzig Jahre später gab Karl Grunsky im Programmbuch der Wolf-Feier in Stuttgart eine Wolf nahe Darstellung dieser so lange zurückliegenden Ereignisse und veranlaßte dadurch den Dirigenten Hans Richter zu einer Stellungnahme, zu einem „offenen Brief", der an den Herausgeber der Zeitschrift „Die Musik" gerichtet wurde und in der ersten November-Nummer 1906 erschienen ist. Antwort und neuerliche Replik folgten dann in der zweiten Dezember-Nummer der gleichen Zeitschrift. Richter nennt die bisherige Darstellung „eine Legende, die sich mit der Zeit zu einer ‚Lügende' ausgebildet hat". Seine Stellungnahme also: „Hugo Wolf hatte die Ouverture (!) nicht ‚vertrauensselig eingereicht', sondern nur privatim vorgespielt. Ich sagte ihm sofort ganz offen, daß das Werk in der damaligen Form keine Aussicht habe, in den Philharmonischen Konzerten aufgeführt zu werden. Auf seine Bemerkung hin, daß er das Stück gerne hören möchte, sagte ich ihm das Durchspielen in einer Probe zu, doch müsse er ungesehen bleiben, weil zu den philharmonischen Proben niemand Zutritt habe. Zu einer Abstimmung ließ ich es gar nicht kommen, weil ich das Stück nur aus Gefälligkeit zu Hugo Wolf durchspielen ließ, der — wie er mir sagte — noch nie ein von ihm instrumentiertes Stück erklingen hörte ... gerne möchte ich erfahren, wie man ein Stück beim ersten Durchspielen verzerrt bis zum Ende spielen kann. Wie macht man das? Die Musiker, die mit dem Lesen eines neuen Stückes vollauf beschäftigt sind, haben wahrlich keine Zeit zu Privatspäßen, die übrigens weder vom Dirigenten noch von der übergroßen Majorität der Mitwirkenden geduldet würden. Das ‚schallende Gelächter' ist eine starke Übertreibung. In einer Gesellschaft über 100 Personen sind immer einige Unbesonnene, die nicht bedenken, daß ihre Unart der ganzen Körperschaft zum Nachteil gereichen ... Nach dem Durchspielen der Ouverture sagte ich vernehmbar zu meiner Umgebung: ‚Der Komponist dieser Ouverture hat nicht das Recht, über einen Meister, wie Brahms, so respektwidrig zu schreiben!' Ich hätte übrigens diese Bemerkung unterdrückt, wenn ich gewußt hätte, daß der Komponist in Hörweite stand; denn es konnte nicht meine Absicht sein, den begabten Mann persönlich zu kränken." Ludwig Karpath verzeichnet in seinem Buch „Begegnung mit dem Genius" noch eine andere Version, wie sie ihm privat mitgeteilt worden war. Danach hätte Richter sehr wohl gewußt, daß Wolf die Formulierung seiner Worte an das Orchester hören werde. Wie dem auch sei, man muß sich an die Praxis derartiger kollektiver Vorgänge halten! Was war im einzelnen geschehen: die Philharmoniker hatten drei Stunden darauf verwendet, folgende Novitäten durchzuspielen: eine „Ouverture über 3 griechische Themen" von Alexander Glazounow, eine Symphonie des Prinzen Reuß, eine Serenade von Heinrich Finck, eine Symphonie von Degner, eine Suite „Im Schloßhof" von Heinrich Hofmann, eine Ouvertüre „Im Frühling" von Herzfeld, eine Serenade von Krinninger und Hugo Wolfs symphonische Dichtung „Penthesilea". Man kann sich vorstellen, wie ermüdet die Musiker waren, bevor sie noch zu Wolfs Novität gelangten. Wer die Partitur dieses Werkes kennt, weiß zudem, daß heute drei Proben nicht ausreichen, allen Schwierigkeiten der Interpretation gerecht zu werden. Wolf hat an die Verwirklichung seiner Klangvorstellung gedacht, als er die Durchspielprobe hörte; jedes Orchestermitglied aber war höchstens daran interessiert, mit dem eigenen Part ohne Gefährdung des Zusammenspiels zurechtzukommen (schon deshalb, um so bald wie möglich mit der lästigen Verpflichtung einer Prima-vista-Leseprobe fertig zu werden!). Der damalige Streit, ob Wolf diese Komposition offiziell eingereicht oder nur dem Dirigenten das Durchspiel verdankt habe, ist formalistisch.

Aus den Aufzeichnungen im Archiv der Wiener Philharmoniker geht hervor, daß nicht nur Wolfs Werk, sondern dazu fünf weitere Kompositionen (die des Prinzen Reuß, Finck, Degner, Hofmann und Herzfeld) ohne offizielle schriftliche Einreichung durchgespielt wurden. Es ist ganz „wienerisch" klar, daß bei einem Komponisten ein Verlag, bei einem anderen er selbst oder einflußreiche Freunde intervenierten, daß das eine Orchester-Material weither durch die Post spediert, das andere vom Komponisten selbst dem Orchesterwart übergeben wurde. Was nützt da Richters Hinweis auf die „musterhaft geführten Bücher der Philharmoniker"! Musik bedeutet zumal in Wien Leben, Improvisation, auch im Organisatorischen Einfall, Kombinationsfähigkeit! Damals wie heute. Anders freilich steht es um die grundsätzliche Animosität des aktiven ausübenden Musikers gegen den Rezensenten, mag er nun Hanslick oder Wolf, Kalbeck oder Paumgartner, Schönaich oder Helm geheißen haben. Der Kritiker vermag ja in der jeweiligen Leistung nur ein Teilstück der Probleme zu übersehen, die das Schicksal jedem Musiker zu lösen aufgibt. Er kann nun dieses Abendleistungs-Segment (was seltener geschieht) besser beurteilen, als es beurteilt zu werden verdient, oder (was öfters der Fall ist, wenn es um eine Analyse geht) schlechter. So oder so ist der Kritiker in den Augen der Kritisierten im Unrecht. Kann er nun auf keine musikalische oder musiktheoretische Laufbahn von Gewicht verweisen, wird man ihn der Unkenntnis zeihen (als ob sich Kenntnis durch Zeugnisse beweisen ließe!); ist er selbst schöpferischer oder ausübender Künstler, wird ihm subjektives Urteil und was weiß ich noch alles vorgeworfen, Nützung des Rotationspapiers für eigene Zwecke, „Freunderlwirtschaft", Cliquen-System. Vor Wolf war Schumann Musikkritiker — aber in einem Fachblatt, in der „Neuen Zeitschrift für Musik". Nach Wolf war der bedeutendste Musikkritiker Österreichs bis in unsere Tage herauf der aus Graz stammende Impressionist Joseph Marx, der zunächst im „Neuen Wiener Journal", später — nach Ende des Zweiten Weltkrieges — in der „Wiener Zeitung" meist allsonntäglich (wie einst Wolf) geschrieben hat. Auch hier mißlang, was in guter Absicht begonnen worden war: der Musikkritiker Marx schadete mit seinen Feuilletons der Verbreitung seines eigenen Schaffens, weil er Konflikte in jedem Musiker heraufbeschwor, dem entweder die eine oder die andere seiner beiden Tätigkeiten mißfallen mußte; diese Problematik hat Ernst Křenek viel schneller durchschaut und (vor Marx) sein Kritikeramt in der „Wiener Zeitung“ bald eingestellt.

Zurück zu Hugo Wolf und zu seiner verunglückten „Penthesilea“-Probe. Richter hatte sich vielleicht in jenem Jahr, das zwischen dem Besuch des Komponisten und dem Probespiel lag, Wolfs Kritiken über Brahms angelegen sein lassen; Richter hatte sich vielleicht mit dem Schlußwort nach der Probeaufführung angesichts der Stimmung einzelner Orchestermitglieder rechtfertigen wollen, um sich gleichzeitig von Wolf zu distanzieren. Eines ist sicher: um eine Verschwörung, eine genau disponierte Attacke auf die „Penthesilea“ und ihren Schöpfer ging es da nicht. Eher um ein echt wienerisches, unterschwelliges Improvisato, wie es heute genauso vorkommen mag! Wolf freilich — und das spricht auf jeden Fall gegen ihn! — nützte seit dieser Stunde jede Gelegenheit zur journalistischen Rache; freilich unterdrückte der Herausgeber des „Salonblattes“ die ärgsten Ausfälle, wie aus dem Vergleich der Originalmanuskripte mit den Exemplaren der Wochenzeitung hervorgeht.

Nach dem Tode Hugo Wolfs gab es weitere Verwirrungen um die „Penthesilea“. Joseph Hellmesberger junior hatte zusammen mit Ferdinand Loewe und Willibald Köhler das Autograph für die Ausgabe des Verlages Lauterbach und Kuhn, die 1903 publiziert wurde, revidiert. In dieser Form war das Werk schon mehrfach zur Aufführung gekommen, bevor Hans Richters Erklärung erschien. Im Jahre 1937 hat der Musikwissenschaftliche Verlag eine vollständige, dem Wolf-Manuskript genau folgende Partitur veröffentlicht, die erst das volle Ausmaß der Abänderungen, Kürzungen (166 Takte), Uminstrumentierungen erkennen ließ. Diese Ausgabe brachte das Werk so vor die Öffentlichkeit, wie es Richter im Jahre 1888 kennengelernt hat; geringfügige Abänderungen (zusätzliches Schlagwerk: Triangel, Gong, kleine und große Trommel, statt Oboe ein Englischhorn) hat der Komponist im Jahre 1897 selbst verfügt. Diese Originalfassung, wie wir sie auch in Wien hören konnten (im September 1968 durch die Wiener Symphoniker unter Gerdes, wovon auch ein Mitschnitt auf Platten existiert), ist eine der bedeutendsten Kompositionen der Programm-Musik im 19. Jahrhundert, zwischen Franz Liszts Symphonischen Dichtungen und dem frühen Richard Strauss. Bis zum heutigen Tag hat der unselige Probentag der Wiener Philharmoniker diesem Werk geschadet. Der Wert der Komposition, die Zahl ihrer Aufführungen stehen zueinander in einem unharmonischen Verhältnis.

Im Verlauf der Lebensgeschichte Hugo Wolfs begegnen wir der „Penthesilea" noch einige Male: im Juli 1890 etwa, als Hugo Wolf gemeinsam mit den Brüdern Schalk in Bad Ischl den Dirigenten Arthur Nikisch aufsuchte, der ihm versprach, die symphonische Dichtung in Boston aufzuführen (was niemals geschah!); im Oktober des gleichen Jahres, als Felix von Weingartner zu dick instrumentierte Stellen der Partitur kritisierte und Wolf ihm sehr für seine Ratschläge dankte („Sie sagen mir alles in so lieber Weise; in Wien kanzelt man mich zurecht, und das vertrag' ich nicht."); im Mai 1891, nach der Mannheimer Uraufführung der „Christnacht", als er Ferdinand Loewe gestand, seine Fehler in den Partituren des Chorwerkes und der symphonischen Dichtung durchaus einzusehen; im Dezember 1897, in der Heilanstalt Dr. Svetlins, als er in Briefen — Zukunftspläne betreffend — über seine „Oper" Penthesilea schrieb. Zwei Stunden täglich durfte Wolf in der Heilanstalt komponieren. Um Weihnachten 1897 entstand, neben den bereits erwähnten Uminstrumentationen, ein neuer Satz für die „Penthesilea", eine Art Zwischenspiel, das den Kindheitserinnerungen der Amazonenkönigin galt; diesen Entwurf hat Wolf im Januar oder Februar 1897, als er ihn auf einem Remissionsurlaub in einem Landhaus in Hochenegg bei Cilli seinem Freund Potpeschnigg auf dem Klavier vorspielen wollte, selbst zerrissen oder verbrannt. (Über den Zeitpunkt, sogar über den Ort des Vorfalls, erst recht über den Umfang der Komposition gibt es von Ernst Decsey, Paul Müller und Frank Walker unterschiedliche Arten der Darstellung!) Zum allerletzten Mal in Wolfs Leben taucht „Wolf: Ouverture zur Oper ‚Penthesilea', comp. 1883" auf einem halbzerrissenen Papier auf, das Haberlandt als eine Art Entwurf für zwei Konzertprogramme mit Werken von Liszt, Bruckner und Wolf identifiziert hat.

Die symphonische Dichtung „Penthesilea" besteht aus drei Abschnitten: „Aufbruch der Amazonen nach Troja" — „Der Traum Penthesileas vom Rosenfest" — „Kämpfe, Leidenschaften, Wahnsinn und Vernichtung". Die Handlung: Die Königin der Amazonen, Penthesilea, greift aktiv in den Trojanischen Krieg ein, um eine Schar besiegter Jünglinge zur Hochzeit nach ihrer Heimat Themiscura bringen zu können. Eine Amazone darf sich nur einem von ihr besiegten Manne vermählen. Der Königin Träume vom Rosenfest zielen auf Achilles, den sie selbst besiegen will. Achilles aber gewinnt und läßt die aus tiefer Ohnmacht Erwachte glauben, sie wäre im Besitz des Sieges. Penthesilea erfährt die Wahrheit, im nächsten Kampf will sich Achilles geschlagen geben, um ihr folgen zu können. Doch die Rasende stürzt sich auf ihn und läßt ihn von den Hunden zerreißen, ehe sie sich selbst tötet.

Die Themen Hugo Wolfs sind einprägsam und eigenständig, die Harmonik ist kühn, die Instrumentation ursprünglich und von keinem Raffinement der Routine gefiltert. Zur Erlebnisdichte tritt noch das historische Wissen, daß Hugo Wolf hier eine Brücke zwischen den symphonischen Dichtungen Franz Liszts und Richard Strauss' gebaut hat. Erst seit dem Jahre 1937 (!) ist die Partitur, „vollständig nach dem Original vorgelegt von Robert Haas", einzusehen. Was vorher, im Herbst des Todesjahres Hugo Wolfs, durch den Verlag Lauterbach und Kuhn publiziert wurde, war eine Überarbeitung nicht nur durch die Hand Joseph Hellmesbergers, sondern auch durch den Dirigenten Ferdinand Loewe, den bereits Ernst Decsey in seiner Wolf-Biographie als Bearbeiter nennt. In diesem Erstdruck waren nicht weniger als 169 Takte eliminiert, Instrumentationsänderungen wurden durchgeführt und Flüchtigkeitsversehen nicht erkannt. Der gute Wille Hellmesbergers, Loewes und des Hugo-Wolf-Vereines, der für die Edition verantwortlich zeichnet, in Ehren! — heute wissen wir, daß Loewe und seine Freunde bei dieser „Penthesilea" geirrt haben. Seit Robert Haas' Reinigungstat, erst seit vierunddreißig Jahren, ist der Partiturwille Hugo Wolfs bekannt. Noch hat sich kein Dirigent von internationalem Ruf gefunden, der dieses einzige große Orchesterwerk Hugo Wolfs in den Weltzentren der Musik an der Spitze bedeutender Orchester zur Diskussion gestellt hätte. Immerhin — es liegt bereits eine Schallplatte vor, und sie gereicht den Wiener Symphonikern zur hohen Ehre. Das letzte Wort über Wert oder Unwert einer schöpferischen Leistung spricht das Publikum in aller Welt. Es muß nur Kenntnis von diesem Werk erhalten, das im Rahmen der durch Hans Jancik besorgten Gesamtausgabe der Internationalen Hugo-Wolf-Gesellschaft neu erschienen ist.

Auf einem anderen Blatt, datiert vom 4. Mai 1899, finden sich am Rande Kritzeleien aus Wolfs Hand, von denen sich „Brahms“, etwas von „Königsmord“ und schließlich „Prinz von Homburg“ identifizieren läßt.

1890 hatte Wolf an Grohe geschrieben: „Eine Musik zum Prinzen von Homburg liegt nur in Skizzen vor, doch wäre daraus eine sehr stimmungsvolle Trauermusik, die auch zum Teil instrumentiert ist, zu entnehmen.“ Wenig, allzuwenig ist uns von der Musik zu Kleists „Prinz von Homburg“ erhalten. Wir finden in der Wiener Stadtbibliothek die Partitur eines kurzen Monologs zum vierten Akt: „Das Leben nennt der Derwisch eine Reise“ und dazu ein Partiturfragment der Trauermusik zum zweiten Aktschluß. Auf dieselben Stücke beziehen sich Skizzen und unvollständige Partiturseiten, die in der Österreichischen Nationalbibliothek aufbewahrt sind; darunter befindet sich ein mit „Schladming, 4. September 1884“ bezeichnetes Thema, das allem Anschein nach für diese Bühnenmusik bestimmt ist. Die Skizze, von der Wolf im obigen Brief spricht, war entweder in Wolfs Kopf vollendet — er hat sie auch bisweilen Freund Eckstein vorgespielt, der sie hoch einschätzte —, oder er hat sie wirklich niedergeschrieben. Was uns davon erhalten ist, umfaßt eine markante Sechzehn-Takte-Einleitung, die ein weit größeres Orchester braucht, als es Wolf je in einem Sprechtheater, in einem Schauspielhaus vorfinden konnte. Dann haben wir noch die ersten vier Takte des Hauptthemas der Trauermusik und schließlich ein Melodram, fünfunddreißig Takte umfassend, zum grübelnden Philosophieren des Prinzen, in der Anlage ähnlich dem „Egmont“-Melodram Beethovens. (Der Wiener Pianist Fritz Kuba hat über diese Fragmente in einem Beitrag „Hugo Wolfs Musik zu Kleists Schauspiel Prinz von Homburg“ im Jahrbuch der Kleist-Gesellschaft 1937 berichtet.) Das ist alles; zu wenig, um uns über die Bedeutung dieser Arbeiten auch nur innerhalb des Gesamtschaffens Hugo Wolfs ein Bild machen zu können. Sicher ist, daß Wolf sich im Herbst 1897 und im Winter 1898 immer wieder mit Kleist-Dramen im Hinblick auf Opernvorwürfe beschäftigt hat; ein Kleist-Band lag stets auf seinem Nachtkästchen in der Svetlin’schen Heilanstalt, und darin fanden sich Stellen angestrichen, die in einer musikdramatischen Fassung eliminiert werden sollten.

„INTERMEZZO" — „SERENADE"
Kammermusik 1886—1887

„Murau, 1. Oktober 1886"
(Notiz Hugo Wolfs am Schluß des Manuskripts von „Intermezzo")
„Meine ‚Italienische Serenade' . . ."
(Brief Hugo Wolfs an Grohe)

Wir haben den noch nicht sechsundzwanzigjährigen Hugo Wolf verlassen, als von einer Privataufführung seines Streichquartettes im Hause Goldschmidt die Rede war. Wieder ging Wolf im Hause seines alten Freundes ein und aus. „Wir sind fast alle Tage beisammen und foppen uns nach Herzenslust. Kommenden Sommer werde ich Euch" — so hieß es in Hugos Brief an Schwager Strasser — „manche Schnurren von ihm zu erzählen haben." Frank Walker hält die im „Salonblatt" am 14. Februar 1886 erschienene Kritik, die — wie stets — voll mit Hugo Wolf gezeichnet war, für ein Werk aus der Feder Adalbert Goldschmidts. Friedrich Klose, ein junger Schweizer Komponist, der im gleichen Jahr bei Anton Bruckner zu studieren begonnen hatte, erzählte von dieser Sache in seiner Schrift „Meine Lehrjahre bei Bruckner" (Regensburg 1927): beide wären zusammen im Kaffeehaus gesessen, Wolf hätte geklagt, er hätte noch die Nacht über zu schreiben (über ein „Philharmonisches" und über eine „Lohengrin"-Aufführung in der Hofoper), worauf sich Goldschmidt bereit erklärte, dies an seiner Stelle zu tun. Klose erwähnt verschiedene Treffen mit Wolf. Unter anderem den Empfang zu Ehren Franz Liszts (anläßlich seines letzten Besuches in Wien) bei den Goldschmidts am 13. März 1886; an diesem Tag, am sechsundzwanzigsten Geburtstag Wolfs, ist auch nach längerem Schweigen zum ersten Mal wieder ein Lied, „Der König bei der Krönung" nach Mörike, entstanden.

Ein deutenswerter Zwischenfall hat sich dann im Juni 1886 in Murau, während Hugos Ferienaufenthalt bei den Strassers, ereignet. Wolf war am 12. Juni, ziemlich beladen mit Spielzeug für die Kinder Modestas, in Murau bei Regen und niedrigen Wolken eingelangt. Als er Strassers Haus betrat, fand er Modesta im Bett, sie hatte am 9. Juni um 0.30 Uhr Alphonsa Maria (wie es dann im Taufbuch der Kirche Murau hieß), ihrem fünften (und letzten) Kind, ihrer vierten Tochter, das Leben geschenkt. Nur mit Mühe konnte Wolf zum Bleiben überredet werden. Da wurde der Gast schließlich noch am Ankunftstag beim Auspacken der Geschenke von einem Spielzeug am Auge verletzt, hatte über eine Woche lang im verdunkelten Zimmer mit Wechselumschlägen zu liegen; eine zweite Woche dauerte es, bis ihm der Arzt das Verlassen des Hauses gestattete. Nunmehr aber hatten ihn Modesta und Josef gebeten, die Patenschaft für Alphonsa Maria zu übernehmen. Wolf lehnte entrüstet ab, verschwand um die Mittagszeit und ward nicht mehr gesehen. Nur ein Blatt Papier fand sich am nächsten Morgen auf dem Frühstückstisch. Wolf hatte geschrieben: „Mein lieber Beißkurz!" (So nannte Wolf ihn schon seit zwei Jahren; damals hatte er Josef mit dem Helden in Claude Tilliers „Mon oncle Benjamin" verglichen, dem Schwager Machecourt, zu deutsch eben „Beißkurz", während Hugo sich in seinen Briefen an Josef gerne mit Benjamin unterschrieb.) „Ich möchte am liebsten weinend um Deinen Hals fallen und ebenso Dir Modesta! Ich bin steinunglücklich und zugleich wütend auf mich. Bedauert mich, denn ich weiß nun sicher, daß mein Los ist, alle die zu kränken, die mich lieben und die ich liebe. Es ist leider nicht das erstemal, daß ich in einem solchen Seelenzustand mich befinde, und eben das ist das traurige. Dadurch habe ich die Überzeugung gewonnen, daß meine Gemütsbeschaffenheit eine durchaus kranke ist und bleiben wird. Was gäbe ich doch darum, wenn ich Dir den kleinen Dienst, Patenstelle bei Deinem Kind vertreten zu haben, getan hätte! Und glaube mir, innerlich war ich auch ganz damit einverstanden, aber da flüsterte mir so ein Teufel (und ich beherberge Legionen in mir) ins Ohr, daß ich's nicht tun sollte, weil dich das schmerzen werde. Ich war sogleich einverstanden, und da ich merkte, wie sehr Dir daran gelegen war, so weigerte ich mich erst recht. Und doch — heute mittag wollte ich schon den Mund auftun und Dir sagen, daß ich zu allem bereit bin und dies mit Freuden, da merkte ich Eure mürrischen Gesichter, und die haben mir die Rede verschlagen.

Nun lach' mich aus, ich bitte Dich Herzliebster, denn Du wirst lange in der Welt suchen müssen, bis Du ein solches Prachtexemplar von einem Narren findest wie Deinen ehrenwerten Schwager, der Dich und Deine Frau von Herzen gern hat.

Denk Dir, ich hatte schon wieder den Vorsatz gefaßt, Euch zu verlassen, weil ich mir gar so ekelig vorkomme. Ich will Euch heute nicht mehr sehen, weil ich's nicht über mich bringen kann, Euch ins Gesicht zu schauen. Verbrenne dies Blatt, und red' mir nie mehr von der Geschichte."

Walker hat für diese Absage den neuerlichen Vergleich mit dem Titelhelden von „Mon oncle Benjamin" von Tillier bei der Hand, der in der Novelle gleichfalls die Rolle eines Taufpaten für einen Neffen abgelehnt hat. Bedenkt man jedoch die Formulierung Wolfs, so kann es sich — ähnlich wie bei den Ausweichversuchen im Jahre 1878, den gemeinsamen Mahlzeiten zu entgehen — um Wolfs Krankheit gehandelt haben, die er nicht zugeben konnte und wollte, die jedoch seine Entschlüsse in negativer Weise immer wieder beeinflußt hat.

Ansonsten beherrschte Wohlklang diese vier Monate. Wolf blieb gerne bei seinem Taufkind; wenn Modesta weg mußte, war der geliebte Onkel für die Kinder da und genoß die Romantik der Umgebung. Strassers Haus stand nahe einer alten, nicht mehr zum Gottesdienst verwendeten Kirche. Ihr Garten führte hinunter zur Mur, dort am Ufer lag Wolf oft stundenlang und immer wieder in Gedichten Mörikes versunken. Eine gern anonym gebliebene Autorin hat ihre Murauer Begegnungen mit Hugo Wolf veröffentlicht („Hugo Wolf, Erinnerungen einer Wiener Dame", in „Die Zeit" vom 18. Juli 1903) und schilderte darin auch ihre Gespräche mit Hugo Wolf über Mörike und seine Gedichte. Er würde ihr gern einen Gedichtband borgen, aber er könne ihn keinen Augenblick entbehren ...

In diesem Sommer hat Hugo Wolf sein „Intermezzo" für Streichquartett in Es-Dur vollendet. Das Manuskript, das in der Österreichischen Nationalbibliothek liegt, trägt am Schluß den Vermerk „Murau, 1. Oktober 1886". Mit 3. Juni 1882 datiert, findet sich dort auch, nebst Skizzen zu einer anderen Komposition, die erste Bleistiftskizze des später veränderten und erweiterten Hauptthemas; innerhalb von Skizzen zum Streichquartett sind auf einer Rückseite siebzehn Takte des „Intermezzos" mit Tinte in Streichquartett-Partitur ausgeschrieben, daran schließen sich vier Entwurftakte auf zwei Zeilen; dieses Fragment muß später in der zweiten Hälfte des Jahres 1884 niedergeschrieben worden sein. Ein weiteres Manuskript enthält den Vermerk „April 1886“, darunter 21 Anfangstakte in Partiturform, mit dem Hauptthema in der ersten Violine; auch der Cellopart ist identisch, während die beiden Mittelstimmen von der früheren Skizze erheblich abweichen. Diese 21 Takte wurden von Wolf durchgestrichen, die Niederschrift ist neu begonnen worden, wobei das Hauptthema auf die beiden Geigen verteilt wurde. Es ist die erste vollständige Niederschrift der Komposition, mit dem Vermerk am Ende: „Murau, 1. Oktober 1886“. Sie wurde also im Hause Josef Strassers vollendet. Die endgültige Fassung ist ebenfalls in der Österreichischen Nationalbibliothek einzusehen. Es handelt sich hier um vier mit Tinte beschriebene Doppelblätter in Hochformat, deren Niederschrift, besser Reinschrift, mit geringfügigen Korrekturen entweder noch in Murau oder schon in Wien erfolgte. Wolf hat diese Komposition, wie wir annehmen müssen, niemals in Originalgestalt gehört. Bis zur ersten Drucklegung im Oktober 1960 (!) im Rahmen der Gesamtausgabe scheint sie nur ein einziges Mal aufgeführt worden zu sein: durch das Prill-Quartett am 28. Februar 1907 in einem Konzert des Wiener Akademischen Wagner-Vereins. Der Editor, Hans Jancik, gibt uns folgende Charakteristik des „Intermezzo“, das im Repertoire der internationalen Streichquartette seiner Erweckung aus dem Dornröschen-Schlaf harrt: „Die ganze Komposition wird aus dem Material des 16taktigen Hauptthemas entwickelt, das dreimal rondoartig in der Grundtonart Es-Dur erscheint, jedesmal anderen Instrumenten anvertraut und von der Gegenstimme umspielt: am Anfang als Dialog zwischen den Violinen, später zwischen zweiter Violine und Bratsche, schließlich in der Bratsche allein; die Coda bringt nochmals eine Andeutung. Dazwischen wird das Hauptthema oder Teile desselben durchführungsartig verarbeitet; es ist ein geistvolles Spiel, dem Wolf sich mit sichtlicher Freude hingegeben hat.“ In einem bereits genannten Brief vom 16. April 1890 an Oscar Grohe in Mannheim bezeichnet Wolf dieses Werk als „Humoristisches Intermezzo, vor drei Jahren entstanden“. Dadurch fühlt sich Decsey veranlaßt, die Komposition dieses Werkes irrtümlich für 1887 anzusetzen. Da eine Partiturabschrift, die sich noch im Jahre

1906 im Besitz des Hugo-Wolf-Vereines befunden hat, mit dem Titel „Humoristisches Intermezzo“, verloren zu sein scheint, hat sich Jancik für die Beibehaltung der ursprünglichen Bezeichnung „Intermezzo“ entschlossen. Zwischen der Abfassungszeit des „Intermezzo“ und der nächsten fruchtbaren Schöpfungsperiode lag das unselige Geschehnis des philharmonischen „Penthesilea“-Durchspiels. Wir wissen, daß die Adventwochen für Wolf meist einfallsreiche Tage brachten. Im Jahre 1886, zum ersten Mal seit der Aufnahme seiner Rezensententätigkeit, hat die weihnachtsnahe Zeit Hugo Wolf wieder veranlaßt, musikalische Ideen niederzuschreiben: es begann diesmal am 14. Dezember mit Eichendorff, mit dem Gedicht „Der Soldat“, das Wolf zu kompositorischer Tätigkeit inspirierte: am Weihnachtsabend selbst versuchte er, Platens Gedicht „Christnacht“ auf seinen musikalischen Gehalt hin zu prüfen — Freund Eckstein, der nun auch schon die schöpferischen Zeiten Wolfs näher kannte, hatte ihm zu einer Anlaßkomposition, zu einer Art „Weihnachts-Oratorium“, geraten —, ließ die Skizzen jedoch liegen und hat sich erst im Mai 1889 mit ihnen beschäftigt. „Biterolf“ nach Worten von Scheffel folgte — wie aus einem Guß — am zweiten Weihnachtsfeiertag; dann herrschte wieder Ebbe bis zum 24. Januar 1887, als (wieder nach Scheffels Worten) das „Wächterlied auf der Wartburg“ entstand, gefolgt von zwei Goethe-Liedern: „Wanderers Nachtlied“ und „Beherzigung“, die am 30. Januar beziehungsweise am 1. März niedergeschrieben wurden. Zurück zu Eichendorff: ein zweiter „Soldat“ (7. März), aus dem später „Der Soldat I“ werden sollte, „Die Kleine“ (8. März), „Waldmädchen“ (20. April) und „Nachtzauber“ (24. Mai). Wir wollen die Kompositionen später im Zusammenhang mit den von Wolf genau disponierten Druckausgaben besprechen; hier sei festgehalten, daß Wolf mit der Wahl der Eichendorffschen Charaktere (wie „Soldat“, „Zigeunerin“, „Waldmädchen“, „Die Kleine“) Schumanns Vertonungen des gleichen Meisters ergänzen wollte. Im „Liederkreis“ hatte Schumann reizvolle Stimmungsbilder geschaffen; in der „Frühlingsfahrt“ gelang ihm auch die Zeichnung von Charakteren. Daran wollte Wolf anschließen. Die verschiedensten Stimmungen überfielen Wolf aber in diesen zehn Liedern, und in all diese Richtungen hin wagte sich sein neuer schöpferischer Mut.

In unglaublich kurzer Zeit entstand die „Serenade“ für

Streichquartett. Seitdem sie Wolf in einem Brief an Grohe am 16. April 1890 „Italienische Serenade“ genannt hat, bleibt ihr diese Bezeichnung. In einem Artikel „The History of Wolf's Italian Serenade“ in der Londoner „Music Review“ vom August 1947 hat Frank Walker die Chronologie der einzelnen Fassungen dargestellt und aufgeschlüsselt: Die datierten Autographe der ersten Skizze (mit Bleistift auf zwei Systemen) und der erste Entwurf für Streichquartett — beides in der Österreichischen Nationalbibliothek — zeigen, daß die Streichquartettfassung, die 1903 bei Lauterbach und Kuhn herauskam, die ursprüngliche Form des Werkes darstellt und 1887 komponiert wurde. Walkers Beweisführung hat die Meinung früherer Biographen korrigiert. Ein paar Takte hat Wolf zwei Jahre später, am 15. Mai 1889 in Perchtoldsdorf, für einen zweiten Satz in Streichquartettfassung notiert (wie in der Wiener Stadtbibliothek unter einigen Corregidor-Fragmenten einzusehen ist), sie aber fallengelassen oder vergessen. Den berühmtesten Liedern Hugo Wolfs steht die „Serenade für Streichquartett“ an Aufführungsziffern kaum nach. Die Kammermusikfreunde in aller Welt erfreuen sich an diesem freien Rondo mit der Fülle seiner mitreißenden Einfälle und der meisterlichen Beherrschung des Zusammenklangs von vier Streicherstimmen. Der zornige Romantiker hatte es im Leben schwer — der heitere Romantiker fand hier zu einer Ausdrucksform, deren Souveränität freilich von den Interpreten erst schwer erarbeitet werden muß, dann aber vom ersten bis zum letzten Takt den Spieler wie den Hörer nicht ausläßt. Wie uns Hans Jancik mitteilt, gibt es unter den Wolf-Manuskripten, die die Wiener Stadtbibliothek im Jahre 1939 vom damals aufgelösten Richard-Wagner-Verein erhielt, einige Blätter, auf denen sich zwar nicht das Wort „Serenade“ findet, die aber sicherlich mit dieser in Zusammenhang stehen. So enthält eine Folge von Skizzen zwei undatierte Notenblätter, auf denen jeweils die ersten vier Zeilen durch eine Klammer verbunden sind, die eine vierstimmige Partitur fixiert; ein Blatt ist überschrieben: „Zweiter Satz. Langsam“ mit der Vorzeichnung für F-Dur oder d-Moll und $^3/_4$ Takt, das andere mit „Dritter Satz“ ohne weitere Angaben. Unter einigen „Corregidor“-Fragmenten liegt — ebenfalls in der Wiener Stadtbibliothek — eine Skizze von fünfeinhalb Takten, auf zwei Notenzeilen deutlich für Streichquartett konzipiert;

es ist der Beginn eines „Zweiten Satzes", „Langsam", Es-Dur, 3/4 Takt, mit dem Datum „Perchtoldsdorf, am 15. Mai 1889". Aus diesen Blättern geht ebenso wie aus Briefen die Absicht Wolfs hervor, ein dreisätziges Werk mit der „Serenade" als Stirnsatz zu schreiben, ohne etwa das „Intermezzo" in diesen Plan einzubeziehen.

Wolfs letzte Rezension im „Salonblatt" ist am 24. April 1887 erschienen. Kein äußerer Anlaß war gegeben, die journalistische Mitarbeit einzustellen. Auch nicht die Erkrankung seines Vaters, über deren unabänderliche Folgen Hugo von seiner Familie in Windischgraz bis zur letzten Minute im unklaren gelassen wurde. Es scheint also, als hätte Wolf seinem neuerwachten Schöpferdrang nachgegeben und wäre auch nicht mehr auf das Monatsgehalt der Zeitung so sehr angewiesen gewesen wie früher; am 10. März 1887 hatte er auch in einem Brief eine langdauernde Unterrichtsverpflichtung gegenüber der Gräfin Harrach erwähnt, die eine sicherlich gute Einkommensquelle gebildet hat. Das harte Schicksal dieser Jahre hatte aus einem unerfahrenen jungen Musikstudenten aus der Provinz einen Mann geschmiedet, der wußte, was er wollte, wenn auch bis dahin kein einziges Werk aus seiner Feder öffentlich aufgeführt oder publiziert worden war.

Zum 1. April 1887, zu seinem Namenstag, war noch ein Glückwunschbrief des Vaters gekommen, in dem es hieß: „Meine und Deine Wünsche sind die gleichen, sie gipfeln in Deinen Erfolgen, es ist eine Sisyphusarbeit an der Du Dich abmühst — Dein Ringen spiegelt sich an Deinen kritischen Aufsätzen — doch verzage nicht — auch Dir wird noch die Sonne der Anerkennung leuchten, daß ich es noch erlebe, ist mein einziger Wunsch, wäre meine höchste Freude in meinem jammervollen Dasein, doch nun still, nichts soll Deinen Namenstag trüben — denke Du hast einen Vater der Dich liebt und dessen einzige Freude und Hoffnung Du bist." Filipp Wolf war in den letzten Jahren wesentlich ruhiger, wenn auch nicht weniger schwermütig geworden. Im Februar 1885 hatte ihm eine Erbschaft die ärgsten Geldsorgen bewältigen geholfen, Hugos journalistische Anstellung hatte das Ihre dazugetan, des Vaters Ängste — oder wenigstens ihre schriftliche Formulierung — einzudämmen. Schon in den ersten Monaten des neuen Jahres 1887 hatte Filipp Wolf, im 59. Lebensjahr stehend, zu kränkeln begonnen. Die Familie in Windischgraz hat das Hugo verschwiegen. Zu den gemeinsamen Festtagen — Mutter Katharina feierte am 30. April ihren Namenstag, Vater Filipp am 1. Mai Geburtstag — hatte Hugo Wein und Glückwünsche geschickt. Eine Woche später klärte der Arzt die Familie über den ernsten Zustand des Patienten auf und riet, Hugo telegraphisch zu verständigen. Am Morgen des 9. Mai erfuhr Filipp Wolf von seiner Frau, Hugo werde wahrscheinlich mittags ankommen. Er war zunächst — nicht wissend, wie schlecht es um ihn stand — ungehalten darüber, daß man Hugo herbeigerufen hatte, richtete aber seinen Blick immer häufiger auf die Wanduhr und fragte wiederholt, ob nicht schon die Postkutsche gesichtet werden könne. Um ein Uhr mittags kam der Wagen endlich die Hauptstraße entlang, noch vor der Station sprang Wolf ab, lief zum Elternhaus und die Stiege mit der Frage „Lebt Vater noch?“ hinauf, stürmte das Krankenzimmer und stürzte am Bett nieder. Schluchzend beugte er das Knie, Wiedersehensfreude schimmerte auf dem Antlitz des Vaters, der den Sohn zu trösten versuchte. Doch nur wenige Worte konnte er sprechen, seine letzten waren: „Hugo, mein Hugo!“

Marie Lang berichtete von einem erschütternden Ausruf Hugos in späteren Tagen: „Was liegt mir schon daran, wenn meine Lieder erscheinen, jetzt kann mich kein Erfolg mehr freuen!“ Und im Jahre 1892 schrieb er an seine Schwester Käthe, nachdem sie ihm frühere Manuskripte zugesandt hatte: „Und die Aufschrift von so lieber unvergeßlicher Hand! Du kannst es nicht ermessen, wie unbeschreiblich mich dieser Anblick gerührt hat und auch im tiefsten erschüttert: ‚Im stillen Friedhof‘ — es war das einzige Lied, das die liebe Hand des Vaters mit einer Aufschrift versehen. Und nun liegt er im stillen Friedhof und keines meiner Lieder dringt zu ihm. Ach wozu komponiere ich wohl noch, da er sie nicht mehr hört — er, der nur in Tönen gelebt und geatmet und dem meine Töne nie geklungen, zu dem mein Lied nie gesprochen hat!!!“ Nach dem Begräbnis des Vaters war Hugo nach Wien zurückgekehrt, wo er blieb, bis er mit Köcherts nach Rinnbach übersiedelte.

Hier soll auch über Wolfs Beziehungen zur Familie Köchert gesprochen werden: Die Brüder Heinrich und Theodor Köchert, Inhaber der Firma A. E. Köchert, Goldschmiede und Hofjuweliere — die Familie hatte sich 1814 in Wien in einem schönen alten Haus auf dem Mehlmarkt 15 (heute Neuer Markt) niedergelassen — gehörten zu jenem Teil der Wiener Gesellschaft, ohne den damals Wien als Musikstadt keinen Bestand gehabt hätte. Heinrich war sechs Jahre älter als Hugo, Theodor nur ein Jahr, beide überlebten den Freund bis 1908, bzw. 1936 (!). In der Wolf-Literatur findet sich nirgends der Autorenname Köchert ...

Heinrich und seine Frau Melanie, geb. Lang, spielten eine schicksalhafte Rolle im Leben Hugo Wolfs. Die drei Briefe an Theodor, aus denen wir anläßlich der Ereignisse um „Penthesilea" zitiert haben, zeigen uns den freundschaftlichen, kameradschaftlichen Ton, der zwischen beiden geherrscht haben muß. Noch immer will man es nicht glauben, daß Wolfs Briefe an Heinrich Köchert verlorengegangen sind. Hugo Wolf hat es nie erfahren, daß er nicht nur durch Heinrichs Empfehlungen an das „Salonblatt" kam, sondern daß Köchert, sooft er die Verlagsrechnungen für Inserate bezahlte, auch noch die jeweilige Summe, die dem Rezensenten Wolf als Gehalt ausbezahlt wurde, beigelegt hat. Wir wissen, wie oft und wie lange Hugo Wolf bei den Köcherts zu Gast war: am Mehlmarkt, in Döbling, in Rinnbach, in Traunkirchen. Wenig weiß die Nachwelt von den kleinen Hilfen. Wenn Heinrich zum Trabrennen ging, hat Hugo gebeten, für ihn zu setzen; und sonderbarerweise „gewann" Hugos Pferd immer. Melanie Lang, seit 1878 mit Heinrich Köchert verheiratet, war vier Jahre jünger als ihr Mann, eine schöne Frau „mit klarer Stirn und leuchtend braunen Augen" (Walker) und — wie Franz Grasberger im Vorwort zu einer Briefausgabe „Hugo Wolf an Melanie Köchert" (1964) sagte — „verstand und erriet sie Wolfs geheimste poetische und musikalische Gedanken". Die Widmung eines Bandes seiner Lieder mit den Worten „An Frau Melanie. / Von allen, die der Tonkunst Zauber tief empfanden, / Hat niemand mich so ganz wie Du verstanden" sagt alles aus. Wolfs bleibendes Lebenswerk, die Mörike-, Eichendorff-, Goethe-Lieder, das Spanische und das Italienische Liederbuch, die Michelangelo-Gedichte — sie wären nie ohne Melanie Köchert entstanden. Ihr hat er alle Manuskripte der Lieder gewidmet. Ihr Kinderbildnis mit dem Wehmutsausdruck in den Augen nannte er das „Mignon-Porträt". Zwanzig Jahre lang ist Melanie Köchert Wolf zur Seite gestanden, hat ihn auch in der Heilanstalt umsorgt, mit dem vorläufig Entlassenen zusammen mit Wolfs Schwester Käthe die Italienreise absolviert, seinen Selbstmordversuch im Traunsee erlebt und ihn bis zuletzt dreimal wöchentlich im Irrenhaus besucht. Drei Jahre nach Hugo Wolfs Tod, am 21. März 1906, ist sie freiwillig aus dem Leben geschieden. Von ihren Töchtern Ilse (geb. 1879), Hilde (geb. 1880) und Irmina (geb. 1882), für die Hugo Wolf „Epiphanias" nach Goethe komponiert hat, lebt Frau Irmina heute — also im Sommer 1971 — immer noch rüstig und aufgeschlossen, in Traunkirchen.

Nur weniges aus Wolfs Leben im Sommer 1887 — nach dem Tode des Vaters — ist bekannt. Für kurze Zeit war Hugo nach Wien zurückgekehrt, bevor er mit der Familie Köchert nach Rinnbach übersiedelte. Im Verlaufe fröhlicher Spiele mit den Kindern auf einem Wiesenhang vor dem „Krähbauer"-Haus kam es am 17. Juni 1887 zu einem Unfall: Wolf brach sich das rechte Wadenbein und war für mehrere Wochen — man spricht heute noch in der Köchert-Familie von fünf Wochen und einigen Tagen — ans Bett gefesselt. Bald nach seiner Genesung fuhr er zu Schwager Strasser nach Leibnitz in die Steiermark, dann mit ihm nach Bruck an der Mur und kehrte erst im Herbst wieder nach Wien zurück.

Das Arbeitszimmer von Edmund Lang, der mit seiner Gattin Marie in der Belvederegasse 9 auf der Wieden wohnte, wurde Wolfs neues Quartier. Und dorthin kehrte er eines Tages mit der glühend interpretierten Hoffnung zurück, seine Lieder würden gedruckt. Hugo Wolf war auf einem Spaziergang in der Kärntnerstraße Friedrich Eckstein begegnet, hatte auf dessen Frage, wie es ihm denn mit seinen Kompositionen ergehe, traurig geantwortet, er habe noch immer keinen Verleger gefunden; da hatte Eckstein erklärt, das möge Wolf seiner Sorge überlassen. Hugo, der Eckstein am liebsten gleich in die Belvederegasse mitgenommen hätte, bat seinen Freund Lang, für den 21. November 1887 ein besonders vegetarisches Abendessen vorzubereiten. Als Friedrich Eckstein, dazu eingeladen, erschien, wurde er wie ein Sieger begrüßt. Sein Vorschlag ward stürmisch bejubelt: Der kleine Wiener Verlag Wetzler, der — auf Veranlassung Ecksteins — bereits früher einige kürzere Jugendwerke Anton Bruckners publiziert hatte, solle ein Dutzend Lieder Hugo Wolfs veröffentlichen; Eckstein selbst werde als Bürge auftreten und als Propagandist dazu: alle seine und Wolfs Freunde würden viele Exemplare erstehen. Wolf entschloß sich rasch zu einer Folge von „Sechs Liedern für eine Frauenstimme“, zu einem Band vereinigt und der Mutter gewidmet: „Morgentau“ (1877), „Die Spinnerin“ (1878), „Das Vögelein“ (1878), „Mausfallensprüchlein“ (1882), „Wiegenlied im Sommer“ (1882), „Wiegenlied im Winter“ (1882). Der zweite Band sollte, dem Andenken des Vaters geltend, „Sechs Gedichte von Scheffel, Mörike, Goethe und Kerner“ umfassen: „Zur Ruh“ (1883), „Der König bei der Krönung“ (1886), „Biterolf“ (1886), „Wächterlied auf der Wartburg“ (1887), und „Beherzigung“ (1887). Wolf hatte die Wahl der Werke augenscheinlich ganz auf die Widmungsträger abgestimmt: wie sehr entsprachen Gedichte und Vertonungen dem stillen, gütigen Wesen von Mutter Katharina und dem selbstbewußten, dabei schwermütigen und etwas pathetischen Charakter des Vaters Filipp. Wie glückselig Hugo Wolf in diesen Tagen der Erwartung öffentlicher Anerkennung war, beweisen die „Feste“ zu Ehren Ecksteins, die im Haus der Langs gefeiert wurden: eines Tages hatte man „König Alboin“ ausgegraben, Hugos frühestes Opernfragment aus dem Jahre 1876, ein Chorus daraus erklang zu Ehren des „mächtigen Eck“(stein): „Heil, König Alboin, gewonnen ist die Schlacht durch dich, du sieggewohnter Held!“ Ein andermal empfingen ihn Wolf und die Langs mit dem untersteirischen Weihnachtslied „Ihr lieben Hirten“, das Eingang in die „Christnacht“ gefunden hat. Endlich war Hugo Wolf seiner selbst sicher, wieder war Weihnachtszeit; diesmal aber schrieb Wolf keine Kompositionen nieder, sondern plante voraus: er benötigte Abgeschlossenheit, Verborgenheit, Einsamkeit, um in Ruhe schaffen zu können. Da kam ihm das Werner-Haus in Perchtoldsdorf, das er 1880 und 1882 in „alten, unnennbaren Tagen“ von Mayerling aus so gerne besucht hatte, ins Gedächtnis zurück. Die Ankunft des neuen Jahres, des Wolfschen Schicksalsjahres 1888, wurde zwar noch in Wien gefeiert; aber das Einverständnis der Familie Werner war gegeben, die paar Habseligkeiten: Notenpapier in Mengen, Gedichtbände, die unvermeidliche Kaffeemaschine und die Kautschukwanne, dazu ein paar Kleidungsstücke waren bald gepackt; ab Mitte Januar hieß die neue Adresse Hugo Wolfs: Perchtoldsdorf, Brunnergasse 26.

„NIMMERSATTE LIEBE“
Mörike-Lieder 1888

> „1888 Perchtoldsdorf. Mörike componiert. Sommer Bruck, Bayreuth, Rinnbach, Döbling, Himmel, Unterach. Dort Mörike beendet u. Eichendorff geschrieben.“
>
> Hugo Wolf: Daten aus meinem Leben

Der Markt Perchtoldsdorf liegt inmitten von Weingärten am Rande des Wienerwaldes, zwanzig Kilometer vom Zentrum Wiens entfernt. Die gotische Kirche, die Burg (die heute einen schönen Konzertsaal beherbergt), die vielen alten Häuser, der massive Quaderntum schenken dem Besucher den Eindruck einer in sich geschlossenen, harmonischen Ansiedlung. Das heutige Hugo-Wolf-Haus, der Wernersche Besitz Brunnergasse 26, hatte nachweisbar im Jahre 1775, vielleicht auch schon früher, dem Stift Monte Serrato gehört; der Verwalter der Weingärten dürfte dort seinen Wohnsitz gehabt haben.

Anno 1888 kam man durch ein rundes Tor in der starken Außenmauer in den Hof, wo sich Diana, die Wachhündin, um die Sicherheit der Bewohner kümmerte. Ein Holzzaun trennte diesen Hof von einem weiträumigen Garten, dessen unteren Teil ein großer Maulbeerbaum beherrschte, unter dem Hugo Wolf an schönen Frühlingstagen oft gearbeitet hat. (Durch einige Sommer der sechziger Jahre, bevor uns der Konzertsaal in der Burg zur Verfügung stand, haben wir unter diesem alten Baum konzertiert; Sängerjugend aus aller Welt fand sich da zusammen, um von einem zurechtgezimmerten Podium aus vor einem auf simplen Holzbänken sitzenden Publikum Wolf-Lieder zu interpretieren.) Eine niedrige Tür führt heute wie damals ins Haus; zur Rechten hat sich zu Wolfs Zeiten das Milchkammerl befunden, zur Linken die Speisekammer. Eine enge, steinerne Wendeltreppe führt uns zu Hugo Wolfs Zimmer, in dem er arbeitete und schlief. Nach allen vier Windrichtungen gibt es Fenster. Der große turmartige Raum ist heute — als Erinnerungsstätte — genau so eingerichtet wie vor 83 Jahren. Das damals schon alte Ledersofa stand in der Mitte des Zimmers neben einem großen runden Tisch, auf dem Wolfs Bücher, sein Schreibzeug und der unentbehrliche Tabak lagen. Unter dem Spiegel stand, der Wand entlang, das Bett. Ein Promberger-Flügel beherrschte von einer Ecke aus den anderen Teil des großen Zimmers, daneben standen ein Schreibtisch, ein Schrank und die Kommode. Auf einem eigenen Rohrtischchen war die lebenswichtige „Non plus ultra"-Kaffeemaschine zur Hand, und in einer anderen Ecke hing die zusammengefaltete Gummibadewanne. Damals gab es keine Wasserleitung im Haus und nur eine schwache Öllampenbeleuchtung; der alte Kachelofen funktionierte nur mangelhaft und mühselig. So hatte sich der Komponist zunächst zu akkommodieren, ließ sich aber in den ersten Wochen seines Aufenthaltes in „Petersdorf", wie der Ort heute noch gerne genannt wird, von den Familien Werner oder Preyss zur gemütlichen Jause in deren Wohnungen einladen. Am 24. Januar 1888 ist in Perchtoldsdorf „Wo wird einst", die letzte Heine-Komposition Hugo Wolfs, entstanden (die er zusammen mit Liedern nach Shakespeare und Byron erst im Jahre 1897 veröffentlicht hat) und das heitere „Gesellenlied" nach Reinick, das gemeinsam mit „Morgenstimmung" und „Skolie" (beide nach Reinick) ebenfalls erst 1897 publiziert wurde.

Das waren freilich nur Vorboten für das vulkanische Ereignis der „Mörikeana", wie Wolf anfangs die Reihe seiner Vertonungen von Gedichten Eduard Mörikes nennen wollte. Dreizehn Jahre vorher, 1875, war der schwäbische Dichter im Alter von einundsiebzig Jahren gestorben. Schlägt man in Challiers „Liederlexikon" nach, so bestanden bis zum Jahre 1885 nicht weniger als 50 Vertonungen des Gedichtes „Das verlassene Mägdlein", sechzehn Kompositionen der Frühlingsverse „Er ist's"; dreizehnmal wurde bereits „Verborgenheit" in Musik gesetzt, einundzwanzigmal der Monolog der „Agnes"; Schumann, Johannes Brahms und Robert Franz haben wiederholt Mörike vertont. Trotzdem sind zu Lebzeiten des Dichters lediglich vier Auflagen der Gedichte zu je tausend Exemplaren erschienen, die vor allem in der engeren Schwabenheimat Mörikes Verbreitung fanden. Die übrige Welt hat Mörike erst durch die Vertonungen Hugo Wolfs zur Kenntnis genommen, und zwar in der Originalsprache. Unnütz blieben, wie sich in den letzten Jahrzehnten endgültig und folgerichtig herausgestellt hat, die Übersetzungen (meist ins Englische), die in den Druckausgaben unter den deutschen Text gesetzt wurden. Nicht nur das vokale Wolf-Oeuvre, die gesamte deutschsprachige Liedliteratur von Wert hat die Menschen aller Welt in ihrer Urgestalt ergriffen. Alles ein Verdienst der Liedersänger von Format, die sich auf ihren Tonfall, auf ihren akustischen und visuellen Eindruck verlassen konnten, Wolf auch jenen nahezubringen, die nicht wissen konnten, wer Mörike oder Eichendorff war. Der protestantische Pastor mit starker Neigung zum Katholizismus, der große Liebende, der Naturfreund und der gewandte Erzähler humorvoller Situationen war zur Zeit dieses Achtundachtziger-Jahres, wie es Joseph Schalk in einer Münchner Zeitung zwei Jahre später formulierte, bereits ein „halbvergessener schwäbischer Dichter". Der „Tambour" war das erste Mörike-Lied Wolfs in diesen Perchtoldsdorfer Wintertagen: am 16. Februar 1888 wurde es niedergeschrieben und zeigt uns einen musikalischen Meister in völliger formaler und inhaltlicher Ausgeglichenheit am Werk. Am 22. Februar aber heißt es in Hugo Wolfs Brief an Freund Edmund Lang: „Soeben habe ich ein neues Lied aufgeschrieben. Ein Götterlied sag ich Ihnen! ganz göttlich wunderbar! Bei Gott! mit mir wird's bald zu Ende gehen, da meine Gescheitheit von Tag zu Tag zunimmt. Wie weit soll ich's noch bringen? mir grauts daran zu denken. Ich habe nicht den Mut, eine Oper zu schreiben, weil ich mich vor den vielen notwendigen Einfällen fürchte. Einfälle, lieber Freund, sind schrecklich. Ich fühl's. Meine Wangen glühen vor Aufregung wie geschmolzenes Eisen und dieser Zustand der Inspiration ist mir eine entzückende Marter, kein reines Glück.

Ich habe heute förmlich eine ganz komische Oper auf dem Klavier zusammenphantasiert. Ich glaube, ich brächte wirklich etwas Gutes dieser Art zustande. Aber ich fürchte die Strapazen; ich bin zu feige für einen ordentlichen Componisten. Was mag mir wohl die Zukunft noch vorbehalten? Diese Frage quält mich und beschäftigt mich im Wachen und im Träumen. Bin ich ein Berufener? bin ich am Ende gar ein Auserwählter? Gott verhüte das Letztere. Das wäre mir eine schöne Bescherung. — Ich glaube, daß ich wohl toll bin, weil ich Ihnen so dummes Zeug vorschwefle."

Diesem Brief lag eine Abschrift des soeben vertonten Gedichtes „Der Knabe und das Immlein" bei. Hier findet sich der Begriff vom „Häuslein Windebang", den zunächst Wolf selbst und seine Freunde, dann Anhänger bis zum heutigen Tag dem „Salettl" gewidmet haben, das auf der Anhöhe über dem Perchtoldsdorfer Werner-Haus mit einem zauberhaften Blick auf den Hochberg Hugo Wolf oft als Idealmilieu für sein Liedschaffen gedient hat. In letzter Zeit wurde dieses Lusthaus aus Holz Zielpunkt vandalischer Zerstörungssucht. (Während diese Zeilen geschrieben werden, ist Dr. Otto Werner, der Sohn des Jugendfreundes Hugo Wolfs, dabei, einen höheren Zaun zum Schutze der zauberhaften Erinnerungsstätte um den Besitz ziehen zu lassen.)

Wie glücklich können wir darüber sein, daß Hugo Wolf seinem Freunde all die schöpferischen Ereignisse dieser Tage nicht telephonisch schildern konnte, sondern sich ausführlich in seinen Briefen über sein eruptives Schaffen geäußert hat. So folgte am gleichen 22. Februar neuerlich ein weiteres Schreiben dem ersten: „... Kaum, daß mein Brief expediert wurde, schrieb ich auch schon, den Mörike zur Hand nehmend, ein zweites Lied u. z. im $^5/_4$ Takt, und ich darf wohl sagen, daß selten ein $^5/_4$ Takt so richtig am Platz war, als in dieser Composition. Auch Sie, als Laie, werden aus dem Rhythmus des Gedichtes sofort den $^5/_4$ Takt herausfinden und die Notwendigkeit desselben einsehen.

Zierlich ist des Vogels Tritt im Schnee,
Wenn er wandelt auf des Berges Höh' ...

Nun beglückwünschen, oder verwünschen Sie mich, ganz nach Belieben.

Sollte mir Polyhymnia aufsässig genug sein, mit einem dritten Liede zu drohen, werde ich diese Schreckensnachricht persönlich morgen in aller Frühe überbringen.

Augenblicklich ereignet sich nichts Musikalisches um mich, es wäre denn das tägliche Abendgebet in langgezogenen Schluchzern von Seiten einer ehrbaren Jungfrau — unserer Diana.

Verachten Sie mich. Das Bubenstück ist vollbracht. Auch das dritte Lied ‚Ein Stündlein wohl vor Tag' ist mir gelungen und wie! das ist ein ereignisvoller Tag."

Wolfs Jubel bestand zu Recht. Diese drei Lieder zählen zu den bleibenden Schöpfungen aus seiner Feder. Eigenartig, wie sich die Kontraste zusammenfinden: auf den weitschweifenden Dialog zwischen dem Knaben und dem Immlein, den die Feststellungen des Dichters als dritter Person introduzieren, folgte die geschlossene Einheit des Jägerliedes mit seiner Erfolgsmelodie; dann kam die Tragödie der Erkenntnis der Treulosigkeit, dem gleichen musikalischen Thema zugewendet, das vorher (im Lied „Der Knabe und das Immlein") der Schilderung der Zuneigung anheimgestellt war.

Drei „Chansons" folgten an den beiden nächsten Tagen: zunächst „Der Jäger" am 23. Februar. Mag Frank Walker auch feststellen, der „Auftrag", am nächsten Tag komponiert, „erinnere an Varietémusik", so weiß der Kenner all der populären Einlagen zu den Possen und Lustspielen jener Zeit, wie sehr Hugo Wolf hier den rechten Ton getroffen hat. Und zur „Nimmersatten Liebe", ebenfalls am 24. Februar entstanden, überlassen wir wieder dem Komponisten selbst das Wort in seinem Brief an Edmund Lang:

„Es ist jetzt punkt 7 Abend und ich bin so überglücklich, wie ein überglücklicher König. Wieder ist mir ein neues Lied gelungen. Schatzerl, wenn's das hörst, holt dich vor Vergnügen der Teufel.

Der Schluß bricht geradezu in einem Studententon aus. Es geht darin zum Erhängen lustig her. Hier die Worte: . . ." (Es folgt die Abschrift des Mörike-Gedichtes.) „Dabei fällt mir gerade ein, daß Sie sich das Ankaufen der Mörik'schen Gedichte füglich sparen können, da ich, bei meinem wunderlichen Produktionsdrang, in der erfreulichen Lage sein dürfte, Sie über kurz oder lang mit sämtlichen Gedichten meines Lieblings in dieser Weise bekannt zu machen."

Der auch für heutige Liedbegriffe ganz modernistischen Vertonung des Morgenstern-nahen Gedichtes „Zur Warnung" galt am nächsten Tag ein Brieflein Wolfs an Marie Lang: „Heute sind mir zwei neue Lieder (von Ed. Mörike) eingefallen, von denen das eine so schauerlich seltsam klingt, daß mir ganz bange davor wird. So was war noch nie da. Gott stehe den armen Leuten bei, die es einmal hören werden." — Das „andere" Lied ist an diesem Tag begreiflicherweise nicht fertig geworden, das „Lied vom Winde", ein „chromatisches Klavierkonzert mit obligater Gesangsstimme", wie man es nennen könnte, ein Richard Wagner naher, aber in der Psychologie der Wort-Ton-

Einheit ganz persönlicher Wolfscher Gesang, dem dann am 1. März die Tragikomödie en miniature „Bei einer Trauung" folgte. Der hauchzarte „Zitronenfalter im April" erblickte am 6. März auf dem Notenpapier die Welt, „Der Genesene an die Hoffnung", jenes tiefschürfende Lied, das Wolf absichtsvoll an die Spitze des Mörike-Bandes gestellt hat und das man nur deshalb so selten hört, weil es im Tonumfang höchste Anforderungen an den Sänger stellt, wurde am gleichen Tag niedergeschrieben. Wolfs eruptives Schaffen scheint auch hier direkt unter einem geheimnisvoll wirkenden Kontrastgesetz zu stehen. Zwei heute vielgesungene Lieder wurden am 7. März geschaffen: das „Elfenlied", das die Koloratursoprane so gerne eine kleine Terz höher singen als Wolf es wollte, und „Der Gärtner", dessen Worte eindeutig einem Manne anstehen, das aber einem biegsamen Sopran viel besser und einprägsamer gelingt, wie denn überhaupt die Männerlieder Hugo Wolfs einem Tenor ein wenig zu tief und einem Bariton um weniges zu hoch liegen, so daß sich Stimmtypen, wie man sie heute noch in Skandinavien „Tenor-Bariton" nennt, am idealsten für den nicht transponierten, originalen Wolf eignen. Am 8. März 1888 ist „Abschied" entstanden, jenes Lied gegen den allwissenden Rezensenten, das heute wie damals beim Publikum beliebt ist — während es immer wieder auf Gegenstimmen bei den Rezensenten stößt. Dabei ist — abgesehen von der textlichen Vorlage — die melodische Empfindung so einprägsam, daß der Schlußwalzer wie von selbst und ohne jeden Wortbezug lange im Gedächtnis bleibt. Nun mußte wieder ein Weltanschauungs-Lied folgen: „Denk es, o Seele" ist auf seinen drei Druckseiten eine symphonische Dichtung voll Tragik, im rhythmischen Detail genau so aufregend wie in der Espressivo-Spannung der Harmonik. Gelehrtenstreit geht um die Abfassungstage des Liedes „Auf einer Wanderung", das Walker für den 11. März ansetzt, während Decsey erst den 25. März für die Beendigung der Komposition annimmt; man ist versucht, Decsey recht zu geben, weil man kaum glauben kann, daß Hugo Wolf in einem Tage mit dieser umfangreichen und modulatorisch so dicht auskomponierten Vorlage fertig werden konnte.

Gleiche Stimmung atmen die beiden „Geburtstags"-Werke des 13. März 1888: das „Gebet", das in unseren Tagen zu einer Art Volkslied zu werden scheint, so kunstreich und vielfältig es vom Komponisten angelegt ist, und die „Verborgenheit", mit ihrer glühenden Resignation in Dur, die sich die Welt erobert hat; hier entschied wieder der melodische Einfall und die bestechende Klarheit des Gefühls. Entspannung folgt auf dem Fuße: das „Lied eines Verliebten" (14. März) und das „Selbstgeständnis" sind anheimelnde Miniaturen, die der Gegenwart zugewandt sind. Ich meine, die großen Komponisten aller Zeiten haben dreierlei Werktypen geschaffen, von denen der erste dem Blick auf die Vergangenheit huldigt, der zweite für das Heute, für den Tag geschrieben ist, während der dritte in die Zukunft weist. (Beispiele bei Schubert: „Liebhaber in allen Gestalten" für die Rückschau auf Mozart, „Die Forelle" als eine den Zeitgeist spiegelnde Komposition und „Gretchen am Spinnrade" als Geniewurf für die Zukunft.)

Wolf war Perchtoldsdorf von Herzen zugetan. Wir wissen, daß er die begnadeten Arbeitstage frühmorgens mit einem Spaziergang, meist zum „Hochberg", zum grünen Hügel über dem „Häuslein Windebang", begann, daß er diesen Blick über die Weinberge zum Wienerwald liebte — „Was brauch' ich da noch mehr?!" pflegte er rhetorisch seine Freunde zu fragen, die er immer wieder den Gartenweg hinaufführte —, daß er dann in seinem Schlaf- und Arbeitszimmer jenes Gedicht, das gerade in den Mittelpunkt seines Denkens gerückt war, immer wieder laut rezitierte, bevor er den musikalischen Einfall, mochte er nun zunächst melodischer, harmonischer oder rhythmischer Natur sein, auf dem Flügel ausarbeitete. Wolf blieb zeit seines Lebens bei seiner Arbeit vom Klavierklang abhängig. Die hastig entworfenen Skizzen pflegte er auszuschmücken, immer aufs neue zu ändern, bevor sie im Notenbild der endgültigen Klangvorstellung entsprachen. Die anschließende Reinschrift war dann nur noch die Bestätigung des vorangegangenen Arbeitsprozesses. Bevor man die frühen Entwürfe Wolfs kannte, hat man sich immer wieder über die peinlich genauen, klaren und nur selten korrigierten Manuskripte Wolfs gewundert.

Das Mittagessen nahm Hugo Wolf im Gasthaus „Zum schwarzen Adler" ein; sein Interesse galt meist dem billigsten Menü (mit gekochtem Rindfleisch und Gemüse). Zum Nachtisch gab es eine Zigarette und den schwarzen Kaffee nach eigener Façon, dann ging's weiter mit der Arbeit. Abends wurde gelesen oder korrespondiert, falls er von den Einfällen loskam.

Zum nächsten Lied lieferte uns der Komponist wieder selbst den Kommentar in seinem Brief vom 20. März an Edmund Lang: „Heute, gleich nach meiner Ankunft habe ich mein Meisterstück geliefert. ‚Erstes Liebeslied eines Mädchens‘ (Ed. Mörike) ist das weitaus beste, was ich bis jetzt zu Stande gebracht. Gegen dieses Lied ist alles Vorhergegangene Kinderspiel. Die Musik ist von so schlagender Charakteristik, dabei von einer Intensität, die das Nervensystem eines Marmorblocks zerreißen könnte. Das Gedicht ist wahnsinnig, die Musik nicht minder, ebenso Ihr Fluchu." Diese Unterschrift ist gleich wie „Wölflein" ein Spitzname Hugo Wolfs, den ihm der Freundeskreis wegen seiner Vorliebe für kräftiges Fluchen, unter Entlehnung der Schlußsilbe des Jauchzers „Juchhu", verliehen hatte. Wahrhaftig: das „Erste Liebeslied eines Mädchens" ist Musik gewordene Ekstase, eine Virtuosentat für Sängerin und Pianisten, die deswegen in unseren Konzertsälen so rar ist, weil ihre Interpretationsprobleme die Genialität der Erfindung leicht verdunkeln können. Doch schon am 21. März heißt es im nächsten Brief an Lang: „Ich revociere, daß das ‚erste Liebeslied eines Mädchens‘ mein Bestes sei, denn was ich heute Vormittag geschrieben: ‚Fußreise‘ (Ed. Mörike) ist noch millionenmal besser. Wenn Sie dieses Lied gehört haben, kann Sie nur noch ein Wunsch beseelen: zu sterben." Vor allem in jüngster Zeit gibt es Wissenschaftler, die Wolf diese Briefe übelnehmen: in der neuen englischen „Geschichte der Musik", herausgegeben von Robertsen-Stevens (1968), findet sich ein Passus, der diesen Äußerungen allzuviel Gewicht beimißt: „Wolf war damals ein ‚zorniger junger Mann‘, der gegen einen Minderwertigkeitskomplex anzukämpfen hatte, weil er von dürftigem Äußeren und ebensolcher Herkunft war, ein bedauernswerter Mensch mit verschrobenen Meinungen ... Wolf war imstande, an Freunde zu schreiben, sein letztes Lied sei über die Maßen herrlich! Unverträgliche Egoisten und Einzelgänger gibt es überall, wo es Studenten gibt, und es mag geschehen, daß sie sich später als hochbegabt erweisen." Man darf nicht vergessen, daß der Tenor dieser Briefe dem nicht immer „seriösen" Umgangston des Wolfschen Freundeskreises entsprach, daß nicht nur Begeisterung, sondern auch Selbstironie und bewußte Übertreibung am Werk waren, um sich gleichsam von der Gunst der schöpferischen Stunde zu erholen. Der besinnliche „Rat der Alten“ — ein ideales Gegenstück zum „Ersten Liebeslied eines Mädchens“ — und die zauberhaft aufrauschende „Begegnung“ mit ihrem Einklang von Klima und Seelenstimmung waren am 22. März entstanden. Die Erklärungen im Brief an Schwager Strasser am nächsten Tag wiegen bereits viel schwerer als alle vorangegangenen Äußerungen zum Thema Mörike-Lieder: „Ich arbeite mit tausend Pferdekräften von früh bis in die Nacht, ununterbrochen. Was ich jetzt aufschreibe, das lieber Freund, schreibe ich auch schon für die Nachwelt. Es sind Meisterwerke. Einstweilen allerdings nur Lieder, aber wenn ich Dir sage, daß ich bei den vielen Unterbrechungen durch meine Anwesenheit in Wien, die zweimal in der Woche wegen der Harrach unbedingt nötig ist, und ich also trotzdem seit 22. Februar bis zum heutigen Tage 25 Lieder komponiert, von denen eines das andere übertrifft, darüber es unter Musikverständigen nur eine Stimme gibt, daß seit Schubert und Schumann nichts ähnliches da war etz. etz. etz. etz., so magst Du Dir vorstellen, was das für Lieder sind.“ Hier paßt, was Edmund Hellmer über Wolf zu sagen wußte: „In seinen Schöpfungstagen war es einigermaßen schwer, mit ihm auszukommen. Alles in ihm war gereizt und gesteigert, er selbst wie von unsichtbaren Geistern gehetzt und gejagt — ein Besessener — nach seinen eigenen Worten.“ Am 27. März ging ein Wolf-Brief an Eckstein: „Nachmittag schrieb ich ein ganz besonders gelungenes Lied ‚Storchenbotschaft‘ (natürlich Mörike) und so hab ich wieder Hoffnung, daß die Mühle weiterklappert. Samstag komponierte ich, ohne es beabsichtigt zu haben, ‚Das verlassene Mägdlein‘ — von Schumann bereits himmlisch komponiert. Wenn ich dasselbe Gedicht trotzdem komponierte, geschah es fast wider meinen Willen; aber vielleicht gerade dadurch, daß ich mich von dem Zauber dieses Gedichtes plötzlich gefangen nehmen ließ, ist etwas vortreffliches entstanden, und ich glaube, daß meine Komposition neben der Schumann’schen sich sehen lassen kann.“ — „Das verlassene Mägdlein“ gehört zu den verinnerlichtesten Eingebungen Wolfs. Nirgends in der Musikliteratur ist der Wechsel einer Dur- und einer Mollterz einer solchen Vereinsamung unterstellt worden; die Begriffe Konsonanz und Dissonanz sind angesichts des mitkomponierten Ausdrucks einfach nicht vorhanden oder zumindest in gewohnter Form nicht deutbar. Die thematischen Variationen in der „Storchenbotschaft“ sind ganz den Wandlungen der Dichterworte unterworfen, die Pointen in Ritardandos und Accellerandos derart persönlich ausgeschöpft, daß es des großartig zusammengefaßten Nachspiels kaum mehr bedarf, um stärksten Applaus des Publikums, heute wie einst, auszulösen. Die letzten Märztage 1888 gelten der zweiteiligen, vom Parlando ins Ariose übergehenden „Frage und Antwort“ (29. März) und dem tiefsinnigen „Lebe wohl“ (31. März).

In diesem Monat war es auch zur ersten öffentlichen Aufführung zweier früher Lieder Hugo Wolfs in Wien gekommen. Rosa Papier, die schon sehr bekannt gewordene Altistin, Gattin Hans Paumgartners, des Musikkritikers (dem wir zuletzt bei der Affäre um das Probespiel der „Penthesilea“ begegnet waren), hatte bei ihrem Konzert im Bösendorfersaal „Morgentau“ und „Zur Ruh“, die beiden ersten Lieder aus den zwei den Eltern gewidmeten Zyklen, gesungen und erwarb mit diesen Gesängen und somit für das Schaffen Wolfs einen besonderen Erfolg; es handelte sich um den ersten öffentlichen Applaus, der dem anwesenden Komponisten zuteil wurde. Dieses Konzert hat zugleich Wolfs Anhänger auf das Erscheinen der beiden Liederbände im Verlag Wetzler vorbereitet. Kurz nach dem Liederabend hatte Wolf an Theodor Helm, den Kritiker der „Deutschen Zeitung“, den er aus dem Verwandtenkreis von Frau Preyss als wohlwollenden Kollegen kannte, einen Brief geschrieben, in dem er ihm die Wünsche hinsichtlich der Rezension seiner nunmehr im Druck erscheinenden Lieder nahezubringen suchte. Wohl erschien aus Helms Feder eine positive Kritik, Wolf war aber damit nicht recht zufrieden und äußerte sich dazu in einem Brief an seine Schwester Modesta: „Leider ist der Rezensent der Deutschen Zeitung ein ungeheures Vieh, ein Strohkopf, wie es keinen zweiten mehr auf diesem Planeten gibt, ich habe mein liebes Kreuz mit ihm.“ Wolfs Starrsinn trat in diesem Konzert auch noch auf andere Weise zutage: Frau Breuer, eine seiner frühesten Gönnerinnen, ging nach dem Konzert im Foyer des Bösendorfersaales voll Begeisterung auf den Komponisten zu — Wolf wendete sich brüsk ab und ließ sich nicht mehr blicken; er hatte die Gmundner Zurechtweisung vom Sommer 1883 nicht verwinden können.

Zeit seines Lebens war Wolf von Geräuschen jeglicher Art, von Hennengegacker, Hundegebell, Entengeschnatter, Kinderspiel, Vogelsang ungemein gestört. In Perchtoldsdorf war er wohl an das Geheul der Diana gewöhnt, hatte aber seine liebe Not mit den von der Schule heimkehrenden Kindern, die in der Brunnergasse mit Kreisel und Peitsche spielten. Jedesmal sprang er aus der Hauseinfahrt und beschlagnahmte das Kinderspielzeug. War jedoch die schöpferische Arbeit, die ihn überkam, zu Ende, suchte er sich mündlich oder brieflich mitzuteilen. Aus dem Egozentriker wurde dann ein Freund der Gesellschaft Gleichgesinnter.

Allsonntäglich gab es in dieser Zeit ein Treffen mit den Freunden. Da kamen die uns vertrauten Werners, Langs und Eckstein zusammen, Rudolf von Larisch, ein höherer Beamter, führende Mitglieder des Richard-Wagner-Vereins: der Vorstand, Landesgerichtsrat Dr. Viktor Boller, der künstlerische Leiter Joseph Schalk, Ferdinand Loewe, aus dem später ein führender Dirigent werden sollte, der Bankbeamte Karl Bernhard Öhn, der selbst gerne komponierte, aber von Wolfs Persönlichkeit so bezaubert war, daß er viele Exemplare der Lieder Hugos kaufte, um sie seinen Freunden zu schenken, und Richard Hirsch, ein höherer Finanzbeamter, dem Wolf — wie aus seinen Briefen an ihn hervorgeht — sehr zugetan war. Bisweilen kam der Freundeskreis auch in Wien, in Joseph Schalks Wohnung, in der Jordanstraße 7, zusammen, wo ebenfalls musiziert wurde. Hier präsentierte Hugo Wolf, singend und klavierspielend, seine neuesten Lieder. In Perchtoldsdorf wurde eines Tages beschlossen, die Kompositionen auch an Donnerstag-Abenden im Wagner-Verein einer größeren Zuhörerschaft zu präsentieren. Wer selbst hören durfte, in welch intensiver Weise Wolf seine Lieder mit seiner dünnen, fast tonlosen Stimme und mit seiner selbstverständlichen Virtuosität am Flügel — und viele Zeugen haben sich darüber geäußert — vorgetragen hat, der konnte diesen Eindruck niemals vergessen. So schrieb Hugo am 23. März 1888 seinem Schwager Strasser: „Den Wagner-Verein hab ich an einem Abend, an dem ich meine neuesten Lieder vortrug, geradezu toll gemacht. Die Kerle gehen für mich in die Hölle, wenn's einmal sein muß. Ich werde dort gefeiert wie ein König."

Den neunundzwanzig Mörike-Liedern des Februar und März

1888 stehen vierzehn neue Vertonungen zwischen 1. April und 18. Mai gegenüber. Das Idyll, die Betrachtung, sublimiertes Leid stehen nun stärker im Mittelpunkt der Textwahl: auf innige Weise greift „Heimweh", komponiert am 1. April, ans Herz, „Seufzer" (12. April) läßt an spätere Entwicklung im „Spanischen Liederbuch" denken, „Auf ein altes Bild" (14. April) schließt organisch an „Denk es, o Seele" an, mit dem Gesang „An eine Äolsharfe" (15. April) ist ein Höhepunkt der Empfindsamkeit erklommen; „Um Mitternacht" (20. April) läßt den Hörer melodisch nicht aus, das erste Gedicht „Auf eine Christblume" (24. April) ergeht sich in kühner Harmonik und betritt bereits das Terrain des Impressionismus, die beiden „Peregrina"-Lieder (28. und 30. April) verlangen von den Interpreten und den Zuhörern stärkste Konzentration, um dem reflexiven Moment Aktivität entgegenzusetzen. „Agnes", am 3. Mai 1888 komponiert, gehört zu den in sich geschlossenen, erlebnisdichten, aus einem Motiv heraus entwickelten Kompositionen dieses Jahres und hat nur einen Gegner ihres Erfolges: „Das verlassene Mädglein", in dessen Schatten es zu stehen kommt. Mit „Er ist's" vom 5. Mai, das Schumann so ans Herz greifend introvertiert in Musik gesetzt hat, kommt wieder einmal das virtuose Element im Klaviersatz Hugo Wolfs zur rechten Geltung; der melodische Einfall der Dreiklangzerlegung im Gesangspart übt starke Wirkung. Am gleichen Tag ist „In der Frühe" entstanden, ein Gesang des Zweifels und des Optimismus, zweigeteilt in Poesie und Musik. Eine „Symphonische Dichtung für Gesang und Klavier" en miniature tritt uns im Liede „Im Frühling" entgegen (8. Mai); „Wolf ist der ideale Frühlingssänger", schrieb Joseph Marx zu Wolfs 100. Geburtstag, „obwohl es in seinem lyrischen Lebenswerk wohl keine Jahreszeit, keine Stimmung gibt, die er nicht vollendet gestaltete und ausschöpfte." Das balladeske Element, das Wolf bei Carl Loewe so liebte, ist in seiner ausgeprägten Virtuosität bestimmend für den Dauererfolg der „Nixe Binsefuß" (13. Mai) bei lichten und leichten Sopranen und ihrem Publikum; schwerer hat es da die pianistisch belastete Komposition vom 18. Mai, mit der die Reihe der Mörike-Lieder eine neue Zäsur erfuhr. „Die Geister vom Mummelsee", denen man im Konzertsaal recht selten und interpretatorisch meist unbefriedigend begegnet.

Nach dieser Hektik einander ablösender Einfälle kam wieder

das „Leben“ zu seinem Recht. Hugo Wolf hatte sein Untermietzimmer für die Eigentümer, die anfangs Juni 1888 in die „Sommerfrische“ ziehen wollten, zu räumen, fuhr am 27. Mai zunächst nach Bruck an der Mur zu Strasser in die Ferien. Mit dem Schwager zusammen wanderte er zu Fuß durch die Obersteiermark nach Kärnten, dürfte auch — wie aus dem Schicksal eines Briefes zu entnehmen ist, der Wolf nach Windischgraz nachgesandt wurde — seine Mutter besucht haben; eine Episode dieser Reise teilen uns beinahe alle Biographen Wolfs mit: Während der Besichtigung der Burg Hochosterwitz in Kärnten verhielt Hugo Wolf plötzlich im Schritt und horchte auf ätherische Klänge, die an sein Ohr drangen. Er ging den Tönen nach und — fand in einem Fenster eines Zimmers eine Äolsharfe. Seiner Verzückung gab er Freund Strasser gegenüber Ausdruck: „Das ist doch wundervoll. Schau, ich hab’ in meinem Leben noch nie eine Äolsharfe gehört, bis zu diesem Augenblick, und so wie die Äolsharfe da klingt, genau so hab’ ich’s erraten; so steht’s in meinem Lied. Das ist doch merkwürdig.“ Er setzte sich und schrieb als Beweis für Josef Strasser ein paar Takte aus seiner „Äolsharfe“ auf, die er sieben Wochen vorher komponiert hatte.

Im Juli-August 1888, bis zu seiner Abreise nach Bayreuth am 21., finden wir Hugo Wolf im Freundeskreis in Wien. Mit dem Ehepaar Lang und Friedrich Eckstein zog er ins Hotel Bellevue in Grinzing am „Himmel“, einem Vorberg des Kahlenbergs. Eckstein brachte auch andere Freunde mit, die sich dann die Kosten des Sommeraufenthaltes am Rande der Stadt teilten, darunter den Architekten Julius Mayreder. Tagsüber ging jeder der Freunde seiner Beschäftigung nach, abends wurde zusammen (noch immer) vegetarisch gegessen, auf der Terrasse oder unter einem der dichten Lindenbäume. Wolf hat sich damals ganz einem alten Klavier gewidmet, das in desolatem Zustand zurückgelassen worden war und das er nun fachgerecht zerlegte, reparierte und wieder zusammensetzte, bis es ihm für den eigenen Gebrauch gut genug erschien. Dann spielte er allabendlich seinen Freunden bis zur Ermattung eigene und fremde Musik vor.

Der Bayreuther „Parsifal“ — nach fünf Jahren hörte ihn Wolf wieder (es war die Zeit, da man dieses Bühnenweihespiel ausschließlich in Bayreuth erleben konnte) — ergriff ihn von neuem mächtig. Heute noch wird in Wien erzählt, wie ihn Freunde nach dem Ende der Vorstellung im Park des Festspielbezirkes auf einer Bank von Schluchzen geschüttelt fanden. Durch Freund Eckstein lernte Wolf eine Amerikanerin, Mrs. Elizabeth Fairchild, kennen, die Interesse an seinen neuen Liedern zeigte. Wolf spielte ihr und ihrem englisch-nordamerikanischen Freundeskreis vor (nicht ohne vorher den schönen Flügel eigenhändig und zeitraubend in die denkbar beste Stimmung gebracht zu haben) und bezauberte die Gastgeberin der Gesellschaft durch seinen Vortrag der eigenen Lieder derart, daß sie später viele Exemplare des Mörike-Liederbandes kaufte und zum Teil die Kosten des Druckes der Goethe-Lieder trug.

Eckstein hat mitgeteilt, daß Wolf in den letzten Augusttagen über München nach Wien zurückgekehrt war. Hierüber wird im nächsten Kapitel berichtet. In der späteren Jeritza-Villa, die damals Eckstein gehörte, in Unterach am Attersee im Salzkammergut, suchte Wolf erneut schöpferische Einsamkeit. Zwischen 14. und 29. September 1888 wurden dort zwölf Lieder nach Eichendorff niedergeschrieben. Vier Tage Rast — es galt, Henriette Lang, nunmehrige Baronin Schey in Rinnbach zu besuchen —, und Wolf griff wieder nach Mörike. Wolf schildert in einem Brief an Eckstein eindringlich die Situation, in die er sich gestellt sah:

„Lieber Freund!

In aller Eile. Schicken Sie mir umgehend 20 Fl. Beiliegender Brief meiner Schwester rechtfertigt hoffentlich mein ungestümes Anklopfen. Ich werde, da ich Gefahr laufe mit abgefrorener Nase und Ohren meinen lieben Freunden mich zu präsentieren die Abreise von hier beschleunigen. Ich will nur noch den ‚Feuerreiter‘ hier componieren, damit die 50 voll ist. Ja, Liebes Ecksteinderl! Ich hab in den letzten Tagen wieder fleißig ‚gemörikelt‘, u. z. lauter Gedichte, die Sie besonders adoriren. ‚An den Schlaf‘, ‚Neue Liebe‘ (beide am 4. Oktb.), ‚Zum neuen Jahr‘ (5. Oktb.), ‚Schlafendes Jesukind‘, ‚Wo find ich Trost‘ (beide am 6. Oktob.). Jetzt arbeite ich gerade an der ‚Charwoche‘, die über die Maßen herrlich wird. Alle Lieder sind wahrhaft erschütternd componiert. Mir sind oft genug dabei die Tränen über die Wangen gerollt. Sie überragen an Tiefe der Auffassung alle Übrigen von Mörike. Gott gebe nur, daß mir der Feuerreiter gelingt, nur dann erst sind die 50 beieinander.

Haben Sie Schritte getan wegen des Separatdruckes der Gedichte? Lassen Sie doch dieselben copieren, daß die Geschichte einmal in's Rollen kommt. Ich arbeite Tag und Nacht, was Ruh ist weiß ich nicht mehr.

Ich will die Lieder mit einer Vorrede herausgeben. Was sagen Sie dazu? Noch Eines: Schreiben Sie an den Verleger der Mörik'schen Gedichte, ob er ihnen ein Bild aus den jungen Tagen des Dichters zum bewußten Zwecke verschaffen könne, aber schnell, schnell, schnell. Mörike muß vor Weihnachten erscheinen, sonst bring ich Sie und mich um.

Noch eines: Wetzler soll auf das Eigenthumsrecht meiner verlegten Lieder verzichten. Sagen sie ihm das. Diese Geschichte peinigt mich schon lange genug. Er kriegt Prozente und damit basta. Und noch eins. Ich werd natürlich die ersten Nächte bei Ihnen zubringen. Bereiten Sie sich also vor dieser Tage mich würdig zu empfangen. Servus Ihr Fluchu.
Unterach, 8. Oktober 1888."

Noch am gleichen Tag hat Wolf die „Karwoche" fertiggestellt, „Gesang Weylas" entstand am 9. Oktober, am 10. Oktober setzte Hugo Wolf den Schlußstrich unter den „Feuerreiter", doch der schöpferische Drang brachte auch noch — sozusagen gegen die eigene Absicht — die Vertonung des Gedichtes „An die Geliebte" (laut Manuskript am 11. Oktober niedergeschrieben) zustande; anläßlich eines Besuches in Perchtoldsdorf am 26. November 1888 kam es noch zur Niederschrift eines „Nachzüglers", des adventnahen zweiten Gedichtes Mörikes, „An eine Christblume". Zweiundfünfzig Mörike-Lieder lagen nunmehr vor.

„An den Schlaf" wagt sich harmonisch auf Neuland, um die Todesnähe dieser Weise musikalisch aufzuspüren. „Neue Liebe" genießt bei einzelnen Biographen, vor allem bei Walker, kein besonderes Ansehen: diesem Lied mit einer unendlichen Melodie, mit vielen „unendlichen Melodien" dazu am Klavier, wird Opernnähe vorgeworfen; es liegt an der Interpretation, es zum Gegenstück von „Wo find ich Trost", zu einem der gewaltigsten seelischen Aufschreie des Komponisten zu machen. „Zum neuen Jahr" leidet an der für die Singstimme zu hohen Tonart; will man Wolfs Klangwillen ausführen, bleibt nur der

Weg zum instrumentalen Singen, das ganz dem Wesen des an der Begleitung orientierten Gesangs entgegengesetzt ist. Verlegt man das Lied nach F-Dur, kommt aller Klangreichtum, auch die Terzenfröhlichkeit der Klavierglocken, viel differenzierter zur Geltung. Mörikes Gedicht vom „Schlafenden Jesukind“ beschreibt ein Christusbild des Francesco Albani (1578 bis 1660): im Nachspiel, im Nachgesang läßt Wolf, „wie in tiefes Sinnen verloren“, den Sänger die erste Verszeile fast flüsternd wiederholen, ein Verfahren, das sozusagen die Dichtung fortsetzt. „Karwoche“ ist ein stimmungsvolles Osterlied, das die Nachbarschaft beispielsweise von „Gebet“ braucht, um in einer ausgewählten Gruppe zu reüssieren. Ein ganz außergewöhnlicher melodischer Einfall, der erst am Ende des Liedes in einer langen Phrase aufblüht, zeichnet den „Gesang Weylas“ aus. Weyla ist die Schutzgottheit des Märchenlandes Orplid, das der Phantasie Mörikes und seines Freundes Ludwig Bauer entsprungen ist. In Mörikes autobiographisch gefärbtem Roman „Maler Nolten“ finden wir nicht nur die Begegnung mit Peregrina, dem schönen fremden Mädchen (das Maria Meyer hieß und eines Tages nahe von Ludwigsburg bei Stuttgart am Straßenrand bewußtlos aufgefunden worden war), sondern auch ein Geisterspiel „Der letzte König von Orplid“, in dem wir verschiedenen Bewohnern des Märchenreiches begegnen, etwa dem Silpelit des „Elfenliedes“; Wolf hat einmal seinem Freunde Emil Kauffmann erklärt, wie er sich Weyla, die Königin dieses Reiches, vorstelle: auf einem mondscheinumflossenen Felsen sitzend, die Harfe spielend: „das Eiland ragt fernhin leuchtend aus den Wassern hervor, Meeresnebel heben sich von den Ufern und liebkosen die Wangen der Götter, in ihren Tempeln hoch oben sind Könige ihre Wächter.“

Auch der „Feuerreiter“, diese packende, dämonische Ballade, bedarf eines Kommentars: wir erfahren, daß die Mühle brennt, daß ein „Feuerreiter“ auf einem Roß dahersprengt und in den Flammen umkommt. Man erzählt, wie sich der Komponist um die Klärung des dichterischen Vorwurfs bemüht hat. Im „Magikon“, einer zu Mörikes Lebenszeit erscheinenden Zeitschrift, die sich mit okkulten Vorgängen befaßt hat, stand über Feuerfühler, Feuerseher und Feuerreiter zu lesen, die die Begabung hatten, weit entfernte Feuerkatastrophen zu spüren und aufzuspüren; magisches Verbot hemmt den Feuerreiter, den Brand zu löschen. Mörikes „Feuerreiter“ nun versucht das Verbot zu durchbrechen und will, im Besitz eines Splitters vom Kreuz Christi, die Flammen eindämmen. Seine Strafe: die Mühle stürzt über ihm zusammen und begräbt ihn in ihren Trümmern. Hatte das Chroma, der wiederholte Halbtonschritt, die Erotik des „Peregrina“-Themas charakterisiert, so finden wir innig seelische Hingabe in diatonischer Melodik im Liede „An die Geliebte“ — hier gilt Mörikes Wort den glücklichen Zeiten mit Luise Rau (deren Ende das Gedicht „Lebe wohl!“ charakterisiert). Bisweilen erregt heute noch bei Kritikern des Wolfschen Klaviersatzes seine „Partiturform“ für das Tasteninstrument Ärgernis, aber auch für diese Art der Notation ist die Interpretationseinstellung entscheidend. Die zweite „Christblume“ steht schon im Hinblick auf die Ausdehnung im Schatten der ersten: ihr Zauber liegt in der Keuschheit der feinsinnigen, Gesangsstimme und Klavierklang miteinander verschmelzenden Satzart.

Vierzehn Mörike-Lieder hat Hugo Wolf selbst orchestriert; sie sind uns alle erhalten. Vom „Seufzer“ (28. Mai 1889), von der „Karwoche“ (29. Mai 1889), vom „Rattenfänger“ (5. Februar 1890), von „Er ist's“ (20. Februar 1890) und „Gesang Weyla's“ (21. Februar 1890) wissen wir die Daten der Partiturniederschrift, ebenso von den späteren Orchesterfassungen: „In der Frühe“ wurde am 6. Mai 1890 instrumentiert, „An den Schlaf“ am 4. September 1890, am gleichen Tag „Gebet“, am 5. September 1890 „Neue Liebe“, am 6. September „Wo find ich Trost?“. „Auf eine Christblume I“ ist leider ein Partiturfragment geblieben (25. September 1890) und wurde deshalb auch nicht publiziert; „Denk es, o Seele“ hat Wolf als letztes der Mörike-Lieder am 4. Mai 1891 orchestriert. Genaue Daten fehlen uns für die Partituren der ersten Mörike-Lied-Instrumentation: „Auf ein altes Bild“ (1889) und „Schlafendes Jesuskind“ (1890), ediert zwischen 1902 und 1904.

Was den ewigen Zauber von Wolfs Mörike-Liedern ausmacht, das ist die Systemlosigkeit, ist der Einfühlungsreichtum, mit dem Wolf jede einzelne Vertonung erfüllt. Mörike-Wolf ergibt eine dichterisch-kompositorische „Einheit in der Mannigfaltigkeit“, wie sie in der deutschsprachigen Liedliteratur keine Parallele (auch nicht bei Goethe-Schubert, Heine-Schumann, Daumer-Brahms) aufzuweisen hat.

„VERSCHWIEGENE LIEBE“
Eichendorff-Lieder 1888

„Es war das fruchtbarste und deshalb auch glücklichste Jahr meines Lebens. In diesem Jahr komponierte ich bis zum heutigen Tag nicht weniger als 92 Lieder und Balladen, u. z. ist mir unter diesen 92 Liedern nicht ein einziges mißlungen. Ich denke, ich darf mit dem Jahr 1888 zufrieden sein ...“
Hugo Wolf in einem Brief an seine Mutter (zum Jahresende 1888).

Ende August 1888 war Hugo Wolf nach Wien zurückgekehrt und hatte den 31. August in Ecksteins Wohnung in der Siebenbrunnengasse 15 verbracht; dort ist an diesem Tage das Lied „Verschwiegene Liebe“ nach Joseph von Eichendorffs Gedicht entstanden. Wolf dürfte Eckstein auf einen Geschäftsgang begleitet haben; des Freundes Fabrik lag nahe der Wohnung. Wir wissen aus der Schilderung der Freunde ziemlich genau, wo sich die Abfassung des Werkes zutrug: Hugo Wolf war im Garten hinter dem Haus auf und ab gegangen, hielt einen Band Eichendorff-Gedichte in der Hand und las immer wieder halblaut die „Verschwiegene Liebe“. Diesmal ließ er sich von Geräuschen nicht stören — sie kamen von der Fabrik, vom Nachbarhof. Plötzlich verließ er den Garten, setzte sich in dem Wohnzimmer Ecksteins an den Tisch und schrieb in einem Zug das Lied zur Gänze nieder. Der „Wurf“ eines Genies!

Auch der nächste Eichendorff-Gesang, der balladeske „Schrekkenberger“ — „keck und verwegen“ — ist nicht wie üblich am Klavier entstanden, sondern auf einer Wanderung durch die Rettenbach-Wildnis bei Ischl am 14. September 1888. Zwei Tage später wurde der „Glücksritter“ — diesmal ebenso „keck“, aber „etwas gemessener“ — im Postwagen auf der Fahrt von Ischl nach Weissenbach niedergeschrieben. Und dann, bald nach der Ankunft in Unterach, entstanden im Eckstein-Haus innerhalb von neun Tagen zehn Lieder: die Folge begann mit der Komposition zweier Gedichte „Heimweh“ und „Lieber alles“ am 29. September; dazwischen wurden „Der Scholar“, der in dieser Reihe am populärsten gewordene „Musikant“ (beide am 22. September), „Der verzweifelte Liebhaber“ am Tag darauf, und vom 25. September an täglich ein neues Lied: „Unfall“, „Der Freund“, „Liebesglück“ und „Das Ständchen“ fertiggestellt. Zusammen mit den Eichendorff-Vertonungen vergangener Jahre, mit der „Erwartung“ und der „Nacht“ aus dem Jahre 1880, mit dem „Soldaten“ des Jahres 1886, mit den vier Liedern von 1887 („Der Soldat I“, „Die Zigeunerin“, „Waldmädchen“ und „Nachtzauber“) ergab sich somit ein Eichendorff-Band von 20 Liedern, der im Jahre 1889 im Verlag Lacom, Wien, herausgegeben wurde. In der revidierten Ausgabe von 1898 fehlen dann freilich „Erwartung“, „Die Nacht“ und das „Waldmädchen“ — Wolf hatte diese drei Lieder zurückgezogen, posthum jedoch wurden sie beim Mannheimer Heckel-Verlag im Jahre 1904 wieder mitpubliziert.

„Verschwiegene Liebe“ ist ein Stimmungs-Meisterstück Wolfs. Der Aufschneider „Schreckenberger“ ist nicht jedermanns Sache, beim „Glücksritter“ liegt der bei Wolf äußerst seltene Fall einer Situationswiederholung im Hinblick auf den „Schrekkenberger“ vor. Auch der „Seemann“, der „Abschied“ nimmt, ist ein Filou, ein derber dazu. „Der Scholar“ ist da schon ein liebenswerterer Geselle, die Pedanterie des Studenten und das Einerlei des Regenwetters ist illustrativ bezaubernd getroffen. „Der Musikant“ rüttelt freilich nicht auf, er will derlei gar nicht, aber er erfreut durch die Schubert-Nähe seiner Vertonung. „Der verzweifelte Liebhaber“ präsentiert sich als Improvisato-Rezitativ von knapper Charakteristik. „Unfall“ zieht aus der Überraschung, „Cupido“ als Attentäter begegnet zu haben, keine spontane musikalische Konsequenz (wie es bei Wolf, dem „Pointisten“, wohl zu erwarten gewesen wäre). „Der Freund“ ist dem Freunde Joseph Schalk gewidmet; schon Ernest Neumann, der erste englische Biograph Wolfs, hat die Komposition nicht eben geliebt, sie ist in ihrer edlen, heroischen Art allzu selbstbewußt, ein wenig äußerlich geraten. Im „Liebesglück“ widersprechen einander die zündende rhythmische Wirkung und die konventionelle Gesangsmelodik. „Das Ständchen“ ist das den Intellekt am stärksten fesselnde Lied dieses Bandes: hier erreicht die kontrapunktische Meisterschaft eine Ausdrucksstärke, deren

Originalität vom ersten bis zum letzten Takt besticht. Dem alten Mann, der, erfüllt von Erinnerungen, des Studenten Ständchen vor der Liebsten Tür belauscht, gehört die Gesangsstimme, der Erinnerung an eine alte, verwehte Melodie die rechte Klavierhand, und der „Laute", die das neue Ständchen begleitet, die linke. „Heimweh" kommt erst in unserem Zeitalter zu seinem Recht, ein Erfolgslied, dessen Gefühle von sehnsüchtiger Wehmut bis zur ausbrechenden Vaterlandsliebe („Grüß dich, Deutschland, aus Herzensgrund!") reichen; in glücklicherweise versunkenen Jahrzehnten hat man dieses Lied aus politischen Gründen ebenso demonstrativ gesungen wie abgelehnt; die Nachkriegs-„Korrektur" (an Stelle von „Deutschland" wurde „Heimat" gesungen!) konnte nichts Wesentliches am Empfinden des Publikums ändern. Heute genießen wir aus vollen Zügen den Einfallsreichtum dieses Stückes und haben am abschließenden Klaviernachspiel mit seinen wirksamen Oktavgängen unsere helle Freude. „Lieber alles" ist nur eine Facette mehr im reichen Schaffen dieser Monate und kann heute seines schulmeisterlichen Textes wegen durchaus entbehrt werden.

Der „Erwartung" hört man selbstverständlich die frühe Entstehungszeit (26. Januar 1886) an, den Kenner der späteren Eichendorff-Lieder muß aber beeindrucken, wie ausgeprägt persönlich sich der zwanzigjährige Hugo Wolf der Poesie dieses Dichters nähert. „Die Nacht" aus der gleichen Zeit (3. Februar 1880) gehört zu den bedeutendsten Schöpfungen Wolfs und wird als solche nur dann nicht anerkannt, wenn von den Interpreten das sehr langsame Tempo verfehlt oder auch durch ungenügende Hingabe an die Ausdruckswerte verfälscht wird; wie denn überhaupt die Wiedergabe der Eichendorff-Lieder zu den schwersten, subtilsten und hintergründigsten Aufgaben der Liedersänger und ihrer Klavierpartner gehört! Zwei Scherzi aus den Jahren 1886 und 1887 begegnen uns in den Liedern „Der Soldat I und II": diesseitsgewandt „Ist auch schmuck nicht mein Rößlein", makaber „Wagen mußt du und flüchtig erbeuten"; in ihrer literarischen und musikalischen Mentalität sind sie uns heute fremd. Ein schlechthin geniales Lied, das erst heutzutage in den Programmen der Wolf-Sängerinnen immer häufiger aufscheint, ist „Die Zigeunerin", die am 19. März 1887 in Wien (wie auch die vorigen) komponiert worden ist: da ist alles vorhanden, was Wolfs Schaffen als „Nerv von unserem

Nerv“ erscheinen läßt: die unterschwellige Unrast, die der Sprache prägnant folgende musikalische Diktion, das meisterliche Formgefühl, die rhythmische Prägnanz, der melodische Einfall, der Modulationsreichtum im Harmonischen, die scheinbare Unabhängigkeit der Singstimme vom Instrument. Weit mehr als die Klangrealisation fesselt das Notenbild von „Waldmädchen“ (komponiert am 20. April 1887). Im Konzertsaal stellt sich nicht die erhoffte Reaktion des Publikums ein; das mag daran liegen, daß das feurige Temperament der Konzeption und das schließlich dann doch etwas konventionelle harmonische Gefüge nicht kongruent sind. „Nachtzauber“ schließlich (der am 24. Mai 1887 niedergeschrieben wurde) braucht im Gesang eine Überfülle von Vortragsnuancen und im Klavierpart eine offene Klarheit der harmonischen Wendungen, um den Hörer in jener Weise zu beglücken, wie es ein Poem von solcher Stimmungsdichte erreichen soll.

Hugo Wolf selbst hat kein einziges seiner Eichendorff-Lieder instrumentiert; von Max Reger stammen die Orchesterfassungen von „Der Freund“ und „Das Ständchen“ (1914 erschienen), im Jahre 1934 haben Joseph Marx und Günther Raffael zwei Orchestrierungen von „Heimweh“ geschaffen, Raffael hat noch einmal das Lied „Der Freund“ instrumentiert. Von Franz Schreker stammen Orchesterfassungen von „Verschwiegene Liebe“ und „Heimweh“.

Wolf hat sich durch Mörike ganz gefunden und schien sich bei Eichendorff einigermaßen zu entspannen. Bisweilen stellt sich der Eindruck ein, als wollte der Komponist Erfahrungen im realistischen Detail sammeln, die dann später dem „Spanischen“ wie dem „Italienischen Liederbuch“ in komprimierter Art zugute gekommen sind. Der große Mörike-Band scheint uns ein Seelenbrevier, der kleine Eichendorff-Band ein Bilderbuch der Typen und Charaktere.

„WER NIE SEIN BROT MIT TRÄNEN ASS“
Goethe-Lieder 1888/1889

„1889 Döbling. Goethe. Sommer Bayreuth, Rinnbach, dann Windischgraz.“

Hugo Wolf: Daten aus meinem Leben

Hugo Wolf dürfte seine Heimreise aus Unterach am 12. Oktober 1888 angetreten haben; es ist eine datierte Eisenbahnfahrkarte für die Strecke von Kammer nach Linz an der Donau erhalten. In Wien dürfte Wolf — dafür gibt es freilich keinen Beweis! — wieder bei Eckstein in der Siebenbrunnengasse gewohnt haben. Die ersten zwölf Goethe-Lieder, die in Wien zwischen dem 27. Oktober und dem 15. November 1888 komponiert wurden, tragen lediglich die Ortsbezeichnung und nicht — wie meist vorher — nähere Angaben. Hintereinander sind zwischen 27. und 30. Oktober die drei „Harfenspieler“-Gesänge entstanden, und Philines Spottlied, gleichfalls aus Goethes „Wilhelm Meister“, schloß sich am 2. November an. Gegensatzwerke wie das in sich versunkene „Anakreons Grab“ und das drastisch spottende „Der Schäfer“ entstanden am 4. November, das Meisterstück des virtuosen „Rattenfängers“ und das zarte „Gleich und gleich“ waren Werke des 6. November, während das erste „Frech und froh“ am 14. und der anheimelnde „St. Nepomuks Vorabend“ am 15. November niedergeschrieben wurden. Eine alte schottische Ballade in Goethes Fassung „Gutmann und Gutweib“, die man kaum mehr zu hören bekommt, schloß diese Gruppe. Am 7. Dezember übersiedelte Wolf hinaus in die Vorstadt nach Döbling, Hirschengasse 68 (heute Billrothstraße), ins Haus der Köcherts, wo er Winterquartier bezog. Nicht weniger als 37 Goethe-Lieder entstanden hier innerhalb von zehn Wochen, die letzte der insgesamt 51 Kompositionen nach Texten J. W. v. Goethes kam — wieder einmal als Nachzügler — in Perchtoldsdorf am 21. Oktober 1889 zu Papier.

Doch noch sind die Ereignisse des Jahres 1888 zu verzeichnen, die bereits die wachsende Bedeutung Hugo Wolfs spiegeln. Wir haben schon von den Donnerstagabenden im Wagner-Verein und den dort stattfindenden Improvisationsvorträgen berichtet. Daneben aber wurden auch formelle Abende veranstaltet, die auch für Nicht-Vereinsangehörige zugänglich waren. So sang am 8. November 1888 bei einem dieser Privatkonzerte Ellen Forster von der Wiener Hofoper mit Joseph Schalk am Flügel drei Mörike-Lieder Hugo Wolfs; im Publikum befand sich der frühere Bayreuther Sänger Ferdinand Jäger, den Wolf und seine Freunde noch in „Parsifal" gehört hatten. Mit Beginn der Saison 1888/1889 hatte er sich von der Bühne zurückgezogen und war nun als Gesangslehrer nach Wien gekommen. Er stand damals vor seinem 50. Geburtstag, war von großer Gestalt und sehr selbstsicherem Auftreten. Die singende Kollegin fand keineswegs seinen Beifall, wohl aber nahm er stärkste Eindrücke von Wolfs Talent mit. Bei einem Besuch im Hause Köchert äußerte er sich am nächsten Tag enthusiastisch über den Komponisten; ein Zusammentreffen ließ sich rasch und unkompliziert arrangieren, bald sang und spielte Wolf dem Sänger und dem gemeinsamen Freund Joseph Schalk seine Lieder vor; im Musikzimmer der Köcherts am Mehlmarkt wurde eine Freundschaft geschlossen und besiegelt, die für Wolf und die öffentliche Wiedergabe seiner Lieder entscheidend war. Was Vogl für Schubert gewesen war, wurde nun Jäger für Hugo Wolf!

Bereits am 15. Dezember gab es ein gemischtes Vokal- und Instrumentalkonzert im Bösendorfer-Saal. Joseph Schalk spielte an diesem Abend Klaviersonaten und Variationen von Beethoven; Ferdinand Jäger sang (mit dem Komponisten am Klavier) insgesamt neun Wolf-Lieder, „Fußreise", den „Jäger", „Peregrina I" und den „Tambour" nach Mörike, „Anakreons Grab" und den „Rattenfänger" nach Goethe, Eichendorffs „Soldat I" und „Seemanns Abschied" und zu guter Letzt Reinicks „Gesellenlied". Das Publikum raste und feierte Wolf mit Nachdruck. Theodor Helm, der Kritiker der „Deutschen Zeitung", fand die Gegenüberstellung von Kompositionen Beethovens und Hugo Wolfs tadelnswert, Wolf registrierte in einem Brief an Strasser: „Daß nur Beethoven und meine Wenigkeit auf dem Programm standen, hat unter den mir feindlich Gesinnten schon viel Ärgernis gegeben. Andrerseits kannst Du daraus entnehmen, wie hoch meine Sachen geschätzt werden." Im Wagner-Verein suchte man die ununterbrochen wirksame Begeisterung Joseph Schalks für Wolf zu dämpfen. Dr. Hans Paumgartner, früher Wolf sehr zugeneigt, griff eines Tages in der „Wiener Abendpost" Schalk deshalb scharf an und machte auch nicht vor heftiger Kritik an Wolfs Kompositionen halt. Die Wagnerianer wollten in dem ihrem Meister gewidmeten Verein vor allem seinen Werken dienen und das Verständnis seiner Kompositionen und Schriften fördern. Umgekehrt sah sich Wolf niemals als Wagner-Epigone und wollte auch als solcher nicht abgestempelt werden. So machten sich Grundsatzdifferenzen bemerkbar, die eines Tages zur Trennung führen mußten.

Wolfs schöpferische Arbeit in Döbling hatte am 9. Dezember mit der balladesken „Ritter Kurts Brautfahrt" begonnen, der am 14. die Komposition des „Sängers" folgte. Die „große" Mignon: „Kennst du das Land, wo die Zitronen blühn?" entstand am 17. Dezember, Mignon II und I folgten in den nächsten Tagen, der zarte „Frühling übers Jahr" schob sich am 21. Dezember vor die Abfassung der Mignon III (22. Dezember). Als Widmungswerk für die drei Töchter des Hauses Köchert entstand kurz nach den Weihnachtsfeiertagen „Epiphanias", dem bis Jahresende noch vier Werke nachfolgten: die beiden „Cophtischen Lieder" am 28. Dezember, die „Beherzigung" am 30. und der lyrisch atmende „Blumengruß" zum Silvestertag.

In dem bereits zitierten Brief an die Mutter zur Jahreswende stand auch noch zu lesen: „Wenn meine Erfolge Ihrem Leben nur irgendeine freundlichere Färbung verleihen können, so sollen Sie alles nur mehr im rosigsten Schimmer erblicken, denn mein junger Ruhm ist jetzt mächtig im Aufsteigen, und in kürzester Zeit werde ich vielleicht die erste Rolle in der Musikwelt spielen. Die blöden Rezensenten kommen zwar noch lange nicht auf den Grund meiner Gedanken und Formgebung, weil ihnen meine Kunst zu neu ist, und weil alle Rezensenten vertrocknete Köpfe sind. Aber schon habe ich das unbefangene Publikum gewonnen, und immer lebhafter wird das Verlangen unter den Leuten, meine Sachen kennen zu lernen." Und später heißt es im selben Schreiben: „Was wird das Jahr 1889 bringen? In diesem Jahr muß die Oper, an deren Ausführung ich

in den nächsten Tagen zu schreiten gedenke,, fertig sein."
Auch aus einem Brief Joseph Schalks an seinen Bruder Franz, der in Reichenberg seine Lehrjahre als Opernkapellmeister absolvierte, geht Hugo Wolfs Opernsehnsucht hervor: „... Die Erfolge Wolfs finden in mir den allerwärmsten Teilnehmer und ich freue mich für ihn und auch für alle, denen in ihm wieder ein neues Licht reiner Productivität glänzt. Mit der Oper braucht er sich ja nicht zu beeilen und es bleibt immerhin zweifelhaft, ob seine eigenthümliche Begabung ihn bei solchen Unternehmen wird ausreichend unterstützen..." Wolfs Gedanken kreisten um Alarcons „El Sombrero de tres Picos", also um den „Dreispitz", den er in einer deutschen Übersetzung in Reclams Universal-Bibliothek kennengelernt hatte. Bereits am 10. September hatte er in einem nicht veröffentlichten Brief an Strasser die Absicht geäußert, sich selbst aus diesem Werk ein Opernlibretto zu zimmern.

In Döbling komponierte Hugo Wolf gleichsam als „Einstand" zum Neujahr 1889 am 2. Jänner Goethes gewaltigen Monolog des „Prometheus". Die Tage darauf hatte er alle Hände voll zu tun, mit den drei Töchtern Melanie Köcherts das neue Lied der Heiligen Drei Könige, „Epiphanias", einzustudieren, das als Geburtstagsgabe für die Dame des Hauses am 6. Januar erklingen sollte. So geschah es dann auch: die drei Kinder sangen im Kostüm, als Laurenz, Melchior und Balthasar, Hugo Wolf spielte hinter einer spanischen Wand die Begleitung. Derlei Freuden wogen die Kümmernisse Hugo Wolfs über gurrende Tauben und schnatternde Gänse im Bereich des Döblinger Köchert-Hauses auf. Am 7. Januar wurde Goethes „Königlich Gebet" in Töne gefaßt, am 9. der Monolog „Grenzen der Menschheit" niedergeschrieben. Der 10. Januar sah wieder den Interpreten Hugo Wolf am Werk: die Brüder Willy und Louis Thern, damals ein bekanntes Duo an zwei Klavieren, konzertierten an diesem Abend im Bösendorfer-Saal; Ferdinand Jäger war zur Mitwirkung aufgefordert worden, eine Usance, die noch bis in die Mitte der dreißiger Jahre unseres Jahrhunderts üblich war, um den Konzertierenden die Möglichkeit zur Entspannung zu geben. Nun kam es, daß Jäger als Mitwirkender größeren und nachhaltigeren Beifall einheimste als die Veranstalter selbst; er sang anstelle der gewünschten drei Lieder nicht weniger als acht Kompositionen Hugo Wolfs. Das Klavierduo hat damals für seinen Helfer kein Dankeswort gefunden, Jäger wurde von ihnen auch später niemals mehr zur Mitwirkung aufgefordert.

Auf solche Weise hatte Wolf Selbstbewußtsein genug, am folgenden Tag „Ganymed“ zu komponieren. Und nach vier Tagen Besinnung brach sich der aufgestaute Schaffensdrang Bahn: er galt zunächst Monologen und dann Versgesprächen Hatems und Suleikas aus dem „West-Östlichen Diwan“ und ließ innerhalb von elf Kompositionstagen (zwischen dem 16. und 30. Januar 1889) 18 Gedichte musikalische Gestalt annehmen. Zwei Kompositionen folgten noch (am 2. Februar „Frech und froh“ II und am 5. „Der neue Amadis“) vor dem schicksalsschweren Abend des 7. Februar vor dem Auditorium im Richard-Wagner-Verein.

Nach einer heftigen Diskussion mit dem Verleger Wetzler, der die Mörike-Lieder-Ausgabe übernommen hatte, war Wolf ziemlich übel gelaunt im Wagner-Verein eingetroffen, hatte sich immerhin bereit erklärt, Jäger beim Vortrag einiger Lieder am Flügel zu begleiten, und saß nun abwartend, vor sich hinstarrend am Klavier. Jäger sang Eichendorffs „Heimweh“, und mitten ins Nachspiel donnerte der Applaus einiger „großdeutsch“ Gesinnter, was Wolf zur abrupten Beendigung seines Klavierspiels veranlaßte. Der Vorsitzende Dr. Boller belehrte von seinem Sitz aus die Mitglieder und Gäste, daß noch ein „wesentlicher Teil“ des Liedes dem Ende des Gesangspartes folge, worauf „Heimweh“ wiederholt, doch erneut während des Nachspiels applaudiert wurde. Der zornige Romantiker schloß die Noten und rief ironisch und voll Verachtung ins Publikum: „... Im Wagner-Verein!“. Ein Tumult zwischen Anhängern und Gegnern war die Folge, Ruhe trat erst ein, als Joseph Schalk spontan das „Siegfried-Idyll“ am Klavier anschlug; die empörten Wagnerianer verließen korporativ den Saal, Anhänger forderten weitere Wolf-Lieder, Jäger verneinte mit Blick auf den verrauchten Saal. Da sang Wolf selbst einige seiner Werke, trat aber plötzlich entschuldigend auf Jäger zu, bat ihn weiterzusingen, worauf es zu „Uraufführungen“ jüngst niedergeschriebener Goethe-Lieder kam, die bei den im Saal Verbliebenen Jubel sondergleichen auslösten.

Trotz dieses Triumphes vor dem „Rumpfparlament“ des Richard-Wagner-Vereins war Hugo Wolf der musikalischen

„Vereinsmeierei“ überdrüssig geworden. Mit dem Datum 8. September versehen, traf ein Schreiben folgenden Wortlauts bei Joseph Schalk ein:

„Liebster Josephus!

Erwarte mich morgen nicht. Seit dem gestrigen Abend hat mich eine ganz fürchterliche Menschenscheu überkommen, daß es mir völlig unmöglich erscheint, irgend jemandem in die Augen schauen zu können. Ich will denn überhaupt von nun an wieder mehr denn je mir gehören. Ich passe in keine Gesellschaft. Ich bin ein Mensch, der in allem nur nach Impulsen handelt und wenn sich in mir die genügende Menge Elektrizität angesammelt, geschieht etwas, entweder ‚in Gedanken, Worten oder Werken‘, mögen sie nun gut oder böse sein. Die klugen Leute jedoch handeln immer nach den Gesetzen der Logik, der Räson usw. usw. und deshalb gibt es zwischen mir und ihnen häufig Differenzen. Ich werde durch mein impulsives Vorgehen meine Freunde gewiß nicht mehr kränken, denn es ist fest bei mir beschlossen, den Wagner-Verein ein für allemal zu meiden. Liebster Freund! Wirst Du mich nicht einen Erzschelm nennen müssen, wenn ich so fortfahre, um die Gunst des Wagner-Vereins zu buhlen. Wahrlich mein bisheriges Verhalten stimmte schlecht zu meinen Äußerungen, daß ich vollkommen zufrieden sei, wenn Euch dreien meine Sachen gefallen“ — Wolf meinte Schalk, Loewe und Hirsch — „und daß mir das Publikum völlig gleichgültig sei, entscheide es sich nun für oder gegen mich. Was brauche ich den Wagner-Verein? Was brauche ich die Sänger und Sängerinnen? Will ich ein berühmter Mann werden? Ja, ich war auf dem Weg mit aller Gewalt, dieses Ziel anzustreben. Unsinn! Torheit! Blödsinn! Als wenn die Befriedigung gemeinster Eitelkeit Ersatz böte für die mannigfachen Opfer, Mühen, Infamien, Insulten, Verbrechen, die mit der Erreichung eines solchen Zieles verbunden sind. Zehntausende Teufel mögen mich auf der Stelle holen, wenn mir noch einmal derlei Sorgen das Hirn beschweren. Nichts mehr davon. Ich will mit der Öffentlichkeit nichts mehr zu tun haben, die Öffentlichkeit ist eine infame Canaille. Ich will nur ein Privatmann sein. O wär' ich ein Schuster gleich dem unvergleichlichen Sachs. Wie froh, wie glücklich könnte sich mein Leben gestalten! An Werktagen geschustert und Sonntag im Feiertagsgewand komponiert und das nur aus ‚liebem Zeitvertreib' ganz intim nur für mich und ein paar Freunde, z. B. Dich, Loewe und Hirsch. Ja das wäre eine Existenz! Du siehst, lieber Freund, daß es mir darauf ankommt, Philosoph zu sein. Ich bin nicht genug Philosoph, um mich über den Neid und die Machinationen meiner Feinde hinwegzusetzen, aber gerade genug Philosoph, um nur für mich allein zu leben und die Öffentlichkeit gänzlich zu ignorieren. Wollte ich nicht Dir und Franziskus" (Franz Schalk) „vor der Öffentlichkeit — da ihr doch in derselben für mich eingestanden — meine Dankbarkeit bezeugen, keine Macht brächte mich dazu, die Eichendorff'schen zu publizieren." (Der Band Eichendorff-Lieder trug die Widmung an Franz und Joseph Schalk.) „Damit aber hat es dann ein für allemal sein Ende.

Ich sehe natürlich nicht ein, warum ich mit dem Wagner-Verein mich herumbalgen soll, auch nicht, warum ich meine Sachen veröffentlichen soll, da der einzige Grund, Plackerei und Verfolgungen zu erdulden, sich als unzulänglich erweist: ich meine der materielle Gewinn. Bin ich ein Narr, Zeit und Geld zu opfern, um des herrlichen Vergnügens willen, verschiedentlich ungewaschenen Mäulern Gegenstand der albernsten Urteile zu sein? Ist es nicht viel besser und schöner, von einigen Menschen geliebt und verstanden, als von Tausenden gehaßt und geschmäht zu sein?

Der Teufel Eitelkeit und Ruhmsucht wird mich nicht wieder beim Schopf kriegen, darauf kannst Du Dich verlassen. Ich bin kein wahnsinniger Muhamed, um mit Feuer und Schwert meine Sache zu verbreiten, und keinem meiner Freunde soll meinethalben nur ein Haar gekrümmt werden. Suche jeder, wie er sich selber durchzuschlagen vermag; ein jeder hat mit sich selbst genug zu tun. Nur keine Apostel!"

Dieser Brief verdient besondere Beachtung, weil er uns die andere Phase in Wolfs Beziehung zur Umwelt zeigt. Im Brief an die Mutter war vom jungen Ruhm und von der „ersten Rolle in der Musikwelt" die Rede, hier wird nun Einkehr und Einsamkeit gepriesen. Es ist die extrovertierte und die introvertierte Seite, die bei Hugo Wolf immer wieder nicht nur in seinen Briefen, auch in seinem Schaffen extrem zum Ausdruck kommen. Hier „Das verlassene Mägdlein", dort „Er ist's", hier „Verborgenheit“, dort „Nimmersatte Liebe“, hier „Anakreons Grab“, dort „Philine“.

Eine schöpferische Antwort auf die lastenden Probleme gibt am 10. Februar die Vertonung von Goethes „Genialisch Treiben“. Und interessant bleibt, daß Wolf am 12. Februar „Die Bekehrte“, die zur Liebe Bekehrte, komponierte und erst am 21. Oktober die Vorgeschichte zu diesem Monolog, die „Spröde“; ein Beweis dafür, daß er nur die richtige Stunde abzuwarten brauchte, seine Eingebungen schriftlich festzuhalten.

Drei Photographien von Heid aus diesem Februar 1889 zeigen uns den bald Neunundzwanzigjährigen auf der Höhe seines Schaffens. Die Mörike-Lieder, die Eichendorff-Gedichte, Goethe-Lieder — hundertundsechzehn Werke! — waren vollendet, mehr als die Hälfte der Kompositionen, die heute die Welt kennt. Er stand im Mittelpunkt öffentlicher Diskussionen. Wie sieht er aus auf diesen Photographien, dieser wunderliche Einzelgänger, umgeben von einer Schar unentwegter Anhänger? Er trägt den Samtrock, Künstlerkrawatte, sein Haar ist lang. Zweimal ist sein Blick offensiv, funkelnd, einmal der Gesichtsausdruck milder, schwermütiger. Schnurrbart und Spitzbart sind dünn. Von Eckstein erfahren wir, daß Hugo Wolf die nervöse Gewohnheit hatte, sich den Bart am Kinn auszurupfen, und niemals zum Rasiermesser gegriffen hat. Man muß sich ihn auch angesichts dieser Photos in Bewegung vorstellen; sein Gang wird uns von den Freunden als rasch, ja ruckweise geschildert; Stiegen bewältigte er stets laufend und hat dabei gern halblaut monologisiert.

In den ersten Märztagen des Jahres 1889 erschienen die heißerwarteten Mörike-Lieder im Verlag Wetzler; Wolf und der Verleger hatten miteinander einen Kommissionsvertrag geschlossen. Am 5. März begleitete Wolf seinen Sänger Jäger in einem Konzert, in einer „Mitwirkung“, wie wir heute sagen würden, innerhalb derer eine Liedergruppe zur Aufführung kam. Am 9. März wirkte Ferdinand Loewe als Begleiter Jägers im Dienste der Wolf-Lieder. Für den 19. März erhielt der Musikkritiker Theodor Helm eine Einladung von Wolfs eigener Hand, der Aufführung einiger seiner Lieder im Wagner-Verein (!) beizuwohnen. Die letzte Veranstaltung vor Ostern war ein geistliches Konzert des Wagner-Vereins in der Minoritenkirche am Karfreitag, dem 18. April: da erklangen drei Wolf-

Lieder, gesungen von Louise Kaulich, an der Orgel von Joseph Schalk begleitet, im Rahmen eines religiösen Programms: „Seufzer“, „Schlafendes Jesuskind“ und das „Gebet“.

Wolf zog es wieder hinaus nach Perchtoldsdorf, ins Wernersche Haus. Vermerke auf seinen Manuskripten beweisen seinen Aufenthalt in der Brunnergasse im Mai. Hier wurde nun nach dem Schaffensrausch der Goethe-Lieder die „Christnacht“ nach Platen für Soli, Chor und Orchester vollendet, die der Komponist, wie wir uns erinnern, am Heiligen Abend des Jahres 1886 begonnen hatte. Wir müssen hier Oskar Grohes Artikel, der anläßlich der Uraufführung des Werkes in Mannheim am 9. April 1891 im dortigen „Generalanzeiger“ erschien, vorwegnehmen, in dem dieser Stellen aus Wolfs nicht sehr geschickt formuliertem Brief an ihn wiedergab:

„Das Werk wird durch zwei Motive eingeleitet, die in ihrer Durchführung — anschwellend bis zum höchsten Glanze und wiederum allmählich verklingend — die ganze Introduktion beherrschen. Diese zwei Motive bilden den Kernpunkt der Komposition, die Persönlichkeit Christi, des Kindes und Weltüberwinders, symbolisierend. Einem kindlich schlichten, von Holzbläsern getragenen Gesange — einem wirklichen Volksgesange, den ich bei den in Steiermark üblichen, ländlich naiven Darstellungen der Heiligen Nacht selbst als Kind mitgesungen — antwortet das Horn — später Posaunen — in pathetischer Weise. Es ist das Motiv, worauf im Verlauf des Stückes der Chor der Gläubigen die Worte singt: ‚Preis dem Geborenen bringen wir dar‘. Ich betone ‚Gläubigen‘, weil ich einen Sang der Hirten nach des Dichters Angabe mit dem feierlich pompösen Charakter dieser Stelle nicht für vereinbar hielt. In seiner vollkommenen und ursprünglichen Gestalt tritt das erste, schlichte Thema jedoch erst im Hirtengesange: ‚die Engel schweben, singend und spielend, durch die Lüfte‘ auf u. z. im Orchester, derweil der Chor im Kontrapunkt eine dem ganzen Charakter der Situation entsprechende Weise intoniert, wodurch, wie ich mir schmeichle, eine schöne Wirkung erzielt wird. Gegen den Schluß des Werkes, in der Weissagung des Engels der Verkündigung und dem antwortenden Doppelchor der Hirten und Gläubigen tauchen durchweg andere musikalische Gedanken auf, die erst beim vollkommenen Abschluß des Ganzen in das vorher erwähnte pathetische Thema einmünden, das, von dem ganzen Orchester getragen und umflutet, in Flammenzügen aufrollt das Dogma der menschgewordenen Gottheit und der Erlösung."

Wir kennen den Briefschreiber Wolf, wie er seine Gedanken, auch jene musikalischer Natur, treffend und sicher zu formulieren vermag. Hier hat er angesichts der eigenen Komposition auch literarisch versagt. Die Diskrepanz des Werkes zwischen Kindheitserlebnis und Wagner-Besetzung hat sich auch im Kommentar nicht gemildert.

In Perchtoldsdorf entstanden damals nach der „Sommernachtstraum"-Übersetzung A. W. von Schlegels auch das „Elfenlied", für Sopransolo, Frauenchor und Orchester im Klavierauszug konzipiert (die Partitur ist erst im Oktober 1891 ausgeschrieben worden), und das „Lied des transferierten Zettel": „Die Schwalbe, die den Sommer bringt". Das Entstehungsdatum beider Werke ist der 11. Mai 1889. Decsey erzählt, Wolf wäre eines Sonntags in Loewes Zimmer gestürzt, wo auch gerade Rudolf Hirsch beim Mittagessen gesessen sei, und hätte eine halbe Stunde lang über den „Sommernachtstraum" Shakespeares als idealen Opernstoff gesprochen. (Dieses Vorhaben sollte erst in unseren Tagen der englische Komponist Benjamin Britten realisieren!) Wolf muß diese beiden Werke also im Hinblick auf eine bühnenmäßige Verwendung komponiert haben, sonst wäre nicht im „Elfenlied" die erste Strophe der „ersten Elfe", die folgende der „zweiten" gewidmet, und es fänden sich nicht in der Partitur des Jahres 1891 gegen Schluß die Bühnenanweisungen „Die Elfen verschwinden" und „Titania schläft". — Auch Zettels Lied paßt nicht in die lyrischen Pläne Hugo Wolfs, wäre nicht ein bühnendramatisches Interesse anzunehmen.

Drei Orchestrierungen von Mörike-Liedern fallen ebenfalls in diese Perchtoldsdorfer Zeit: „Seufzer" vom 28. Mai, und „Karwoche" vom 29. Mai; und weitere Instrumentationen sollten in den Jahren 1890 bis 1897 folgen.

Zusammen mit Eckstein und dem Ehepaar Lang war Wolf wie ein Jahr vorher wieder Gast in der Sommerkolonie „Am Himmel" im Schloß Bellevue. Anfangs Juli siedelte er zur Familie Köchert nach Rinnbach über. Von dort ging's wieder nach Bayreuth; diesmal standen für unseren Komponisten nicht nur „Parsifal", sondern auch „Tristan und Isolde" und „Die

Meistersinger von Nürnberg" auf dem Programm. Am 26. Juli nahm er den Zug von Bayreuth nach München, am 29. kehrte er von dort nach Rinnbach zurück. „Skolie", das Trinklied nach Reinick, entstand dort am 1. August. Den ganzen Monat September und einen Teil des Oktober verbrachte Wolf in seiner Heimat, in Windischgraz.

In diesen Sommermonaten widmete sich Hugo Wolf mit Fanatismus der Korrespondenz mit der Notendruckerei Brandstetter in Leipzig, die für den ziemlich unbedeutenden Verlag Lacom in Wien tätig war; es galt, den Eichendorff-Band vorzubereiten, später die Goethe-Lieder. Der zornige Wolf ist auch aus dem Inhalt der Karten und Briefe zu erkennen, die der Komponist aus Rinnbach und aus Windischgraz an die Chefs, aber auch an einzelne Setzer der bekannten Druckerei gerichtet hat. Jener Wolf, der seine weiblichen Anhänger andauernd mit der Ausbesserung seiner Kleider hinsichtlich abgenützter Stellen beschäftigte, bestimmte über das winzigste Detail der Publikation seiner Werke. Im Falle der Goethe-Lieder war er noch unduldsamer als beim Eichendorff-Band. Eine Volksausgabe wäre unerwünscht, er bestehe auf großzügige Ausstattung des Bandes; Maße, Papierqualität, die Notenzeilenanzahl pro Seite, Taktanzahl in jedem System, Umschlagfarbe, Schriftart, Druckdetails und die Ornamentierung des Titelblattes waren Gegenstand seiner Anordnungen.

Eckstein steuerte bei, Mrs. Fairchild, die treue Bayreuther Besucherin, half, und er selbst gab Geld aus der Erbschaft vom Vater zum Druck der Lieder dazu.

Im Oktober kehrte Wolf nach Wien zurück und strebte Perchtoldsdorf zu — die Freunde nahmen das als untrügliches Zeichen neuerwachter Schöpferkraft. Joseph Schalk hatte ihm als Ausweiche (die Werners benötigten ihr Sommerhaus noch selbst) das Haus Mühlgasse 6 empfohlen, aber vierzehn Tage später konnte er schon in die Brunnergasse umziehen. Dort entstand nach einem längst verworfenen Versuch in der Döblinger Zeit (10 Einleitungstakte des Klaviers sind erhalten und mit 13. und 14. Februar 1889 datiert) die Vertonung von Goethes „Die Spröde", die noch rasch dem vorbereiteten Goethe-Band eingefügt wurde.

Der Komponist läßt die Ausgabe seiner „Gedichte von Goethe für eine Singstimme und Klavier von Hugo Wolf" mit den zehn Vertonungen der Lieder aus „Wilhelm Meister" beginnen. Wolf hat in seinen Freundesgesprächen immer wieder erklärt, daß sich in seiner Musik zu diesen Versen die Charaktere der handelnden Personen widerspiegeln sollten. Nun muß man sich heute mit der Tatsache abfinden, daß die Verse Goethes nur in den Vertonungen Beethovens, Schuberts, Schumanns und Hugo Wolfs leben, die Prosa, aber auch schon das Gefüge des Romans fast der Vergessenheit anheimgefallen sind. Man mag bestenfalls nur noch wissen, daß Mignon einsam und heimatlos ist, daß der halbirre Harfner sein Geheimnis mit sich trägt, mit seiner Schwester in Blutschande gelebt zu haben (welchem Inzest eben Mignon — freilich ohne sein Wissen entsprossen ist), daß der gleiche Harfner die Ballade „Der Sänger" vorgetragen hat, daß ein anderes Mitglied der „Wanderbühne", zu der der Harfner gehört, sich im „Spottlied" über einen dilettantisch dichtenden Adeligen lustig machte und daß „Singet nicht in Trauertönen" von der Philine, der Soubrette, der „Zerbinetta", dem Gegenpol von Mignon-„Ariadne" (um im Vergleich zu bleiben), vorzutragen ist. So sprechen uns heute am stärksten die Gesänge der Mignon und die Monologe des Harfners in den Vertonungen Wolfs an; die „Sänger"-Ballade ist konventionell zeitgebunden, im „Spottlied" blitzen bisweilen geniale Lichter der Inspiration auf, und das Lied der Philine bleibt wohl deshalb im Schatten des Schumann-Gesanges nach den gleichen Goethe-Worten, weil der intellektuelle Habitus der Wolf-Chromatik die Unmittelbarkeit der Wirkung der Dichterworte untergräbt. Das absteigende Chroma schafft der Diktion des ersten Harfenspieler-Gesanges „Wer sich der Einsamkeit ergibt" die rechte Basis; die Synkope diktiert — genial die Rastlosigkeit, die pathologische Unruhe zeichnend — den Ablauf des musikalischen Geschehens im II. Gesang „An die Türen will ich schleichen"; von nicht loslassender Intensität der Einheit von klagender und anklagender Melodik, von septakkordbeherrschter und dabei so logisch sinnfälliger Harmonik und Gesang wie Instrument komplementär einigender Rhythmik ist der dritte Gesang des Harfenspielers „Wer nie sein Brot mit Tränen aß" beherrscht. Einen noch größeren Aktionsradius im Bereich der Stimmungen geben die Gesänge der Mignon den Interpreten: die Tonwiederholung ist ein schöpferisches Mittel in „Heiß' mich nicht reden", um die Statik („allein ein Schwur drückt mir die Lippen zu") der seelischen Einstellung zu charakterisieren; ein bedrückendes Bild von keimendem Wahnsinn schafft die Vertonung von „Nur wer die Sehnsucht kennt": die „unendliche Melodie" der rechten Klavierhand gibt keinen Halt, der ganz unregelmäßige Pulsschlag (von der Linken am Klavier in Rubato-Agogik zu charakterisieren) hebt geradezu die altmodischen Gesetze der $^6/_8$-Takteinteilung auf; und die Gesangsmelodie kontrapunktiert und interruptiert mit qualvollen Ausdrucksexzessen („es brennt mein Eingeweide"). Rätselhaft beschwört der dritte Gesang der Mignon die Vision mediterraner Landschaft herauf; ein Tanzrhythmus, der dem „Spanischen Liederbuch" wohl anstünde, pocht durchlaufend unter den sich begegnenden, einander ergänzenden melodischen Bögen von Gesang und Klavier: „So laßt mich scheinen, bis ich werde" könnte in einem Garten der Alhambra zu Granada getanzt werden. Die große „Mignon" schließlich — „Kennst du das Land, wo die Zitronen blühn" — zeigt die volle Emanzipation des Komponisten vom Bildungsroman Goethes. Mignon wird zur Traumgestalt Hugo Wolfs: mit ihrer seelischen Südsehnsucht, mit der Glut ihres Bekennens, mit der dreimaligen, immer leidenschaftlicher formulierten Bitte „Dahin! Dahin! möcht' ich mit dir, o mein Geliebter, o mein Beschützer, ziehn! Dahin geht unser Weg!" Hier steht Wolf auf dem Gipfelpunkt seines persönlichen Ausdrucksvermögens. Vergleiche, wie sie andere Wolf-Biographen zwischen den Vertonungen dieser sieben Harfner- und Mignon-Gedichte durch Schubert, Schumann und Wolf anstellen, sind durchaus akademischer Natur. Der Hörer wird einmal an der unreflexiven jugendlich-reinen Art Franz Schuberts seine Freude haben, wird ein andermal einen Wolfschen Temperamentsausbruch bei Robert Schumann („Heiß mich nicht reden") feststellen, wird Beethovens strengeres „Kennst du das Land" genießen und an der melodischen Romanze in Thomas' „Mignon"-Oper gefallen finden — niemand aber wird sich der Feststellung verschließen können, daß hier, in diesen sieben Wolf-Liedern, das Nervenzeitalter des 20. Jahrhunderts, des ausklingenden, nicht des introduzierenden, „den Ton angibt".

Dieser Gegenwart und Zukunft des Wolf-Liedes gehören auf ganz andere Weise die beiden Miniaturen „Blumengruß" und „Gleich und gleich" an; Spannung und Entspannung, Ein-

und Ausatmen, ein organisches Ablösen von Crescendo und Diminuendo bedeuten in ihrer lyrischen Ruhe die ersten 18 Takte, die zweiten 25 pp-$^{4}/_{8}$-Einheiten gelten der hauchzarten Zusammenführung von zwei Subjekten: dem Blumenglöckchen und dem Bienchen, die „beide füreinander" sind. Auch „Frühling über's Jahr", weit ausgedehnter, zählt zu den stimmungsvollsten Goethe-Liedern Wolfs, weil alles, Diktion, Phrasierung, musikalische Verdichtung der Poesie bruchlos zueinander passen. „Anakreons Grab" schenkt uns beglückende Ruhe, jeder Ton hat im Tonfall der Worte seinen Grund, aussparend kammermusikalisch, gewissermaßen *con sordino* erlebt der Hörer den konkreten und abstrakten Sinn des Gedichtes. Das sind die vier begnadeten Lieder dieses Bandes; hier bereichern Goethe und Wolf einander.

Die beiden „Cophtischen Lieder" („Lasset Gelehrte sich zanken und streiten" — „Geh, gehorche meinen Winken") unterstreichen ein wenig zu dick das Doktrinäre in ihrer musikalischen Façon, die Vertonung der beiden Gedichte „Frech und froh" (I: „Mit Mädchen sich vertragen" — II: „Liebesqual verschmäht mein Herz") sind in Diktion und Satzkunst virtuose Gebilde, entbehren aber gleich den Vorangegangenen des für Wolf sonst so spezifischen Charmes. „Beherzigung" fällt in dieselbe Kategorie: Hugo Wolf gibt sich weltmännisch, ohne es zu sein. „Genialisch Treiben" ist in seiner Beweglichkeit ein Pendant zu „Frech und froh" I, „Der neue Amadis" erhält durch den unterschwelligen Tanzrhythmus der Begleitfigur eine gewisse Beweglichkeit, die an Parallelen im „Spanischen Liederbuch" denken läßt. Zwei Meisterstücke in der Charakterisierung sind „Die Spröde" und „Der Bekehrte", von denen das erste in der Interpretation schwierig zu realisieren ist, weil Gesang und Begleitung rhythmische Prägnanz und schwebende Leichtigkeit in der Phrasierung organisch zu verbinden haben. „Dank des Paria" und „Königlich Gebet" leiden unter äußerlichem pathetischem Stil, dessen ironische Anwendung „Erschaffen und Beleben" amüsant macht. Prächtig ist in „Phänomen" wohl das Philosophische zu Beginn charakterisiert (man denkt zunächst an die unwiederholbare Stimmung in „Anakreons Grab"); später sackt der musikalische Einfall ab. Nichts sagen unseren Ohren und Empfindungen die beiden umfangreichen Balladen „Ritter Kurts Brautfahrt" und

„Gutmann und Gutweib", die man, schon von der Wahl des textlichen Vorwurfs gesehen, Handgelenksübungen für den Goethe-Komponisten nennen möchte. Ganz aus der Reihe fällt „Epiphanias", jene Gelegenheitskomposition für die Köchert-Kinder zum Geburtstag von Frau Melanie: ein Geniestück in der musikalischen Zeichnung der drei Könige, voll von Charme, Intuition und starkem Gefühl für Wirkung. Eine zärtliche Impression stellt „St. Nepomuks Vorabend" dar: Satzkunst und Klangsinn gehen hier eine liebevolle Ehe ein.

Die fünf Lieder „Aus dem Schenkenbuch des west-östlichen Divans" sind auch kompositorisch als geschlossenes Ganzes zu betrachten: „Ob der Koran von Ewigkeit sei" gibt die Introduktion, mehr: den „Leitartikel", in stupender, nicht zu übersehender Diktion; „Trunken müssen wir alle sein" ist von wahrhaft bacchanalischer Lust, „So lang man nüchtern ist" und „Sie haben wegen Trunkenheit vielfältig uns verklagt" sind in dieser lyrischen „Wein-Symphonie" für Tenor und Klavier langsame Sätze von bezwingender Gegensätzlichkeit: im ersten herrscht sehr gemessener Rhythmus, im zweiten die lange Phrase. Ein Schlußsatz virtuosen, aber niemals äußerlichen Gepräges — „äußerst rasch und wirbelnd" heißt die Tempovorschrift — ist „Was in der Schenke waren heute am frühesten Morgen für Tumulte". Ein Zyklus für allererste Könner auf dem Podium. (Deswegen hört man ihn so selten!) Patzaks Leistung ist hier unvergessen.

Hatems und Suleikas Liebesgespräche aus dem „Buch Suleika" zählen zu den kostbarsten Gesängen Hugo Wolfs — hier steht ein Zyklus von zehn Gesängen im Wechsel von Sopran und Tenor bereit, der auf andere Weise als die zehn geistlichen Gesänge aus dem Spanischen Liederbuch imstande ist, den Zuhörer ganz zu fesseln. Pionierhaft haben Christa Ludwig und Walter Berry innerhalb der Jahre 1960—1970 diese Lieder von Festival zu Festival, von Europa nach den USA zum Erfolg geführt. Das einzige Negativum: die Lieder konnten des Stimmfaches der beiden Sänger wegen nicht in den Originaltonarten vorgetragen werden. Im Original sind sie für Sopran und Tenor geschrieben. Hatem eröffnet die Folge „ziemlich bewegt und sehr innig": „Nicht Gelegenheit macht Diebe" zeigt uns auch im Tonfall den überlegenen Philosophen, den großen Liebenden dazu. „Äußerst leidenschaftlich und sehr leb-

Das Geburtshaus in Windischgraz

Die Eltern: Filipp Wolf;
Katharina Wolf, geb. Nußbaumer

Der Sechzehnjährig

Der junge Mann

Melanie Köchert

Vally Franck

Links: Der Komponist auf der Höhe seines Schaffens –
Oben: Hugo-Wolf-Abend im Wiener Richard-Wagner-Verein.

Hugo Wolf 1895

Frieda Zerny

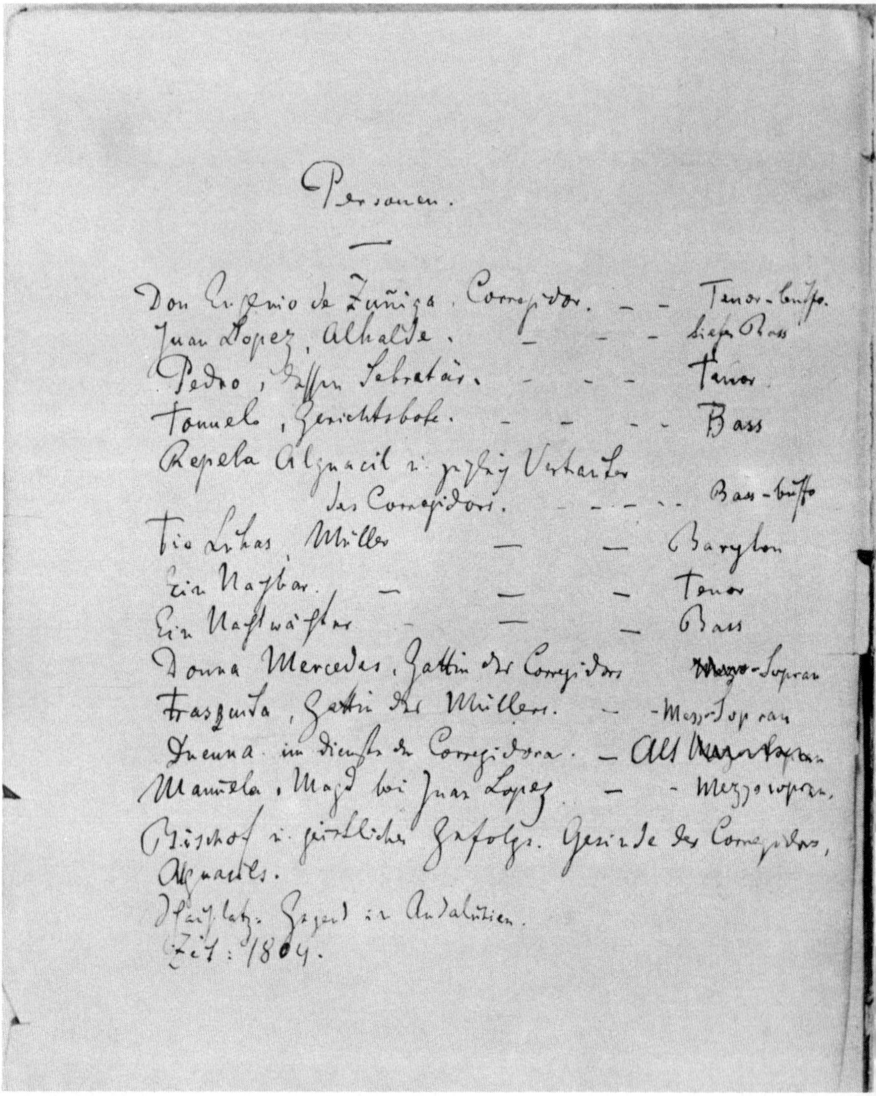

Personen.

Don Eugenio de Zuñiga, Corregidor. — — Tenor-buffo.
Juan Lopez, Alkalde. — — — tiefer Bass
Pedro, dessen Sekretär. — — — Tenor
Tonuelo, Gerichtsbote. — — — Bass
Repela Alguacil u. geistig Vertrauter des Corregidors. — — — Bass-buffo
Tio Lukas, Müller — — Baryton
Ein Nachbar. — — — Tenor
Ein Nachtwächter — — — Bass
Donna Mercedes, Gattin des Corregidors ~~Mezzo-~~Sopran
Frasquita, Gattin des Müllers. — — Mezzo-Sopran
Duenna im Dienste der Corregidora. — Alt ~~Mezzosopran~~
Manuela, Magd bei Juan Lopez — — Mezzosopran.
Bischof u. geistliches Gefolge. Gesinde des Corregidors, Alguaciles.
Schauplatz: Gegend in Andalusien.
Zeit: 1804.

Personenverzeichnis zum „Corregidor“ in Hugo Wolfs Handschrift

Arbeitszimmer Hugo Wolfs in Wien IV, Schwindgasse 3

Manuskriptblatt des Liedes „Das verlassene Mägdlein" nach Mörike

Das Gartenhaus der Familie Werner („Häuslein Windebang“) in Perchtoldsdorf

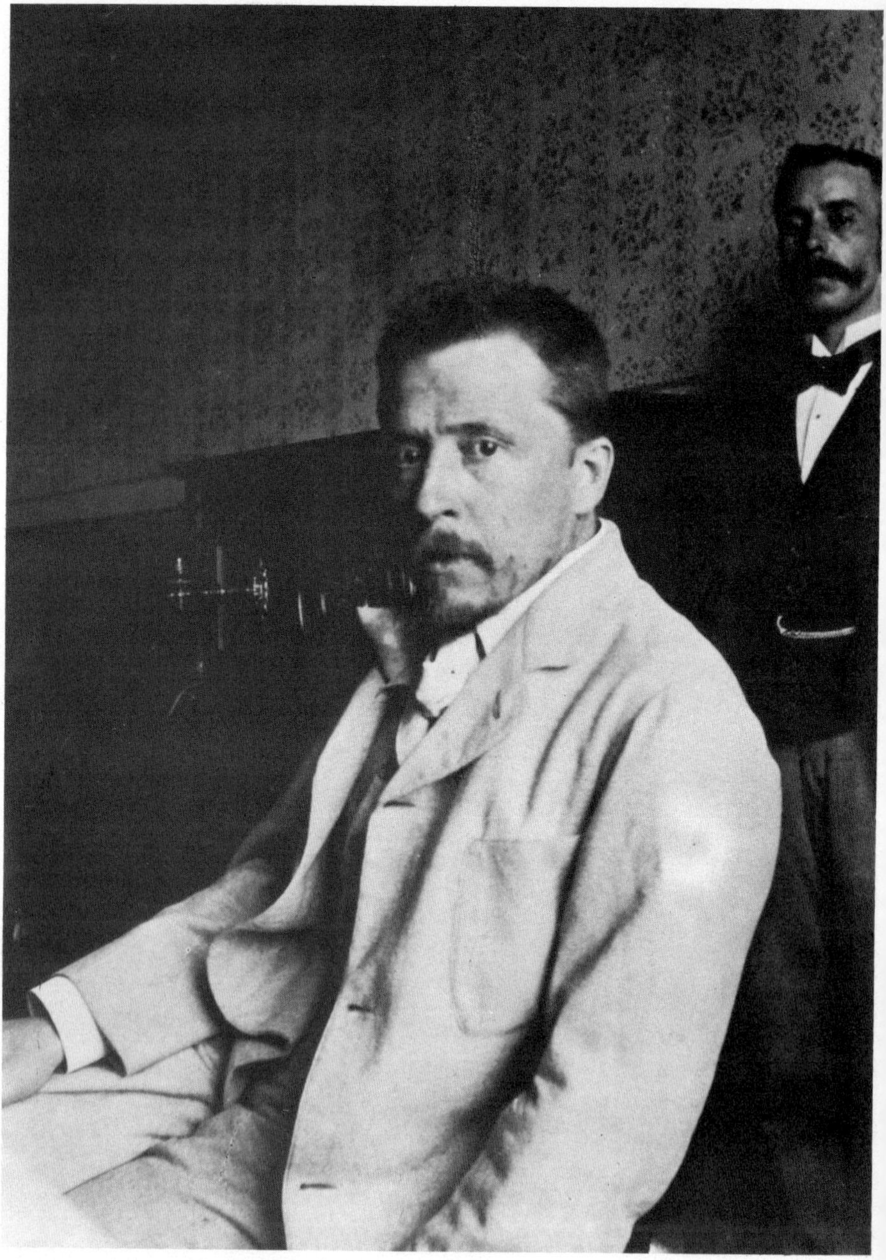

In der Heilanstalt. Hugo Wolf mit seinem Wärter

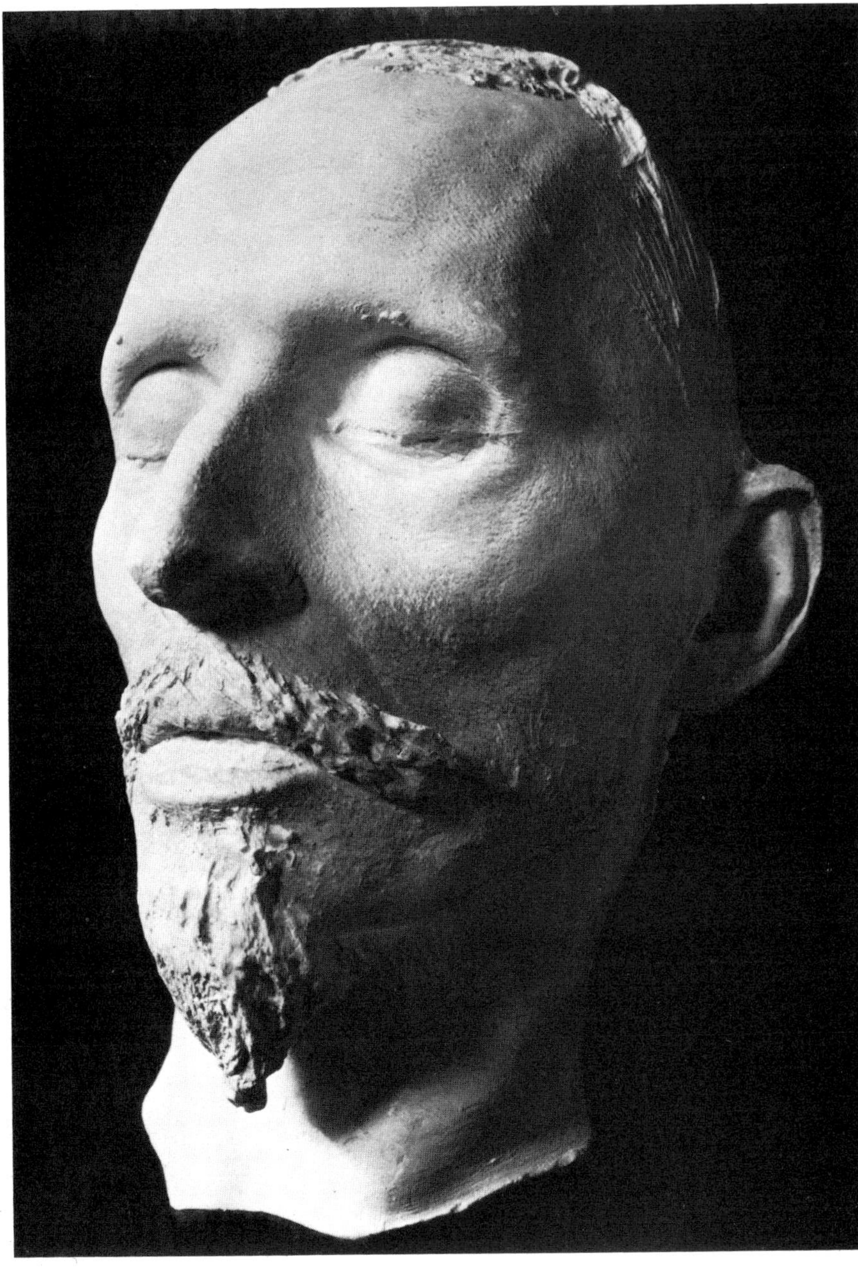

Die Totenmaske

Das Grab auf dem Wiener Zentralfriedhof

haft" antwortet Suleika „Hochbeglückt in deiner Liebe"; die Chromatik regiert, Besinnung schafft sich Platz: Suleika fragt in einem lyrischen Gegenstück: „Sag Poete, sag Prophete, was bedeutet dieser Traum?" Und auf diesen Fluß der poetischen Frage gibt es eine ziemlich lebhafte, profilierte Antwort: „Dies zu deuten bin erbötig" und einen Begeisterungsausbruch (bewußt ins gleiche A-Dur gesetzt) dazu: „Solch ein Mädchen muß man haben und ein Bettler sein wie ich!" Auch die nächsten vier Lieder gehören Hatem: das innige Liebeslied mit dem prachtvollen melodischen Einfall in As „Komm, Liebchen, komm!", das traumhafte Selbstgespräch „Wie sollt' ich heiter bleiben", bewußt in die parallele Molltonart von As nach f-Moll gesetzt, der noch mehr verdämmernde Monolog „Wenn ich dein gedenke" und der feurige Ausbruch „Locken, haltet mich gefangen". Marianne von Willemer hat hier jenen Vers geschrieben, in dem der Name „Hatem" mit „Goethe" auszutauschen ist, um den rechten Reim zu erzielen: „Du beschämst wie Morgenröte / Jener Gipfel ernste Wand, / Und noch einmal fühlet Hatem / Frühlingshauch und Sommerbrand / . . ." Die Schlußapotheose — sehr lebhaft und leidenschaftlich — gehört Suleika: „Nimmer will ich dich verlieren! Liebe gibt der Liebe Kraft." Sturzbächen gleich rauschen die Läufe des Klaviers, umspielen kraftvoll den Triumph der poetischen Aussage: „Denn das Leben ist die Liebe, und des Lebens Leben Geist."

Drei „Symphonische Dichtungen für Gesang und Klavier" bilden den Abschluß des großen Goethe-Bandes: die Trilogie „Prometheus" — „Ganymed" — „Grenzen der Menschheit". Bewußt schreibt Wolf im ersten und im letzten den Gesangspart im Baßschlüssel und überläßt nur den hellen Ganymed der höheren Stimme. Alle Wolf-Biographen setzen sich seitenlang mit den Stil-, Temperaments- und Diktions-Differenzen zwischen den Schubert- und Wolf-Vertonungen dieser drei großen Goethe-Gedichte auseinander. Ich finde, musikalisch gibt es da keine tertia comparationis, keine Vergleichsbasis: Hugo Wolf läßt die musikalische Phantasie schweifen — einmal „Groß, kraftvoll und gemessen", zum zweiten in „sehr gleichmäßiger und ruhiger Bewegung", schließlich „sehr gehalten". Der *ganze* Wolf, der maßvolle und der maßlose, der Revolutionär, der Enthusiast und der Denker, spiegelt sich in dieser Trilogie.

Auch sie gehört geschlossen interpretiert, in der von Wolf bewußt angeordneten Reihenfolge.

Acht Goethe-Lieder hat Wolf orchestriert, darunter die „Mignon“ („Kennst du das Land“) zweimal, im Jahre 1890 und am 31. Oktober 1893 nochmals, weil der Komponist die erste Partitur — die später vom Hugo-Wolf-Verein wieder aufgefunden wurde — verloren glaubte; nicht mehr aufzufinden war die erste Partitur von „Anakreons Grab“ (1890); Wolf hat am 13. November 1893 eine neue Orchesterfassung niedergeschrieben. Verloren ist leider die Instrumentation des „Ganymed“ (von 1890). „Prometheus“ wurde am 12. März 1890 orchestriert, die Partitur 1902 veröffentlicht. Die drei „Harfenspieler“-Gesänge erstanden in Orchesterform am 2. und 4. Dezember 1890 und sind 1904 publiziert worden. Leider blieb die Partitur von „Epiphanias“ vom 25. April 1894 Fragment und entzog sich dadurch der Veröffentlichung.

Mit der Vertonung der 51 Goethe-Gedichte hat sich Hugo Wolf zur Universalität bekannt. Nach dem Mörike-Zauber, nach den Begegnungen mit den Gestalten Eichendorffs mußte es zur Auseinandersetzung mit der Welt kommen. In der Kongruenz von Goethe-Gedicht und Wolf-Musik liegt die bedeutendste geistige Tat unseres Komponisten.

„WER SEIN HOLDES LIEB VERLOREN"
Spanisches Liederbuch 1889/1890

„1890 Perchtoldsdorf. Spanisches Liederbuch."
Hugo Wolf: Daten aus meinem Leben

Am 18. Oktober 1889 schrieb Hugo Wolf das erste Lied zum „Spanischen Liederbuch" nieder: Emanuel Geibel hatte das anonyme Gedicht „Wer sein holdes Lieb verloren" aus dem Spanischen übersetzt. „Ich fuhr übers Meer, ich zog übers Land", dessen Dichter man auch nicht kannte, in der Übertragung Paul Heyses, folgte zusammen mit „Preciosas Sprüchlein gegen Kopfweh" aus der Feder des Cervantes, von Paul Heyse übersetzt, am 31. Oktober. Und so ging es — in ähnlicher Schaffensglut wie bei den Mörike-Liedern — bis zum 15. Januar 1890 weiter. Alle zehn geistlichen Gesänge und nicht weniger als achtzehn weltliche Lieder gelangen in dieser Zeit. Aus den Briefen Hugo Wolfs an seine Schwester Käthe geht hervor, daß unser Komponist bereits am 12. November 1889, als er erst neun Lieder des „Spanischen Liederbuches" niedergeschrieben hatte, Käthe brieflich mitteilte, sein neuer Liederkreis werde — so habe er sich's vorgenommen — in summa vierundzwanzig Lieder umfassen. Wir können also annehmen, daß der schöpferische Musiker, der seine eruptiven Einfälle zu erwarten hatte, von vornherein ganz sicher war, welche Dichtungen er im Falle der Inspiration vertonen werde. Mehr als zwei Monate lang — genau vom 16. Januar bis zum 27. März — wurde die Arbeit unterbrochen. Eine Grippewelle war schon Ende des Jahres 1889 durch Europa gezogen und hatte auch Hugo Wolf gepackt. Dazu kam, daß der strenge Winter einen dauernden Aufenthalt in „Petersdorf" nicht erlaubte; wenn er die Kälte unerträglich fand, machte sich Wolf auf den Weg zur Stadtwohnung der Köcherts, wo er stets willkommen war. In dieser Schaffenspause erledigte Wolf kleinere Arbeiten: er hat den „Rattenfänger" am 5. Februar, „Er ist's" am 20. und „Gesang Weylas" am 21. Februar 1890 instrumentiert. Zu derselben Zeit entstanden auch die Orchesterfassungen vom „Schlafenden Jesuskind", von „Anakreons Grab", von der großen „Mignon" („Kennst du das Land?") und vom „Ganymed"; alle diese Instrumentationen erwähnte Wolf in seinem Brief an Oskar Grohe am 16. April 1890; hier weist er auch auf die noch unvollständige Orchestrierung des „Prometheus" hin, deren Partitur er jederzeit „auf Bestellung" niederzuschreiben wage, falls das Interesse eines Sängers spontan stark wäre. Obwohl also der „Prometheus" das Instrumentationsdatum 12. März 1890 trägt, war die Arbeit noch nicht fertig. Leider wurde die „Mignon"-Partitur von Wolf verlegt, später jedoch im Wagner-Verein wieder aufgefunden, während die Instrumentationen von „Ganymed" und „Anakreons Grab" bis heute als verloren gelten müssen (Wolf hat später, im Oktober und November 1893, „Mignon" und „Anakreons Grab" neu instrumentiert, so daß sich für uns ein interessanter Vergleich der beiden „Mignon"-Fassungen ergibt).

Auch die öffentlichen Aufführungen der Wolf-Lieder in Wien mehrten sich: am 17. Dezember hatte Jäger drei Kompositionen seines Freundes bei einem Konzert in der Singakademie interpretiert. Einen Rückschlag gab es, als Marianne Brandt, die bereits Ende November in einem Privatkonzert des Wagner-Vereines die Mörike-Vertonung „Der Genesene an die Hoffnung" gesungen hatte, drei Wolf-Lieder, die sie auf das Programm eines öffentlichen Konzertes am 4. Januar 1890 gesetzt hatte, durch drei Edvard-Grieg-Kompositionen ablösen ließ: sie hatte den Besuch des Rezensenten Wilhelm Frey vom „Neuen Wiener Tagblatt" erhalten, der ihr mit dem Boykott des Konzerts seitens der gesamten Wiener Musikkritiker drohte, falls Wolf-Werke in der gewählten Vortragsfolge verbleiben sollten. Ähnlich erging es der Bayreuther Brünnhilde und Kundry, Amalie Materna, die ihre Zusage, im Wagner-Verein Wolf-Lieder zu singen, zurückzog, um sich vor einem angekündigten Presseschweigen zu schützen.

(Die erste Begebenheit ist bei Theodor Helm — „Fünfzig Jahre Wiener Musikleben" im „Merkur" vom 1. April 1917 — nachzulesen, auf die Materna kommt Hugo Wolf in einem Brief an Melanie Köchert vom 30. August 1890 zurück: „Gestern war ich bei Materna. Sie war wie immer liebenswürdig und geschwätzig, ein vernünftiges Wort zu reden, war nicht möglich, jedes dritte Wort ist Paris, Paris, Paris. Dort verspricht sie mir, alles zu singen. Wenn ich seufzend von Wien sprach, sagte sie leise: Paris. Da ist nun nichts zu ändern.“)

Hanslicks „zweiter Mann“ in der „Presse“, Richard Heuberger, der Komponist der Operette „Der Opernball“, hoher Beamter im Kultusministerium, lehnte damals die Wiedergabe eigener Lieder ab, weil im gleichen Programm auch Gesänge Hugo Wolfs gesungen werden sollten. In der alten „Presse“ bezeichnete Max Kalbeck, dem wir schon bei der Darstellung der Vorsprachen Wolfs bei Brahms begegnet sind, Lieder wie „Anakreons Grab“, der „Rattenfänger“ oder der „Frühling übers Jahr“ als „kindisches, klingeldürres Zeug mit abenteuerlich banalen Melodien und lächerlichen Harmoniekrämpfen“; er setzte polemisch fort: „Herr Hugo Wolf, welcher sehr eigenhändig am Klavier begleitete und weder das Instrument, noch den Sänger schonte, hat früher als Reporter durch einige sonderbare Proben seines Stils und Geschmacks in musikalischen Kreisen unfreiwillig Heiterkeit erregt. Es ist ihm der Rat gegeben worden, sich lieber auf's Komponieren zu legen. Die jüngsten Erzeugnisse seiner Muse haben dargetan, daß dieser wohlgemeinte Rat von Übel war. Er sollte doch wieder Kritiken schreiben.“

Doch was „nützte“ derlei „Wiener Stil“, wenn das Ausland bereits durch seriöse Publikationen über den um Anerkennung ringenden Komponisten ins Bild gesetzt wurde. Da war in der November-Dezember-Nummer der „Österreichisch-Ungarischen Revue“ ein aufsehenerregender Artikel aus der Feder Heinrich Rauchbergs erschienen, der unter dem Titel „Neue Lieder und Gesänge“ die nunmehr veröffentlichten Mörike- und Eichendorff-Kompositionen ausführlich besprach. Dieser Beitrag ist wenige Monate später als Separatum verbreitet worden, um den Leserkreis im Interesse Hugo Wolfs zu vergrößern. Joseph Schalks stilistisch wie inhaltlich besonders gelungene Freundestat eines langen Feuilletons in der „Münchner Allgemeinen Zeitung“ vom 22. Januar 1890 unter dem vielversprechenden Titel „Neue Lieder, neues Leben“ machte jenseits der Grenzen Österreichs auf den Komponisten aufmerksam. Wolf schrieb darüber an seinen Bruder Max: „Die ‚Münchner Allgemeine‘ hat wie eine Bombe eingeschlagen. Meine Feinde sind fassungslos, meine Freunde jubeln.“

Kein schöneres Geschenk konnte es zum 30. Geburtstag am

13. März geben, als daß ein enthusiastischer Brief des Musikdirektors der Universität Tübingen, Emil Kauffmann, eintraf, der sich durch die Widmung eines Originalmanuskriptes aus der Feder Eduard Mörikes („An Longus") mit Hugo Wolf bekannt machte. Kauffmanns Vater war mit Mörike befreundet gewesen, hatte die Schwester Rudolf Lohbauers, des Intimus Mörikes, geheiratet und etliche Verse des Dichters vertont; zwei Kompositionen aus seiner Feder wurden der ersten Ausgabe des „Maler Nolten" beigegeben. Als nun Kauffmann von neuen 53 Mörike-Liedern eines ihm unbekannten Österreichers erfuhr, ließ er sich die Noten kommen und las aus ihnen spontan das Genie Hugo Wolfs heraus.

Ein paar Tage später meldete sich auf Grund der Darstellung Joseph Schalks in der „Münchner Allgemeinen Zeitung" ein anderer Unbekannter aus Deutschland: Oskar Grohe, Amtsrichter in Mannheim. Er kam gleich mit einer praktischen Bitte: nachdem er seine Freunde, unter ihnen den Verleger Karl Heckel und den Kapellmeister Felix von Weingartner vom Hoftheater in Mannheim, mit den neuen Liedern Hugo Wolfs bekannt gemacht habe, wäre er eben dabei, ein Orchesterkonzert anläßlich der Wiederkehr von Wagners Geburtstag am 22. Mai 1890 zu veranstalten, und käme nun mit der Frage nach Orchesterwerken Hugo Wolfs, die für eine Aufführung im Rahmen dieser Gedächtnisfeier geeignet wären. Die begeisterte Antwort Hugo Wolfs nannte acht der bisher zehn Orchesterlieder, außerdem „Penthesilea", „Christnacht", den Trauermarsch aus der Bühnenmusik zu Kleists „Prinz von Homburg", das Streichquartett, das „Humoristische Intermezzo" und die „Italienische Serenade".

Noch vor diesen Märztagen 1890 hatte sich eine Gruppe von Freunden und Förderern Hugo Wolfs unter der Führung Gustav Schurs, des Bankbeamten und Kassiers des Wagner-Vereins, zusammengefunden, dem Komponisten eine Jahresrente für seine persönlichen Ausgaben anzubieten. Wolf lehnte ab, willigte jedoch ein, daß ein Fonds zugunsten seiner Werke angelegt werde; aus diesen Geldern flossen Zuschüsse an Verleger und Druckereien, später wurden auch Wolfs Reisekosten daraus gedeckt. Aus den Goethe-Liedern, die zu Beginn des Jahres 1890 erschienen waren, sang am 21. März Ferdinand Jäger sechs Piècen in einer Versammlung des Wiener Goethe-Vereins, von

Wolf selbst begleitet. Der 28. März erlangte doppelt positive Bedeutung für Wolf und sein Schaffen: an diesem Tag entstand nach mehr als acht Wochen Schweigen die nächste Komposition innerhalb des „Spanischen Liederbuches", das tänzerische „Trau nicht der Liebe", und am gleichen Tag setzte sich Wolf erstmals in Verbindung mit dem Schott-Verlag in Mainz, der sieben Jahre vorher die Drucklegung früher Lieder Wolfs abgelehnt hatte. Gustav Schur führte sehr geschickt die Verhandlungen — seine Briefe waren mit Empfehlungen ausgestattet —, und Engelbert Humperdinck, der Wagner-Schüler und Opernkomponist, nahm als Lektor starkes Interesse an den vielen Manuskripten und an den bei Wetzler und Lacom gedruckten Liedern. Die Firma Wetzler war um diese Zeit in Konkurs gegangen. Wohl kam es noch zu keinem Vertragsabschluß mit Schott, aber das Interesse eines bedeutenden Verlagshauses an den Werken Hugo Wolfs war immerhin geweckt. Wolfs Brief vom 28. März an den Chef von Schott, Dr. Ludwig Strecker, sprach die Hoffnung aus, sein Werk werde nun durch diesen weltberühmten Verlag einem breiten Publikum zugänglich gemacht werden.

Fünfzehn Lieder wurden innerhalb eines Monats vollendet. Jäger sang bereits einige der Ende des Jahres 1889 komponierten geistlichen Gesänge mit Orgelbegleitung beim traditionellen Karfreitagskonzert des Wagner-Vereins in der Minoritenkirche — ein Meister dieses Instruments vom Range Max Regers sollte später alle zehn geistlichen Gesänge aus dem „Spanischen Liederbuch" für Gesang und Orgel setzen! —, und am Tage, da im Werner-Haus zu „Petersdorf" das Lied „Tief im Herzen trag ich Pein" entstand, am 12. April, fand das erste Wolf-Konzert in Graz mit größtem Erfolg statt, eine Veranstaltung, wie sie Vater Filipp erträumt hatte und niemals erleben durfte. Der Vorstand-Stellvertreter des Grazer Wagner-Vereines, Architekt Friedrich Hofmann, hatte Wolfs Lieder bei einem Besuch in Wien durch Jäger kennengelernt und war mit allen bisher publizierten Werken in seine Heimat zurückgekehrt. Dort hatte Dr. Heinrich Potpeschnigg, seines Zeichens Zahnarzt, gleichzeitig aber auch ein ausgezeichneter Pianist, die Lieder studiert und einen Wolf-Liederabend Jägers vorgeschlagen. Auf dem Programm stand ein Dutzend Lieder (Mörike, Eichendorff, Goethe); einschließlich der Zugaben wurden aber nicht weniger als 26 Werke Wolfs gesungen. Potpeschnigg ließ den Komponisten durch Freund Jäger auf längeren Sommeraufenthalt in sein Landhaus in Krumpendorf am Wörthersee laden — der Besuch kam jedoch nicht zustande, dafür ein Briefwechsel, der zu einer bedeutsamen Lebensfreundschaft führen sollte.

Die Vertonung des von Heyse übersetzten Gil-Vicente-Gedichtes „Wehe der, die mich verstrickte“, in Perchtoldsdorf am 27. April, beendete die Arbeit am „Spanischen Liederbuch“.

Den zehn geistlichen Liedern stehen vierunddreißig weltliche gegenüber. Die geschlossene Aufführung aller „Spanischen Liederbuch“-Gesänge im Konzertsaal scheitert an der ein Konzertprogramm sprengenden Länge. Unter Emanuel Geibels und Paul Heyses Übertragungen spanischer Dichtungen aus dem 16. und 17. Jahrhundert, die Wolf vertont hat, finden sich 17 Gedichte berühmter Autoren: „Weint nicht ihr Äugelein“ (Heyse) und „Die ihr schwebet“ (Geibel) stammen von Lope de Vega; „Tief im Herzen trag ich Pein“ (Geibel) hat den portugiesischen Dichter Luis de Camoes zum Urheber, der zu Zeiten auch Spanisches niederschrieb; im „Don Quijote“ des Cervantes wird „Komm, o Tod, von Nacht umgeben“ des Comendador Escriba (Geibel) zitiert; Cervantes selbst hat „Preciosas Sprüchlein“ (Heyse) geschrieben; Preciosa, die Heldin der ersten „Moralischen Geschichte“ des Cervantes, kennen wir auch durch C. M. v. Webers Ouverture und Schauspielmusik. Von Juan Ruiz stammt das wohl älteste Gedicht des „Spanischen Liederbuches“: „Nun bin ich dein“. Es wurde in der ersten Hälfte des vierzehnten Jahrhunderts von dem 1300 geborenen Erzpriester von Hita niedergeschrieben (Heyse hat es übertragen). Nicolas Nuñez ist der Autor des geistlichen Liedes „Die du Gott gebarst“. „Nun wandre Maria“ hat wie die vorigen Paul Heyse ins Deutsche übertragen. Lopez de Ubeda (Heyse) hat „Ach, des Knaben Augen“ verfaßt, Don Manuel del Rio (Geibel) „Mühvoll komm’ ich und beladen“, „Wunden trägst du, mein Geliebter“ José de Valdivielso (Geibel). Alvaro Fernandez de Almeida ist der Autor von „Klinge, klinge mein Pandero“ (Geibel), Rodrigo de Cota von „Blindes Schauen“ (Heyse). „Dereinst, dereinst, Gedanke mein“ (Geibel) stammt von Cristobal de Castellejo, „Und schläfst du, mein Mädchen“ (Geibel) von Gil Vicente; er ist auch der

Schöpfer des Poems „Wehe der, die mich verstrickte“ (Heyse). Don Luis el Chico ist der Dichter von „Deine Mutter, süßes Kind“; Heyse hat die Verse übertragen. Miguel Zanetti, der führende Liedfachmann Spaniens, einst Student an der Wiener Musikakademie und bei meinen Salzburger Sommerkursen, hat auch den Dichter, vielmehr die Dichterin der bisher anonym geglaubten Verse „Bedeckt mich mit Blumen“ (Geibel) eruiert: Maria Doceo. Von ihm stammt auch der Hinweis, daß von den 26 vertonten anonymen spanischen Gedichten eines, der Dialog „Wer tat deinem Füßlein weh?“, in Catalán abgefaßt ist.

Hugo Wolf eröffnet den Band der geistlichen Lieder mit „Nun bin ich dein“ langsam und sehr innig. Chromatik beherrscht die Sakral-Tonart F-Dur, ein weitgeschwungener Vierertakt ($^4/_2$) unterstellt der langsam atmenden Melodieführung einen beinahe zur Gänze durchgehaltenen Rhythmus: eine halbe Note, zwei Viertel, eine ganze. Die Dynamik reicht vom ausgehenden Piano zum Fortissimo wie zum Pianissimo, die kleineren Intervalle sind vorwiegend psalmodierend. Nochmals „langsam und sehr innig“, ist im dreigeteilten Zweiertakt (der Sänger hat $^2/_2$, der Pianist $^6/_4$ in der Rechten, $^2/_2$ für die linke vorgeschrieben) neuerlich Maria Mittelpunkt der Verehrung. „Die du Gott gebarst, du Reine“; hier fungiert die kleine Sekund als Ausdrucksmittel, für „diese Qual und dieses Grauen“ diktieren kürzere, spannungsdichte Atemstöße die dynamischen Vorschriften. Kleine Nonen- und große Septimvorhalte, Dissonanzenreibungen und späte Auflösungen weisen das Lied als weit seiner Zeit voraus zu. Zu diesem nervenzerreibenden Angstgefühl kontrastiert die souveräne Ruhe, wenn im dritten Lied „der heilige Joseph singt“: „Nun wandre, Maria“: das gemessene Schreiten auf dem Weg nach Bethlehem, die innige Zuneigung des Mannes, die Harmonie des Einvernehmens — all das leuchtet aus dem Konzept der Gesangsmelodie, aus den Terzengängen der rechten Klavierhand, aus dem ostinaten punktierten Rhythmus der linken. „Die ihr schwebet“ — Brahms hat die gleichen Worte in einem volksliedhaft strömenden Alt-Lied mit obligater Bratsche und Klavier vertont — läßt die Zuversicht und die Lebensangst der jungen Mutter in ihrer Bitte an die Engel um Schutz des Kinderschlafs spüren. Schubertisch ist der „Dialog“ zwischen Gesang und linker Klavierhand zur Dreiklangsbewegung der rechten (man mag da an

„Die junge Nonne" denken), aber ganz Wolf ist diese mitkomponierte nervöse Labilität, die dramatische Situation. Bitte und Betrachtung folgen: „Führ mich, Kind, nach Bethlehem" fleht lyrisch und bewegt („Rüttle mich, daß ich erwache"), die Terz regiert da und dort, wo das Idyll aufkommt: „Ach, des Knaben Augen sind mir so schön und klar erschienen". Auch die Tonarten haben ihre bewußt eingesetzten Ausdruckswerte: auf das beruhigende F-Dur des ersten Stückes waren „leeres" a-Moll, „männliches" e-Moll, zuversichtliches E-Dur, „helles" A-Dur gefolgt, bevor jetzt der Weg zurück dem bukolischen F-Dur galt. G-Moll, die Mozart-Tonart des Leides, kennzeichnet den erregendsten geistlichen Gesang: „Mühvoll komm ich und beladen". Hier ist die Spannung fast unerträglich, bis sie sich in dem B-Dur-Schrei „O nimm mich an, Du Hort der Gnaden" löst. In Es-Dur finden dann im Liede „Ach, wie lang die Seele schlummert" kühne Modulationen statt, die geradezu die Tonalität verlassen. Zwei mystische Dialoge des Menschen mit Gott beschließen in e-Moll (mit Dur-Schluß) und in D-Dur (das man kaum zu erkennen vermag) diese Reihe: „Herr, was trägt der Boden hier" ist berühmt geworden, „Wunden trägst du, mein Geliebter" steht noch unverdient im Schatten. Die aufrührerische Frage an Gott nach der menschlichen Existenz und das Mit-Leiden des Gläubigen an der Passion Christi sind die erregenden Themen dieser erregenden Tongebilde.

Bei den 34 weltlichen Liedern müssen wir — ähnlich wie bei den Goethe-Liedern — das Selektionsprinzip walten lassen. Ein Großteil der Gesänge schenkt uns den in die Zukunft, in unsere Gegenwart blickenden Hugo Wolf, ein kleiner Teil läßt Erlahmen der Inspiration feststellen, und in der Mitte der qualitativen und quantitativen Extreme liegt das mit dem Ausklang des 19. Jahrhunderts versunkene, für uns geschmacklich nicht mehr tragbare Kulturgut.

„In dem Schatten meiner Locken" wird immer, solange es Liedinterpretationskunst gibt, eine führende Rolle im Sängerinnenrepertoire spielen: persönliche Melodik, tänzerische Rhythmik, modulationsreiche Harmonik ergeben zusammen eines der stimmungsvollsten Lieder des Meisters. „Treibe nur mit Lieben Spott" hat männlich-drastischen Humor, flüssige Diktion, starke Wirkungskraft auch durch die dynamischen Extreme in der Deklamation. „Auf dem grünen Balkon" ist ein bewegliches Liebeslied für Tenor, mit der Gegenstimme in der Rechten, mit der gitarreartigen Begleitung in der Linken des Klaviers. „Wenn du zu den Blumen gehst“ gibt das männliche Gegenstück zu dem feminin empfundenen Ausgangslied des Italienischen Liederbuches „Auch kleine Dinge können uns entzücken“; die Kompositionsarbeit ist hier nur noch dichter, noch verflochtener. „Wer sein holdes Lieb verloren“ ist eine wahre Klage, eine Selbstanklage des Liebenden (von einzelnen Interpreten hineingeheimnißte Ironie ist durchaus fehl am Platz!). Dagegen sollen alle künstlerischen Mittel drastischer Ausdrucksgestaltung bei „Herz, verzage nicht geschwind, weil die Weiber Weiber sind“ mobilisiert werden, um diesen prächtigen Einfall zu größter Wirkung zu bringen. Auch „Mögen alle bösen Zungen“ ist mehr als ein Soubretten-Liedchen, ist mozartisch in seiner biegsamen Durchsichtigkeit und ein Bekenntnis wahrer Ungebundenheit. „Alle gingen, Herz, zur Ruh“ könnte auch im Mörike- oder Goethe-Band stehen, gehörte das Gedicht nicht nach Spanien; die wahre Heimat dieses Liedchens aber ist die Seele Hugo Wolfs, der aus einer poetischen Miniatur die Eingebung zur Niederschrift eines seiner stillsten, schönsten Werke schöpft. Ein Pendant dazu ist die Vertonung von „Tief im Herzen trag’ ich Pein“. Die Souveränität wahrer Meisterschaft und der Charakter einer großen Persönlichkeit, die nicht die Bestätigung durch ein Monsterwerk braucht, leuchten in „Komm, o Tod, von Nacht umgeben“ auf.

„Bedeckt mich mit Blumen, ich sterbe vor Liebe“ ist Zeugnis höchster romantischer Gefühlssubjektivität, erotisch durchpulster Lebensglut, wie sie auch im Mittelteil eines eher populär orientierten Liedes „Sie blasen zum Abmarsch“ durchbricht. „Geh, Geliebter, geh jetzt“, das der Komponist bewußt an den Schluß seiner Ausgabe setzt, markiert den Gipfelpunkt der Schöpferkraft in diesen weltlichen Liedern.

Eine eher starre Episode ist das unentwegt stichelnde Frauenlied „Sagt, seid Ihr es, feiner Herr?“, das im Kontrast zu den bedeutsamen lyrischen Ereignissen in diesem Band gut zu brauchen ist. Sparsamer in der Wahl der Mittel, transparent in der Deutung von Kopfschmerzen ist dagegen „Köpfchen, Köpfchen, nicht gewimmert“. Eine Wolfsche „Carmen“ erhält in „Trau nicht der Liebe, mein Liebster, gib acht!“ das Wort; eine Halbton- und Synkopenstudie begegnet uns in „Dereinst,

dereinst, Gedanke mein", serenadenhaft — *con sordino* — tönt es in „Und schläfst du, mein Mädchen, auf, öffne die Tür!"

„Klinge, Klinge, mein Pandero" könnte auch ein Talent minderen Außmaßes komponiert haben; in „Seltsam ist Juanas Weise" verzettelt sich jegliche Interpretationskunst; Diskrepanz zwischen harmonischer Vielfalt und melodischer Irrelevanz läßt das Interesse an „Ich fuhr übers Meer" schnell erlahmen. Schon von den Worten her ist „Blindes Schauen" nicht erträglich; auch „Eide, so die Liebe schwur" ist in der Übersetzung Heyses nicht wortklar genug, um die Treue zur musikalischen Charakteristik hochzuhalten. Zu starkes Festgefahrensein in großartigen Lösungen von Stimmführungsproblemen versagt dem Frauenlied „Sagt ihm, daß er zu mir komme" die vom Komponisten erhoffte Wirkung. Auch das virtuose „Bitt ihn, o Mutter" wirkt äußerlich. Im Chroma-Gefälle sehr verwandt mit diesem sind „Liebe mir im Busen zündet" und „Schmerzliche Wonnen". „Ach, im Maien war's, im Maien" *soll* ein volkstümliches Wanderliedchen sein. Harmonisch irrt „Ob auch finstre Blicke glitten" herum und findet keinen Halt. „Weint nicht, ihr Äuglein" rauscht lebhaft vorüber. Im Dialog „Wer tat deinem Füßlein weh" kommt der Schmerz ein wenig zu kurz. Rhythmisch und harmonisch überladen präsentiert sich „Deine Mutter, süßes Kind". Wenig Lust hat man als Interpret oder Zuhörer auf das Refrain-Lied „Da nur Leid und Leidenschaft", und der Aufschrei der Eifersucht „Wehe der, die mir verstrickte meinen Geliebten!" geht ohne starken Widerhall vorüber.

Hugo Wolf hat in seinem „Spanischen Liederbuch" die klarsten Reflexe auf den Wert der einzelnen Dichtung, beziehungsweise Übertragung vollzogen. Lediglich Skizzenfragmente sind (in der Österreichischen Nationalbibliothek) von der Orchestrierung des Liedes „Ach, Geliebter, geh jetzt" vorhanden. Die Partitur ging Wolf 1892 verloren. „Wer sein holdes Lieb verloren" und „Wenn du zu den Blumen gehst" hat Hugo Wolf in unglücklicher Zeit (zwischen dem 1. und 6. Dezember 1897) instrumentiert, die Partituren wurden vom Musikwissenschaftlichen Verlag im Jahre 1937 veröffentlicht; beide Lieder sollten in der Oper „Manuel Venegas" Platz finden. „In dem Schatten meiner Locken" und „Herz verzage nicht geschwind" wurden im Jahre 1895 in den „Corregidor" aufgenommen.

Im Juni 1967, während einer schweren Erkrankung, faßte Igor Strawinsky den Entschluß, die beiden geistlichen Gesänge aus dem „Spanischen Liederbuch" Hugo Wolfs: „Wunden trägst du, mein Geliebter" und „Herr, was trägt der Boden hier" auf seine Weise zu instrumentieren. Im Mai 1968 brachte er die Orchestrierung der beiden „Auseinandersetzungs"-Gesänge in seinem Heim in San Franzisko an einem Tag zu Papier. Im Rahmen der Berliner Festwochen 1969 kamen sie am 2. Oktober in der Philharmonie durch Kerstin Meyer, die bedeutende schwedische Mezzosopranistin, und das Radio-Symphonie-Orchester Berlin unter Robert Craft zur europäischen Erstaufführung. Gerade der Einsatz der dissonanten Intervalle, etwa der Septime bei den bangen Fragen der Seele an den Heiland, die eigenartige Harmonik der beiden Wolf-„Dialoge" muß Strawinsky zu dieser Arbeit veranlaßt haben.

Mystische Visionen und Liebeslyrik höchsten Anspruchs, dazu ironisch-drastische Situationsschilderungen machen dieses „Spanische Liederbuch" zu einem Pandämonium seelischer Spannungen, mögen sie nun auf religiösem oder erotischem Gebiet liegen.

„WANDL' ICH IN DEM MORGENTAU"
„Alte Weisen" von Keller 1890

„1890 ... Dem Vaterland. Elfenlied, etc. Sommer Rinnbach, Bayreuth dann Döbling, dann Unterach (Keller) ..."

Hugo Wolf: Daten aus meinem Leben

In der Wiener Wochenschrift „Die Zeit" vom 23. Februar 1904 erzählt Marie Lang, „Wie der ‚Corregidor' enstand". Da finden wir vermerkt, daß Hugo Wolf, der im September 1888 durch Adalbert von Goldschmidt Alarcons „Dreispitz" kennengelernt hatte, gerade zur Zeit der Komposition des „Spanischen Liederbuches" immer wieder nach der Novelle griff, sie zu einem Opernlibretto umzuformen. Er habe schließlich resigniert und seine Begeisterung über das spanische Volk und über die spanische Musik in die Liedvertonungen einfließen lassen. Im Freundeskreis aber ging die Diskussion um das ersehnte Opernlibretto weiter; Julius Mayreder, ein Mitglied der Sommerkolonie im Schloß Bellevue, hatte vorgeschlagen, seine Schwägerin möge den „Dreispitz" bearbeiten. Ohne die Einwände Marie Langs zu beachten, hat man ohne Wissen Wolfs beschlossen, Rosa Mayreder das Libretto ausarbeiten zu lassen. Bald lag der erste Akt vor, und der Freundeskreis fand ihn ausgezeichnet gelungen. Zu Beginn des Jahres 1890 war die Arbeit vollendet und wurde Wolf anonym ins Werner-Haus nach Perchtoldsdorf gesandt. Zwei Tage später stürmte Hugo Wolf in die Wiener Wohnung der Langs, schleuderte das Manuskript auf den Tisch und fragte den Freund nach einigen Minuten unerträglichen Schweigens: „Hast du das geschrieben?" — Lang: „Nein." — „Oder am Ende deine Frau?" — „Nein, auch nicht." — „Gott sei Dank, das wäre schrecklich gewesen!" Und dann folgte ein Redeschwall über die banale Erbärmlichkeit des Machwerks. „Fort damit!" — war der Befehl Wolfs, das Manuskript nahm den Weg zurück zur Autorin.

Wolf war auf eine Oper geradezu versessen. Nicht nur die

innere Aufgabe reizte ihn, noch mehr die äußere Erfolgsmöglichkeit, die Aussicht auf Anerkennung und Kasseneingang. Er, der zeit seines Lebens heftig und lebensnahe träumte, beschrieb einmal seinem Freund Hellmer ein Traumbild, das ihn immer wieder von neuem heimsuchte: Er war als Besucher in einem Opernhaus, in dem eine Novität aufgeführt wurde, und entdeckte plötzlich, daß er seine eigene Musik höre. Ängstlich erwartete er Minute für Minute den Abbruch der Vorstellung. Doch die Oper wurde fertiggespielt, und Wolf sah sich auf einmal auf der Bühne vor dem heftig applaudierenden Publikum, ja er konnte den Beifall sogar hören. Auch untertags verfolgten ihn derartige Traumvorstellungen.

Bis Ende Mai 1890 blieb Hugo Wolf im Werner-Haus. Am 6. Mai gelang ihm eine besonders feinsinnige Orchesterfassung des Mörike-Liedes „In der Frühe". Zwei Tage später hörten seine Freunde im Wagner-Verein erstmals das „Elfenlied" aus Shakespeares „Sommernachtstraum" und dazu elf Lieder, von denen mehr als die Hälfte wiederholt werden mußten. Ellen Forster hatte das Sopransolo im „Elfenlied" gesungen und Joseph Schalk hatte sowohl das neue Stück wie auch die Lieder, die Ferdinand Jäger interpretierte, am Flügel begleitet. Erst die Publikation der ersten Manuskriptseite in der deutschen Ausgabe von Ernest Newmans Wolf-Biographie hat eine Klärung des Datums des Liedentwurfes „Dem Vaterland" nach Reinick, vorerst für eine Gesangsstimme mit Klavier, möglich gemacht: Wolf hat das Gedicht am 12. Mai 1890 zunächst in dieser Weise vertonen wollen. (Decsey datierte die Kompositionsabsicht in die Zeit der Mörike-Lieder zurück, Heinrich Werner gibt in seinem Büchlein das Datum dieser Niederschrift mit „wahrscheinlich Ende Jänner 1888" an.) Freund Jäger schwebte ihm da als Sänger für dieses patriotische Stück vor, bis ihm klar wurde, daß der poetische Vorwurf nach einer größeren Besetzung verlange. So setzte er das Stück für eine Männerstimme, Chor und Orchester und hatte es, laut brieflicher Feststellung, in Unterach bis 4. Juni 1890 vollendet. Diese Fassung, die in der Österreichischen Nationalbibliothek liegt, blieb unveröffentlicht. Wir werden der neuen Fassung im Mai-Juni 1894 und ihrer Revision 1897/98 begegnen.

Am Pfingstmontag des Jahres 1890, der auf den 25. Mai fiel, bezog Wolf Quartier im Ecksteinschen Familienhaus in Unterach. Dort wollte er endlich die Arbeit an einem neuen Liederzyklus beginnen, als dessen Dichter er schon seit Jahresfrist Gottfried Keller ausersehen hatte. Das Jahr 1889 war im Zeichen des siebzigjährigen Dichters gestanden, die Jubelgeburtstagsgabe Wolfs kam nun etwas spät und überraschend zögernd zutage. Unser Komponist hatte sechs Lieder aus den „Alten Weisen" ausgewählt und begann nun gleich am ersten Tag im Salzkammergut mit der Vertonung der Verse „Tretet ein, hoher Krieger", hoffte, die nächsten Werke bald nachfolgen lassen zu können. Doch am 28. Mai beklagte er sich in einem Brief an Gustav Schur über sich selbst: „Meine Hoffnung, Sie in meiner Weise überraschen zu können, ist leider zunichte geworden. Wenn Sie nun erfahren, daß ich am Pfingstsonntag eines meiner schönsten (und wie ich hoffe, dereinst populärsten) Lieder geschrieben, wird Sie das sehr kalt lassen, denn Sie werden mit Recht erwarten, daß ich am Pfingstmontag zwei, am Dienstag wieder zwei und heute noch mindest drei komponierte. Ach, wie ganz anders ist alles geworden. Ich habe seit dem einen ‚Tretet ein, hoher Krieger' (von Gottfried Keller) gar keines mehr geschrieben." Am 2. Juni komponierte Wolf „Singt mein Schatz wie ein Fink", am 4. Juni hat er, wie wir wissen, die Partitur von „Dem Vaterland" fertiggestellt, das Manuskript von Kellers „Wie glänzt der helle Mond" trägt das Datum 5. Juni, „Das Köhlerweib ist trunken" ist mit 7. Juni datiert, „Wandl' ich in dem Morgentau" mit 8. und „Du milchjunger Knabe" mit 16. Juni. (Einen Tag vorher war der Dichter gestorben.) Doch scheint es nach Wolfs Briefen an Melanie Köchert vom 24. Juni anders gewesen zu sein: „Hurrah! Der Bann ist gebrochen! Gestern" — also am 23. Juni! — „die verwünschte Apfelblüth' " — also die dritte Strophe von „Wandl' ich in dem Morgenthau" — „wundervoll komponiert. St. Petrus flucht ganz fürchterlich, was nur das Zeug hält" — da geht es wohl um die letzten Zeilen von „Wie glänzt der helle Mond" — „Das trunkene Köhlerweib nach einer Skizze vom 7. d. M. ebenfalls vollendet. Heult schauderhaft" — da meint er sicherlich den Schlußteil des Liedes „Das Köhlerweib ist trunken" — „Habe endlich, endlich die 6 beieinander. Nun komme, was will, mein Tagewerk ist vollbracht."

Niemals hat Wolf das Lied „Frohe Botschaft" nach Reinick

veröffentlicht, das, gleichsam als Nachzügler zu den Keller-Liedern, am 25. Juni in Unterach entstand. Es beschließt den 1969 neu erschienenen Band „Nachgelassene Lieder II“ innerhalb der Hugo-Wolf-Gesamtausgabe. Wir haben es da mit einer sehr wertvollen Komposition zu tun, deren Klavierpart im längeren Expositionsteil durchaus eigenständig ist, während uns die Singstimme die Situation des ungeduldigen Freiers schildert. Erst zum „happy end“ lösen sich die kontrapunktischen Verwirrungen und virtuosen Oktavenketten des Klaviers, hochstrebende Jubeltöne der Gesangsstimme kadenzieren im strahlenden E-Dur. Unbegreiflich, warum dieses Lied bis heute der Vergessenheit anheimgefallen ist!

Doch nun zu diesen sechs Keller-Liedern, zu den „Alten Weisen“. Das D-Dur-Lied „Tretet ein, hoher Krieger“ ist wahrhaftig ein Wurf! Der prägnant melodische Einfall bleibt beim ersten Hören im Kopf, das „Schmissige“, die offene Ironie auf den Militarismus ist glänzend getroffen, der gemessene Marschier-Rhythmus tut das Seine zur Wirkung, die harmonischen Spaziergänge und modulatorischen Ausflüge haben ihr festes Ziel. Der ausklügelnde, intellektuelle Wolf gestaltet das zweite Lied: „Singt mein Schatz wie ein Fink“ zwar achtenswert, aber zu wenig konturiert, das immer stärker vorwärtsstrebende Accellerando, das die zweite Hälfte des Werkes beherrscht, vermag den Erfolg der Vertonung nicht zu garantieren. „Du milchjunger Knabe“ — dieser Zurechtweisung eines „Oktavian“ durch eine „Marschallin“ fehlt es zunächst am „Augenzwinkern“, dieses stellt sich erst in den letzten acht Takten ein, der seriöse Anstrich des musikalischen Habitus wird vom Zuhörer anfangs zu ernst genommen. Von Anmut ist „Wandl’ ich in dem Morgentau“ erfüllt, Frühlingsgefühl dehnt sich aus und weitet den Blick. Man müßte Hugo Wolfs „Frühlingslieder“ zu einer Gruppe zusammenstellen, um einem Wolf-fernen Publikum einen Begriff von der Leuchtkraft der Lieder unseres Komponisten zu geben: da hätte dieses Werk neben „Im Frühling“ („Hier lieg ich auf dem Frühlingshügel“, nach Mörike), neben „Zitronenfalter im April“ (Mörike), neben „Frühling übers Jahr“ (Goethe) und dem jubelnden „Er ist’s“ (wieder Mörike) seinen Ehrenplatz. „Das Köhlerweib ist trunken“ — „wild und sehr lebhaft“ heißt die Tempovorschrift — ist das Virtuosenstück dieser Gruppe; immer von neuem reizt den hervorragenden Klavieristen Wolf die Nützung des Begleitinstrumentes zu entfesselter Virtuosität, die letztlich stets der Charakteristik der Gesangsmelodie dient. Der vorgeschriebene $^3/_8$-Takt ist in acht Einheiten zusammenzuschließen, um ein Skandieren (und damit Hemmen des musikalischen Flusses) zu vermeiden. Sind die technischen Voraussetzungen beim Sänger und Pianisten gegeben, dann hat dieses Lied Erfolgschancen wie Mörikes „Lied vom Winde" oder der Goethe-Gesang „Trunken müssen wir alle sein". In die nahe impressionistische Zukunft des Liedes weist das Schlußwerk „Wie glänzt der helle Mond"; hier hat wieder die Goethe-Vertonung von „St. Nepomuks Vorabend" Pate gestanden; aber das neue Kind der Muse ist noch zarter und stiller, noch persönlicher und ausgeprägter in seiner Unverwechselbarkeit.

Zusammenfassend könnte man sagen, daß die Art, Eichendorff zu vertonen, den durch die schöpferische Beschäftigung mit Goethe und den spanischen Dichtern gereiften Komponisten zu Gottfried Keller geführt hat. Wieder ist den Einzelcharakter Gegenstand dieser Gedichte. Die geringe Zahl der Aufführungen dieser „Alten Weisen" steht in keinem Verhältnis zu deren innerem Wert. Es gibt für berufene Wolf-Interpreten und für ein sich zuständig fühlendes Publikum noch genug im Oeuvre Hugo Wolfs zu entdecken! In einem Brief an Melanie Köchert aus Unterach zieht er über Brahms her, von dem er Freund Larisch zwei Gottfried-Keller-Lieder vorspielte: „Therese" („Du milchjunger Knabe") und „Salome" („Singt mein Schatz wie ein Fink"): „... O Sie hätten Ihre Freude daran erlebt! Welch' ein Meister des Dudelsackes und der Ziehharmonika ist doch Brahms ..." Was hätte Wolf wohl zu den seinen Vertonungen mindest ebenbürtigen „Alten Weisen" von Hans Pfitzner gesagt?

Äußerlicher Ehrgeiz und Anerkennungssucht lassen Wolf im Brief an Frau Melanie Köchert das Werk „Dem Vaterland" gegen Freunde, die ihn auf Schwächen hinweisen, verteidigen: „Wenn der Deutsche Kaiser dasselbe hört, macht er mich schnurstracks zum Reichskanzler. Es ist von Reinick ... und schließt mit den Worten ‚Heil dir, heil dir, du deutsches Land!' Ja, da kann einer lang ‚Heil dir' schreien, bis das so ins Mark geht, wie mit meiner Musik. Wie ich zu diesem todesmutigen patriotischen Ton gelange, ist mir selbst rätselhaft. Ich fange gerade an zu glauben, daß ich eben alles kann. Na, Jäger wird Purzelbäume schlagen! Ist's doch für ihn geschrieben."

Andere Pläne gingen Wolf durch den Kopf. Sein Freundeskreis wollte ein neues Orchesterwerk aus seiner Feder.

In der Wiener Stadtbibliothek liegt ein „Konvolut von Skizzen", darunter ein Blatt mit einer Bleistift-Skizze; ein Thema für Celli und Bässe, mit 2. Dezember 1889 datiert, trägt die Überschrift: „Einleitung zu ‚Hamlet' ". Sonst ist nichts über dieses Projekt zu erfahren. Eines Tages entschloß sich Hugo Wolf zu einem „Symphonischen Gemälde zu Shakespeares ‚Sturm' ". Doch interessierten ihn bald die Charaktere stärker als die Idee des Stückes. So schreibt er am 28. Mai — mitten aus der Arbeit an den Keller-Liedern — an Gustav Schur: „Aber je mehr ich bemüht war, das Stück mir in seinen einfachsten Zügen zu veranschaulichen, desto lebhafter drängt sich die bunte Pracht dieser in ihren Kontrasten ganz einzig dastehenden Bilder vor meiner Einbildungskraft. Heiliger Gott, denk ich mir, wenn das nicht ein vom Himmel dir in den Schoß gefallener Opernstoff sein sollte, auf was könnte ich noch warten? Was sagen Sie, Freund Schur?

Prospero! welch ein majestätischer Baß! Fernando, Miranda — ein Liebespaar wie Adam und Eva. Ariel — ich höre schon die schönsten Koloraturen!!? — Na und Caliban und Trinculo und Stephano? Dieses Kleeblatt!! — Was sagen Sie? Ich habe schon ein Szenarium entworfen: die erste Szene bleibt, die zweite detto, nur bedeutend gekürzt (aber wie wagnerisch — Prospero in der zweiten Szene!). Von pag. 17 (Universalbibliothek, Schlegelsche Übersetzung) entfällt die Szene mit Caliban und kommt (siehe pag. 19) gleich Fernando. Der Akt kann wie bei Shakespeare schließen. Im zweiten Akt entfällt die erste Szene gänzlich, er beginnt gleich mit der ungeheuer stimmungsvollen zweiten Szene des Caliban. Jetzt denken Sie sich die tolle Szene zwischen Caliban, Trinculo und Stephano, es muß zum Bersten werden. In dieser Szene müßte sogleich das Attentat gegen Prospero vorbereitet werden. Mit dem bestialischen Trinklied des Caliban kann dieser Auftritt schließen. Der Beginn des dritten Aktes bei Shakespeare gibt die zweite Szene des zweiten Aktes, hingegen hätte die zweite Szene bei Shakespeare zu entfallen und bildet den dritten Auftritt des zweiten Aktes (siehe pag. 57).

Mit der Hetzjagd Ariels und seiner Geister auf die Verschwörer schließt der zweite Akt. Im dritten Akte, der bei Shakespeare der fünfte ist, entfaltet sich die ganze Persönlichkeit Prosperos. Antonio, Gonzalo etc. etc. würden, wie überhaupt die ganze Zeit über, auch diesem Akte ziemlich in den Hintergrund treten. Dies in flüchtigen Zügen meine Absicht."

Wahrhaftig, ein musikdramaturgisch äußerst wirksamer Plan, den Frank Walker ein wenig mißverstand, weil er Wolfs Verbum „entfallen" in seiner vollen Bedeutung einschätzte, während unser Komponist lediglich einem Szenentausch das Wort reden wollte. Ist es nicht eigenartig, daß zwei der Wolf längere Zeit bewegenden Shakespeare-Opernpläne erst in unserem Jahrhundert Wirklichkeit wurden: Benjamin Brittens „Sommernachtstraum" und Frank Martins „Der Sturm"?! Und gibt es uns nicht zu denken, daß es sich im Falle beider Komponisten nicht um revolutionäre Neutöner, sondern um Tondichter handelt, denen gleich Wolf nicht das gewählte Tonmaterial, sondern die persönliche Aussage am wichtigsten erschien?

Wolf drängte weiter. Er bittet Schur zunächst, Richard Genée, den populären Librettisten und Komponisten, um seine Meinung zu fragen, und ersucht schließlich den Freund und Gönner Schur, ein Libretto selbst zu erstellen, „denn manchen braven Mann hat die Not schon zum Dichter gemacht". Und „da einer von uns zum Dichter werden muß, ist's mir schon lieber, wenn Ihnen das Malheur passiert".

In dieser Zeit erhielt Wolf zwei Gedichtbände von Detlev von Liliencron zugesandt, der durch die Artikel Schalks und des Herausgebers der Zeitschrift „Die Gesellschaft", Michael Georg Conrad, auf Wolfs Lieder aufmerksam geworden war. So bat Wolf auch Liliencron um ein „Sturm"-Libretto nach Shakespeare. Dieser schob seinerseits ein eigenes Drama „Pocahontas" vor. Dazu Wolf: „Er bietet mir ein Trauerspiel an, das in Nordamerika vor sich geht. Aber trotz meiner Begeisterung für Buffalo Bill und seine ungewaschene Gesellschaft, ziehe ich den heimischen Boden und seine Gewächse, die die Vorteile der Seife zu schätzen wissen, vor." Auch Grohe stellte sich gegen die „Sturm"-Opern-Idee und empfahl ein poetisches Drama über Buddhas Leben von Karl Heckel, dem Mannheimer Musikverleger. Diese Anregung löste einen klaren Grundsatzbrief Hugo Wolfs aus:

„Also einen Buddha soll ich komponieren, so eine zweite Auflage Parsifal, vielleicht auch mit variierten Wagner'schen Motiven? Wahrhaftig, ich begreife Sie nicht. Wie wenig sind Sie mit meinem künstlerischen Wesen vertraut, daß Sie mir zumuten, so hohe Aufgaben zu lösen. Noch hat die Welt kaum eine Ahnung von dem philosophischen Tiefsinn, der sich in der ungewöhnlichsten Weise in den letzten Werken des Meisters ausspricht, und schon soll wieder etwas entstehen, das den Leuten neues Kopfweh verursachen soll — notabene durch bereits erprobte Kunststücke —, wo sich doch allenthalben das Bedürfnis kundgibt nach behaglichem Genießen, nach freundlichen Bildern, wo alles sich sehnt, in dem grämlichen und grübelnden Ausdruck unserer Zeit ein verborgenes Lächeln, einen schalkhaften Zug zu erspähen. Sollen wir denn in unserer Zeit nicht mehr von Herzen lachen können und übermütig sein, müssen wir Asche aufs Haupt streuen, Bußgewänder anziehen, die Stirne in tiefsinnige Falten kleiden und Selbstzerfleischung predigen? Möge die Welt erlösen, wer den Erlöserberuf in sich fühlt; mich schert das wenig. Ich für mich will heiter sein, und wenn hundert Leute mit mir lachen können, bin ich's zufrieden. Ich strebe auch keine ‚welterlösende' Heiterkeit an. Nichts weniger als das. Das überlassen wir billig den großen Genies. Wagner hat in seiner und durch seine Kunst bereits ein so gewaltiges Erlösungswerk vollbracht, daß wir uns dessen nun endlich auch erfreuen können, daß wir ganz unnützerweise den Himmel stürmen, weil er bereits erobert ist, und daß es das gescheiteste ist, in diesem schönen Himmel ein recht freundliches Plätzchen uns zu suchen. Und dieses angenehme Plätzchen möcht ich gern finden, aber beileibe nicht in der Wüste bei Wasser und Heuschrecken und wildem Honig, sondern in einer fröhlichen und originellen Gesellschaft, bei Gitarrengeklimper, Liebesseufzern, Mondscheinnächten, Champagnergelagen usw., kurz in einer komischen Oper, ohne das düstere, welterlösende Gespenst eines Schopenhauerschen Philosophen im Hintergrunde. Dazu und nur dazu benötige ich einen Dichter, und wahrhaftig! dazu muß man auch ein Dichter sein und ein ganz verfluchter obendrein . . . .Verschaffen Sie mir ihn, und Sie sollen merken, daß ein Dutzend Buddhas so ein ganz gewöhnliches, aber komisches Operl nicht aufzuwiegen imstande sind."

Die Absichten des Liedmeisters und des Opernträumers Hugo Wolf sind also nicht dieselben. Unser Komponist gibt sich in diesem Brief, als wäre er — als einer der umgänglichsten Zeitgenossen — nur darauf aus, humorvoll der Unterhaltungsfreude der Menschen zu dienen. Als hätte er niemals „Denk es, o Seele“, „Wo find ich Trost“, die Mignon- oder die Harfnerlieder komponiert! Der zornige Romantiker hängt sich hier ein Tarnmäntelchen um, weil es ihm die Ratio gebietet. Er weiß, daß der Weg des Wagnerschen Musikdramas in eine Sackgasse geführt hat. Er war auch Wagner niemals so nahe, als daß er nicht von ihm loskommen wollte. Also diktierte ihm sein Verstand die Sehnsucht nach einem komischen Opernstoff. Wirklich komisch war er auch im Lied nie. Zärtlich, burlesk, unkompliziert bisweilen, aber komisch nirgends. Grohe empfahl ihm dann noch Gozzis „Il publico segreto“, aber die Figuren waren nicht nur für Wolf zu sehr Typen, zu wenig Individualitäten.

In den letzten Junitagen 1890 nahm Hugo Wolf von Unterach Abschied und übersiedelte ins Köchert-Haus nach Rinnbach, wo er den ganzen Juli blieb. Zusammen mit den Brüdern Schalk, die in der Nähe ihren Urlaub verbrachten, besuchte Hugo Wolf eines Tages auf seinen Wanderwegen in Ischl den Dirigenten Arthur Nikisch, der seinen Gästen in Aussicht stellte, er werde in Boston Wolfs „Penthesilea“ aufführen (wozu es freilich niemals gekommen ist).

Am 2. August kehrte Wolf ins Döblinger Köchert-Haus zurück. Da erschien in der Berliner Wochenzeitschrift „Deutschland“ ein Artikel Hermann Bahrs, der seine neueste Idee zur Diskussion stellte: die Pantomime wäre die geeignetste Kunstgattung, um die Kluft zwischen der älteren und der neueren Bühnenkunst zu überbrücken; und er nannte drei Künstler, die für eine gemeinsame Arbeit in Frage kämen: Liliencron, Hugo Wolf und Böcklin. „Nach sechs Wochen wären die drei ganz phantastisch riesige Millionäre“, schloß Bahr die Darstellung seines Projekts. Wolf schrieb dazu an Frau Melanie: „Was denken Sie über mich als phantastisch riesigen Millionär? Liliencron geht übrigens in allem Ernst darauf ein und schlägt mir zu diesem Behufe seine indianische Schauergeschichte ‚Pocahontas‘ vor. Aber Böcklin? Der wird Augen machen wie seine Seeungeheuer! Verfluchter Kerl, der Bahr! Liliencron ist übrigens, wie Sie aus beiliegender Karte, die ich soeben erhalten habe, ersehen werden, ganz entzückt von Bahrs Genie. Der Himmel weiß es, was er an diesem Strudelkopf für einen Narren gefressen. Die ‚Millionen' wären mir übrigens schon recht und wenn ich mit Repetiergewehren und Kanonen ‚pantomimische' Musik machen sollte." Noch zwei Libretti für eine solche Pantomime wurden in Betracht gezogen: die Legende von Cupido und Psyche nach Apuleius' „Goldenem Esel" und ein reines Männerstück, „Hildebrands Heimkehr", wohl nach dem längst vergessenen Epos von Wilhelm Jordan.

Gustav Schur hatte inzwischen mit Schott und anderen deutschen Verlegern verhandelt. Auf Schotts ersten Vorschlag: eine Auswahl von 12 Liedern aus dem „Spanischen Liederbuch" zu publizieren und dafür 600 Mark zu bezahlen, ließ Wolf antworten, er könne auf solche Weise ebensogut den ganzen Band verschenken, als einzelne Lieder daraus um eine derart lumpige Summe zu verkaufen. Sein eigener Plan: Der ganze Lieder-Band im Schott-Verlag, Teilung der Einkünfte nach Abzug der Herstellungskosten zwischen Autor und Verlag. Der nächste Einwand seitens des Verlages: das Spanische Liederbuch enthalte eine Reihe „nicht komponierbarer Gedichte". Worauf Wolf voll Zorn an Schur schrieb: „Schott kann mich - - - Ja, ich will lieber fortwursteln, als mit diesem Käsekrämer ein Geschäft machen. Ich bin des Feilschens nun satt. Schreiben Sie Schott, daß ich auf Teilung des Reingewinnes bestehe, daß ich auf einer vollständigen Ausgabe der Spanier beharre und daß er als Einzelexemplare meinetwegen nur zwölf Lieder zu drucken brauche. Aber auf der vollständigen Bandausgabe bestehe ich; gefällt's ihm nicht, so soll er unverzüglich die Kopiaturen und die drei Bände zurückschicken. Dies mein reiflicher, wohlüberlegter Entschluß und mein letztes Wort . . .

Fügen Sie Ihrer Antwort an Schott bei, daß es meinem und nicht des Verlegers Gutdünken beikommt, Gedichte auszuwählen, die sich zur Komposition eignen oder nicht eignen. Das fehlte noch, sich von diesen Urrindviehern vorschreiben zu lassen, was zu komponieren ist, was nicht. — ‚Eine ganze Reihe nicht komponierbarer Gedichte!' — o — du Caliban. Indem ich sie komponierte, waren sie komponierbar."

Verbindlicher leitete Schur Wolfs Entschluß an Schott weiter, um den Weg für spätere Verhandlungen offen zu halten.

Der Verlag „Breitkopf und Härtel“ war der nächste Empfänger der Lieder. Da findet sich in Oskar von Hases „Gedenkschrift und Arbeitsbericht“ (Breitkopf und Härtel, Leipzig 1919) der Bericht des ehrenvoll anonym gebliebenen Lektors: „Die Lieder von Wolf gehören zu dem Ungereimtesten, das die äußerste Linke der norddeutschen Schule wohl bisher gezeitigt haben mag, und haben nach meinem Begriffe der Tonkunst nichts weiter mit ihr gemein, als etwa das Elementare des Klanges und des Rhythmus.“ Die Drucklegung der Lieder wurde also abgelehnt. Schon wollte Wolf die Lieder auf eigene Kosten, wieder bei Lacom, drucken lassen, als Schur und Schott die Fäden weiterspannen. Wolf hatte nur noch das Verlagshaus persönlich zu besuchen, um die Verhandlungen abzuschließen.

In der ersten Septemberwoche entstanden in Döbling vier weitere Orchester-Liedfassungen: „An den Schlaf“ und „Gebet“ kamen am 4. September in Partiturform, „Neue Liebe“ folgte am 5. September, und besonders gelungen erscheint uns das Partiturbild von „Wo find ich Trost?“, das am 6. September niedergeschrieben wurde. Am 10. September verreiste Hugo Wolf für eine Woche nach Kövecses in Ungarn als Gast des Barons Schey, bevor er noch für ein paar Tage nach Rinnbach zu Köcherts und von dort zurück zu Eckstein nach Unterach fuhr.

„MIR WARD GESAGT, DU REISEST IN DIE FERNE . . .“
Italienisches Liederbuch I 1890/1891

„1890 Unterach (Italienische). Erste Reise nach Deutschland bis Köln.“

„1891 Döbling. Fest auf Solhaug. 2 italienisch, Sonst nichts. Im Winter 2te Reise nach Mannheim zur Christnachtaufführung. Sommer Unterach, Rinnbach, Ebensee, Traunkirchen. Inzwischen Bayreuth.“

Hugo Wolf: Daten aus meinem Leben

Gustav Schur erhielt einen mit 24. September 1890 datierten Brief von Hugo Wolf aus Unterach. Da war zu lesen: „Ich spüre verdächtige Anzeichen zum Komponieren in mir und erwarte jeden Augenblick eine Explosion.“ In der Tat entstand am 25. September 1890 die erste Komposition für Paul Heyses „Italienisches Liederbuch“: „Mir ward gesagt, du reisest in die Ferne“. Am gleichen Tag konnte auch die Instrumentation des Mörike-Liedes „An eine Christblume“ beinahe vollendet werden (die unvollständige Partitur liegt in der Wiener Stadtbibliothek). Drei weitere Vertonungen für das „Italienische Liederbuch“ folgten: am 2. Oktober „Ihr seid die Allerschönste“, tags darauf „Gesegnet sei, durch den die Welt entstund“ und am Morgen des 4. Oktober „Selig, ihr Blinden . . .“

Am nächsten Tag brach Wolf erneut nach Rinnbach auf, wo er bis zum 9. Oktober blieb. Von hier trat er seine große Deutschlandreise an, die ihn erst am 28. Oktober nach Wien zurückkehren ließ.

München war das erste Reiseziel. Mit Liliencron, der selbst gern sang und — im Gegensatz zu anderen Poeten — Vertonungen seiner Gedichte geradezu herbeisehnte, verstand er sich spontan ausgezeichnet. Wolf hörte gern die Erzählungen Liliencrons aus seinem abenteuerlichen Leben (aus dem Hauptmann in der deutschen Armee wurde wegen Verschuldung ein Obdachloser in New York, — wo er im Asyl des Alligator-

Hotels fünf Cent dafür zu entrichten hatte, sich nachts an ein Seil anlehnen zu dürfen —, der sich dann als Anstreicher, Lehrer, Pferdehändler und Unterhaltungsmusiker fortbrachte). Liliencron erstrebte freilich eine künstlerische Zusammenarbeit, die niemals zustande kam, blieb aber zeit seines Lebens ein glühender Verehrer der Wolfschen Kompositionen; vielleicht waren die Typen beider einander zu sehr entgegengesetzt, als daß volle Übereinstimmung denkbar gewesen wäre. Arthur Eloesser charakterisierte Liliencron einmal als einen Menschen, „der immer von einem guten Gaul abgesessen schien, um sich zu Austern und Champagner zu setzen".

Auf eigenartige Weise wurde Liliencrons Freund Michael Georg Conrad, den wir schon als Herausgeber der Zeitschrift „Die Gesellschaft" und als eines der Häupter der naturalistischen Bewegung in der deutschen Literatur kennengelernt haben, mit Hugo Wolf bekannt. Als Conrad am 11. Oktober zur Mittagszeit von einem Spaziergang in sein Heim zurückkehrte, hörte er aus dem Musikzimmer eine rauhe Stimme und dröhnende Läufe auf dem Klavier; er erkannte immerhin das Werk, den „Feuerreiter" Wolfs nach Mörike. Der Sänger-Pianist stellte sich vor: „Hugo Wolf aus Wien." Und setzte fort: „Das wollte ich Ihnen zeigen!", schlug einmal den Goethe-, dann wieder den Mörike-Band auf und musizierte unermüdlich weiter. Die Enddevise: „Sie müssen mir helfen, München muß mich kennenlernen!" Ein langer Bericht aus Wolfs Feder an Melanie Köchert verdient, mit den Augen von heute gelesen zu werden: „Meine Chancen hier in München steigen. Levi hat mich auf das freundlichste willkommen geheißen und mir alsogleich ein Empfehlungsschreiben an Eugen Gura verabreicht, um den Sänger für meine Sachen zu interessieren. Gura war mit mir die Liebenswürdigkeit selbst. Er bekannte mir, Lieder von Wolf bestellt zu haben, erhielt aber die eines falschen Wolffes. Gura ist ein intelligenter, bescheidener und strebsamer Sänger u. vor allem kann er was; u. z. kann er sehr, sehr viel, besitzt eine göttliche Stimme und singt himmlisch schön, wovon mich zu überzeugen ich heute die beste Gelegenheit hatte. Er gab nämlich einen Liederabend und nötigte mich durch Überweisung eines Billets zum Besuche seines Konzertes. Das Programm war, wie Sie aus dem beiliegenden ersehen werden, sehr schofel. Schumann fiel ganz durch. Überhaupt war der Beifall trotz der großen Kunst Gura's sehr schwach, woran die getragenen, langen, langsamen und langweiligen Kompositionen die Schuld trugen. Die Zwischenpausen wurden — Gott sei Dank — ohne die in Wien üblichen Klavierpaukereien hingebracht. Ich hatte so die Empfindung, daß, wenn Gura ein feuriges Stück, etwa meinen Rattenfänger oder nur die Fußreise oder etwas dergl. gesungen, die Leute alle vor Freude u. Seligkeit über eine derartige Abwechslung verrückt geworden wären. Gura interessiert sich ganz riesig für meine Sachen. Nun morgen 10 Uhr vormittags kommen wir mit Levi, Porges, Merz, Liliencron und Conrad zusammen; da wird er meine Sachen zur Genüge kennen lernen. Heute spielte ich Conrad und Liliencron meine Sachen vor. Die beiden waren im buchstäblichsten Sinn des Wortes niedergedonnert. Der eine weinte und der andere schrie, es war zum toll werden. Liliencron will mich um jeden Preis andichten. Vielleicht bin ich der Held der nächsten Novelle. Der eine schrie, das ginge über Wagner, der andere brüllte, daß der Teufel selbst nicht die Dinge zusammenbrächte; kurz — die Kerle sind rasend geworden. Hoffentlich werden's die anderen morgen auch sein." Zusammenfassend schrieb er an Schur über das Treffen im Klavierzimmer der Musikalienhandlung Alfred Schmied in der Maximilianstraße: „Im ganzen ging's gut, doch wurde ich nur von einzelnen verstanden, Gura war von meinen Harfnerliedern entzückt, umsomehr, da er tags zuvor mit den Schumannschen in seinem Liederabend Fiasco erlitt." An Frau Melanie wurde ausführlich berichtet: „... Ich habe fast nur Goethe vorgetragen, doch wurde vieles gar nicht verstanden, so z. B. ‚Phänomen' u. ‚Dies zu deuten bin erbötig'. Auch die Heiligen Drei Könige taten nicht ihre gewohnte Wirkung; kurz, es ging ziemlich spießig. Gura, der am längsten bei mir aushielt, sang mir, da nur noch Liliencron anwesend war, meine Harfnerlieder vom Blatt weg vor u. z. in geradezu vollendeter Weise. Er war ganz begeistert davon u. stellte dieselben weit über die Schumannschen und Schubertschen. Ganz entzückt war er von ‚Auf einer Wanderung', das er so wie es im Original niedergeschrieben, singen will. Levi gefielen am besten die beiden Cophtischen, ‚Als ich auf dem Euphrat schiffte' u. seltsamerweise ‚Wenn ich Dein gedenke' u. ‚Wie sollt ich heiter bleiben'. Der Rattenfänger wollte nicht verfangen, hingegen war alles in Ekstase über

‚Trunken müssen wir alle sein‘ u. ‚Komm, Liebchen, komm‘. Im ganzen gewann ich den Eindruck, daß ich nicht verstanden wurde, daß man zu sehr mit dem Musikalischen sich beschäftigte u. darüber das Neue und Eigenartige meiner musikalisch-dichterischen Auffassung vergaß. Immer und immer nur Musikantengeschwätze. Ach, wie anders verstehen Sie mich u. selbst meine Wiener Freunde.“

Conrad hat später „Erinnerungen an Wolf“ in den „Münchener Neuesten Nachrichten“ veröffentlicht. Da kommen Gura und Porges schlecht weg: der Sänger warnte vor Aufführungsoptimismus angesichts des in München herrschenden konservativen Geschmacks, der Kritiker versprach zu helfen, „sobald man seiner Feder bedürfe“, und schwieg auch in seiner Zeitung. Das einzige (künstlerisch auch nicht so) positive Ergebnis dieser Münchner Begegnungen war das Gedicht Liliencrons „An Hugo Wolf“, das den Komponisten in Deutschland bekannt gemacht hat; über den Wahrheitsgehalt und den künstlerischen Wert des Poems mit den Zeilen: „Platz da, Platz da, Gesindel, / ein junger Germanenkönig kommt, / ein König der neuen Kunst“ läßt sich nicht einmal streiten.

Der 13. Oktober war Stuttgart gewidmet. Wolf konnte vom Dirigenten Wilhelm Förstler, der die Chorvereinigung „Liederkranz“ leitete, das Versprechen einer Aufführung des Hymnus „Dem Vaterland“ mitnehmen. In Tübingen ließ der Komponist tags darauf sein Gepäck, zu dem auch die unetbehrliche Gummiwanne zählte, am Bahnhof und besuchte ohne Vorankündigung den vierundzwanzig Jahre älteren Musikdirektor Emil Kauffmann in seinem Haus Neckarhalde 60. Zunächst galt es, Mißverständnisse aufzuklären: Vor diesem ersten Treffen hatte Kauffmann, seit 1877 Musikdirektor an der Universität und beliebter Chordirigent in ganz Württemberg, Hugo Wolf in einem Zeitungsartikel über die neuen Mörike-Lieder als „den Sohn der Zeit“ bezeichnet, „die einen Wagner und einen Brahms hervorgebracht hat“, worauf Wolf in der Korrespondenz mit dem ihm damals persönlich nicht bekannten Musiker replizierte, mit Nietzsches Urteil über Brahms („Er hat die Melancholie des Unvermögens“) daherkam und jene „strenge, herbe, unerbittliche Wahrheit“ herausstrich, die sein „eigenes Ideal und Ziel“ darstelle. Nun setzte sich Wolf an das Kauffmannsche Klavier und spielte aus Wagners „Lohengrin“ jene Stellen jubelnder Freude, deren „ein Brahms eben nicht fähig“ sei. Kauffmann widersprach nicht, gab Wolf auch nicht recht und hielt es so für immer mit dem Komponisten, der in ihm respektvoll den Mörike-Freund sah. Kauffmann seinerseits las Wolf aus den Briefen Eduard Mörikes an seinen Vater vor. Hugo Wolf schrieb enthusiastisch an Melanie Köchert: „Du lieber Himmel, was sind das Briefe!!! Sie sind fast seinen Gedichten vorzuziehen, soviel Herrliches offenbart sich in ihnen. Wir waren alle bis zu Tränen gerührt.“ Am Nachmittag ergab sich für Wolf mit Kauffmann und dessen Schwiegersohn, dem Altphilologen Wilhelm Schmid, ein Spaziergang durch die Wälder von Schönbuch und Bebenhausen, dem Jagdschloß der Württembergischen Könige, der mit Gedichtbänden Mörikes in der Hand zelebriert wurde. Abends waren Universitätsfreunde Kauffmanns geladen, und Wolf sang und spielte aus seinen Mörike-, Eichendorff- und Goethe-Liedern. Am nächsten Tag hörten der Gastgeber und sein Schwiegersohn erstmals Unveröffentlichtes von Wolf, Lieder aus dem „Spanischen Liederbuch“ und aus den „Alten Weisen“ Kellers, aber auch das Scherzo aus Bruckners IV. Symphonie, von dem beide tief beeindruckt waren. Wolf erzählte heitere Geschichten über Anton Bruckner, sprach aber dann am Nachmittag des zweiten Tages auf der Wanderung nach Reutlingen von seinen eigenen Sorgen hinsichtlich eines passenden Opernlibrettos; er beneide Mendelssohn um die „Sommernachtstraum“-Musik und suchte ein ähnlich phantastisches Stück. Kauffmann dachte spontan an Mörikes „Schatz“-Novelle, Schmid nannte des Aristophanes „Vögel“ (die in unserem Jahrhundert von Walter Braunfels vertont wurden), Wolf selbst kam immer wieder auf den „Dreispitz“ des Alarcon zurück. In Reutlingen gab es noch eine gute Freundschaftsstunde im Gasthof „Zum Bären“, und um Schlag sechs Uhr abends ging der Zug nach Stuttgart zurück. Wolf sandte Kauffmann später seine Photographie mit dem Zitat der ersten Takte von Mörikes „Auf einer Wanderung“ und gedachte der glücklichen Stunden in „dem freundlichen Städtchen“ Tübingen. Ein neuerliches Treffen mit Förstler kam nicht zustande, Wolf war erkältet; er fuhr am 16. Oktober nach Heidelberg weiter, wo er das Schloß besichtigte. Am 18. Oktober lernten Felix von Weingartner und Wolf einander verabredungsgemäß im Lesezimmer des „Pfälzer Hofs“ in Mannheim kennen, und als Grohe ein wenig später dazukam, fand er beide Musiker in ziemlichem Einverständnis bereits heftig diskutierend. Weingartner bestand darauf, „Don Juan“ von Richard Strauss mit Wolf vierhändig auf dem Klavier durchzuspielen — er wolle diese neue „Symphonische Dichtung“ zusammen mit Wolfs „Christnacht“ auf das Programm des nächsten Konzertes setzen. Wolf war gar nicht auf Kompositionen anderer eingestellt und soll den unteren Klavierpart sehr unkonzentriert und daher recht unzulänglich gespielt haben.

Wie aus den „Lebenserinnerungen“ Weingartners (aus dem Jahr 1928) hervorgeht, bestand Grohe auf einem Domizilwechsel Wolfs und holte ihn als Ehrengast in sein Haus. Dort spielte Wolf ihm und Weingartner aus den Manuskripten zum „Spanischen Liederbuch“ vor. Der Komponist hielt wie immer nicht Maß und hätte am liebsten erst nach dem vierundzwanzigsten Lied geendet, bis ihn Weingartner, im Zimmer auf und ab wandernd, die Hände an die Ohren haltend, anflehte, doch endlich aufzuhören. Grohe war gerührt, Weingartner von dem Kompositionen angetan, doch später über zu stark instrumentierte Stellen in der „Penthesilea“, die ihm innerhalb der nächsten Woche zur Kenntnis kam, geradezu entsetzt. Immer wieder kam das Gespräch auch auf Brahms; Weingartner blieb so glühende Ablehnung seitens Wolfs einfach unfaßbar.

In Mannheim erlebte Hugo Wolf auch eine Aufführung von Richard Wagners „Tannhäuser“ unter Weingartners Stabführung. Oskar Grohe hat darüber in den „Rosengartenblättern“ („Aus Hugo Wolfs Mannheimer Tagen“, Karlsruhe 1905) berichtet. Völlig verwirrt von dem künstlerischen Erlebnis, umarmte er Weingartner, stellte die Gesamtinterpretation weit über die Wiener Vorstellung und bekannte, Wagners Musik nehme ihm den Mut, ihr gegenüber sei sein Werk bedeutungslos, und eigentlich wolle er alles Selbstgeschaffene vernichten.

Weingartner spielte in diesen Tagen Freunden den ersten Akt seiner neuen Oper „Genesius“ vor. Wolf hüllte sich in eisiges Schweigen und meinte später Grohe gegenüber, eine bittere Enttäuschung stünde dem Dirigenten-Komponisten bevor.

Wolf machte zum Abschied von Mannheim dem neu gewonnenen Freund Grohe seinen eigenen Mörike-Gedichtband zum Geschenk; er hatte in ihm einen zuverlässigen Freund gewonnen, der ihn — ohne Künstler zu sein oder auch nur künstlerische Ambitionen zu haben — weiterhin in voller Offenheit, auch bei gegenteiliger Meinung, in seinem Streben nach Anerkennung unterstützte. Der Briefwechsel beider Freunde zählt zu den schönsten Dokumenten, die uns im Bereich der Komponistenkorrespondenz überhaupt bekannt sind.

Die Fahrt nach Mainz war notwendig: es galt, Dr. Ludwig Strecker, den um nur sieben Jahre älteren Chef des Verlages Schott, kennenzulernen und ihn vom Wert des „Spanischen Liederbuches" zu überzeugen. Im Klaviersalon, wo bereits ein Teil dieses Werkes, schön gestochen, für Wolf bereit lag, begann Wolf vorzuspielen. Er tat dies noch öfter, vor Strecker und seiner schneller zu begeisternden Frau; ihnen gesellte sich am nächsten Tag Engelbert Humperdinck zu, der eigens aus Frankfurt (wo er am Hochschen Konservatorium unterrichtete) nach Mainz gekommen war, um Wolf, den er in seiner früheren Eigenschaft als Lektor des Verlages Strecker einst warm ans Herz gelegt hatte, zu treffen. Man redete über Wagner; Wolf konnte im Archiv des Verlages interessante Manuskripte besichtigen, darunter den Entwurf zum „Meistersinger"-Libretto aus dem Jahr 1861. Wolf spielte in diesen Tagen neben der „Christnacht" auch noch aus seinen Eichendorff- und Goethe-Liedern vor, darunter den geschlossenen Zyklus der Gedichte aus dem „West-östlichen Diwan". Das Ergebnis all dieser musikalischen und gesellschaftlichen Kontakte: Wolf kehrte am 23. Oktober um ein Uhr nachts in sein Hotel mit der Zusage Streckers zurück, Schott würde die Lieder des Spanischen Liederbuches und die Keller-Lieder (deren Verse Strecker zunächst gründlich mißfallen hatten) auf Kommissionsbasis publizieren — wie Wolf es von Wien aus bereits vorgeschlagen hatte — und überdies die Mörike-, Eichendorff- und Goethe-Lieder übernehmen; im Falle der „Christnacht" wolle man den Erfolg der Uraufführung unter Weingartner in Mannheim abwarten. Zusätzlich zu all dem Positiven sollte Wolf das Verlagsrecht über seine Werke behalten.

Am 24. Oktober stieg Hugo Wolf in Köln aus dem Zug, mit Empfehlungsschreiben Humperdincks an Franz Wüllner, den Dirigenten der Gürzenich-Konzerte, und an Hermann Wette, den Schwager Humperdincks. Dieser kannte Wolf bereits von den bisher veröffentlichten Liedern und nahm mit starkem Enthusiasmus an allem teil, was unseren Komponisten anging.

(Als Wolf in Wien die ersten Briefe Wettes erhielt, antwortete er: „Deine rauschenden Hymnen zum Lobe meiner Kunst haben mich beinahe erschreckt. So starken Tabak bin ich nicht gewohnt; der Trank der Begeisterung wurde mir stets nur in homöopathischen Tropfen zugetrunken und nun gießt Du, lieber Wilder, ganze Fässer von Enthusiasmus über mich aus und ersäufst mich darin.“) Mit Wüllner kam es zu keinem greifbaren Ergebnis im Hinblick auf etwaige Aufführungen. Otto Neitzel dagegen, der in dreifacher Funktion im Kölner Musikleben wirkte — als Komponist, Pianist und Musikkritiker —, versprach die Abfassung eines Feuilletons über Wolfs neue Lieder. Das Erlebnis der beiden Kölner Tage war die Begegnung mit Arnold Mendelssohn, dem Komponisten der damals erfolgreichen Oper „Elsi, die seltsame Magd“ nach dem Libretto Wettes (nach der Novelle von Jeremias Gotthelf). Aus der anfänglichen Distanz zwischen beiden Komponisten wuchs während Wolfs Darbietungen der eigenen Werke gegenseitiges Interesse; aus dem kurzen Antrittsbesuch wurde ein langer, bis ein Uhr nachts dauernder Musik- und Diskussionsabend.

Am 26. Oktober brachte Wette Wolf nach Rüdesheim — da wurde Bruderschaft getrunken —, Wolf kehrte mit der Bahn nach Mainz zurück und traf am 27. Oktober in Frankfurt ein, wo ihn Humperdinck bereits wieder erwartete. Abends waren beide Komponisten beim Musikalienhändler André zu Gast. Da fand sich ein vierhändig gesetzter Klavierauszug der Dritten Symphonie von Anton Bruckner, der sofort durchgespielt wurde. Am nächsten Vormittag hörten sich beide die Probe einer Operette von Friedrich Lux („Die Fürstin von Athen“) an; nach dem gemeinsamen Mittagessen fuhr dann Hugo Wolf nach Wien zurück.

Das Resümee dieser Deutschlandreise: Wolf hatte Freunde fürs Leben gewonnen und ein berühmtes Verlagshaus dazu. Kauffmann aus Tübingen kündigte einen neuen Wolf-Artikel und eine Vorlesung über die Entwicklung des Kunstliedes bis zu Wolfs „Mignon“ an; Humperdinck wollte Julius Stockhausen, den großen Konzertsänger, für Wolfs Kompositionen gewinnen; Schmid sandte eine deutsche Übersetzung der „Vögel“ des Aristophanes, die Wolf zunächst sehr interessierten, bis ihm jedoch die gelehrten Fußnoten zum Text die Freude am Genuß des Werkes nahmen. Liliencron sandte seinen neuerschienenen

Gedichtband „Der Heidegänger“, in dem sich auch „An Hugo Wolf“ fand; in seiner offenen Art schrieb der Komponist an den Dichter, daß er leider keine sangbaren, rein lyrischen Texte, die ihn als Musiker interessierten, gefunden hätte. Auf diese Weise fand der Briefwechsel beider langsam ein Ende, ohne daß sich aber Liliencrons positive Einstellung zu Wolf späterhin geändert hätte.

Die Korrespondenz mit Schott brachte eine Neuauflage aller Probleme, die andere Verleger bisher mit dem Komponisten gehabt hatten: Wolf beanstandete jede Abweichung von seinen strikten Anweisungen hinsichtlich Papierwahl, Druckeinzelheiten, Randverzierungen, Seitenbezifferungen, Satzbild jeder einzelnen Seite, verbot die Herausgabe von Transpositionen, empörte sich über jeden Druckfehler, lehnte Reklame in jeder Form ab — schickte auch keine biographischen Daten, keine Photographie —, schlug vor, die Neuerscheinungen ausschließlich in Musikzeitschriften anzukündigen und dies ohne jeglichen Kommentar über die Person des Komponisten („Die Quantität allein dürfte schon genügen, die Neugierde und das Interesse des Publikums in hohem Grade zu erregen!“) und vertraute im übrigen „auf Gott und Schott“. Immer neue Druckfehler entdeckte Wolf; so zogen sich die Korrekturen über die Jahreswende hin; der Band des „Spanischen Liederbuches“ konnte erst Anfang März 1891 erscheinen.

Zehn Tage etwa blieb Wolf nach der Rückkehr aus Deutschland in der Stadtwohnung der Köcherts, bis es ihn wieder nach Döbling hinauszog. Es kamen noch drei Vertonungen zum „Italienischen Liederbuch“ zustande: das weiblich-offensive „Wer rief dich denn?“ und der reflexive Männergesang „Der Mond hat eine schwere Klag’ erhoben“ am 13. November 1890, das bezaubernde Lied „Nun laß uns Frieden schließen“ (um das jedesmal Streit anhebt, wenn bei einer geschlossenen Gesamtaufführung des „Italienischen Liederbuches“ die einzelnen Werke auf eine Frauen- und eine Männerstimme verteilt werden) am 14. November. Für länger als ein Jahr wurden damit die Heyse-Vertonungen unterbrochen; erst am 29. November 1891 werden wir den Komponisten an der Arbeit am drängenden Liebeslied „Daß doch gemalt all deine Reize wären“ finden.

Oskar Schur hatte Hugo Wolf dem damaligen Burgtheaterdirektor Max Burckhard für die Komposition der Bühnenmusik zu Ibsens Drama „Das Fest auf Solhaug“ empfohlen. Wolf nahm die einzige Auftragsarbeit seines Lebens in der Hoffnung auf ein erkleckliches Honorar an. (Eigenartigerweise hatte der neunzehnjährige Hans Pfitzner im Jahre 1888 für das gleiche Drama des Norwegers die erste Bühnenmusik komponiert. Seine „Alten Weisen“ nach Keller übertreffen in ihrer skurrilen Art die Vertonungen von Brahms und Hugo Wolf bei weitem.) Wolfs erster künstlerischer Gedanke dazu: ein neuer Opernstoff. Doch schon am 14. November heißt es in einem Brief an Grohe: „Das Ibsensche Stück gefällt mir alle Tage weniger. Es ist recht brav gestümpert und hat dabei verdammt wenig Poesie. Ich weiß wahrlich nicht, wo ich den Mörtel hernehmen soll, diese hausbackene Zimmermanns-Arbeit zu verkleistern, das ganze Zeug widersteht mir, und doch soll ich dran.“

Der Spielplan des Burgtheaters sah zunächst die Premiere für Mitte Dezember 1890 vor — bis dahin war auch der größte Teil der Wolf-Komposition fertig: am 20. November hatte er Einleitung und Chor: „Nun streichet die Fiedel“, am 22. den Schlußchor „Gottes Auge wacht“ entworfen, am 23. wurden Marsch und Chor „Bei Gesang und Spiel“ und der Chor „Es locket ins Freie“ niedergeschrieben, bis zur nächsten Komposition am 11. Dezember (Chor: „Wir wünschen Fried und Glück“) wurde — wie Briefe vom 27. und 29. November erweisen — fleißig instrumentiert. Wolf, dem zu „Margits Ballade“ für den ersten Akt und zur Ouvertüre mit dem Hauptthema dieser Ballade einfach kein Einfall kam, schrieb verzweifelt an Grohe: „Die verfluchte Ballade will mir nun einmal nicht einfallen und die Ouvertüre kann infolgedessen nicht geschrieben werden. Ich fürchte, dieses Werk wird ein Torso bleiben. Auch mit dem ‚Italienischen‘ will’s nicht gehen. Es will überhaupt gar nichts gehen. ’s ist eine Hundeexistenz, wenn man nicht arbeiten kann.“ Ende Januar dann — Wolfs sonst so fruchtbare Wochen rund um die Weihnachtszeit hatten bis auf die gelungene Instrumentation der drei „Harfner“- Gesänge am 2. und 4. Dezember nach langen Jahren erstmals einer schöpferischen Trostlosigkeit Platz gemacht! — war die Ballade „endlich ausgeschwitzt“; die Premiere wurde neuerlich tief in den März hinein verschoben, doch noch bis in die Hälfte des Monats war keine Spur von der Ouvertüre vorhanden. Zusätzlich waren freilich ein Orchestervorspiel zum dritten Akt und ein neuer

Gudmund-Gesang entstanden. Erst im November 1891 (!) kam es dann zur Premiere. Wolf hatte noch drei Wochen vorher einen zweiten Gesang Gudmunds komponiert, die Ouvertüre blieb auf ein langsames Vorspiel beschränkt, ein daran anzuschließendes Allegro, von dem dreizehn Takte, datiert mit 11. Mai 1891, existieren, wurde niemals beendet, obwohl Wolf Wette am 26. Juli brieflich versichert hatte: „Die Ouverture zu Solhaug hoffe ich doch bis zum Winter fertig zu machen." (Der Brief ist unveröffentlicht, Frank Walker hat ihn selbst gelesen.) Auch in punkto Besetzung hat Wolf über die Stränge geschlagen: er hatte für einen bedeutend größeren Klangkörper komponiert, als dem Burgtheater zur Verfügung stand. Wolf forderte Verstärkung durch Chor- und Orchestermitglieder der Hofoper; derlei Unterfangen wurde schon damals brüsk abgelehnt. So konnte bei der endlich zustande gekommenen Aufführung nur ein Teil seiner Komposition verwendet werden.

Die Instrumentalmusik ist seit dieser Burgtheaterinszenierung dem Blickfeld des Publikums von heute entschwunden. Die Vokalwerke hat der Komponist selbst für Singstimme und Klavier gesetzt und im Verlag Heckel (Mannheim) herausgebracht. Alle drei Lieder übersteigen bei weitem die Grenzen, die Vokaleinlagen fürs Schauspiel gesetzt sind; es ist einfach unvorstellbar, daß die Darstellerin der Margit für ihre Ballade („Bergkönig ritt durch die Lande weit") oder der Rollenträger Gudmunds für seine zwei Gesänge so viel ausgebildetes Stimmmaterial besessen haben können, um die Interpretationsprobleme dieser drei „ausgewachsenen" Lieder lösen zu können. Betrachtet man die Kompositionen unabhängig von ihrer Bühnenverwendung, dann ist die erste Mezzosopran-Ballade in c-Moll eine sich ins Dramatische aufbäumende Elegie, deren Stärke in der durchgehaltenen Rhythmik und im Farbzauber des harmonischen Wechsels liegt; simpler ist die Diktion für den baritonalen Helden: „Ich wandelte sinnend allein auf der Halde" beschränkt sich im Gegensatz zum entfesselten Orchesterapparat in der Ballade Margits auf Streicher und Harfe, die harmonischen Gänge im vorgeschriebenen G-Dur sind unauffällig; auch hier ist das melodische Element nicht sehr ausgeprägt. Der dritte Gesang, in a-Moll, hat noch eine relativ gewinnende Melodie („Ich fuhr wohl über Wasser und in die Ferne weit"); Holzbläser, gedämpfte Streicher und hinzutretendes Horn begleiten; das volle Orchester kommt erst im zwölftaktigen Nachspiel zur Geltung. Beide Männerlieder stehen im $^6/_8$-Takt, die Frauenballade ist im $^4/_8$-Takt gesetzt.

In summa steht in dieser Bühnenmusik zu Ibsens „Fest auf Solhaug“ kein einziger Takt, der uns das Genie Hugo Wolfs zur Kenntnis bringt. Der einzige Werkauftrag seines Lebens war kurzlebig. Für schöpferischen Impuls fand sich hier zuwenig Anregung ...

Für den 9. April 1891 stand nun die erste Aufführung der „Christnacht“ in Mannheim bevor. Felix von Weingartner, dessen dirigentisches Wirken noch bis in die vierziger Jahre unseres Jahrhunderts herüberreicht, dessen ästhetisches, könnerisches und bewußt unsensationelles Dirigieren uns Wiener Studenten der dreißiger Jahre zwar Wohlwollen und Achtung abzwang, niemals aber zur Begeisterung hinriß, hatte sich das Werk für sein Mannheimer Abschiedskonzert aufgespart; er war für die nächste Saison an die Berliner Oper berufen worden. Das weitere Programm enthielt Beethovens „Zweite“ und Liszts „Faust“-Symphonie. Wolf entschloß sich zur neuerlichen Reise nach Mannheim.

Nach der Aufführung rief man nach dem Komponisten, zwei Lorbeerkränze wurden ihm überreicht; er selbst aber war nicht zufrieden, weder mit dem Werk noch mit der Wiedergabe. An Heinrich Rauchberg hat er von Mannheim aus geschrieben: „Es war nur ein Achtungserfolg. Die Schuld daran dürfte sowohl mir als dem Mannheimer Orchester beizumessen sein. Jedenfalls aber lag das Übel im Orchester, wo mitunter kuriose Dinge zu hören waren.“ Die „Christnacht“ wurde noch Köln, Wien und Graz unter dem Vorbehalt des Komponisten, gewisse Retuschen in der Partitur vorzunehmen, angeboten — doch kein Projekt ließ sich verwirklichen. Schott publizierte das Werk nicht, Wolf verlor mit der Zeit sein Interesse daran. Erst nach seinem Tod wurde die Partitur im Jahre 1903 im Verlag Lauterbach und Kuhn, Leipzig, veröffentlicht, von Ferdinand Foll (dem bedeutenden, bis in unsere Zeit tätig gewesenen Begleiter der Wolf-Lieder) und Max Reger revidiert. Heute haben die Aufführungen dieses Werkes Raritätswert und dienen eigentlich nur dem Zweck, das Bild, das sich unsere Zeit von Wolf, dem Meister des Liedes am Ausgang des 19. Jahrhunderts, macht, im Blick auf größere musikalische Formen abzurunden.

Freund Grohe, der seit Wolfs erstem Mannheimer Besuch geheiratet hatte, lud den Wiener Freund in sein neues Heim nach Philippsburg. Jeanne Grohe war die Tochter des Quartett-Primarius Jean Becker; sie war eine ausgezeichnete Pianistin, und so hat Hugo Wolf mit ihr gern musiziert, vierhändig, wie's halt so Brauch war: da klang das „Siegfried"-Idyll auf, Symphonik von Bruckner, sogar Brahms' D-Dur-Symphonie und auch des (sonst von Wolf so herabgewürdigten) Hermann Goetz' F-Dur-Symphonie. Selbstverständlich erklangen immer wieder die eigenen Werke, aber auch die eine oder andere Beethoven-Sonate oder ein Akt „Meistersinger". Am 20. April erwartete ihn bereits Humperdinck am Bahnhof von Frankfurt; in dessen Wohnung spielte ihm dann Wolf das „Spanische Liederbuch" vor, übernachtete dort sogar auf einem Sofa und brachte die mondhelle Nacht mit dem Studium der „Parsifal"-Partitur zu; die Einrichtung der Humperdinck-Wohnung — er war Liebhaber des maurischen Stils der Spanier — tat vielleicht das ihre dazu, Wolf durch ihre exotische Romantik in die rechte Stimmung zu bringen.

Audiatur et altera pars: Humperdinck schrieb über diesen Besuch am 23. April an Wette: „Wolf hat am Montag die Nacht auf meinem Sofa zugebracht und sich wachend an der Herrlichkeit meiner mondscheinbeleuchteten ‚Alhambrawohnung' ergötzt. Mit seinen ‚Spanischen' Liedern hat er mich fast umgebracht. Ich möchte, daß er bald Gelegenheit fände, zu einer Oper überzugehen, denn ich finde gerade keinen Fortschritt darin gegenüber seinem Mörike, Goethe, Eichendorff. Seine Art wird, fürchte ich, bei seinem unbändigen Schaffenstrieb, zur Manier, wenn er noch lange in diesem Genre fortfährt. Er ist und bleibt aber ein famoser Kerl, dessen Umgang einem nur Gewinn bringt. Er läßt Dich schönstens grüßen; wenn er Dich mal wieder nötig hat, wird er Dir auch gewiß wieder schreiben. Darin sind die naiven Genies glückliche Naturen, daß sie sich niemals zu genieren brauchen. Was ich ihm aus ‚Hänsel und Gretel' gezeigt habe, hat ihm gut gefallen."

Diese Feststellungen eines immerhin angesehenen Musikers aus dem Wagner-Kreise bedürfen eines Kommentars aus dem Blickwinkel der zeitlichen Distanz: der „Fortschritt", den Humperdinck im „Spanischen Liederbuch" vermißte, lag im seelischen, lag in der Ausdruckstiefe aller geistlichen und mancher weltlichen Gesänge. Wolf hat sich hier die Gespräche Christi mit dem Menschen, das Lied „Mühvoll komm ich und beladen“ und „Geh, Geliebter, geh jetzt“ von der Seele geschrieben und mit diesen Werken eine Ausdrucksentwicklung vollzogen, die erst in unserer Gegenwart richtig interpretiert und dadurch vom Publikum in seinem Wert erkannt wird. Immer wieder scheint in den kritischen Äußerungen anderer Komponisten über Wolf die geringe Einschätzung des Kunstliedes durch. Wo sind die „Königskinder“ und auch „Hänsel und Gretel“ heute — wo aber halten die geistlichen und weltlichen Gesänge des „Spanischen Liederbuches“? Diese fordern die Kraft der bedeutenden Liedinterpreten unserer Epoche heraus, jene geistern im Provinzrepertoire herum und sind bestenfalls zu „Denkmälern der Tonkunst“ auf Schallplatten geworden.

Freilich, zu Lebzeiten beider Komponisten war es anders: Humperdinck trug glänzende Opernerfolge davon, Wolf lebte bescheiden und unterstützt von Freunden, während Humperdinck allein schon von den Tantiemen der Märchenoper „Hänsel und Gretel“ reich geworden war. Wolf hatte noch dazu für die Komposition dieses Bühnenstückes den denkbar besten Rat gegeben: als ihm Humperdinck Teile von „Hänsel und Gretel“ gezeigt hatte, dessen Text von Adelheid Wette stammt, regte Wolf an, das gesamte Libretto zu vertonen, nicht nur einzelne Stücke daraus.

Am 21. April fiel bei Schott die negative Entscheidung gegen die „Christnacht“, am 22. besuchte Wolf seinen Jugendfreund Mottl in Karlsruhe, ohne ihn für seine Werke einnehmen zu können; nach einem Tag Rast bei Grohe in Philippsburg fuhr er nach Tübingen zu Kauffmann. Ein Ausflug mit Kauffmann und Schmid nach Urach, der berühmten Mörike-Gedenkstätte, ließ bei der Rückfahrt im Postwagen zur Bahnstation Metzingen zwischen Wolf und Schmid eine Debatte über Brahms aufglühen, die noch flammender verlaufen wäre, hätte sich Kauffmann nicht schlafend gestellt. Im Zug dann zeigte Wolf seine Künste im Handlesen und sagte — bezeichnend — Kauffmann das denkbar Beste, Schmid wenig Erfreuliches für die Zukunft voraus. Am 26. April fand eine „Musikalische Akademie“ bei Kauffmann statt. Im einzelnen, wie Wolf an Grohe schrieb: „Programm: Wolf, Mitwirkende: Wolf, Publikum: Wolfianer.“

Unser Komponist war durch die Anwesenheit streng bürgerlich abgezirkelter Männer einigermaßen gestört, sang aber absichtsvoll das „Spottlied“ aus „Wilhelm Meister“: „Ich armer Teufel, Herr Baron“, rezitierte er vorher noch klar, damit dem Publikum keine Pointe entgehe, und benahm sich auch sonst nicht gerade vorbildlich. Einem Professor, der ihm als Operntext eine Geschichte von einem „Meisterdieb“ erzählen wollte, schnitt er das Wort ab und war auch für keinerlei Empfehlungen an Sänger zu haben (man hatte ihn auf Karl Scheidemantel verwiesen). Im Brief an Grohe heißt es dann wörtlich weiter:

„Ich hatte durch den Vortrag meiner Lieder einen förmlichen Triumph erlebt, der mir allerdings die in Karlsruhe erlebte Niederlage versüßen dürfte. Die Leute alle, Männlein und Weiblein, waren wie toll. Ich war auch bei bester Laune und spielte und sang, als ob ich den Teufel im Leib gehabt hätte, wenigstens äußerte man sich so.“

Die Heimreise führte Wolf am 27. April an den Bodensee, wo er zunächst in Singen Station machte. Über seine Empfindungen oben auf der Schloßruine gibt es einen wunderlichen Brief an Kauffmann, der von Depressionen zeugt, die ihn nun immer häufiger befallen sollten. „Wahrlich“, so schrieb er, „man sollte sich des Lebens freuen und seine Süßigkeiten bis zur Neige ausschlürfen, selbst auf die Gefahr hin, zeit seines Lebens ein Spitzbube zu sein.“ Wolf als Papageno — eine eigenartige Vorstellung!

Drei Stunden lang genoß er am 28. April 1891 den Anblick des Rheinfalls bei Schaffhausen (das Mörike-Gedicht kannte er schon lange), Konstanz — leider nebelverhangen — war das nächste Ziel. Doch war die Fahrt auf dem See verregnet, nahe von Friedrichshafen erhob sich ein scharfer Wind; in Bregenz wurde es noch ärger. Vom Hotelbalkon aus konnte Wolf See und Ufer nicht mehr voneinander unterscheiden. Unter solchen Witterungsverhältnissen war der Antritt der Heimreise nach Wien nicht unwillkommen.

In Döbling entstand am 4. Mai die Orchesterfassung des Mörike-Liedes: „Denk es, o Seele“. Am 10. Mai kam in Stuttgart die Aufführung des Chorwerkes „Dem Vaterland“ in der ersten Fassung vom Mai/Juni 1890 endlich zustande — ein Honorar von fünf Mark (!) war unterwegs —, Wolf hat dann

1894 eine neue Fassung hergestellt, deren Klavierauszug bei Schott 1895 gedruckt wurde.

Krankheit, physische und seelische, bemächtigte sich unseres Komponisten. Schon am 8. Mai heißt es aus Wien im Brief an Grohe: „Leider fühl' ich mich körperlich sowohl als geistig äußerst ermattet. Vom Komponieren zumal hab ich nicht mehr die geringste Vorstellung. Gott weiß, wie das enden wird. Beten Sie für meine arme Seele." Hartnäckige Verkühlungen und Halsentzündungen ließen Wolf nicht zur Ruhe kommen. Die Ärzte rieten zur Luftveränderung. So finden wir Wolf die letzten Maitage einsam, mit Rauch- und mit Badeverbot, in Unterach, Cervantes' „Don Quijote" lesend, sonst vor sich hinstarrend. Da gehen die brieflichen Klagen nach Deutschland: „. . . Ich bin eben am Ende. Möge es bald ein vollständiges sein — ich wünschte nichts sehnlicher." (Am 1. Juni an Kauffmann.) „Mit dem Komponieren ist es rein aus. Ich glaube, daß ich wohl nie mehr eine Note schreiben werde . . . Ich hege auch eine gründliche Verachtung für mich." (Am 12. Juni an Grohe.) Mitte Juni übersiedelte er nach Roith bei Ebensee, wo sich die Gesundheit wohl besserte, der Schlaf jedoch durch Hühnergegacker, durch Sprengungen im nahen Steinbruch bereits um halb vier Uhr früh mehr als gefährdet war. Die Idee, eine Annonce um ein Libretto in Wiener Tageszeitungen zu setzen, zeigt die Beharrlichkeit der Gedanken um die ungeschriebene Oper. Aus Tübingen war „Der Meisterdieb" eingetroffen, „das schauderhafteste Machwerk seit Erschaffung der Welt"; eine kleine Bibliothek unbrauchbarer Opernvorwürfe war schon gesammelt, darunter Otto Ludwigs „Hans Frei", den Wolf eher für Lortzing geeignet fand.

Humperdinck hatte Hugo Wolf ein Quartier in Bayreuth verschafft. So trat er am 18. Juli seine fünfte Wallfahrt zu Wagner an, verschlief aber am 19. Teile der „Parsifal"-Aufführung auf seinem Sitz im Festspielhaus. „Zum Henker mit allen geistigen Genüssen, wenn der Leib kaput ist", schrieb Wolf zornig an Frau Köchert. Es gab noch andere Störungen der nächsten Nächte — ein Windelkind fing „fürchterlich zu heulen" an, er verbrachte dann die Morgenstunden einmal bei Loewe und Schalk, das andere mal bei Humperdinck —, und am 23. Juli verließ Wolf, der noch „Tristan" erlebt hatte, Bayreuth, blieb auch in Ebensee nicht lange und übersiedelte am 2. August ins Pfarrhaus von Traunkirchen, wo er um zwölf Gulden monatlich ein geräumiges, dreifenstriges Zimmer mit Blick auf den See und auf den Traunstein bewohnte. Der Pfarrer stellte ihm wohl einen alten Bösendorfer-Flügel zur Verfügung, aber das Gespenst der Angst vor völliger Unfähigkeit im musikschöpferischen Bereich wollte nicht weichen.

„In diesen Tagen des Zweifels und der Schwermut" — so gab uns Dr. Gertrud Redl bei der Festrede anläßlich der Enthüllung einer Gedenktafel am Pfarrhaus am 1. August 1967 ihre Schau der Zusammenhänge — „mag er an windigen Regentagen, wenn die Wellen an das schmale Ufer Traunkirchens schlugen, mit dem Pfarrherrn im barocken Refektorium die Gemälde aus der Jesuitenzeit des Klosters betrachtet haben. Von der bildenden Kunst gewann Hugo Wolf sein Leben lang tiefgreifende Erlebnisse, wie auch seine späten Michelangelo-Lieder beweisen. Diese Gemälde nun sprachen Wolf besonders an durch den Geist der spanischen Mystik, der Zerknirschung und Verzückung, der schmerzlichen Kluft zwischen irdischer Bindung und himmlischer Ahnung. Fanatische Augen, qualvolle Gebärden, nächtliche Ängste Gepeitschter und Gemarterter und das selige Lächeln der Überwinder riefen ihn aus dem Seelengrunde der Bilder an ... Erschreckend mag ihm sein eigener Durst nach metaphysischer Begnadung in seinem augenblicklichen Zustand zu Bewußtsein gekommen sein." Briefe an Kauffmann und Wette geben Aufschluß über Wolfs Gefühle: „Ich glaube bestimmt, mit mir ist's aus", heißt es da am 6. August, und am 13. schreibt er: „Alles um mich atmet Glückseligkeit und Frieden, alles lebt und webt und regt sich und thut, was es thun muß — nur ich — o Gott! nur ich lebe wie ein Thier dumpf und gefühllos in den Tag hinein ..." In diesen zehn Wochen kam lediglich die Instrumentation des Shakespeareschen „Elfenliedes" zustande.

Am 12. Oktober kehrte Wolf nach Döbling zurück, am 30. Oktober schrieb er „Gudmunds ersten Gesang" für das „Fest auf Solhaug", änderte ihn am 12. November, erfuhr von Verhandlungen mit der Gesellschaft der Musikfreunde in Wien, die zunächst auf die „Christnacht" zielten, dann auf eine Aufführung des „Elfenliedes" zum 12. März 1892, Wolfs 32. Geburtstag, und schließlich versandeten.

Am 12. November ging endlich die Burgtheater-Premiere von

Ibsens „Fest auf Solhaug" in Szene. Schonungslos wurde in der Partitur Wolfs gestrichen; Georg Reimers fand die beiden Gesänge Gudmunds zu schwierig und deklamierte schließlich nur den Text zur Harfenbegleitung. Kurzum: „Es war geradezu skandalös; glücklicherweise wurde meine Musik zum größten Teil unhörbar gespielt; sonst wären die Instrumente den Musikern unter den Händen davongerannt." Vier Aufführungen erlebte diese Neueinstudierung — die 200 Gulden, die Wolf als Honorar erhielt, waren schwer verdient worden.

Da brach plötzlich neue, gewaltige Inspiration aus: Am 29. November 1891 wurde ein längst erwähltes Rispetto aus Heyses „Italienischem Liederbuch" — „Daß doch gemalt all deine Reize wären" — niedergeschrieben, innerhalb von fünfundzwanzig Tagen entstanden fünfzehn Meisterlieder, die sich organisch mit den im Herbst 1890 entstandenen sieben Vertonungen aus der Gedichtsammlung verbanden. Am 23. Dezember war diese Schaffensglut zu Ende; „Man sagt mir, deine Mutter woll' es nicht" markiert ein vorläufiges Ende für das „Italienische Liederbuch".

In diesem Kreis von zunächst zweiundzwanzig Liedern dominiert ganz der Komponist. „Die originellsten und künstlerisch vollendetsten" unter allen seinen Kompositionen nannte Wolf diese Gesänge des „Italienischen Liederbuches". Joseph Marx hat die Lieder im besonderen „Duette" genannt, Zwiegesänge einer Melodie der Singstimme und einer Gegenstimme des Klaviers; kunstvolle Überschneidungen beider bilden auch ein Charakteristikum der Wolfschen Lyrik an sich; diese Technik ist im „Italienischen Liederbuch" zu raffiniertester Form gesteigert. Ernest Newman hat in seinen immer noch bemerkenswerten Kommentaren zu den ersten Schallplattenaufnahmen der Hugo-Wolf-Gesellschaft in London festgestellt, daß „Wolf kaum jemals die Frauengestalten die wahren Höhen und Tiefen wahrer Leidenschaft ebenso erleben läßt wie die Männergestalten". Das trifft im allgemeinen durchaus zu. Um so sinnfälliger läßt sich das selbstbiographische, seine eigenen Empfindungen schildernde Element in diesem Hauptwerk Wolfs feststellen. Auch die Meinung seiner Zeit, Wolf hätte hier „dramolets", bühnendramatische Musik en miniature geschrieben, hat bisweilen Berechtigung. Aber trifft diese Erkenntnis nicht auf jede lyrische Kunst der Großen zu? Sie alle, von Haydn bis Strauss haben in ihren Liedern lyrisch phantasiert, monologisiert, chansonartige Gebilde und dramatische Großgemälde geschaffen. Das Lied ist nicht immer lyrisch. Wolfs „Italienisches Liederbuch" nach Heyses Übertragung aus dem Römischen, Venetianischen, Korsischen und anderen Dialekten der italienischen Stämme enthält kleine Philosophien, Monologe, Liebeslieder, Fragen und Antworten, Hoffnungen und Enttäuschungen, Träume und Taten, Balladeskes und Groteskes, Launiges und Launisches, Humoresken und Tragödien — wie das Leben in seiner Vielfalt, in seinem Reichtum, in seiner Armut sie liefert. Am Anfang der Kompositionen findet sich das langsame und innige Abschiedslied „Mir ward gesagt, du reisest in die Ferne", „schubertisch" im Sinne eines „Duetts zwischen der Gesangstimme und der linken Klavierhand", „wagnerisch" in den chromatischen Gängen von Melodie und Harmonik, und doch ganz Wolf in der Silberstiftzeichnung des unsentimentalen, niemals ausbrechenden Seelenschmerzes. Leidenschaft bestimmt den Ausdruck des Männerliedes „Ihr seid die Allerschönste" mit den weitgespannten Crescendo-Bögen, mit der durchgehaltenen dreiteiligen Auftaktigkeit der Linken-Hand-Begleitung, mit der Expansion im ersten, mit innerer Konzentration im zweiten Teil. Ariose Kennerfreude und Parlando-Beredsamkeit bestimmen das Profil des Tenor-Liedes „Gesegnet sei, durch den die Welt entstund"; von einkreisender Dichte ist das gesangstechnisch schwer zu gestaltende Poem „Selig, ihr Blinden", von flink reagierender Ironie das Frauen-Liedchen „Wer rief dich denn?", das die Vorliebe der Zeitgenossen, diese Lieder „dramolets" zu nennen, begreifen läßt. „Der Mond hat eine schwere Klag' erhoben" lebt von der ausphrasierenden Dynamik und von der streng durchgehaltenen rhythmischen Grundhaltung. „Nun laß uns Frieden schließen" gehört zu jenen Dreiertakt-Kompositionen, die stellvertretend für den Begriff „österreichische Musik" stehen: wiegende Liebesphilosophie im $^6/_8$-Takt, in deren sanfter Bewegung jedes Detail vom Komponisten so vorgezeichnet ist, daß der kleinste Verstoß gegen rhythmische, melodische, harmonische, dynamische oder agogische Vorschrift auch dem Nichtkenner unter den Zuhörern sofort auffallen würde. Ein meisterliches Chanson für Tenor ist „Daß doch gemalt all deine Reize wären", pointenreich, den Höhepunkt sorglich vorbereitend, ihn auskostend und in balladesker Manier eine Coda dranhängend, die ihrerseits noch eine Zusatzpointe bringt. „Du denkst mit einem Fädchen mich zu fangen“ sind 17 Takte für eine Frauenstimme und Klavier, in denen die Sprachmelodie motivisch dicht vom Instrument kontrapunktiert wird. „Mein Liebster ist so klein“ monologisiert in karikierender Form und holt sich die starke Wirkung aus den rhythmischen und dynamischen Unterschiedlichkeiten von Gesangs- und Klavierpart. Eines der stärksten Lieder Hugo Wolfs überhaupt tritt uns in „Und willst du deinen Liebsten sterben sehen“ entgegen. Man vergleiche die beiden ersten Takte mit dem zehnten und dem elften Takt, da sich das Grundtempo vom „Langsam und getragen“ auf „Sehr ruhig“ gemäßigt hat, das Grundmotiv im Klavierpart aber trotzdem eine Beschleunigung auf (im Notenbild) doppelt so schnelle Werte erfahren hat, und kann daraus den Schluß ziehen, daß Konsequenz in der thematischen Arbeit auch imstande ist, agogische Unterschiede zu überwinden. Und niemals scheut der Komponist vor Tonwiederholungen im Thema zurück, wenn er damit der inneren Melodie der Dichterworte zu nützen hofft. Drastisch, voll feinster musikpsychologischer Nuancen kommt uns der Komponist im Geigerliedchen „Wie lange schon war immer mein Verlangen“: viermal bringt er uns die kleine übermäßige Sehnsucht (mit dem kleinen und übermäßigen Sekundschritt) der „Heldin“ dieser Poesie nahe, bevor sie noch den Mund aufmacht. Dieser dreigliedrige Seufzer mischt sich in langsamen und schnelleren Notenwerten unter den Gesang, bereichert mit seiner Synkopenwirkung den Rhythmus, gibt Kontraste zum Non-Legato des Baßfundamentes, das sich später sogar zu einem richtigen Gegensatz-Staccato auswächst, nimmt an Umfang (bis zu einer Quinte) zu, bis die betonte Silbe des Wortes „Violine“ recht zaghaft und schwankend eine „Etude“ des Geigerleins auslöst, bei der dies immer wieder — insgesamt dreimal — „ausrutscht“, jedesmal sich betonterem Taktteil zuwendend, bis es schließlich, ungelenk und langsam, auf der leeren E-Saite mit dem „ersten Finger“ trillert. Alle Anzeichen sprechen dafür, daß Wolf die Tonart genau disponiert hat, um solche Assoziationen der Ohnmacht gegenüber der Materie möglich zu machen. Schubert-Stimmung atmet zunächst der rezitatorisch anhebende Monolog „Geselle woll’n wir uns in Kutten hüllen“, der sich zu einer Miniaturballade entwickelt; Richard Strauss steht da im 6. und 7. Klaviertakt „vor der Tür“. In

„Nein, junger Herr" ist die Soubrette aufgerufen, eine Mozartische Zerlina oder Susanna; das Bestechende dieser Komposition ist, so scheint es, ihr Biegen und Drehen, das Nichtvorhandensein des Taktstriches (beim besten Willen ist — außer den beiden „Nein" am Anfang des Verses — kein wahrhaft starker Taktteil für den Sänger aufzuspüren!). Tänzerischer Grundrhythmus steht dem A-Dur-Lied „Hoffärtig seid ihr, schönes Kind" Pate; Licht und Schatten wechseln schroff, auch ein gewichtiger Einbruch ins Lebhaft-Tempo wird vollzogen. Ein wenig schulmeisterlich muß dieses „Ausschimpfen" klingen, das zwischen Dur und Moll pendelt, immer neue Trugschlüsse zuläßt und dann erst recht überraschend in fis-Moll endet. „Auch kleine Dinge können uns entzücken" ist mit Recht eines der berühmtesten Wolf-Lieder geworden. Man spiele oder höre einmal den Klavierpart allein: da haben wir ein nuancenreiches Klavierstück, dem mit keiner Sechzehntelnote und in keiner Phrasenpause die eliminierte Singstimme abgeht. Diese wieder hat den Tonfall der Worte und auch den Rhythmus des Gedichtes geradezu beispielhaft in Noten gesetzt erhalten. Dabei profiliert weder die Gesangsmelodie allein noch die Klavierstimme an sich die innere Aussage dieser Heyse-Poesie; das Miteinander, wohlgemerkt: das belebende und belebte Miteinander, das Ineinandergreifen der Phrasierungsbögen von Singstimme und Klavierhänden, die komplementäre „Atmung" der drei „Stimmen" — des Gesanges, der rechten (harmoniegebenden) und der linken (Melodie bzw. Gegenmelodie tragenden) Hand — macht die schier vollkommene Einheit von Wort und Ton möglich. „Ein Ständchen euch zu bringen, kam ich her" ist ein Erfolgslied für sich, wenn es duftig, apart, dabei natürlich genug gebracht wird, eine kostbare Miniatur, eine Serenade mit gitarrenhafter Begleitung. Eine gewisse Parallele zu „Sie blasen zum Abmarsch" (im Spanischen Liederbuch) ergibt sich bei „Ihr jungen Leute": Trommelklang liegt unter der Melodie, fröhliche Marschrhythmen machen sich breit, und über allem zittert Sorge und ängstliche Liebe. Unwillkürlich stellen sich Assoziationen zur Abschiedsszene in Mozarts „Cosi fan tutte" ein. Chopin-Stimmung liegt über „Mein Liebster singt": rhapsodisch keimt Leidenschaft auf, wieder einmal ringen zwei Stimmen, diesmal Gesang und rechte Klavierhand, um die Führung, umhegt vom Kurz-Lang-Rhythmus der Begleitung im $^3/_8$-Takt. Das Klavier-

Legato vermag — nicht auf den Atem angewiesen — die unendlich lange Melodie bis zum Erschlaffen weiterzuführen, während der Gesang die Symmetrie des erweiterten Achttakters zu wahren hat. Der Wechsel der Schwerpunkte macht dieses Lied besonders interessant und anziehend. Acht Tonwiederholungen im Dreiertakt (Viertel zu Achtel) kennzeichnen die Gesangsmelodie von „Heb auf dein blondes Haupt"; sie bilden die gleichbleibende Terz zum Orgelpunkt im Baß, während der Klaviermelodie die Entfaltung ansteigender Kraft überlassen ist. Zur Aufgliederung der „Vier Worte", zur musikalischen Fixierung des Doppelpunktes, zur Art der Gegenüberstellung und inneren Steigerung von vier Treuegelöbnissen, deren letztes die Aussage „liebt" an die unaufdringlichste Stelle des Taktganzen bindet, zum Ineinandergreifen von Stimmen und Gegenstimmen, deren Wertigkeit beim ersten Hören nicht immer richtig entschieden werden kann, zu all dem bedurfte es der Meisterschaft eines Auserwählten. Aus dem stockenden Sprechgesang „Wir haben beide lange Zeit geschwiegen" bricht in der Oberstimme des Klavierparts eine zärtlich-weiche Kantilene, die sich durch Imitationen weiterentwickelt, in der Singstimme kontrapunktiert und schließlich in einem von Arpeggi umhegten, silbrigen Nachspiel zu Ende geführt wird. „Man sagt mir, deine Mutter woll' es nicht" schafft einer jugendlich-dramatischen Sopranstimme alle Möglichkeiten der Entfaltung, ein Beweis dafür, daß Hugo Wolf sich bei der Komposition des „Italienischen Liederbuches" nicht von vornherein auf bestimmte Stimmcharaktere festgelegt hat, sondern jedem einzelnen Werk jene „Besetzung" im Klangvolumen und in der Fülle der Ausdrucksmöglichkeiten gab, die es, dem Tonfall des Gedichtes entsprechend, verdient.

„ITALIENISCHE SERENADE"
Kleines Orchester 1892

„Die Serenade habe ich für ganzes Orchester umgearbeitet, bin aber mit der Arbeit noch nicht zu Ende."
Hugo Wolf an Potpeschnigg (19. Mai 1892)

Hugo-Wolf-Kompositionen — so wünschten sich's Freunde und Verleger — sollten nun in Deuschland, in der Heimat der Dichter von Wolfs Liedern, bekannt gemacht werden. Dr. Strekker wollte zunächst Berlin, die Hauptstadt des Reiches, von Wolf erobert wissen. Die Konzertagentur Hermann Wolff übernahm die Durchführung des Planes: am 24. Februar 1892 sollten Ferdinand Jäger und Friederike Meyer mit dem Komponisten am Flügel Wolf-Lieder in der Berliner Singakademie interpretieren. Unser ungestümer Meister, mit dem seine Sänger auch auf dem Podium größte Mühe hatten (vor seinen halblauten Zurechtweisungen war niemand sicher, dem zu früh einsetzenden Applaus entgegnete er mit wütendem Aufstampfen oder mit spontanem Zuschlagen des Klavierdeckels!), hatte die junge Mezzosopranistin durch Freund Schur kennengelernt, begann ihr Interesse an seinen Liedern sehr zu schätzen, rügte freilich bald in Briefen ihr mangelndes, durch fehlerhafte Gesangstechnik beeinträchtigtes Interpretationsvermögen, fuhr aber schließlich am 18. Februar 1892, vom Wagner-Verein mit 500 Gulden Reisegeld und Frack und Zylinder ausgestattet („Die guten Berliner mögen vielleicht über meine Lieder die Achsel zucken, über meinen Frack werden sie's gewiß nicht tun. Denn: der sitzt!"), von Wien ab. Er wollte vor dem Konzert Berlin und die Berliner näher kennenlernen. Fritz Vollbach, der Autor eines Feuilletons über Wolfs Lieder in der „Allgemeinen Musikzeitung", empfahl den jungen Meister an Lessmann, den Berliner Verleger dieses Periodikums, Jeanne Grohe übermittelte einen „Führer durch Berlin für Hugo Wolf" mit Namen und Adressen ihrer Freunde und Bekannten. Wolf wurde also mit Einladungen überhäuft, fühlte sich freilich am wohlsten bei den Österreichern und da vor allem im Hause Richard Genées. Das Konzert stand zunächst unter einem Unstern: Jäger telephonierte eine Absage (ein Gichtanfall hatte seine Reise verhindert), ein Berliner Tenor, Heinrich Grahl, war einsprungbereit („Ein Stern erster Größe ist er nicht, ein höchst anständiger Sänger" wohl); und am Morgen des 24. Februar 1892 war Friederike Meyer, die bei Madame Artot in Berlin studiert hatte, fiebrig und heiser. Fräulein Finkenstein, ein noch am Vormittag mobilisierter Ersatz, verlor bei der Probe mit Wolf die Nerven und legte die Aufgabe zurück. Resultat: Verschiebung des Konzerts auf den 5. März. Die Saalmiete (200 Mark) war verloren.

Neue Freundschaften wurden in diesen verlängerten Berliner Tagen geschlossen, alte besiegelt. Baron Lipperheide, der Besitzer der international angesehenen Zeitschrift „Die Modenwelt", und seine Gattin Frieda wurden Anhänger Wolfs fürs Leben; Frau Frieda wurde das „Elfenlied" aus Shakespeares „Sommernachtstraum" gewidmet. Siegfried Ochs, der bedeutendste Chorfachmann der damaligen Zeit, Dirigent des Berliner Philharmonischen Chors, versprach Wolf spontan die Aufführung dieses „Elfenliedes" in Berlin und konnte sein Versprechen zwei Jahre später einlösen. (Ochs war in Gesellschaft ein prächtiger Imitator seiner Freunde und konnte Wolfs Gehaben und Sprechweise überzeugend nachahmen; aus seiner Feder stammen auch die köstlichen Variationen über „Kommt ein Vogerl geflogen" im Stile verschiedener Meister, die bis in die dreißiger Jahre unseres Jahrhunderts oft in Unterhaltungskonzerten gespielt wurden.) Richard Sternfeld, einer der wichtigsten Männer im Richard-Wagner-Verein, war bald von und für Wolf eingenommen. Emilie Herzog-Welti, die das „Elfenlied" Wolfs aus dem Mörike-Band zum Entzücken des Komponisten ohne Makel vom Blatt gesungen hatte und sich dann zusammen mit ihrem Gatten fürs „Erste Liebeslied eines Mädchens" begeistert hatte, wurde aktive Wolf-Anhängerin, sie verbreitete Wolf-Lieder in Deutschland, war nach des Komponisten Äußerungen seinen Freunden gegenüber „eine reizende Person, eine große Künstlerin". Wolf hörte eine hervorragende „Meistersinger"-Aufführung unter Weingartner und ein Konzert unter Bülow, in dem ihm ein „schauderhaftes Tonstück" mißfiel: Richard Strauss' symphonische Dichtung „Macbeth".

(Sollte diese Äußerung der Grund für Straussens lebenslange Aversion gegenüber Wolf gewesen sein?!)

Am Nachmittag des 3. März gab es für die Mitglieder des Berliner Wagner-Vereins ein Privatkonzert, von dem sich Sternfeld einen stärkeren Besuch erhofft hatte. Es waren jedoch nur ein Dutzend Besucher erschienen — kein Kritiker befand sich unter ihnen, dafür Max Friedländer, der Sänger und Schubert-Editor, der Schriftsteller Fritz Mauthner und Paul Müller, ein ambitionierter Lehrer, der später den Berliner Hugo-Wolf-Verein gegründet hat. Das Programm begann ziemlich spannungslos mit Liedervorträgen Grahls, der nach seinem Auftritt einer weiteren Konzertverpflichtung nachzukommen hatte. Dann las Wolf die Gedichte vor, besprach einzelne und spielte und sang mit seiner tonlosen und dabei so ergreifenden Stimme die Lieder. Nach der Lesung des Mörike-Gedichtes „Auf einer Wanderung" richtete er die rhetorische Frage an das Publikum: „Ist das nicht zum Heulen schön?!", die Interpretation des „Feuerreiters" eröffnete er mit den Worten: „Jetzt will ich Ihnen was singen, da sollen Ihnen die Haare zu Berge stehen!"

Das öffentliche Konzert zwei Tage später wurde ein Erfolg. Der Saal war nicht voll, das Publikum aber sehr herzlich und beifallsfreudig und von Wiederholungen sehr angetan. Wolf war mit Grahl (trotz eines „Ausstiegs" im Mörikeschen „Tambour") recht zufrieden, ganz ungnädig dagegen zu Friederike Meyer, die noch nicht in stimmlicher Bestform gewesen war und sich — sicherlich deshalb — musikalische Freiheiten erlaubte, die sich Wolf auf dem Podium (beim Vortrag des Liebesliedes „In dem Schatten meiner Locken") bereits gereizt verbeten hatte. Er ließ sie auch allein aufs Podium zurückgehen und nahm den Beifall später ebenso solo entgegen. (Die Sängerin verließ unmittelbar nach dem Konzert Berlin und traf niemals mehr mit Wolf zusammen!) Im Hotel Metropol gab es nachher einen Empfang. Wolf wurde von Lipperheides, vom Ehepaar Weingartner, dem Physiker Helmholtz und manchen anderen Größen des Geistes, der Kunst und der Gesellschaft enthusiastisch gefeiert. Hermann Wolff, der legendär gewordene Konzertagent, verbuchte gegenüber dem finanziellen Defizit ein künstlerisches „Soll". Die Kritiker blieben bieder: man schrieb von einem „hübschen Talent", von „aufmerksamer Beachtung", die die Lieder verdienten, und von einem

„Nachfolger Jensens". (Das muß wohl an der Interpretation seitens der Sänger gelegen haben!) Wolfs Stellungnahme im Brief an Kauffmann: die Kritiker hätten ihn gut behandelt, aber Esel wären sie doch. Das schönste Ergebnis dieser ersten Berliner Reise für Hugo Wolf war Richard Genées Rat, sich Alarcons Novelle „El Niño de la Bola", in der deutschen Übersetzung „Manuel Venegas" genannt, zu Gemüte zu führen. Voll Enttäuschung war die zweimalige Begegnung mit Hermann Sudermann, dessen „Frau Sorge", „Sodoms Ende" und „Der Katzensteg" Wolf vertraut waren. Während eines Abendessens konnte er mit dem Dramatiker und Romanautor nur ein paar Worte wechseln, am 7. März, im Hause Mauthners, war er an einem Kontakt nicht mehr interessiert, weil er inzwischen durch Herzfeld vom Desinteressement Sudermanns an der Opernform überhaupt und an einem Libretto für Wolf im speziellen erfahren hatte. Von da an hatte er auch kein Interesse mehr an Sudermanns weiteren Veröffentlichungen.

Der Nachhall des Berliner Gastspiels: Am 12. März erschien ein enthusiastischer Artikel „Ein neuer Liederfrühling" aus der Feder Richard Sternfelds im „Magazin für Literatur", das Mauthner herausgab; es war die erste wichtige Publikation über Wolf im norddeutschen Raum. Am 8. April interpretierte Emilie Herzog mit großem Erfolg fünf Lieder Hugo Wolfs in Berlin; am 11. April sang der wiederhergestellte Ferdinand Jäger mit Schalk am Flügel im Wiener Bösendorfer-Saal zwölf Lieder, von denen acht (!) wiederholt werden mußten. (Wolf: „Es scheint in der Tat so, als sollte ich in Mode kommen!") Im Mai kam er nach Graz zu einem reinen Hugo-Wolf-Abend, bei dem das Sängerpaar August und Marie Krämer mit Dr. Potpeschnigg am Flügel achtzehn Lieder interpretierte.

Wolf war es seit seiner Heimkehr aus Berlin nicht gerade gut gegangen: unmittelbar nach seiner Rückkehr war er im Köchert-Haus am Mehlmarkt mit Fieber und Halsentzündung zu Bett gelegen; an seinem Geburtstag, am 13. März, war er aufgestanden, fühlte sich aber noch sehr schwach und wagte erst am 19. März die Einsiedelei in Döbling zu beziehen.

Dort formte Hugo Wolf im April 1892 die „Italienische Serenade", die vor fünf Jahren für Streichquartett geschrieben worden war, für kleines Orchester um. Darüber gibt es Briefzeugnisse des Komponisten: „Gegenwärtig arbeite ich an der

Instrumentierung des 1. Satzes einer italienischen Serenade für kleines Orchester, zu der noch zwei Sätze komponiert werden müssen." (Brief vom 2. April an Kauffmann.) „Die Serenade habe ich für ganzes Orchester umgearbeitet, bin aber mit der Arbeit noch nicht zu Ende." (Brief vom 19. Mai an Potpeschnigg.) Die Mehrdeutigkeit des Begriffes „Arbeit" — meinte Wolf die Instrumentierung oder die noch zu schaffenden weiteren Sätze? — läßt uns die Fertigstellung der Partitur zeitlich nicht fixieren. An der Idee der Mehrsätzigkeit hielt Hugo Wolf zeit seines Lebens fest: Entwürfe zu einem langsamen Satz wurden 1893 niedergeschrieben, ein zur Gänze neuer Satz — es ist ein Entwurf der ersten 45 Takte erhalten — entstand 1894, und rund 40 Takte für ein Tarantella-Finale wurden im Dezember 1897 in Dr. Svetlins Heilanstalt entworfen.

Diese „Italienische Serenade" für kleines Orchester ist zusammen mit der Chor-Orchester-Fassung des „Feuerreiter" die wichtigste schöpferische Tat Hugo Wolfs im Jahre 1892. Sie wurde posthum im Todesjahr Wolfs 1903 publiziert und von keinem Geringeren als Max Reger herausgegeben. Wie bei allen nicht-vokalen Werken unseres Meisters beherrschten Mißverständnisse die Edition: die Ursache in diesem Fall war die Notiz auf dem Titelblatt: „Die Partitur bearbeitete Max Reger." Als Ernst Decsey bei Reger eine Anfrage stellte, teilte der Komponist dem ersten Wolf-Biographen mit, „er habe die Korrekturbögen der Orchesterpartitur durchgesehen". Trotz dieser klaren Sachlage — Wolfs Manuskript der Orchesterfassung in der Österreichischen Nationalbibliothek ist hierfür überzeugendes Beweismittel —, kommt es auch heute noch, also in den siebziger Jahren des 20. Jahrhunderts, zu falschen Programmhinweisen wie „Italienische Serenade von Wolf-Reger". Im Manuskript hat Wolf im ersten Teil des Werkes das Hauptthema und eine führende Stimme dem Englischhorn übertragen. Nach dem ersten Doppelstrich wird das Englischhorn normal verwendet, ohne auffällig hervorzutreten. Der zweite Eintritt des Hauptthemas mit gegengeführter Flöte wird der Soloviola übertragen, zu der dann ein paar Takte lang unisono das Englischhorn tritt. Nach Ende des Solos der Bratsche wird das Holzblasinstrument ohne Führungsaufgabe weitergeführt. Zum drittenmal erklingt das Hauptthema schließlich durch die Oboe, von der es dann wieder das Englischhorn, solistisch eingesetzt, übernimmt. Als sich Hugo Wolf später entschloß, das Englischhorn zu streichen und das Hauptthema in jedem Falle der Solobratsche zu übertragen, scheute er die Mühe der Korrekturen und vermerkte auf der ersten Seite: „Soll anstatt engl. Horn durchweg eine Solo-Bratsche spielen.“ Max Reger führte nun diese Weisung Wolfs durch und vollzog so in Editionsmitverantwortung geringfügige Änderungen, deren nicht nur klangliche, sondern auch philologische Unerheblichkeiten durch Aufzeigung aller Differenzen zwischen Manuskript und Druck-Partitur in „The Music Review“ vom August 1947 („The History of Wolfs ‚Italian Serenade‘ “) dargestellt wird.

Schon im Blick auf den Farbenreichtum der Partitur gehört das Herz des „Wolfianers“ der Orchesterfassung. Daß sie sich gegenüber der vielgespielten Streichquartettpartitur in der Aufführungspraxis nicht durchsetzen konnte, hat mit der soziologischen Enwicklung des „Konzertes“ an sich zu tun. Angesehene Dirigenten pflegen heute die Besetzungsvielfalt der Orchester zu nützen und verzichten in großen Sälen auf Restringierung der Spielerzahl; das Repertoire der Kammerorchester wieder zielt vornehmlich auf Barockmusik und Gegenwartsschaffen, und die Spielpraxis dieser Vereinigungen ist der Romantik keineswegs zugeneigt. Die Anforderungen dieser Wolf-Partitur Dirigenten und Spielern gegenüber sind groß und mannigfaltig, das Werk braucht mindestens drei Proben von je zwei Stunden Dauer, um im rechten Gleichgewicht zwischen Gefühlsinhalt und versteckter, hintergründiger Satire aufzuklingen. Quartettvereinigungen von Rang nahmen sich die Arbeitszeit für die „Serenade“; die Wiedergabe der Orchesterfassung bleibt sporadischen Festkonzerten überlassen.

Noch ein Wort zu den „Fortsetzungsversuchen“ Hugo Wolfs: In der Österreichischen Nationalbibliothek finden sich zwei Entwürfe: eine Skizze auf zwei Notenzeilen, doch mit Andeutung der geplanten Orchestrierung, 30 Takte umfassend, in Döbling am 5. Januar 1893 komponiert, der Beginn eines „II. Satzes“, „langsam, klangend“, g-Moll, $^3/_4$-Takt, und eine weitere Skizze auf zwei und drei Notenzeilen, wieder mit Instrumentationszeichen, 43 vollendete Takte und zwei Takte mit nur einer skizzierten Stimme in G-Dur, $^6/_8$-Takt, komponiert am 8. März 1894. Die Skizze ist nicht betitelt, das Einleitungsthema wird jedoch in einem Brief an Frieda Zerny mit der Bezeichnung „presto“ zitiert, mit der Bemerkung: „Es soll die Stelle eines Scherzos in meiner italienischen Serenade vertreten.“

Wolf hat in Briefen an Grohe vom 16. März und vom 9. Juni 1894 bestätigt, daß dieser Satz wirklich vollendet wurde, doch ist uns nur dieser Entwurf des Anfangs erhalten geblieben. Eine weitere Skizze, bereits von Decsey erwähnt: 28 Takte für Orchester, am 2. Juli 1893 in Traunkirchen komponiert, war im Besitz des Hugo-Wolf-Vereines und ist verlorengegangen; erst bei ihrem Wiederauftauchen wird man erkennen können, ob sie mit der erstgenannten Skizze in direktem Zusammenhang steht; außerdem liegen in der Wiener Stadtbibliothek fünfeinhalb Partiturseiten, datiert vom 2. Dezember 1897, leider nicht in Hugo Wolfs Handschrift, die den Anfang eines „II. Satzes-Tarantella“ bilden; die Streicherstimmen sind bis zum 40. Takt ausgeschrieben, die anderen bis zum 37. Takt.

Ein weiteres Manuskript ist in der Österreichischen Nationalbibliothek verwahrt: es gilt einer unvollendeten „Dritten Italienischen Serenade“, wie sie Frank Walker nennt, und umfaßt einschließlich der Wiederholungen 170 Takte eines ersten Satzes, auf zwei Notenzeilen ausgeschrieben mit Orchestrierungsvermerken. Diese Handschrift ist mit 18. Dezember 1897 datiert, das Themenmaterial ist von einem Manuskriptblatt genommen (das ebenfalls in der Österreichischen Nationalbibliothek liegt), das 23 „Themen vom Oktober und November des Jahres 1897“ verzeichnet. Zu guter Letzt findet sich in einem Skizzenbuch, das hauptsächlich „Penthesilea“-Entwürfe aus dem Jahre 1883 enthält, ein Fragment von 40 Takten, datiert vom 28. Dezember 1897, mit der Einführung des Volksliedthemas „Funiculí, Funiculá“, das im Mai 1952 in „The Music Review“ veröffentlicht wurde. Ich kann nicht glauben, daß es sich hier um eine neue Italienische Serenade handelt; Hugo Wolf hat meiner Meinung nach in beiden Skizzen an Entwürfen für einen Schlußsatz gearbeitet, der durch die Zitierung des bekannten italienischen Volksliedes besonders wirkungsvoll werden sollte.

Aus dem Brief vom 19. Mai 1892 an den Grazer Freund Potpeschnigg erfahren wir, daß der Komponist damals auch an der Orchesterfassung eines seiner genialen Lieder aus dem „Spanischen Liederbuch“ gearbeitet hat: „Geh, Geliebter, geh jetzt“; Skizzenfragmente sind in der Österreichischen Nationalbibliothek einzusehen — leider ist die Partitur verloren.

Alle weiteren Monate (nicht nur) dieses Jahres 1892 stehen unter dem Eindruck einer erzwungenen Schaffenspause. Immer wieder sehnt Wolf schöpferischen Impuls zur Vollendung seiner „Italienischen-Liederbuch"-Pläne herbei — immer von neuem sieht sich der Komponist leer und ausgeschrieben. Und wie jedesmal, wenn er vor sich selbst als Komponist zu versagen scheint, kommt es zu grellen Dissonanzen mit seinen Freunden, mit seiner engeren Umgebung. Am 15. Juni 1892 hatte eine konzertante Aufführung von Wolfs Musik zu Ibsens „Fest auf Solhaug" aus Anlaß der Internationalen Musik- und Theaterausstellung, vom Richard-Wagner-Verein veranstaltet, stattgefunden. Wieder vergällte Mißgeschick dem Komponisten die Freude an der Aufführung. Die verspätete Ankunft der Orchesterstimmen vereitelte korrektes Proben unter Joseph Schalks Leitung, die Altistin sang bei der Aufführung, laut Wolf, andauernd zu hoch, der zweite Solist, „ein scheußlicher Dilettanten-Bariton", durchwegs zu tief. „Das Stück war so schlecht einstudiert, die Gesangskräfte so durchwegs unter aller Kritik, daß es kein Wunder war, wenn das Werk nur einen Achtungserfolg errang." Doch es war auch an der Zeit, andere treue Freunde, nicht nur Schalk, zu verstimmen: „Manuel Venegas" erfüllte das Denken Wolfs, und es ging ihm um ein Szenarium. Gustav Schur war als erster auserwählt, es zu entwerfen. Wolfs Urteil: eine anerkennenswerte Leistung für einen kunstbegeisterten Bankbeamten, vorausgesetzt, es fände sich ein weiterer, gleichgesinnter Bankbeamter, es in Musik zu setzen. Damit erloschen spontan die Beziehungen zwischen Wolf und seinem alten Freund (der sich dann im Jahre 1897 großzügig bereitfand, im Hugo-Wolf-Verein die finanzielle Leitung zu übernehmen). Dann wandte sich Wolf an Genée mit der gleichen Bitte, betonte aber von vornherein, wenn ihm der erbetene Entwurf nicht genüge, werde er Ernst von Wolzogen, den Bruder des Herausgebers der „Bayreuther Blätter", heranziehen. Über den weiteren Verlauf dieser Verhandlungen wissen wir nichts, jedoch befand sich Wolf im Juli 1892 im Besitz eines Szenariums des „Manuel Venegas" von der Hand seines alten Freundes und Wohltäters Adalbert v. Goldschmidt. Wolf war mit dem Entwurf einverstanden, wollte aber das Libretto in Versform gebracht haben und erbat diesen Teil der Aufgabe über Freund Humperdinck von dessen Schwager Hermann Wette. In vier Briefen Wolfs an Wette zwischen dem 22. Juli und 3. August mußten sich angesichts des von Wolf angeschlagenen Tones die Beziehungen zwischen beiden Freunden trüben, das enthüllte auch ein Kommentar, den Wette für Arnold Mendelssohn schrieb und von dem eine Kopie im Humperdinck-Archiv in Boppard am Rhein liegt.

Nach dem verunglückten Wiener Konzert — Wolfs Musik zum „Fest auf Solhaug" war niemals Glück beschieden! — war unser Komponist für den Sommer nach Traunkirchen ins Pfarrhaus gezogen. Von dort hatte er an Wette, das Szenarium Goldschmidts beilegend, geschrieben: „... Ich brauche Dir wohl nicht erst zu sagen, welches Vertrauen ich in Deine dichterische Kraft setze und welche Hoffnungen ich an Deine hülfreiche Mitwirkung knüpfe ..." Wette teilte Wolfs Bewunderung für den Stoff, konnte sich aber mit dem Szenarium nicht anfreunden; er legte seiner Antwort ein eigenes Stück, das er für Arnold Mendelssohn als Opernlibretto geschrieben hatte, „Elsi die seltsame Magd", bei, um seine Auffassung von „gesunder Tragik" zu dokumentieren. Wolfs knappe Antwort vom 27. Juli: „Ich habe das mir zugeschickte Trauerspiel Elsi durchgelesen und sende es, Deinem Wunsche gemäß, schleunigst zurück mit dem aufrichtigen Bedauern, Deiner Auffassung von einer ‚gesunden tragischen Kunst' nicht beipflichten zu können. Retourniere gefälligst das Szenarium zum Venegas und wir bleiben trotzdem gute Freunde." Wette, der schon vorher die leidige Frage nach dem Tantiemenanteil gestellt hatte, ließ seinem ersten Schreiben ein zweites folgen, das seine eigene schwierige finanzielle Lage betraf; diesen Brief beantwortete Wolf ebenfalls umgehend: „... Es berührt mich allerdings nicht auf das angenehmste, daß diesem Gegenstand" — der Tantiemenangelegenheit — „eine solche Bedeutung beigelegt wurde, doch war dies keineswegs die Ursache, welche mich bestimmen konnte, den Fall Venegas mit keinem Wort mehr zu berühren. Ich tat dies aus rein künstlerischen Bedenken, wozu mir eben Deine Operndichtung Veranlassung gegeben, mit der ich mich absolut nicht befreunden konnte ..." In seinem Retourbrief schrieb Wette in „galgenhumoristischer Weise", wie sehr es ihm leid tue, von „Venegas" abzulassen. Da kam Wolfs neuester Brief vom 3. August: „... Bist du noch gewillt u. erlaubt es Dir Deine kostbare Zeit, so bitte ich Dich mir ehestens ein Szenarium in Deinem Sinne anzufertigen mit dem Vorbehalt, daß es mir freistehen soll dasselbe zu acceptieren od. davon abzustehen . . ." Darauf der Schriftsteller in seinem Kommentar an Arnold Mendelssohn: „Ist es denn möglich, daß dieser Mann von dem Bewußtsein seines musikalischen Talents so verblendet sein kann, daraufhin zu glauben, er brauche nur zu winken und jeder Mann stehe bereit, für die Ehre seiner Musik Dichter zu sein?" Wette kündigte in seinem letzten Brief Wolf die Freundschaft auf. Und Wolf verfälscht die ganze Angelegenheit in seinem Brief vom 10. August an Grohe und schmäht: „. . . Als ich in schonendster Weise seine Mitwirkung ablehnte, ward er noch saugrob und schalt mich einen Ignoranten." Selbst Freund Goldschmidt kommt in der Korrespondenz mit Grohe nicht gut weg: am 14. September schreibt Wolf: „Goldschmidt hat nicht die Courage, die begonnene Arbeit fortzusetzen." Im Oktober erwähnt er brieflich gegenüber Dr. Strecker und Sternfeld, wie sehr er ein Libretto für „Manuel Venegas" ersehne, das ihm aber nur ein großer Dichter liefern könne.

Um den 20. September war Wolf nach Wien zurückgekehrt und hatte sich im leeren Döblinger Haus der Köcherts niedergelassen. Immer wieder kam er in seinen Plänen auf die freundlichen Tage in Berlin zurück, dachte daran, dort eine ganze Saison zu verbringen, verkaufte spontan den ersten Teil des „Italienischen Liederbuches", das im Dezember erscheinen sollte, um 1000 Mark an Schott, spielte mit der Idee, in Berlin ein großes Konzert mit eigenen Werken zu geben (Ochs wollte ihm ohne anfallende Honorare Chor und Orchester bringen, Emilie Herzog stellte ihre Mitwirkung in Aussicht), blieb aber dann doch in Wien: er hatte sich dem damals an der Wiener Hofoper wirkenden holländischen Tenor Ernest van Dyck gegenüber verpflichtet, mit ihm Wagner-Partien einzustudieren. Wolf hatte also plötzlich Geld auf der Bank: nach Abzahlung von Schulden ungefähr 400 Gulden; für den Fall ökonomischer Schwierigkeiten — am 2. August 1892 hatte ein Reichsgesetz den Übergang von der Gulden- zur Kronenwährung verfügt — bot er es seiner Mutter an.

Zur wichtigsten schöpferischen Tat nach der Fassung der „Serenade" für kleines Orchester wurde das Entstehen der „Feuerreiter"-Partitur in den Monaten Oktober und November 1892 in Döbling. Wahrhaft gewaltig ist diese Fassung der Mörike-Vertonung für Chor und Orchester, in der alle Vorwürfe widerlegt sind, die man Wolf zeit seines Lebens und über sein Erdenleben hinaus gemacht hat: die Instrumentation ist könnerisch bis ins letzte, der Chorsatz meisterhaft, die Spannung vielfarbig und dicht, der Eindruck der „Volksszene“ erscheint gegeben. 1894 erschien die Partitur bei Schott. Wie kein anderes Werk aus Wolfs Feder begründete diese Partitur Wolfs Ruhm vor allem in Deutschland. Daß man dagegen heute dieses packende Poem so selten hört, hat seinen Grund im Bevorzugen abendfüllender Chor-Orchester-Werke.

Das wertvollste Ereignis für Hugo Wolf im Jahre 1892 war die Dezember-Veröffentlichung des ersten Teils des „Italienischen Liederbuches“ (Nr. 1 bis 22) bei Schott. Was Wolf dazu brachte, mit van Dyck Wagner-Partituren einzustudieren, enthüllt sein Brief an Kauffmann vom 23. Dezember 1892: „... Zuvörderst benachrichtige ich Sie, daß ich meine Pläne auf Berlin fallen gelassen und daß ich in Wien bleiben werde. Die Veranlassung hiezu bot mir der Sänger van Dyck, mit dem ich seit einigen Wochen correpetiere. Sie müssen nämlich wissen, daß van Dyck heuzutage als eine Berühmtheit allerersten Ranges gilt, daß es mir mithin nicht gleichgültig sein konnte, zu diesem Künstler in Beziehungen zu treten ... Wenn es nun gelingen sollte van Dyck für meine Sachen zu interessieren, dann bin ich sozusagen ein gemachter Mann. Ich muß aber dabei äußerst vorsichtig zu Werke gehen, um jeden Verdacht zu vermeiden, der auf mein egoistisches Vorhaben fallen könnte, denn diese verfluchten Herren Tenoristen sind unberechenbar in ihrer wahnsinnigen Eitelkeit und dabei rachsüchtig wie die Corsicaner ... Sie werden die Situation sofort begreifen, wenn ich Ihnen sage, daß van Dycks beste Freunde meine grimmigsten Gegner sind ...“ Schon wiegte sich der Komponist in kühnen Hoffnungen, ließ er doch am 2. Januar 1893 durch Potpeschnigg beim Grazer Konzertveranstalter anfragen, ob Bedenken gegen die Aufnahme von sechs Liedern in ein Konzertprogramm van Dycks bestünden; doch der gefragte Opernsänger — er studierte gerade den Siegmund in Wilders Übersetzung auf französisch — „fand keine Zeit mehr in Graz zu konzertieren, obschon es vielleicht ganz gut war, denn als Liedersänger scheint sich v. D. absolut nicht qualifizieren zu können“ (Brief Wolfs an Potpeschnigg vom 28. März 1883). Der Traum vom großen Tenor als Wolf-Interpreten war aus!

„KENNST DU DAS LAND ...“
Lieder mit Orchester 1893

„In mir ist alles wie erstorben, nicht der leiseste Ton will erklingen, still und öde ist es in mir geworden, wie auf einem beschneiten Leichenfelde. Gott weiß, wie und wann das enden wird! —“

Hugo Wolf an Kauffmann (26. April 1893)

Die Suche nach dem Libretto ging weiter. Beiden „Librettisten von Profession, die eine beispiellose Zähigkeiten bewahrten“ wäre er mit knapper Not entgangen, schrieb Wolf an Grohe; wir müssen schon auf Grund des undankbaren Tonfalles annehmen, daß es sich um Richard Genée und seinen Mitarbeiter F. Zell handelte, um deren Hilfe er selbst vor Jahresfrist in Berlin gebeten hatte. Und er klagt: „Und doch, fände sich endlich der Rechte! Der Echte!“ Da kam ein Brief von Dr. Strekker: der Herzog von Coburg-Gotha habe einen Preis von 5000 Mark für ein Opernlibretto ausgesetzt; Schott schlug Scribes Stück „Actéon“ vor, das einst Auber benützt hatte. Wo den Dichter hernehmen, der ein neues Libretto zimmere? Wolf verfiel auf Grillparzers „Weh dem, der lügt“; ein eigener Entwurf, der drei Bilder anstelle von fünf Akten vorsah, stand zur Debatte, Fritz Mauthner sollte ihn literarisch ausarbeiten. Doch auch dieser Plan blieb stecken. Ein neues Libretto kam auf postalischem Weg: „Zurobia“ eines Herrn G. S., von dem wir nur wissen, daß es sich nicht um den gekränkten Gustav Schur gehandelt hat; „besonderen Blödsinn“ attestierte Wolf diesem Buch und jammerte sich in einem Brief an Grohe aus, er sehe sich als das Opfer der Machenschaften eines ihm böse gesinnten Geistes an, der als Spielverderber auftrete: „... z. B. ich habe einen guten Stoff. Sie rekommandieren mir einen geschickten Poeten — alles scheint mithin geordnet zu sein — da kommt der Teufel in Gestalt eines Freundes, der mir abrät von dem Stoff, den Poeten verdächtigt, mir aber einen anderen Stoff und einen besseren Bearbeiter empfiehlt — abgemacht!

Der empfohlene Autor, der für ein Genie non plus ultra gilt, entpuppt sich als naseweises Bürschchen ... Was war da zu machen? Sie sehen — reines Satanswerk! Und so wiederholt sich's in infinitum und macht einen schließlich noch ganz konfus." Hatte Wolf Ratgeber zur Wahl der Mörike oder Eichendorff-Gedichte notwendig? Brauchte er Freundeshilfe fürs Spanische, fürs Italienische Liederbuch? Hatte er sich nicht „Penthesilea", den „Feuerreiter", die „Italienische Serenade" von der Seele geschrieben? Am 26. April 1893 heißt es im Brief an Kauffmann: „Was ich unter diesem anhaltenden Müßiggang leide, kann ich gar nicht beschreiben! Am liebsten möchte ich mich an dem ersten Ast der jetzt in vollster Blüte stehenden Kirschbäume aufhängen ... Ringsum dieses verwirrende Drängen nach Leben, Gebären, Gestalten — und nur ich, wie der unscheinbarste Grasboden doch auch ein Geschöpf Gottes, darf an diesem Fest der Auferstehung nicht teilnehmen, nicht anders doch, denn als neid- und gramversehrter Zuschauer." Um sich abzulenken, begann er sich mit Französisch zu befassen und brachte es immerhin so weit, mit einiger Mühe George Sand lesen zu können. Aristophanes, den er weggelegt hatte, wurde erneut Lieblingslektüre.

Am 17. Mai 1893 bezog Hugo Wolf zum dritten Mal sein Sommerquartier im Traunkirchner Pfarrhof. Die lustigen Finken störten ihn, der Briefwechsel mit Mutter und Schwester Käthe enthüllte manch trostlose Wirrnis im Ökonomischen. Die „Bude", der kleine Krämerladen, den die jüngere Schwester mit der Mutter führte, hatte vermutlich Wolfs gesamte Ersparnisse verschlungen, so war er auch nicht imstande, eine erträumte Bootshütte am Traunsee zu erstehen; es blieb ihm nur der Wanderweg am Ufer entlang.

Der alte Bösendorfer-Flügel, das Geschenk der Baronin Schey, war am 23. Mai in Traunkirchen eingetroffen: „Mein Entzücken darüber ist einfach unbeschreiblich! Wie ein verliebter Affe starre ich in einem fort dieses gelbe altväterliche Möbel an und frage mich ungläubig, ob denn wirklich dieses Ding mir gehört oder ob ich nicht etwa davon nur träume? ..." (an Melanie Köchert.) „Kein Einfall! Ebensogut könnte ich plötzlich Chinesisch zu sprechen anfangen als nur irgend etwas komponieren." (An Grohe.) „... Ich, für den der Kalender nur immer Feiertage zählt, der so recht als ein Überflüssiger unter den Tausenden mitzählt, der nichts ist, nichts kann u. vor allem nichts tut — heiliger Gott, wie soll das einmal enden..." (An Frau Melanie.) Wolf las damals Max Stirners „Der Einzige und sein Eigentum", das manches von Nietzsche vorwegnahm. Dann wieder Nietzsche („Die fröhliche Wissenschaft"), dessen gesammelte Werke Eckstein ihm geborgt hatte. Da fand er Trost: „Für den Denker und für alle empfindliche Geister ist Langeweile jene unangenehme ‚Windstille' der Seele, welche der glücklichen Fahrt und den lustigen Winden vorangeht." Das ungelöste Opernproblem lastete Wolf auf der Seele. Auch dann, wenn er Beethovens letzte Sonaten spielte und daraufhin am 5. August Kauffmann nach Tübingen schrieb: „Nach der berauschenden Narkose Wagner'scher Kunst dünkt mich Beethoven'sche Musik wie Himmelsäther und Waldesluft. Jene benimmt mir den Atem und schmettert mich zu Boden, diese aber erweitert die Lungen und befreit den Geist, und macht einen förmlich zum guten Menschen, wie die Wagner'sche Kunst in ihrer Überfülle einen zum Wurm degradiert..." Ausflüge im Salzkammergut galten Freunden: den Langs und Eckstein in Unterach, den Köcherts in Rinnbach, entfernteren Bekannten in Gmunden. Im August konnte Wolf selbst Gastgeber sein: Oskar Grohe, der vor wenigen Monaten seine Frau Jeanne bei der Geburt eines Sohnes (Helmut) verloren hatte, suchte und fand Freundeshand und Erholung. Aus Grohes Briefen an Schwiegermutter und Schwägerin lernen wir den privaten Wolf Anno 1893 kennen: „... Wolf ist ein vortrefflicher treuer aufrichtiger Mensch, der für Jeanne eine große Verehrung und auch Verständnis für sie hatte. Er hütet ihre Briefe wie einen Schatz. Zu Helmuts Bild sagte er ‚Ah, dös is aber a Kerl'..." (14. August 1893.) — „... Am Donnerstag wollte ich mit Wolf den Attersee besuchen, wir mußten aber auf halbem Wege wieder umkehren, weil der Kaiser da jagte, was Wolf für eine Teufelei erklärte, so daß ich Mühe hatte, ihn zu beruhigen..." (20. August.) — „... Wolf jauchzte vor Freude über diesen Kampf in der Natur." (Ein schweres Gewitter war über dem Gosau-See niedergegangen.) „Er ist ein prächtiger Bursche und genial vom Scheitel bis zur Sohle. Jeden Morgen nach dem Frühstück musizieren und diskutieren wir..." (25. August.)

In den letzten Tagen des September kehrte Wolf nach vier

Jahren wieder in seine Geburtsstadt zurück. In Windischgraz verbrachte er drei unglückliche Wochen, trotz des freudigen Wiedersehens mit der Mutter, die nun schon dem Siebziger zuschritt; Lärm der Menschen und Tiere erfüllte die Luft. Es erhebe sich lediglich die Frage — so hieß es in einem Brief an Grohe —, ob Hammergeklopfe oder Hahnengekräh die elenden Nerven zuerst zum Erliegen bringen würden. Mitte Oktober entfloh er dem „Inferno", blieb zwei Tage lang in Graz. „Suchte Strasser gestern auf, hatte aber, vor der Türe seines Bureaus angelangt, plötzlich allen Mut verloren, mit ihm zu sprechen; kehrte mithin unverrichteter Sache in mein Hotel zurück." (Brief an Schwester Käthe vom 16. Oktober.) Josef Strasser und Schwester Modesta waren seit drei Jahren geschieden; Modesta fand sich mit einer Kinderschar und wenig Geld allein auf sich gestellt. Später traf Wolf mit seinem Schwager wieder zusammen, aber die alte Freundschaftsbeziehung stellte sich nicht mehr ein; „gegenüber meinem Schwager bin ich freundlich, aber gemessen, sehr gemessen, und weiche ihm auch gerne aus." (Brief an Melanie Köchert.)

Zum vierten Mal im Oktober 1893 im Winterquartier in Döbling! Gute Nachricht aus Deutschland: für den 8. Januar 1894 hatte Siegfried Ochs die Aufführung des „Feuerreiters" und des Shakespeareschen „Elfenliedes" durch den Philharmonischen Chor in Berlin endgültig festgesetzt, auch mehrere Orchesterlieder sollten aufs Programm kommen. Wolf bestimmte fünf Liedpartituren zur Absendung nach Berlin: „Geh, Geliebter, geh jetzt", „Ganymed", „Er ist's", „Anakreons Grab" und „Mignon"; er wollte sie selbst zum Postamt bringen — und ließ die Noten in der Straßenbahn liegen. („Ganymed", „Geh, Geliebter" und die erste Fassung von „Anakreons Grab" tauchten niemals wieder auf; hingegen kamen „Er ist's" und die erste „Mignon"-Fassung viele Jahre später in den Besitz des Hugo-Wolf-Vereines und wurden posthum veröffentlicht.) So blieb dem Komponisten nur der Weg, neue Partituren zu erstellen; auf diese Weise kam es zu den zweiten Orchesterfassungen der „Mignon" („Kennst du das Land") am 31. Oktober und von „Anakreons Grab" am 13. November. (Emilie Herzog, die die Orchesterlieder singen sollte, wurde von der Intendanz der Berliner Oper nicht freigegeben, für die neue Sängerin stand dann zuletzt „Anakreons Grab" und Margits Ballade aus dem „Fest auf Solhaug“ in der Vortragsfolge.) Beide Partituren beweisen gleich dem ganz anders gearteten „Feuerreiter“ Wolfs Meisterschaft im Orchesterklang. Freilich entziehen sie sich dem Vergleich mit den Klavierliedern, weil angesichts der symphonischen Stimmenvielfalt ganz andere Interpretationsgesetze zu walten haben.

Emil Kauffmann hatte am 31. Oktober in Tübingen einen Wolf-Abend initiiert, den die Sopransolistin Emma Dinkelacker, der Tenor Karl Diezel und der Baßbariton Hugo Faisst mit Kauffmann und Schmid am Flügel gestalteten. Mehr als die Hälfte der angesetzten 22 Lieder mußte wiederholt werden. Diezel, der erträumte Idealtenor für die Wolfsche Lieddiktion, erklärte sich zu Gastspielen in weiteren Wolf-Konzerten innerhalb Deutschlands bereit, Faisst, der Amateursänger, der zehn Lieder interpretiert hatte, schrieb Wolf einen begeisterten Brief und schloß eine Photographie bei, ohne wissen zu können, wie bald er zu des Komponisten engstem Freundeskreis gehören würde. Ochs berichtet aus Berlin, sein philharmonischer Chor, mit dem Studium des „Feuerreiters“ beschäftigt, „schwitze Blut“. Am 1. Dezember 1893 begleitete Hugo Wolf in Graz August und Maria Krämer (-Wild) zu 27 Liedern aus seinem Schaffen. Wolf, für den Freund Potpeschnigg vorstudiert hatte, war am 27. November in der Stadt seiner mühseligen ersten Gymnasialjahre eingetroffen und wohnte bei dem Apotheker Josef Purgleitner in der Sporgasse, der sich als bislang unbekannter Anhänger entpuppte. Vor seinem ersten öffentlichen Auftreten in Graz rauschte es im Blätterwald, Friedrich von Hausegger erinnerte sich Wolfs von den frühen Tagen des Konservatoriums her. Der Besuch des Konzertes übertraf alle Erwartungen, der Erfolg war groß. Nach dem Liederabend war Wolf vom Sängerpaar im Baltahof, nahe von Graz, eingeladen, und sagte für einen längeren Besuch im kommenden Sommer zu. 230 Gulden Reingewinn (die Sänger hatten ohne Honorar mitgewirkt) verblieben dem Komponisten; die bevorstehende Reise nach Berlin war nun gesichert.

Eine improvisierte Konzertmitwirkung ergab sich bald darauf im Wiener Bösendorfer-Saal. In einem Chorabend der Wiener Singakademie hatte Lilli Leschky eine Wolf-Liedergruppe zu singen. Ferdinand Loewe, der vorgesehene Begleiter, blieb unauffindbar, also holte man Wolf von seinem Parkettsitz aufs

Podium — im Straßenanzug. Wohl litt der Vortrag der Sängerin unter Nervosität, Wolf verspielte sich in den Harfen-Harmonien von „Gesang Weylas“ — aber das Konzert nahm trotzdem einen erfolgreichen Verlauf. Ende Dezember waren auch die finanziellen Schwierigkeiten für die neue Deutschlandreise überwunden (Grohe, Ochs und andere subskribierten, Baronin Lipperheide stellte ihre Wohnung in der Potsdamer Straße 38 zur Verfügung, Oberleutnant von Selzam, der Obmann des Wagner-Vereins in Darmstadt, bot Reise und Quartier). Gern hätte Wolf noch einen Liederabend in Berlin gespielt, doch der Agent Hermann Wolff winkte in memoriam des letzten Defizits entschieden ab.

„WÄCHTERLIED AUF DER WARTBURG“
Unvollendetes 1894

„Meine Gemütsstimmung bei der jetzigen Verfassung schwankt zwischen äußerstem Unbehagen und drükkendster Melancholie ...“

Hugo Wolf an Frieda Zerny (Juni 1894)

Reisetag war der 4. Januar 1894. Im selben Zug — absichtsvoll nicht im gleichen Waggon (Wolf war ihm allzu lebendig, hieß es) — reiste Anton Bruckner nach Berlin; Ochs hatte Bruckners Tedeum und Wolfs Werke im selben Konzert angesetzt. Der peinlich korrekt gekleidete Hugo Wolf und der Organist mit dem breitkrempigen schwarzen Schlapphut, mit dem dunklen Lodenrock, mit den kurzen, aber fürs Orgelpedal ideal weiten Beinkleidern waren die denkbar größten Gegensätze im Erscheinungsbild, aber auch in Gehaben, Temperament, Intellekt und Lebenseinstellung. Die Schalk, Eckstein, Göllerich, Loewe und andere standen beiden Komponisten hilfreich zur Seite.

Zur Mittagsstunde am 5. Januar stiegen Bruckner und Wolf am Anhalter Bahnhof aus dem Wiener Zug. Bruckner erregte, in zahllose wollene Kleidungsstücke gehüllt und als einer der letzten den Waggon verlassend, Aufsehen, Wolf eilte gleich zum Arzt; um die Geräusche der Eisenbahn abzuschwächen, hatte er sich — nicht im Besitz von Watte — Brot in die Ohren gestopft, das er nun nicht mehr entfernen konnte. Später erstand er in Berlin, in der Leipziger Straße, ein „Antiphon“ — welch musikalischer Name! —, eine Art Ohrverschluß, von dem er sich fortan nicht mehr trennen konnte, sosehr war er ihm schon zur lärmabwehrenden Lebensnotwendigkeit geworden.

Natalie Bauer-Lechner kommt auf diese Episode in „Fragmente, Gelerntes und Gelebtes“ (1907) zu reden, Melanie Köchert erhält die näheren Umstände in einem Wolf-Brief vom 8. Januar geschildert. Baronin Lipperheide, in deren Haus er „wie ein Märchenprinz“ residierte, empfing ein Schreiben Hugo

Wolfs des Inhalts, die Engel im Himmel könnten ihn ob seines Wohlergehens und Behagens beneiden.

Die Proben zum „Feuerreiter" und fürs „Elfenlied" — Jeanette de Jong war die trefflichste Solistin — befriedigten Wolf außerordentlich, er war auch von seinen Instrumentationen, die er nie zuvor gehört hatte, sehr angetan. Weniger gefielen ihm die Proben der Orchesterlieder: die Sängerin, Anna Corver, nahm Margits Ballade viel zu langsam, Georg Ritter wollte am Ende von „Anakreons Grab" einen hohen Ton (!) einlegen. An viele Freunde sandte Wolf Erfolgsbriefe über das Konzert. Wohl am aufschlußreichsten teilt er sich Freund Kauffmann mit: „Margit und Anakreons Grab wurden einfach nicht verstanden, weder vom Dirigenten, noch von den Sängern, noch vom Publikum. Sie wurden sozusagen abgelehnt. Hingegen gingen die Leute aufs Elfenlied wie der Bär auf den Honig, man wußte sich vor Entzücken gar nicht zu fassen. Natürlich mußte es wiederholt werden. Der Feuerreiter schlug wie eine Bombe ein. Endloser Beifall, Rufe, Geschrei, ‚da capo', ‚Wolf' — — aber ich erschien nicht. Ich hielt mich derweil im Stehparterre verborgen. Als ich, nachdem der Rummel sich gelegt hatte, in der mir angewiesenen Loge wieder Platz nahm, ging jedoch der Teufelslärm wieder von neuem los und ich mußte wohl oder übel von meiner Loge aus nach rechts und linkshin die kunstvollsten Verbeugungen machen. Also hat das Publikum seinen Willen durchgesetzt. Die Aufführung beider Chorstücke war excellent. Chor und Orchester leisteten das Menschenmöglichste. Der Feuerreiter machte einen grandiosen Eindruck. Er war furchtbar schön. Alles war aufs höchste gespannt. Die Wirkung war niederschmetternd. Schade, schade, daß Sie nicht dabei waren. Sie hätten große Augen gemacht. — Himmlisch klang das Elfenlied. Das glitzerte und funkelte nur so in Mondscheinstrahlen, daß man vor lauter Sehen das Hören vergessen mochte. Ochs hat alle charakteristischen Instrumentationswitze darin zur schönsten Geltung gebracht. Ja, ja es war in der Tat schön!"

Die Berliner Kritiken waren wohlwollend und voll Anerkennung. Lilli Lehmann, die Hugo Wolf für den Liederabend gewinnen wollte, ließ ihm durch die Gattin Fritz Mauthners sagen, sie sei anderwärts vergeben. Verleger meldeten sich, Fürstner erstand (obwohl Ries und Erler das erste Angebot stellten) das „Elfenlied“ nach Shakespeare um 300 Mark. Die alten Freundschaften hielten (Ochs, Mauthner, Sternfeld), neue wurden wohl oder übel geschlossen. Der 24jährige Sänger Ernst Otto Nodnagel erwies sich als begeisterter Jünger; zwei Jahre vorher hatte Arnold Mendelssohn ihn mit Wolf-Liedern bekannt gemacht, nun glaubte er, als Komponist einen neuen Stil gefunden zu haben. Bei seinem ersten öffentlichen Auftreten am 24. Januar 1893 hatte er das Mörike-„Elfenlied“ gesungen, am 5. Oktober 1893 das Eichendorff-Lied „Der Freund“ in einem Konzert in Kiberty in Rußland (!) interpretiert. Nach dem ersten persönlichen Kontakt mit Wolf gab er reine Wolf-Konzerte in Darmstadt (am 10. Januar) und Worms (am 13. Januar). Später sang er in Berlin an zwei Abenden über 40 Wolf-Lieder, 1897 schreibt er im „Magazin für Literatur“ über „Hugo Wolf, den Begründer des neudeutschen Liedes“, 1904 wird unser Meister Romanfigur in Nodnagels Buch „Käthe Eisinger“. In einem Brief an Melanie Köchert berichtet Wolf: „Soeben wurde ich durch den Besuch eines Menschen gestört, der mir um jeden Preis seine Lieder vorspielen will ... Nach dreiviertelstündiger Unterbrechung in einem Zustand tiefster Niedergeschlagenheit schreibe ich weiter. Der Mann, Nodnagel geheißen, ein begeisterter Verehrer meiner Lieder ..., hat sein grausames Vorhaben ausgeführt und mich mit einem Dutzend seiner Lieder massakriert ... Auf einem Heft seiner ruchlosen Kompositionen steht die Widmung: Hugo Wolf, dem Großen, der Gernegroß; auf dem anderen: dem genialen Tondichter Hugo Wolf in bewundernder Verehrung. Und solchen Schimpf muß sich ein ehrlicher Mensch gefallen lassen.“ Der andere neue Bekannte war Prinz Božidar Karadjordjevič, ein Vetter des späteren Königs von Serbien, der mit Bruckner nach Berlin gekommen war. Während der Konzertprobe für die Orchesterlieder hatte er Tränen in den Augen Hugo Wolfs entdeckt, Tränen der Wut über die Entgleisungen bei Margits Ballade und „Anakreons Grab“, hatte teilnahmsvoll nachgefragt und war von Wolf brüsk abgefertigt worden. Am nächsten Abend waren beide zu einem Abendessen geladen, freundeten sich auf die schüchterne Frage Wolfs „Sind Sie noch bös?“ an und blieben später in Wien in Verbindung; Wolf wollte immer neue spanische Volkslieder kennenlernen, die der Prinz zur eigenen Begleitung auf der Gitarre sang, Karadjordjevič übersetzte als erster Wolf-Lieder ins

Französische. Beim Ehepaar Welti erschien plötzlich, als Wolf gerade sein „Italienisches Liederbuch" aufschlug, ein anderer Gast, Richard Strauss, der ebenfalls seine jüngsten Lieder mitgebracht hatte. Die beiden Komponisten wurden einander vorgestellt, fanden aber zu keinem Gespräch. Wolf hatte keine Beziehung zum Strauss-Schaffen und grollte Nodnagel, daß er seine und Strauss' Kompositionen in einem Atem zu nennen wagte. Auch Sternfeld rückte mit eigenen Liedern an. („Muß der auch komponieren? Aber wer komponiert heute nicht? Meiner Seel, ich bin der einzige, der heute nicht komponiert.") Unverblümt berichtete Wolf an Frau Melanie auch Klatsch und Tratsch: „Bruckner ist gestern, wie mir Ochs heute erzählte, mutterseelen alleine nach Wien gefahren. Kein Mensch soll ihn auf die Bahn begleitet haben. Übrigens werden Sie in Kürze — aber verraten Sie's nicht — Wunderdinge von Bruckner, dem Zukunftsehemann, erleben." (Es handelte sich um die komische Episode von Bruckners unbedachtem Entschluß, einem Stubenmädchen seines Berliner Hotels spontan seine Hand anzutragen.) „Aber wie gesagt Silentium. Das sage ich nur Ihnen ganz allein ..." Den auch in der Heiterkeit ekstatischen Wolf erlebte die Berliner intellektuelle Gesellschaft beim zehnten Stiftungsfest der „Zwanglosen" am 21. Januar, als er um vier Uhr früh vor Sternfelds, Ochs, Welti, Max Friedländer, Paul Schlenther und Otto Brahm und ihren Damen sein erstes „Cophtisches Lied" sang und den „Abschied" nach Mörike mit dem Wiener Walzer als Begleitmusik für den Hinausschmiß des Rezensenten. Lange karikierte und persiflierte er am Flügel, bis er zum Mittelpunkt der Gesellschaft wurde. Am 24. Januar führte ihn Sternfeld zum Schloß Sanssouci nach Potsdam und zum Grab Heinrich von Kleists am Wannseer Friedhof. Lange blieb der Komponist der „Penthesilea" und der Bühnenmusik zum „Prinz von Homburg" dort schweigend stehen.

Mannheim wurde für die nächsten drei Wochen zum Zentrum von Wolfs künstlerischen Erfolgen. Mauthner hatte ihn noch einen Teil der Reise begleitet, besprach mit Wolf das Szenarium eines Einakters („Vom armen Franischko"), der nie komponiert wurde; Wolf wohnte nun bei Verwandten Grohes und fuhr am 29. Januar zusammen mit Grohe zum Darmstädter Liederabend, den kein geringerer als Arnold Mendelssohn für den Richard-Wagner-Verein veranstaltet hatte. So zerstreuten sich rasch Wolfs Bedenken wegen des Zwistes mit Wette, der ja Mendelssohns bester Freund war. Sänger waren Richard Senff, der auch den „Prometheus“ interpretierte, und Frieda Zerny, eine junge Sopranistin, die an der Oper in Mainz engagiert war. Das Publikum verhielt sich zunächst kühl, steigerte sich jedoch im Verlauf des Abends in große Begeisterung hinein. Wolf ließ zunächst die Sänger allein danken, kam aber auf Zureden Nodnagels selbst aufs Podium und war über den starken Applaus sehr erregt. Brüsk lehnte er ab, an dem ihm zu Ehren gegebenen Souper nach dem Konzert teilzunehmen: „Ich muß frische Luft haben und will spazierengehen, ich habe gar keinen Hunger“, erklärte er und überließ Grohe die Ausreden. Wolf litt in Mannheim unter beständiger Schlaflosigkeit. Die Berliner Atmosphäre, so einigten sich Grohe und Mendelssohn, habe den Zustand seiner Nerven keineswegs gebessert. In Mannheim verirrte sich Wolf immer von neuem; er landete in falschen Straßen, falschen Stockwerken, läutete an fremden Türen. Hugo Faisst, der aus Stuttgart gekommen war, um Wolf kennenzulernen, fand rasch besten Kontakt mit dem Komponisten. Von Beruf Rechtsanwalt, sang er mit Intensität, Intelligenz und starkem Ausdrucksvermögen. Er hatte Wolfs Lieder durch Kauffmann kennengelernt und nützte jede Chance, sie zu popularisieren. Sein Bild zeigt ihn uns mit der Notenrolle in der Hand am Klavier stehend und weist ihn als „treudeutschen“ Charakter aus. Seine Großzügigkeit erwies sich an dem Weihnachtsgeschenk für Kauffmann: Wolf hatte sich bei seinen Besuchen in Tübingen immer wieder über das altmodische Klavier beklagt; nun stand ein prachtvoller Bechstein-Flügel da, um des lieben Gastes Ansprüchen zu genügen.

Am 2. Februar schrieb Wolf an Baronin Lipperheide einen Bericht über das Darmstädter Konzert. Da findet sich folgender Absatz: „. . . Frl. Frieda Zimmer aus Mainz sang die Sopranlieder mit schöner, warmer Stimme u. mit vielem Verständnis. Außerdem aber zeichnet sie sich noch durch eine seltsame körperliche Schönheit aus, u. wenn ich Mannheim nicht bald verlasse — sie kommt heute abend zu Grohe, um mit mir zu proben anläßlich eines am 8. d. M. stattzuhabenden Liederabend in Mannheim — so fürchte ich sehr eine Dummheit zu begehen u. mich schnurstracks in sie zu verlieben. Das fehlte nur noch zu all meinem Pech. Nun, hoffentlich wird alles glatt vorübergehen." Nichts ging vorüber. Frieda Zimmer, die sich als ihren Künstlernamen Zerny erwählt hatte, war neben Faisst und Konrad Diezel die Solistin der Wolf-Abende in Stuttgart (7. Februar), Mannheim (8. Februar) und Tübingen (19. Februar). Nach dem Tübinger Nachmittag zog Wolf in Faissts Wohnung nach Stuttgart, Archivstraße 5. Eine Woche lang kam Fräulein Zerny nach Stuttgart. Neue Bekanntschaften wurden geschlossen: bei der Mutter Faissts in Heilbronn fand sich Dr. Edwin Meyser ein, Pädagoge und Privatgelehrter, der später als Pianist im Stuttgarter Hugo-Wolf-Verein, den Faisst gegründet hatte, wirkte. (Nach dem Zweiten Weltkrieg ließ Hermann Reutter, der anerkannte Komponist, diese Vereinigung wieder aufleben.) Wolf trat in freundschaftliche Beziehung zu Apollo Klinckerfuß, der die Firma Bechstein und Blüthner in Stuttgart vertrat, zu dessen Gattin, die als Liszt-Schülerin ausgebildete Pianistin war, und zur Tochter Margarethe, die später als Pianistin Karriere gemacht hat. Die Familie Klinckerfuß wieder brachte unseren Komponisten mit dem italienischen Marchese Silvio della Valle di Casanova zusammen, der sich als Dichter und Kunstmäzen betätigte, eine Villa in Pallanza am Lago Maggiore besaß, damals jedoch nur ein einfaches Studentenleben in Stuttgart führte. Auch August Hahn, zur Zeit noch Studiosus der Theologie, später Komponist und Kritiker, der Poet Emil Engelmann, dessen Gedichte Hugo Wolf schätzte, der Verleger Adolf Nast aus Degerloch und die kunstbegeisterte Familie Lambert traten in Wolfs Gesichtskreis. Mit Richard Voß, dem Dichter und Schriftsteller, hätte sich Wolf gern über ein Opernlibretto geeinigt; in seinen Lebenserinnerungen schrieb Voß, Wolf habe ihm einen Stoff vorgeschlagen, der für ihn nicht in Betracht kam, er habe überhaupt für eine derartige Arbeit kein Talent. Dankbar und undankbar zugleich schreibt Wolf am 20. Februar an Melanie Köchert: „... Ach, was Freundschaft ist, das lernte ich wohl erst in der Fremde kennen. Denke ich an meine sogenannten Wiener Freunde, so graut mir förmlich davor. Sie werden daher begreifen, daß es mir in dieser reinen Atmosphäre so wohl gefällt. Ich fühle auch, wie ich nach und nach ein besserer Mensch werde u. ich fange wieder an, Glauben und Zutrauen zu den Menschen zu gewinnen."

Am 28. Februar kehrt Hugo Wolf nach Wien zurück. Zum

zweiten Mal in seinem Leben wollte er nach Nordamerika auswandern. Bereits elf Jahre vorher hatte Ecksteins Freund Gebhart sein Interesse an den Vereinigten Staaten geweckt, Wolf hatte Englischstunden bei Miß Bowring genommen; 1887 wurde Miß Park Erzieherin der Köchert-Kinder, gab Wolf Unterricht in englischer Sprache und erhielt dafür von ihm Deutschlektionen; nun war Agnes Park selbständige Pädagogin in Wien, und Wolf kam mit Freund Öhn regelmäßig zum Unterricht. Ein Brief an Kauffmann vom 7. März enthüllt Wolfs Absichten: „Wir tragen uns jetzt mit großen Plänen herum. Sie will die Bühne verlassen, um einzig und allein nur der Verbreitung meiner Lieder zu leben. Wir haben daher beschlossen, ins Goldland nach Amerika zu reisen, um auf der sicheren Basis von Dollars uns eine solide Existenz zu gründen. Bereits habe ich die ersten Schritte gethan und an einen einflußreichen Impresario nach Boston geschrieben."

In der Preußischen Staatsbibliothek findet sich ein Brief Hugo Wolfs an seine Schwester Käthe vom 14. März 1894 aus Wien. Da heißt es: „Über mein Verliebtsein brauchst Du gar nicht so erstaunt sein. Wenn ich jemand liebe, so schließt das immer ein, daß ich auch geliebt werde, wie z. B. auch jetzt der Fall ist. Fräulein Zerny ist übrigens eine ganz ungewöhnliche Erscheinung, abgesehen von ihren enormen künstlerischen Qualitäten — sie verfügt über einen herrlichen Mezzosopran — zeichnet sie sich auch durch eine ganz hervorragende Bildung und einen energischen Charakter aus, der seinesgleichen in der Welt sucht. Außerdem ist sie jung und schön — nicht hübsch, sondern schön, und singt meine Sachen mit einer Hingebung und einem Verständnis, wie man dergleichen im Traum nicht schöner vorstellen kann."

Wir wissen, daß sich Wolf in jenen Tagen erneut mit der „Italienischen Serenade" im Hinblick auf ihre Erweiterung auf drei Sätze beschäftigte. Er zitiert in einem Brief an Frieda Zerny auch das Presto-Einleitungsthema.

Am 24. März kam sie endlich nach Wien und war bei Edmund und Marie Lang bestens aufgehoben. Eine Woche später traf Faisst ein, und am 3. April fand das erste ausschließlich Hugo Wolf gewidmete Wiener Konzert im Bösendorfer-Saal statt. Die Sänger waren Frieda Zerny (sie sang „Die Zigeunerin", „Erstes Liebeslied eines Mädchens", „Geh, Geliebter, geh jetzt!“ und „Das Köhlerweib ist trunken“), Hugo Faisst und Ferdinand Jäger; Wolf begleitete selbst. Fast die Hälfte des Programms mußte wiederholt werden. Der Beifall war enthusiastisch. Am 5. April brachte Wolf beide Gastsänger in den Wiener Wagner-Verein. Am 14. April gab es im Grazer Rittersaal — teils wegen der plötzlichen krankheitsbedingten Absage Jägers, teils wegen übereilter Organisation — einen Rückschlag: der Saal war nur halbvoll, die Stimmung träge. Nach der ersten Liedergruppe Frieda Zernys, die ohne besonderen Applomb zu Ende gegangen war, wollte Wolf mit seiner Sängerin auf und davon. Heinrich Potpeschnigg rief entsetzt: „Herr Wolf, Sie werden uns doch nicht verlassen?“ Wolf erblickte Tränen in den Augen des Freundes. „Sie weinen? Warum weinen Sie denn?“ — Die Schönheit dieser Musik habe ihn überwältigt, lautete Potpeschniggs Antwort. Wolf blieb, führte das Konzert zu Ende und trug Potpeschnigg nach diesem Abend das Du-Wort an.

Architekt Friedrich Hofmann, der schon das erste Wolf-Konzert im Jahre 1890 in Graz veranstaltet hatte, lud tags darauf in sein Heim: Hausegger, das Ehepaar Krämer, Frieda Zerny und Wolf kamen, es wurde geplaudert, musiziert. Am 16. April kehrte Wolf mit Frieda nach Wien zurück.

Wolfs persönliche Krise strebte neuen Höhepunkten zu: aus Graz, zwei Stunden vor Konzertbeginn niedergeschrieben, kam folgender Brief in Melanie Köcherts Hände: „Frl. Zerny anlangend kann ich Ihnen die vollste Beruhigung über mein Verhalten zu ihr geben. Sie haben vollkommen recht. Sie ist eine Egoistin und kann alles, nur nicht lieben ...“ Nach Friedas Abreise am 20. April 1894 spielte sich eine eigenartige Episode im Köchertschen Haus ab: Wolf setzte sich ans Klavier, spielte und sang eines seiner frühen Lieder „In der Fremde“ und karikierte seine jugendlich-romantische Manier bei den Worten „Da fahr ich still im Wagen, Du bist so weit von mir ...“, begann zu lachen, bis ihm die Tränen über die Wangen liefen. In den leidenschaftlichsten Briefen aber, die es von Wolfs Hand überhaupt gibt, beschwor er in diesen Tagen und Wochen Frieda, zu geheimem Rendezvous für einige Tage nach München zu kommen.

Am 25. April 1894 begann Wolf, „Epiphanias“, das Widmungslied für Melanie Köchert und ihre drei Töchter, zu instrumentieren; die Partitur blieb leider Fragment und ist in der Österreichischen Nationalbibliothek einzusehen. Auch Reinicks „Dem Vaterland", das aus einem Lied ein Männerchor geworden und am 4. Juni 1890 orchestriert worden war, wurde wieder hervorgeholt und im Mai und Juni 1894 in eine neue Fassung gebracht, die sich nach der Stuttgarter Aufführung im Jahre 1891 längst als notwendig erwiesen hatte. Mitte Juni fuhr Wolf also nach München. Wir wissen aus Briefen, daß er am 14. Juni Else Bernstein in der bayerischen Hauptstadt besuchte (die Tochter Heinrich Porges', die unter dem Pseudonym „Ernst Rosmer" für Humperdinck das Libretto für die „Königskinder" geschrieben hat) und aus München am 15. mit Schott korrespondierte. Zwei von Hugo Wolfs Briefen an Faisst, die veröffentlicht wurden, sind wohl absichtsvoll in der Druckausgabe falsch datiert. Sie wurden in Wien nicht am 16. und 17. Juni geschrieben, sondern am 6. und 13., also vor dem Zusammentreffen mit Frieda Zerny in München. Frank Walker hat als erster die Datendifferenz zwischen den Originalbriefen in der Wiener Stadtbibliothek und der Publikation festgestellt. Am 18. Juni war Wolf wieder in Wien und wußte viel von seinem „Besuch bei Grazer Verwandten" zu erzählen.

Vor der Münchner Begegnung hatte Wolf an Frieda Zerny geschrieben: „Wie Du weißt, ist der Quell meines Schaffens seit einigen Jahren geradezu versiegt ... Was einzig mich in dieser Kümmernis noch aufrecht erhält, ist meine Liebe zu Dir ... Von ihr erhoffe ich Rettung aus der unwürdigen Schmach, zu der mein unseliger Zustand mich immer noch verdammt. Deine Liebe zu mir soll der Himmelsbogen sein, welcher die schwarze Wolke an meinem Lebenshorizonte verscheuchen soll. Dann, mein Herz, wollen wir hoffnungsfreudig in die Zukunft schauen, dann erst und nicht eher wollen wir gemeinsam uns ein Himmelreich erobern ..." *Nach* den gemeinsamen Münchner Tagen heißt es dann im Brief an Frieda: „... Auch die Tage von München waren nur ein trügerischer Sonnenschein, der sich nur zu bald verflüchtigte. Ich fürchte wirklich, daß ich nur für die Einsamkeit tauge, zumindest fühle ich mich am wohlsten fern von aller Welt, in stiller Abgeschiedenheit, nur meinen Grillen nachhängend ..." Im zweiten Brief nach München vom 26. Juni stellte sich das Ritardando in den Dienst einer Schlußkadenz: „... Wenn sich unsere Liebe nicht als machtvoll genug erweist, diese Schrecken zu bannen, bin jedenfalls ich der leidende Teil, denn mit der Hinfälligkeit dieses süßesten und stärksten Trostes muß ich ja in einen Zustand völligster Hoffnungslosigkeit versinken. Darnach magst Du nur ermessen, wie mir jetzt zu Mute sein mag. Nicht Erkalten meiner Liebe zu Dir ist es, was eine schreckliche Entfremdung zwischen uns oder richtiger gesagt, in mir hervorgerufen, der Dämon, der einst mich besessen und zu Thaten mich entzündet und der nun Drachen gleich, tückisch und träge auf mir lastet, Luft und Licht meiner Seele benehmend, dem magst Du die Schuld an all dem Unheil beimessen, das über mich hereingebrochen. Ehe dieses Ungetüm nicht überwunden und zum dienstbaren Geist umgewandelt wird, kann nichts auf Erden mir die ganze Befriedigung wiedergeben, wie sie selbst den Geringsten der Sterblichen zu beglücken vermag: seinen Beruf zu erfüllen ..." Alles weitere in Wolfs Korrespondenz zum Thema Frieda Zerny ist nur Coda: vordergründige („Du wirst eine berühmte Sängerin, vergiß mich armen Teufel und heirathest einen Marquis, wenn nicht gar einen Reichsbaron ...") und hinterrücks verletzende (Brief an Faisst vom 17. Juli: „Wenn Du Frl. Zerny in Bayreuth triffst, sage ihr nicht, daß ich bei Köcherts gelandet bin ... Unter uns gesagt, ist mir die Person bereits zuwider geworden. Mir gefällt ihr Egoismus nicht ..."). Sagt doch Goethe, der Handelnde habe nie Gewissen (conscientia), Gewissen habe nur der Betrachtende! Und Ernst Bloch in seiner Schrift „Große Augenblicke, unbemerkt" denkt weiter: „Auch in einem ausgebreiteteren Mittendarinsein schwächt sich, ja verliert sich das konkrete Verhältnis zum Jetzt."

Sternfeld und Kauffmann sind die Empfänger von Briefen Wolfs (vom 14. und 16. Juli), mit der Nachricht, daß er das „Wächterlied auf der Wartburg" von 1887 zur Umarbeitung für Männerchor und Orchester „auf dem Amboß" habe; er war ein wenig weitergekommen, aber zur Vollendung reichte es nicht. Die Fragmente und Skizzen liegen in der Österreichischen Nationalbibliothek. Eine Seite des Entwurfes ist mit 5. Juli 1894 datiert. Auch die Bemühungen Wolfs, die „Italienische Serenade" zu komplettieren, schlugen immer wieder fehl. Am 25. Juli übersiedelte Wolf wieder an den Traunsee. Diesmal wohnte er bei den Köcherts im „Puchschacher", dem neuerworbenen Besitz am See. Hier korrigierte er die Druckbogen der Chorfassung des „Feuerreiters“, die im September bei Schott erscheinen sollte. Im August war Faisst auf eine Woche zu Gast und eroberte sich im Nu die Freundschaft der Familie.

Am 1. September folgte Wolf, zusammen mit Grohe, einer Einladung der Lipperheides nach Schloß Matzen bei Brixlegg in Tirol. Zehn Tage später kehrte er nach Traunkirchen zurück, in der Absicht, wenige Tage nachher nach Wien heimzufahren. Doch die Lipperheides zwangen ihn in aller Herzlichkeit erneut nach Matzen, wo er nun bis zum 18. Oktober blieb. Wolf fühlte sich wie im Märchen — freilich „in Prosa“, ohne musikalische Inspiration. Immer wieder träumte er davon, sich ganz in Berlin niederzulassen; Lipperheides boten ihm ihr Haus in Berlin als Künstlerheim an. Aber es blieb beim Träumen . . .

Ein neues Libretto fand im Oktober den Weg nach Matzen. Grohes Freund Karl Heckel, der Verfasser des „Buddha“ von 1890, hatte Wolfs damalige Idee, Shakespeares „Sturm“ zu einer Oper umzuwandeln, aufgegriffen. Wolf an Faisst: „Heute erhielt ich durch Grohe einen Operntext zugesendet, den Freund Heckel in Mannheim verbrochen hat. Das Spiel betitelt sich ‚Prospero‘ und ist nichts als eine unerhörte, unbeschreibliche, höchst skandalöse Verhunzung des Shakespearschen ‚Sturm‘ . . .“ Wütend formuliert er noch ärger an Grohe: „Lesen Sie doch dieses Machwerk, und Sie werden mit Schauder gewahr werden, wie weit es die Stümperei in der Poesie gebracht hat. Und solches Geschmiere nennt sich kühn Operndichtung und stellt sich wohl auch kecklich den Dichtungen Wagners zur Seite. O, du vermaledeite ‚Dichter‘-Brut mit deiner verruchten Eitelkeit, deinen lächerlichen Prätensionen, deiner wahnwitzigen Selbstgefälligkeit und teuflischen Verblendung! In einen Sack mit euch und in den giftigsten Sumpf versenkt unter Kröten und ekelhaftem Gewürm, dahin gehört ihr, die ihr so vertraut tut mit Sonne, Mond und Sternen, die verlöschen müßten vor Scham und Trauer, wenn sie glücklicherweise nicht taub wären für euer schändliches Gewinsel. Lieber Freund, kommen Sie mir mit keinem sogenannten Poeten mehr.“

Ab 18. Oktober wohnte Wolf wieder bei Freund Eckstein in der Siebenbrunnengasse 15. Die Übersiedlung nach Berlin war längst einer immer heftiger werdenden Sehnsucht nach — Perchtoldsdorf gewichen: „Soviele theure Erinnerungen knüpfen sich an mein liebes Petersdorf, ich wollte, ich könnte wieder heraußen wohnen" — sagte er voll Wehmut. Im November durfte er wieder Winterquartier im Werner-Haus beziehen. In seinen Lebenserinnerungen schildert Eckstein Wolfs labilen Nervenzustand jener Tage. Am Morgen wanderte Wolf mit lärmenden raschen Schritten in seinem Schlafzimmer auf und ab, sprach, fluchte, schrie mit sich selbst. Er schnitt dazu wilde Grimassen und riß wütend an seinen Barthaaren. Zwei Dezemberereignisse holten Wolf aus der Spätherbst-Idylle von Perchtoldsdorf: zunächst das Konzert der Gesellschaft der Musikfreunde im Großen Musikvereinssaal am 2. Dezember, mit den Chorfassungen von „Elfenlied" und „Feuerreiter". Sophie Chotek sang das Sopransolo im „Elfenlied" und in d'Alberts Kantate „Der Mensch und das Leben" (die in Berlin zusammen mit den Chorwerken Wolfs gleichfalls auf dem Programm gestanden war), Rubinstein stand ebenfalls in der Vortragsfolge, deren klassischen Teil Beethovens Es-Dur-Klavierkonzert bildete. Wilhelm Gericke, der Konzertdirektor der Gesellschaft, dirigierte. Das ganze offizielle Wien war da, Brahms applaudierte nach Wolfs Kompositionen lange in der Ehrenloge. Wolf, der den Ereignissen mit Skepsis entgegengesehen hatte, fand sich in der biographischen Anmerkung als einstiger Schüler des Konservatoriums vermerkt. Die Kritiken waren äußerst günstig. Auch Hanslick lobte die Deklamation, Stimmführung und — abgesehen von einigen dicken Stellen im „Feuerreiter" — die Orchestrierung und erklärte, die Werke wären die besten, die er von Wolf kenne. „... Im Gesellschaftskonzert hat Herr Hugo Wolf sich zum ersten Mal einem größeren, nicht ausgesprochen wölfisch gesinnten Publikum mit Glück vorgestellt. Unzweifelhaft ein Mann von Geist und Talent, hat er sich nur zu hüten vor guten Freunden." Wolf war auf diese Weise über Nacht in Wien berühmt geworden.

Das zweite Dezemberereignis war die Premiere von Humperdincks „Hänsel und Gretel" in der Wiener Hofoper. Der Komponist und seine Gattin suchten vom Anfang ihres Aufenthaltes an die Gesellschaft Hugo Wolfs, der sie am 16. Dezember im Hotel Sacher besuchte, am 17. mit ihnen der Generalprobe beiwohnte, abends mit dem Ehepaar und Eckstein ins populäre Gartenbau-Restaurant zum Essen ging, wo ein Volkssänger die Komponisten apostrophierte. Am 18. war die Premiere der Oper — Wolf und Eckstein saßen in der Loge der Humperdincks. Der gefeierte Komponist lud nachher seine Freunde in ein vornehmes Restaurant nahe der Oper ein, da weigerte sich Wolf plötzlich, mitzuhalten — er denke nicht daran, ein Lokal zu betreten, in dem ein Wiener Schnitzel einen Gulden koste! — und zwang somit die ganze Gesellschaft, ihm ins bescheidenere „Spatenbräu" zu folgen. Auch bei der zweiten Aufführung von „Hänsel und Gretel" — sogar Kaiser Franz Joseph war anwesend — saß Wolf, diesmal mit Jäger und Gattin, in Humperdincks Loge.

Auf diese Weise hatte sich die Situation Wolfs geändert. Er war nun nach seinen Musikvereins-Erfolgen in Wien geachtet, nicht mehr verfemt. Weitere Aufführungstermine für das „Elfenlied" und den „Feuerreiter" standen fest: Wüllner im Kölner Gürzenich hatte sie für 8. Januar 1895 und Hermann Zumpe in Stuttgart für 29. Januar angesetzt. Humperdincks Erfolg hatte Wolf von der Problemlosigkeit eines im Sujet wagnerfernen Opernschaffens überzeugt. Auch die Volkssänger-Episode im Gartenbau-Restaurant machte ihn glücklich: „Wolf war stark erregt, offenbar hatte auch ihm die gänzlich unvermutete Huldigung des Stegreifsängers, deren wahren Hintergrund er ja nicht ahnen konnte" — Eckstein hatte den Musikanten durch einen Freund informieren lassen — „große Freude bereitet; es war sicher das erste Mal in seinem Leben, daß er das Gefühl hatte, populär geworden zu sein." (Eckstein in „Alte unnennbare Tage", Wien 1936.)

„DER CORREGIDOR“
Die Oper 1895—1896

> „Ein Wunder, ein Wunder, ein unerhörtes Wunder ist geschehen. Der langersehnte Operntext hat sich endlich gefunden; fix und fertig liegt er bei mir, und ich brenne nur so vor Begierde, mich an die musikalische Ausführung zu machen. Sie kennen doch die Novelle ‚Der Dreispitz‘ von Pedro de Alacron. Dieselbe ist bei Reklam erschienen. Frau Rosa Mayreder, eine mir seit Jahren bekannte, geniale Frau, hat das Kunststück fertig gebracht, die Novelle in ein äußerst wirkungsvolles Opernbuch umzuwandeln und sich künstlerisch auf der Höhe des Dichters zu halten. Freund Schalk, dem ich das Buch vorgelesen, äußerte sein überschwänglichstes Entzücken über die außerordentliche Kunst und Geschicklichkeit der Verfasserin und meinte, es sei die komische Oper par excellence.“
>
> Hugo Wolf an Grohe (18. Januar 1895)

In den letzten Dezembertagen des Jahres 1894 hatte Franz Schaumann, der damalige Vorsitzende des Richard-Wagner-Vereins, auf Bitten Schurs ein neues Libretto des „Dreispitz“ für Wolf geschrieben (er war als Bühnenautor nicht unerfahren, hatte doch Richard Heuberger seinen Operntext „Die Abenteuer einer Neujahrsnacht“ nach Zschokke vertont). Der Freundeskreis von Wolf war von dem neuen Buch sehr angetan, Wolf selbst ließ zwar einiges an Positivem gelten, fand aber keine Beziehung dazu und gab es zurück. Wolf klagte wieder einmal Edmund Lang sein Leid über die Problematik all dieser Opernszenarien; die Antwort des Freundes ging ihm nicht aus dem Kopf: „Rosa Mayreders Text war doch viel besser.“ Maria Lang beschaffte das Manuskript von der Autorin, Wolf las, war begeistert („Ich begreif’ gar nicht, was mir damals eingefallen ist!“), stürzte zu seinen Intimis Schalk, Loewe und Hirsch, um ihnen vorzulesen, fand sich ihrer Zustimmung sicher und am

Ende seiner qualvollen Suche angelangt. Rosa Mayreder durfte einfach nichts mehr ändern, Wolf sah den alten Entwurf, bloße Ausgangsbasis für gemeinsames Arbeiten, als fix und fertiges Libretto an, verschloß sich allen neuen Einwendungen seitens seiner deutschen Freunde, denen er Abschriften hatte zukommen lassen — Grohe und Heckel hatten Bedenken, Kauffmann wurde durch den enthusiastischen Begleitbrief von vornherein zum Verstummen gebracht —, stellte in einem Brief an seine Mutter „schwere Mengen Geld und Ruhm und Anerkennung und der Kuckuck weiß was noch“ in Aussicht und formulierte voll Ungeduld am 27. Januar 1895 im Brief an Baronin Lipperheide: „. . . sobald die Kälte nur einigermaßen nachläßt, will ich zurück nach Perchtoldsdorf und mit aller Macht an die Komposition des Textbuches gehen, das ich nicht durchlesen kann, ohne daß ein musikalisches Fieber mich befällt . . .“ Über die Sicherung von Wolfs Existenz während der Komposition der Oper — „zwei Jahre eifrigen, ununterbrochenen Arbeitens“ nahm Wolf als Zeitbasis an —, die die Baronin Lipperheide durch eine jährliche Rente in der Höhe von 1000 Mark bewerkstelligte (wozu zusätzlich 500 Mark kamen, die Grohe, Faisst und ein Mannheimer Bankier Hermann Hildebrandt gemeinsam spendeten), gibt es unterschiedliche Darstellungen in Briefen Grohes, des augenscheinlichen Organisators, und in einem Zeitungsartikel Marie Langs („Wie der Corregidor entstand“ — „Die Zeit“, Wien, 23. Februar 1904); Wolf bestätigte in seinem Brief vom 18. Januar 1895 die Initiative Grohes (und nennt auch selbst die Summe von 1500 Mark, die seinen Bedürfnissen genügen würde); die entscheidende Unterredung zwischen Marie Lang und Baron Lipperheide hat erst im April in Wien stattgefunden. Wolf nahm diesmal gern das Arbeitsstipendium an und soll (laut Marie Lang) erklärt haben: „Höchste Zeit, daß einem das einfällt! Eigentlich wär’s ja verdammte Pflicht und Schuldigkeit des Staates, seine Musiker und Dichter zu erhalten.“ (Aus dieser Zeit ist eine Photographie Wolfs erhalten; aus ihr erkennen wir die Veränderung, die sich seit 1889 an unserem Komponisten vollzogen hat: ein sich quälender, abgehärmter, viel älter wirkender Fünfunddreißigjähriger schaut uns hier stechenden Blicks an!)

Noch im Eckstein-Haus in der Siebenbrunnengasse sind die ersten „Corregidor“-Takte niedergeschrieben worden. Wir wissen auch, daß am Vorabend des 35. Geburtstages der Ruf des Nachtwächters für den 4. Akt niedergeschrieben wurde. (Das innigste Geschenk für den Komponisten blieb die mit der Marzipanfigur des Corregidor geschmückte Geburtstagstorte, die die Familie Köchert gesandt hatte.) Am 21. März entstand der erste Teil von Tio Lukas' „Spanischem Weinlied" (2. Akt). In Heinrich Werners Tagebuch lesen wir mit dem Datum 24. März 1895: „Wolf und ich gehen gemeinsam ins Männergesangsvereinsconzert, wo sein Hymnus ‚Dem Vaterland' aufgeführt wird. Wolf wird gerufen und erscheint auch einmal ... Er war mit der Aufführung sehr zufrieden." (Schott hat bald nach dieser Aufführung den Klavierauszug veröffentlicht.)

Am 1. April 1895 zog Wolf hinaus nach Perchtoldsdorf. Dort begann er „wie ein Rasender" seine Opernarbeit mit der Fortsetzung der 2. Szene im 2. Akt, des „Spanischen Weinliedes". In der Sammlung der Briefe Hugo Wolfs an Melanie Köchert sind die Fortschritte aufgezeichnet. Ein paar Sätze mögen die wechselnden Stimmungen unseres Komponisten aufzeigen: „... Dieses unbeschreibliche Gefühl der völligen Abgeschlossenheit wirkt geradezu betäubend auf mich ein ..." (1. April) — „... ich arbeite ununterbrochen von morgens 7 Uhr ab (um 6 Uhr stehe ich auf) bis zur eintretenden Dämmerung und oft auch noch in die Nacht hinein ..." (8. April) — „... arbeite soeben an der 1. Szene der I. Aktes, an der ich anfänglich verzweifelte und schon beabsichtigt hatte, sie aus dem Textbuch zu streichen. Nun aber ist mir eine äußerst glückliche Idee gekommen und ich denke das Stück wird ganz prächtig werden ..." (13. April) — „... Heute kommen mir die allersublimsten Einfälle. Ich weiß gar nicht mehr, wie ich ihrer Herr werden soll ..." (16. April) — „... Heute in der Früh und noch gestern abend 30 Takte Zwischenspiel componiert, die an Leidenschaftlichkeit und Süße alles hinter sich lassen, was bis jetzt aus meiner Feder geflossen ..." (19. April) — Diesem Brief lag ein Schreiben des Berliner Verlages Ries und Erler plus Randbemerkungen Wolfs bei: „Würden Sie geneigt sein und für welches Honorar den Erlkönig von Goethe zu komponieren für gemischten Chor, Soli und Orchester? Vater: Bariton, Kind: Sopran, Erlkönig: Tenor. Wir glauben, die Idee ist keine üble, da sie ganz im Sinne des Gedichtes ist." Wolfs eigenhändiger Kommentar: „Heute bekommen. So ein Vieh!

Schrieb zurück: ‚Bedaure weder Lust noch Zeit zu haben, auf Ihren Vorschlag einzugehen.‘ Punktum!“ Rosa Mayreder entsprach den spontanen Wünschen Wolfs nach kleinen Änderungen; der Komponist war von der schöpferischen Reaktion seiner Librettistin beglückt. Als erste hörten die Freunde Heinrich Werner und Eduard Hellmer am Ostermontag auf Improvisationsbesuch in Perchtoldsdorf Teile der Oper. Am 28. April kamen die Langs, das Ehepaar Mayreder, Larisch und Hirsch zu Besuch; Baron Lipperheide und sein Neffe, der Maler Karl Rickelt, waren schon eingetroffen — die Freunde und Gönner hörten Teile des ersten und zweiten Aktes. Wolf schreibt an Melanie: „... Nun können Sie sich denken, wie die Geschichte eingeschlagen. Selbst Lipperheide war außer Rand und Band und versicherte mir, alles kapiert zu haben, denn er meint, eine Musik, wie die zu meiner Oper müßte jeder verstehen. Frau Mayreder schwamm in Seligkeit, Marie natürlich heulte und Hirschlein machte ein ganz verdutztes Gesicht. Schade, daß Schalk fehlte.“ Eine Woche später kamen sie alle wieder, dazu noch Werner und Loewe, und hörten den vollendeten ersten Akt und den Hauptteil des zweiten. Wolf schwelgte im Brief an seine Mutter vom 29. April und einem Mai-Schreiben an Kauffmann in Träumereien: „... Ich habe in der kurzen Zeit vom 1. April ab bis heute fast zwei Akte meiner Oper componiert und denke bis zum Herbst das ganze Werk zu vollenden; hoffentlich kommt dasselbe noch im Winter zur Aufführung ...“ — „In weiteren zwei Monaten hoffe ich mit der Komposition fertig zu sein. Dann gehts an die Instrumentierung, und im Winter muß die Aufführung zustande kommen; das ist so mein Plan ...“

Am 10. April 1895 war für Wolf das „Petersdorfer Idyll“ zu Ende, am 16. April fuhr er nach Tirol, zum Schloß Matzen der Lipperheides (die Tage dazwischen hatte er bei den Mayreders gewohnt). Abseits, auf einem kleinen Hügel inmitten des Schloßgartens, liegt dort das „Jägerhaus“, eine ideale Stätte der Einsamkeit für den Komponisten, der nur zum Mittagmahl zum Schloß hinüberging. Vom Morgen bis zum Abendrot saß Wolf am Klavier oder über dem Notenpapier. Am 24. Mai war die Arbeit am 2. Akt beendet, eine Vielzahl von Briefen wanderte von Matzen nach Wien, gebotene Textänderungen erledigte Rosa Mayreder prompt („... nun, verehrteste Freundin, tausend, tausend Dank für ihr so ungemein rasches und so entzückendes Entgegenkommen . ."), in den Ruhepausen oder dann, wenn die Inspiration ausließ, wurden gleich neue Opernpläne geschmiedet: Wilhelm Meinholds Roman „Maria Schweidler, die Bernsteinhexe" stand für ein neues Libretto der Rosa Mayreder zur Debatte, „Die Königskinder" tauchten auf, und immer wieder kam auch „Manuel Venegas" zur Sprache. Lukas' Monolog im 3. Akt wollte zunächst nicht gelingen: „. . . .Einige Tage ging ich wie ein Verzweifelter herum und verfluchte mich und das Komponieren und die Oper und die ganze Welt . . . Heute bin ich so freudig, zuversichtlich, zukunftstrunken, daß ich alle Welt umarmen möchte. Was ist aber auch aus dieser Szene geworden! . . ." (Brief Wolfs an Rosa Mayreder vom 8. Juni 1895.)

Am 16. Juni wurde die Komposition des dritten Aktes abgeschlossen. Vierzehn Tage lang hören die Freunde, sonst von täglichen Briefmonologen überschwemmt, nichts (nur eine Postkarte an den Verleger und ein kurzer Brief an Frau Melanie liegen vor), dann, am 9. Juli, hält Rosa Mayreder ein Telegramm in Händen: „Finis coronat opus — vale Lupus." Am Ende der Komposition kam noch — wie im klassischen Drama — ein „ritardierendes Moment" ins Spiel. Der Schlußchor „Guten Morgen, edle Donna" wollte einfach nicht gelingen: „. . . ich hatte mich schon mit der Idee vertraut gemacht, mit dem letzten Wort der Mercedes das Stück enden zu lassen, selbst auf die Gefahr hin, mich des schönsten Schlußeffektes zu begeben. Aber mein künstlerisches Gewissen empörte sich doch gewaltig gegen eine solche Verzagtheit und mit dem Aufwand meiner letzten Kräfte, wahrlich mit dem Mut der Verzweiflung machte ich mich an die schwierige Arbeit und arbeitete eine Woche an dem Aufbau — und siehe da — es gelang herrlich. Der letzte Chor mit der aufgehenden Sonne schließt das Werk würdig ab. Die Wirkung mit Chor und Orchester wird eine überwältigende sein." Vierzehn Tage hatte die Komposition der Oper gedauert, nur das Vorspiel sollte erst nach Schluß der Instrumentationsarbeit, die am 19. Juli 1895 begann und am 17. Dezember endete, gelingen. Am 19. Dezember begann die Arbeit am Vorspiel, am 22. Dezember wurde dieses vollendet, und bis zum Heiligen Abend war es instrumentiert. Und im Matzen-Gästebuch des Barons Lipperheide steht zu lesen: „In dankbarer Erinnerung an die schönste und glücklichste Zeit meines Lebens, vom 16. Mai bis 28. Dezember, meinen lieben hochverehrten Gastgebern Freiherrn und Freifrau v. Lipperheide zum Ruhm und Heil. Matzen, 27. Dezember 1895. Hugo Wolf."

Mäuse hatten im Juli den geräuschempfindlichen Komponisten gestört — Katzen wurden angeschafft, die zwar nächtens auf erfolgreiche Jagd gingen, dafür aber untertags miauten, was Wolf erst recht wieder störte. Gäste kamen im Hochsommer — Wolf stand es während der zwei Monate Absenz der Lipperheides frei, Freunde zu laden, sich des Wagens und des Personals zu bedienen. Da erschienen im August nacheinander Faisst, Grohe, Potpeschnigg, August Halm, Rudolf Larisch und das Ehepaar Mayreder, da gab es einen „Wandertag" auf einen hohen Gipfel in der Umgebung: Wolf und Karl Mayreder hatten schon um zwei Uhr morgens den Ausflug zum Gipfel angetreten, um den Sonnenaufgang von der Höhe aus zu erleben, mußten aber wegen strömendem Regen umkehren.

Im Oktober kam es zum Bruch mit dem Schott-Verlag. Wolf war über die Abrechnung seiner Werke empört: für fünf Jahre hatte er neben den tausend Mark für die Chorfassung des „Feuerreiters" und nach vertraglich bedingtem Abzug der Produktionskosten — ein Guthaben von 86 Mark 35 Pfennig bescheinigt bekommen. Dr. Strecker stimmte, sehr verletzt durch die zornig-ironischen Briefäußerungen Wolfs, der Vertragslösung zu. Wolf fand im Mannheimer Heckel-Verlag auch gleich den neuen Partner für den „Corregidor". Heckel hatte nun mit Ausnahme des „Elfenliedes", das der Berliner Verlag Fürstner im Jahre 1894 erworben hatte, alle bisherigen Werke Wolfs in Händen.

Wolfs treuem Grazer Freund Potpeschnigg verdankt das Manuskript der Oper die rasche Kopiatur. Bernhard Maresch hatte die Arbeit genau und schnell durchgeführt (es ging nicht nur ums Abschreiben der Partitur, des Klavierauszuges, sondern auch um das Ausschreiben der Stimmen, um die Korrekturen). Bis zur Premiere dauerte diese kostbare und von der Öffentlichkeit unbemerkte Freundestat.

In Wien — er wohnte bei den Mayreders auf der Wieden, Plößlgasse 4 — wollte Wolf eine Annahme des „Corregidors" an der Hofoper durchsetzen. Noch von Matzen aus hatte er eine Abschrift des Librettos und einen Teil des Klavierauszuges an den Dirigenten Karl Muck nach Berlin gesandt, dann aber alle Mühe gehabt, das Ganze nach Ablehnung wieder zurückzuerhalten. Frau Mayreder wieder hatte in Wien durch Kapellmeister Fuchs erfahren, daß an der Hofoper in Wien die Chancen für den „Corregidor“ günstig lägen, „wenn der Text nur halbwegs vernünftig ist“. Daraufhin wollte Hugo Wolf die „tintennasse“ Partitur dem Direktor Wilhelm Jahn noch im „alten Jahr“, am 30. Dezember 1895, überreichen, geriet jedoch an einen untergeordneten Beamten, der ihm den Dienstweg der Einreichung mitteilte und dazu die Tatsache, daß es in der laufenden Saison auch bei günstiger Konstellation zu keiner Premiere mehr kommen könne. Am 1. Januar 1896 äußerte Wolf in einem Brief an Baronin Lipperheide seine Hoffnung auf das Deutsche Theater in Prag, wo Franz Schalk unter Direktor Neumann wirkte. Aber auch dieses Projekt war angesichts der Saisonplanung unrealisierbar. So kam es am 14. Februar 1896 zum Vertragsabschluß mit dem Hof- und Nationaltheater in Mannheim, nach brieflicher Zustimmung Wolfs vom 20. Januar. Wolf sollte 6% Tantiemen von den Nettoeinkünften jeder Vorstellung erhalten, zuzüglich einer Abgeltung in der Höhe von 700 Mark für die Überlassung des Notenmaterials. Als Tag der Uraufführung wurde unverbindlich der 22. Mai bestimmt. Wolf, der sich in Matzen in bester körperlicher Verfassung befunden hatte, war in Wien nun wieder höchst unpäßlich, dazu noch in gesteigerter Erregung bei der Korrektur der Druckbogen, auf denen er immer neue Fehler entdeckte.

Zum letzten Mal hatte Hugo Wolf im Jahre 1887, vor neun Jahren also, eine regelrechte Mietwohnung bezahlt. Nun aber, als Besitzer einer Jahresrente, als Komponist einer abendfüllenden Oper, war er es sich schuldig, ein eigenes Heim zu gründen: „... Ich habe gestern nach langem Herumirren und Suchen eine reizende Wohnung mit Gartenaussicht in einem hocheleganten Haus der Piaristengasse, VIII. Bezirk, in nächster Nähe des Zentrums der Stadt gefunden ...“ (an Frau von Lipperheide). Kaum hatte er den Mietvertrag unterschrieben, fand er eine ihm noch geeigneter erscheinende in der Schwindgasse 3 im vierten Bezirk und mietete nun auch diese; ein Untermieter für die Piaristengasse war bald gefunden. Der Frühling kam, und Wolfs Sehnsucht nach Perchtoldsdorf wuchs; bereits am 23. März 1896 zog er ins Werner-Haus um.

„ICH ESSE NUN MEIN BROT NICHT TROCKEN MEHR ...“
Italienisches Liederbuch II 1896

„Ein warmes Herz, dess' kann ich mich verbürgen, pocht in diesen kleinen Leibern meiner jüngsten Kinder des Südens, die trotz allem ihre deutsche Herkunft nicht verleugnen können.“

Hugo Wolf

Mehr als viereinviertel Jahre waren vergangen, bis ein neues Lied der Heyse-Übertragungen, „Ich esse nun mein Brot nicht trocken mehr“, die erste von vierundzwanzig Kompositionen wurde, die den zweiten Band des „Italienischen Liederbuches“ bilden. Zwischen dem 25. März und dem 3. April 1896 wurden acht Lieder niedergeschrieben, dann nur eines innerhalb der darauffolgenden Woche; hierauf entstanden vier Manuskripte in zwei Tagen und nach fünf Tagen des Schweigens die letzten elf Lieder innerhalb von elf Tagen (ein neuerliches Spiegelbild en miniature für die Wolfschen Eruptionen und Leerläufe). Als letztes Lied dieser Reihe von insgesamt 46 Gesängen war „Was für ein Lied soll dir gesungen werden?“ komponiert worden.

Wieder haben wir es zunächst — im „Ich esse nun mein Brot nicht trocken mehr“ — mit einem Monolog zu tun (wie bei „Mein Liebster ist so klein“ oder „Geselle, woll'n wir uns in Kutten hüllen“), einem zweiteiligen Monolog des Jammers und der Hoffnung; Chromatik und Diatonik bestimmen die jeweiligen Seelenstimmungen. „Mein Liebster hat zu Tische mich geladen“ wird von tänzerischem Rhythmus bestimmt (nirgends im „Italienischen Liederbuch“ wird auf „Lokalkolorit“ Wert gelegt, zum Unterschied vom „Spanischen Liederbuch“), der Klavierpart vertritt eine Art „Doppel-Orchester“ (die eine „Besetzung“ begleitet rhythmisch, die andere kantabel); der populäre Habitus der Vertonung gilt der Empörung über das Fehlen des Notwendigsten für eine Einladung. Eine „Story“ wird uns in „Ich ließ mir sagen“ berichtet;

barocke Kontrapunktik dient der Charakterisierung der Hungergefühle des „schönen Toni". Zweiteilig — dem Text entsprechend — zieht uns das Fluidum von „Schon streck ich aus im Bett die müden Glieder" in seinen Bann: der Lautenschlag der Liebeshoffnung überwindet die musikalische Ausdeutung der körperlichen Erschlaffung. „Du sagst mir, daß ich keine Fürstin sei" läßt wieder Streitgespräche der Liebenden aufleben: ganz seriös treffen die Feststellungen des Soprans ins Schwarze; der Parlando-Tonfall gemahnt an den dritten Akt der „Meistersinger", an den Dialog zwischen Eva und Hans Sachs. „Laß sie nur gehn" gibt Gelegenheit zu Tonmalereien; die Impression des Vergleichs mit „Toscanas Fluß", dem Arno, hat sich einzustellen: die linke Klavierhand rumort erheblich. „Wie viele Zeit verlor ich" bedient sich harter Septimen und etwas weinerlicher Stimmführung, um das Gefühl der Enttäuschung zu kennzeichnen. „Und steht ihr früh am Morgen auf" zählt zu den schönsten Männergesängen in diesem Liedwerk: wie sinnfällig wird im Notenbild der Kirchenbesuch, das Weihwasser-Nehmen, das Kreuz-Schlagen der Geliebten. „Wohl kenn ich euren Stand" steht im hellen „Meistersinger"-C-Dur und wendet sich von der liebenden Frau an den Mann. Die Einheit der Stimmung wird von der Vielfalt der Motivgänge nur noch unterstrichen. „Wie soll ich fröhlich sein" will in rhetorischer Fragestellung einen Streit der Liebenden beenden. „O wär dein Haus durchsichtig wie ein Glas" hat das Zittern des Herzens, Sinnbild der Sehnsucht, in den Zweiunddreißigstel-Werten der rechten Klavierhand mitkomponiert erhalten; das zarte Gebilde ist Lyrik schlechthin, ist in der komprimierten Motiv-Technik der moderne Hugo Wolf, „Nerv von unserem Nerv". Einem der ergreifendsten musikalischen Werke, die ein Komponist von Rang je in harmonischer Vielfalt über einem einzigen Orgelpunkt ruhen ließ, begegnet man im Lied „Sterb ich, so hüllt in Blumen meine Glieder".

Wieder zweiteilig in Form und Inhalt, in seinem eigenartigen Schweben zwischen Sprechgesang und Stimmführungsvielfalt, ist dagegen „Gesegnet sei das Grün". „Wenn Du mich mit den Augen streifst und lachst" hat Wolf, ebenso wie das vorige Lied, in der Erstkomposition zunächst verworfen, verbrannt, später aus dem Gedächtnis niedergeschrieben; dabei blieb „Gesegnet sei das Grün" in der ursprünglichen Form erhalten,

„Wenn du mich mit den Augen streifst“ wurde dagegen gänzlich umgestaltet und erst dann von Wolf eingegliedert — ein bei dem eruptiv Komponierenden ungewohnter Arbeitsvorgang. So präsentiert sich das Werk wie aus einem Guß und gleichsam als komponierte Gemütsregung der Leidenschaft. „Was soll der Zorn, mein Schatz, der dich erhitzt“ gehört neuerlich zur Gruppe der Streitlieder, deren unterirdisches Grollen die Interpretation nicht zu sehr beherrschen darf, handelt es sich doch nur um spontane Kundgebungen der Zwietracht, in die die Versöhnung, das „happy end“ bereits eingeschlossen ist.

Die dreiteilige Form von „Benedeit die sel'ge Mutter“ folgt einem symphonischen Konzept; der Klavierpart schreit geradezu nach Orchester, aber weder Wolf selbst noch Max Reger oder Joseph Marx, die als Instrumentatoren sonst um Wolfs Lieder Bemühten, wagten sich daran. Die leidenschaftliche Steigerung zum Haltepunkt vor der Reprise „Ach, der Wahnsinn faßt mich an“ zählt zum Unmittelbarsten im gesamten Wolf-Schaffen. „Schweig einmal still“ gehört in seiner Drastik und Plastik zu den erfolgreichsten Sopran-Liedern; der Eselschrei wird im Klavierpart imitiert, die Rhythmik der abfälligen Geste zündet. „Nicht länger kann ich singen“ ist am gleichen Tag entstanden und bedient sich derselben Intervalle in derselben Tonart, um die Kläglichkeit des Freiers, der somit gerecht angegriffen wird, zu charakterisieren.

„Wenn du, mein Liebster, steigst zum Himmel auf“ hat hymnischen Schwung, zielhaften Duktus und schafft somit endlich auch für die Frauenstimme einen sängerischen Höhepunkt. „Ich hab' in Penna einen Liebsten wohnen“, diese „Register-Arie“ des Soprans, ist ein virtuoses Parlando-Lied, das konsequent dem Fermate-Ton auf den Leib rückt, bevor der Pianist mit seinem (mit Recht gefürchteten) Nachspiel brillieren kann. „Heut nacht erhob ich mich um Mitternacht“, am gleichen Tag wie das vorige Lied niedergeschrieben (am 25. April 1896), bildet in seiner introvertierten Verschlossenheit den echten Kontrast dazu: „O wüßtest du, wieviel ich deinetwegen, du falsche Renegatin, litt zur Nacht“ ist ein Meisterstück von horizontal wie vertikal äußerst wirksamer Kontrapunktik, „Verschling der Abgrund“ das dramatische Lied der Frauenstimme, in dem sich bisherige Liebesplänkelei zu tiefer Tragödie wandelt („Und bring ihm Tod, der mich verraten wollen!"). Mit der Komposition von „Was für ein Lied soll dir gesungen werden?" beschloß Hugo Wolf am 30. April 1896 die Arbeit an seinem „Italienischen Liederbuch": ein in sich ruhender Gesang voll reifer Meisterschaft — „ein Lied, das weder Mann noch Weib bis heute hört' oder sang, selbst nicht die ält'sten Leute". „Die Italienischen Lieder sind heute so neu wie am ersten Tag ihres Entstehens. Wie oft man sie auch hören mag, sie büßen nichts von ihrem Zauber ein, und es ist unvorstellbar, daß sie jemals erblassen oder in Vergessenheit geraten könnten, solange Kunst unter Menschen fortlebt." Diese Worte Frank Walkers gelten auch dem Erfolg des Werkes in aller Welt innerhalb der beiden letzten Jahrzehnte. Ernst Descey hat recht, wenn er urteilt: „Die ‚Italienischen Lieder' sind von allen die zartseligsten. Die Musik kehrt sich nach innen, sie hat ihren Ausdruck geklärt, das Feine noch verfeinert. Wie jeder älter werdende Künstler, so hat auch Wolf Breiten immer stärker zusammengedrängt, das Kunstwerk immer stärker verdichtet. Die beiden Italienischen Bände sind seine reifste Gabe."

Freund Heinrich Werner berichtet vom glückseligen Ausspruch des Komponisten: „Die Perchtoldsdorfer Luft ist doch merkwürdig; immer fällt mir etwas ein dahier!"

Als Partner von Irmgard Seefried, die sich (in zeitlicher Reihenfolge) mit Dietrich Fischer-Dieskau, Eberhard Wächter und Thomas Hemsley zusammentat, das „Italienische Liederbuch" als Zyklus, also in summa zu interpretieren, hatte ich zunächst für die Salzburger Festspiele 1958 eine Reihung vorgeschlagen, die die darzustellenden Charaktere von Mann und Frau aufeinanderprallen, beziehungsweise einander ergänzen läßt, ohne freilich den billigen Vorgang einer „Handlung" vortäuschen zu wollen. Diese Einrichtung sieht für die erste Gruppe — nach dem innigen Geleitlied über „die kleinen Dinge, die uns entzücken können" — das Überwiegen des Streitmoments mit dem Höhepunkt „Verschling der Abgrund meines Liebsten Hütte" vor, bis Versöhnung Platz greift („Nun laß uns Frieden schließen" — „Wenn du, mein Liebster, steigst zum Himmel auf"). Dieser temperamentgeladenen Eröffnungsgruppe folgt eine dominierende lyrische (und somit auch kürzere) Reihe: Liebesnot, rückhaltlose Hingabe der Frau, Seelenqual des Geliebten, weibliches Hin- und Hergerissensein, männliche Todessehnsucht, Abschied und Anruf beschworener Treue („... mit Tränen bin ich bei dir allerwärts ..." — „Und willst du deinen Liebsten sterben sehen ...") sind hier die bewegenden Gefühle. Nach dem Schema A-B-B-A dominiert nach der Pause nochmals das lyrische Moment, diesmal *con sordino.* Schließlich das kontrastreiche Nebeneinander von Liebeserklärung, Humor, Spott, Karikatur, letztem Liebeslied, Verzicht und Prahlerei. In diesem weiträumigen Finale fehlt weder die Boccaccio-nahe Szene („Geselle, woll'n wir uns in Kutten hüllen") noch die Karikatur („Wie lange schon war immer mein Verlangen"). Der Humor („Ihr jungen Leute") bäumt sich zum beißenden Spott auf („Du sagst mir, daß ich keine Fürstin sei"), das Geständnis der liebestrunkenen Ohnmacht („Die beiden Augen dort, die mich verblendet") erfährt Gesinnungswandel bis zur ätzenden Feststellung: „Sie treibt es wie der Arno, will mir scheinen, bald hat sie viel Bewerber, bald nicht einen." Geradezu zwangsläufig folgt da das auftrumpfende „Geständnis" von den 21 Liebhabern der Sängerin. (Von Lilli Lehmann wird erzählt, sie habe bei diesem Erfolgslied das Podium gänzlich zur Bühne gemacht und sei beim Klavier-Nachspiel — auf das Wolf besonders stolz gewesen ist, das er immer wieder gerne gespielt hat, weil ihm das rasche Tempo im Kehraus so gut gelang — mit erhobenen Armen und gespreizten Fingern dagestanden!) Selbstverständlich untersteht diese Reihung, der der Erfolg später in Wien, in Berlin (beim denkwürdigen Jubiläum der Konzertdirektion Hans Adler am 1. Oktober 1958), in Edinburgh, in Bath, in London (beim unvergessenen Abschiedskonzert für Gerald Moore in der Festival-Hall), in Chicago, in New York (mit Paul Ulanovsky), später auch in Skandinavien treu geblieben ist, auch einem harmonisch vielfältigen Bezug der aufeinander folgenden Tonarten und dem notwendigen Tempo- und Ausdruckskontrast.

I

1.	Auch kleine Dinge	Sopran
2.	Nicht länger kann ich singen	Männerstimme
3.	Schweig einmal still	Sopran
4.	O wüßtest du, wieviel ich deinetwegen	Männerstimme
5.	Wer rief dich denn?	Sopran

6. Hoffärtig seid Ihr, schönes Kind	Sopran
7 Was soll der Zorn	Sopran
8. Wie soll ich fröhlich sein?	Männerstimme
9. Verschling' der Abgrund	Sopran
10. Gesegnet sei, durch den die Welt entstund	Männerstimme
11. Ich esse nun mein Brot nicht trocken mehr	Sopran
12. Nun laß uns Frieden schließen	Männerstimme
13. Wenn du, mein Liebster, steigst zum Himmel auf	Sopran

II

14. Wir haben beide lange Zeit geschwiegen	Sopran
15. Was für ein Lied soll dir gesungen werden	Männerstimme
16. Mein Liebster singt	Sopran
17. Selig, ihr Blinden	Männerstimme
18. Wohl kenn' ich euren Stand	Sopran
19. Benedeit die sel'ge Mutter	Männerstimme
20. Man sagt mir, deine Mutter woll' es nicht	Sopran
21. Sterb' ich, so hüll' in Blumen meine Glieder	Männerstimme
22. Mir ward gesagt, du reisest in der Ferne	Sopran
23. Und willst du deinen Liebsten sterben sehen	Männerstimme

Pause

III

24. Schon streckt' ich aus im Bett die müden Glieder	Männerstimme
25. Heut' nacht erhob ich mich um Mitternacht	Sopran
26. Heb auf dein blondes Haupt	Männerstimme
27. O wär dein Haus durchsichtig wie ein Glas	Sopran
28. Und steht ihr früh am Morgen auf	Männerstimme
29. Gesegnet sei das Grün	Sopran
30. Daß doch gemalt all deine Reize wären	Männerstimme

IV

31. Wenn du mich mit den Augen streifst	Männerstimme
32. Ihr jungen Leute, die ihr zieht ins Feld	Sopran
33. Der Mond hat eine schwere Klag' erhoben	Männerstimme
34. Du denkst, mit einem Fädchen mich zu fangen	Sopran
35. Geselle, woll'n wir uns in Kutten hüllen	Männerstimme
36. Mein Liebster ist so klein	Sopran
37. Ein Ständchen euch zu bringen, kam ich her	Männerstimme
38. Nein, junger Herr	Sopran
39. Ihr seid die Allerschönste	Männerstimme
40. Wie lange schon war immer mein Verlangen	Sopran
41. Wie viele Zeit verlor ich	Männerstimme

42. Mein Liebster hat zu Tische mich geladen	Sopran
43. Ich ließ mir sagen und mir ward erzählt	Männerstimme
44. Du sagst mir, daß ich keine Fürstin sei	Sopran
45. Laß sie nur gehn, die so die Stolze spielt	Männerstimme
46. Ich hab' in Penna einen Liebsten wohnen	Sopran

Erst im Frühling 1970 habe ich es mit begabten Studenten meiner Liedklasse an der Musikhochschule in Graz unternommen, eine „dreiaktige" Reihung (innerhalb der die drei Bände der geläufigen Peters-Ausgabe in sich geschlossen bleiben) zu erproben. Auch diese nachstehend angeführte Reihenfolge hat sich vor einem Wolf-nahen Publikum bewährt:

I

1. Auch kleine Dinge können uns entzücken	Sopran
2. Ihr seid die Allerschönste	Männerstimme
3. Mir ward gesagt, du reisest in die Ferne	Sopran
4. Gesegnet sei, durch den die Welt entstund	Männerstimme
5. Wer rief dich denn	Sopran
6. Selig ihr Blinden	Männerstimme
7. Du denkst mit einem Fädchen mich zu fangen	Sopran
8. Der Mond hat eine schwere Klag' erhoben	Männerstimme
9. Wie lange schon war immer mein Verlangen	Sopran
10. Nun laß uns Frieden schließen	Männerstimme
11. Nein, junger Herr	Sopran
12. Daß doch gemalt all deine Reize wären	Männerstimme
13. Mein Liebster ist so klein	Sopran
14. Hoffärtig seid Ihr, schönes Kind	Männerstimme
15. Geselle, woll'n wir uns in Kutten hüllen	Männerstimme

Pause

II

16. Ihr jungen Leute	Sopran
17. Und willst du deinen Liebsten sterben sehen	Männerstimme
18. Wir haben beide lange Zeit geschwiegen	Sopran
19. Heb auf dein blondes Haupt	Männerstimme
20. Mein Liebster singt	Sopran
21. Ein Ständchen euch zu bringen	Männerstimme
22. Man sagt mir, deine Mutter woll' es nicht	Sopran
23. Was für ein Lied soll dir gesungen werden	Männerstimme
24. Ich esse nun mein Brot nicht trocken mehr	Sopran
25. Ich ließ mir sagen und mir ward erzählt	Männerstimme

26. Mein Liebster hat zu Tische mich geladen	Sopran
27. Schon streckt' ich aus im Bett die müden Glieder	Männerstimme
28. Du sagst mir, daß ich keine Fürstin sei	Sopran
29. Laß sie nur gehn, die so die Stolze spielt	Männerstimme
30. Wohl kenn ich euren Stand	Sopran

Pause

III

31. Was soll der Zorn, mein Schatz	Männerstimme
32. Wie soll ich fröhlich sein	Sopran
33. Sterb' ich, so hüllt in Blumen meine Glieder	Männerstimme
34. Wenn du, mein Liebster, steigst zum Himmel auf	Sopran
35. Und steht Ihr früh am Morgen auf	Männerstimme
36. Gesegnet sei das Grün	Sopran
37. Benedeit die sel'ge Mutter	Männerstimme
38. O wär' dein Haus durchsichtig wie ein Glas	Sopran
39. Wie viele Zeit verlor ich	Männerstimme
40. Heut' Nacht erhob ich mich	Sopran
41. Wenn du mich mit deinen Augen streifst	Männerstimme
42. Schweig einmal still	Sopran
43. Nicht länger kann ich singen	Männerstimme
44. Verschling der Abgrund meines Liebsten Hütte	Sopran
45. O wüßtest du, wieviel ich deinetwegen	Männerstimme
46. Ich hab' in Penna einen Liebsten wohnen	Sopran

Auf Einladung des Deutschland-Funks gab es schließlich im November 1970 ein Festkonzert in Leverkusen, in dem Edda Moser (Sopran) und Wolfgang Anheisser (Bariton) eine neue Reihung sangen, die der Zäsur der Abfassung beider Teile Rechnung trug. Die erste Hälfte des Abends gehörte dem „Italienischen Liederbuch I" der Monate 1890/91, die zweite den 24 Gesängen, die Anno 1896 komponiert worden sind:

1. Teil

1. Auch kleine Dinge können uns entzücken	Sopran
2. Heb auf dein blondes Haupt	Männerstimme
3. Wir haben beide lange Zeit geschwiegen	Sopran
4. Gesegnet sei, durch den die Welt entstund	Männerstimme
5. Du denkst, mit einem Fädchen mich zu fangen	Sopran
6. Ihr seid die Allerschönste	Männerstimme
7. Mir ward gesagt, du reisest in die Ferne	Sopran
8. Daß doch gemalt all deine Reize wären	Männerstimme
9. Mein Liebster ist so klein	Sopran

2. Teil

10.	Geselle, woll'n wir uns in Kutten hüllen	Männerstimme
11.	Wie lange schon war immer mein Verlangen	Sopran
12.	Ein Ständchen euch zu bringen, kam ich her	Männerstimme
13.	Nein, junger Herr	Sopran
14.	Selig, ihr Blinden	Männerstimme
15.	Ihr jungen Leute, die ihr zieht ins Feld	Sopran
16.	Der Mond hat eine schwere Klag' erhoben	Männerstimme
17.	Wer rief dich denn?	Sopran
18.	Hoffärtig seid Ihr, schönes Kind	Männerstimme
19.	Man sagt mir, deine Mutter woll' es nicht	Sopran
20.	Nun laß uns Frieden schließen	Männerstimme
21.	Mein Liebster singt	Sopran
22.	Und willst du deinen Liebsten sterben sehen	Männerstimme

Pause

3. Teil

23.	Heut' nacht erhob ich mich	Sopran
24.	Und steht ihr früh am Morgen auf	Männerstimme
25.	Wohl kenn' ich euren Stand	Sopran
26.	Benedeit die sel'ge Mutter	Männerstimme
27.	Gesegnet sei das Grün	Sopran
28.	Wenn du mich mit den Augen streifst	Männerstimme
29.	O wär' dein Haus durchsichtig wie ein Glas	Sopran
30.	Was für ein Lied soll dir gesungen werden	Männerstimme
31.	Wenn du, mein Liebster, steigst zum Himmel auf	Sopran
32.	Sterb' ich, so hüllt in Blumen meine Glieder	Männerstimme

4. Teil

33.	Ich ließ mir sagen und mir ward erzählt	Männerstimme
34.	Ich esse nun mein Brot nicht trocken mehr	Sopran
35.	Nicht länger kann ich singen	Männerstimme
36.	Schweig einmal still	Sopran
37.	Wie soll ich fröhlich sein	Männerstimme
38.	Du sagst mir, daß ich keine Fürstin sei	Sopran
39.	Schon streckt' ich aus im Bett die müden Glieder	Männerstimme
40.	Mein Liebster hat zu Tische mich geladen	Sopran
41.	O wüßtest du, wieviel ich deinetwegen	Männerstimme
42.	Was soll der Zorn, mein Schatz	Sopran
43.	Wie viele Zeit verlor ich	Männerstimme
44.	Verschling' der Abgrund meines Liebsten Hütte	Sopran
45.	Laß sie nur gehn, die so die Stolze spielt	Männerstimme
46.	Ich hab' in Penna einen Liebsten wohnen	Sopran

Es bleibt freilich immer auch der reguläre Weg, der sich an die Ausgabe hält, die Wolf — freilich ohne ahnen zu können, daß einmal eine geschlossene Aufführung des gesamten Werkes mit zwei Sängern aktuell werden würde — autorisiert hat. Dagegen stellt sich freilich, daß die Reihung keinen wechselweisen Einsatz von Frauen- und Männerstimme erlaubt.

Wir haben oft an zwei Klavieren begleitet — Gerald Moore, Günther Weissenborn, Miguel Zanetti, Gerhart Zeller waren meine Partner (die beiden letzteren haben einst bei mir an der Wiener Musikhochschule, in Graz und bei den Sommerkursen in Salzburg studiert und sind heute junge Kollegen im Unterrichtszimmer und auf dem Konzertpodium). Auf Schallplatten war Jörg Demus der Partner Fischer-Dieskaus. Aber mindestens ebenso oft saß ich allein am Flügel. Beide Praktiken der Begleitung haben etwas für sich: an zwei Klavieren wird der Stimmungswechsel jäher und kontrastreicher vollzogen, an einem Flügel ergibt sich die gemeinsame Ausgangsbasis für den Interpretationsstil, der gerade bei Wolf immer ein Persönlichkeitsspiegel ist.

Am 5. Mai 1896 brach Hugo Wolf seinen Aufenthalt in Perchtoldsdorf ab, kehrte ins Haus der Mayreders zurück und fuhr, nach drängenden, mehrfachen Aufforderungen, zu den Proben des „Corregidor" nach Mannheim zu kommen, am 12. Mai von Wien nach Stuttgart ab. Er wohnte in der schwäbischen Hauptstadt im Hotel Marquardt, traf sich mit seinen Freunden und spielte, wo immer ein Klavier zur Verfügung stand, aus dem eben erschienenen Klavierauszug seinen „Corregidor" vor: Freund Faisst und dessen Mutter, dem Ehepaar Mayser und der Familie Klinckerfuß. Bis ihn Kapellmeister Röhr aufs dringlichste ersuchte, im Mannheimer Nationaltheater nach dem Rechten zu sehen.

So traf er am 18. Mai 1896 im Theater zu einer Orchesterprobe ein. Wolfs Brief an seine Librettistin beschreibt seine Schwierigkeiten: er kam mit der Partitur, selbst dirigierend, nicht zurecht, so daß so mancher Orchestermusiker ihm die Autorschaft zumindest der Instrumentation abstritt. Die Klavierproben gerieten ein wenig besser; aber Mißtrauen seitens der Sänger und Ungeduld wie Gereiztheit des Komponisten verzögerten die geregelten Vorbereitungen. Joachim Kromer (Tio Lukas) und Hans Rüdiger (Corregidor) erwiesen sich als hervorragende Solisten, Wolfs Anforderungen gewachsen, der Sänger des Repela wollte die Rolle zunächst zurücklegen, Fräulein Hohenleitner als Frasquita war Anfängerin und — als Soubrette — Fehlbesetzung obendrein; Wolf hätte hier lieber Anna Sorger, die die kleinere Partie der Corregidora innehatte, am Werke gesehen. Zur Hauptsache wegen des unzulänglichen Partiestudiums der Hohenleitner mußte die Premiere zunächst auf den 13. Mai, dann gar auf den 7. Juni verlegt werden. Wolfs Arroganz tat das Ihre dazu, die Stimmung zu verschärfen. Er hatte beispielsweise verlangt, alle Mitwirkenden hätten schon vor seinem Eintreffen anwesend zu sein, egal, ob er pünktlich käme oder sich verspäte. Hugo Röhr, der Dirigent, hatte ständig Tempi-Streit mit dem Komponisten. Hätten nicht der Intendant des Hauses, Dr. Bassermann, und Freund Grohe sämtliche diplomatische Tricks, die seit eh und je beim Theater üblich sind, angewandt, der Vorhang hätte sich nie zur „Welturaufführung" (wie man heute zu sagen pflegt) am Abend des 7. Juni 1896 gehoben. Hatte unser Komponist schon an Wagners Geburtstag, am 22. Mai, Freund Grohe und Emil Heckel (der mit seinen beiden Söhnen gekommen war) den neuen zweiten Band des „Italienischen Liederbuches" vorgespielt, so holte er all seine Vertrauten am Morgen des Premierentages zusammen, um sie mit diesen neuen Liedern vertraut zu machen. Hugo Faisst sang dazu bisweilen vom Blatt. Kein Wort fiel über die Oper . . .

Tagsüber mußten ihn Paul Müller aus Berlin und unser Heinrich Werner begleiten — zum Essen, auf seinen Besuchen zu Bekannten. Am frühen Nachmittag war noch Kapellmeister Röhr gekommen, Einzelheiten der Interpretation zu besprechen, eine halbe Stunde vor Aufführungsbeginn war Wolf noch eingeschlafen, weigerte sich dann erfolgreich, einen Abendanzug anzulegen („Fällt mir nicht im Traum ein, mich bekommen sie nicht zu sehen!"), und nahm schließlich im Theater in einer „Reserveloge" am dritten Rang, auf einem der hinteren Sitze, seinen Platz ein. Wir wissen über den Verlauf der Premiere sehr genau Bescheid durch Heinrich Werner, aus Paul Müllers „Erinnerungen an Hugo Wolf", aus Heinrich Potpeschniggs Artikel „Hugo Wolf bei der Mannheimer Aufführung des ‚Corregidors' " (dessen Autorschaft Frank Walker anzweifelt), aus der Sammelschrift „Corregidor", redigiert von Edmund Hellmer, aus Felix Weingartners „Lebenserinnerungen". Die erste Oboe setzte im Vorspiel falsch ein, Röhr schlug zu schnelle Tempi an, die Schlußszene des ersten Aktes übte nicht den richtigen Effekt. Nach dem zweiten Akt wurden Rufe nach dem Komponisten laut. Wolf widerstand dem Drängen des Intendanten und des Dirigenten und kritisierte die Sänger. Freunde kamen in der großen Pause: Wolf umarmte Rosa Mayreder und brach in Tränen aus.

Zu Beginn des 3. Aktes erschien Potpeschnigg, der um diese Oper am höchsten verdiente Freund, in der Loge. Ihm gelang es dann auch, Wolf bereits nach diesem Akt auf die Bühne zu bringen. „Nun erst trat Wolf vor die Rampe, um die Huldigung der Menge entgegenzunehmen. Inmitten von Lorbeerkränzen und Blumen, die zu seinen Füßen niederfielen, stand er da, traumverloren, mit tiefem Ernst in den bleichen Zügen, überwältigt von Rührung, die er nicht mehr verbergen konnte. Es schien, als hörte er den Beifall nicht, als blickten seine dunklen, glühenden Augen hinweg über die Köpfe der festlichen Menge in eine ferne unbekannte Zukunft. Der alte Traum, den er einst Hellmer erzählt hatte, war in Erfüllung gegangen. Er verbeugte sich kurz und nahm einen Lorbeerkranz in die Hand, sonst schien er nichts zu sehen. Dann zog er die Sänger, den Dirigenten und den Intendanten mit sich vor den Vorhang; alle Feindseligkeit zwischen ihm und den Mitwirkenden schien in diesem Augenblick des Triumphes geschwunden zu sein." Nach dem Schlußakt wurde Wolf erneut gerufen, der Applaus war stark, die Premiere hatte Erfolg gebracht.

Eine Feier nachher mit dem Intendanten, den Freunden Wolfs und ihm selbst wurde von den Sängern boykottiert, weil sich Wolf geweigert hatte, bei einem Wohltätigkeitskonzert (dessen Programmwahl ihm nicht gefallen hatte) mitzuwirken. Nur ein Darsteller, der Regisseur Hildebrandt (der den Tonculo gesungen hatte), war erschienen. Wolf ließ sich — nein, den „Corregidor" — von Dr. Bassermann feiern, dankte selbst kurz, empfing ein Honorar von 200 Mark, das er verlor, und — verließ Mannheim am 9. Juni, ehe die zweite Vorstellung am 10. Juni das an sich günstige Ersturteil der Kritik einer Revision unterwarf. Eine Mannheimer Zeitung deutete Manipulationen zugunsten von Cliquen und Claquen an. Die Sänger hatten mit ihrer Meinung über Wolf und seine Oper augenscheinlich nicht hinter dem Berg gehalten. Heinrich Werner, der für diese Wiederholung, deren Interpretation so erbärmlich ausfallen sollte, in Mannheim geblieben war, traf nachher mit dem Intendanten zusammen, der sich entschlossen hatte, in der ausklingenden Saison keine Aufführung mehr anzusetzen und eine Wiederaufnahme von Kürzungen, von „Strichen", die notwendig seien, abhängig zu machen.

Der Inhalt der Oper: Tio Lukas, der tüchtige, ein wenig bucklige Müller, lebt in jungem, wolkenlosem Eheglück mit seiner hübschen Frau Frasquita. Der ebenfalls höckrige Amtsrichter des nahen Städtchens, eben der Corregidor, hat sich in Frasquita vergafft, wird von ihr heftig abgelehnt und sinnt auf Rache. Am späten Abend läßt er Lukas zum Bürgermeister vorladen, ein Trinkgelage inszenieren, um selbst freie Hand zu haben, hat aber bei Frasquita erneut kein Glück, dazu das Mißgeschick, in den Mühlbach zu fallen, legt sich in der Mühle ins Bett, während seine Kleider trocknen. Lukas aber, frühzeitig heimgekehrt, findet daheim die nassen Kleider des Corregidors vor dem Feuer ausgebreitet, die Ernennungsurkunde seines Neffen für ein Staatsamt (das Lockmittel des Corregidors für Frasquita) auf dem Tisch und — durchs Schlüsselloch blickend — den Richter in seinem eigenem Bett. Der Racheplan ist schnell gefaßt: im Gewand des Corregidors, den Dreispitz auf dem Kopf, eilt er zur Gattin des Corregidors, Gleiches mit Gleichem zu vergelten. In der Mühle ist inzwischen der Corregidor erwacht, findet seine Kleider nicht mehr, zieht sich Lukas' Gewand an und — wird von den Gerichtsleuten (die er selbst in das Haus des Müllers befohlen hatte) verprügelt. Ähnlich ergeht es ihm daheim; auch seine eigene Dienerschaft hält ihn für den Müller. Mercedes, seine Gattin, von Lukas ins Bild gesetzt, hat beschlossen, ihrem Gatten eine Lehre zu erteilen. Lukas und Frasquita versöhnen sich, ein Happy-End ist gewährleistet; einzig für den Corregidor bleibt unklar, was sich in dieser vergangenen Nacht in Mercedes' Schlafzimmer ereignet hat.

Das Personenverzeichnis nennt auch das jeweilige Fach: so bezeichnet Wolf „Don Eugenio de Zuniga, den Corregidor" als Tenor-Buffo, „Juan Lopez, den Alkalden" (der Gemeindevorsteher und Friedensrichter zugleich ist) als tiefen Baß, „Pedro, dessen Sekretär“ als Tenor, „den Gerichtsboten Tonuelo“ als Baß, „Repela, den Diener des Corregidor“ als Baß-Buffo, „Tio Lukas, den Müller“ als Bariton, „einen Nachbarn“ als Tenor, „Donna Mercedes, Corregidora“ als Sopran, „Frasquita, Gattin des Müllers“ als Mezzo-Sopran, „Duenna, im Dienste des Corregidors“ als Alt und schließlich „Manuela, Magd bei Juan Lopez“ als Mezzo-Sopran. Kollektiv werden geführt: Bischof und geistliches Gefolge, Gesinde des Corregidors und Alkalden, Alguacils, Musikanten. Schauplatz: Gegend in Andalusien. Zeit: 1804.

Vom musikalischen Einfall her leuchtet im ersten Aufzug in der Partitur der Fandango, den Frasquita vor ihrem Lied „In den Schatten meiner Locken“ für den Corregidor tanzt, auf. Ihr Monolog im zweiten Aufzug, vor dem Eindringen des triefnassen Corregidors, hat Märchencharakter und persönlichen Zauber. Bühnenwirksam ist das Lied „Herz, verzag nicht geschwind, weil die Weiber Weiber sind“ für den Titelhelden placiert. Später — nach der Verwandlung — fesselt uns musikalisch wie dramaturgisch der Canon, den das „Personal“ des Corregidors anstimmt. Lukas' Monolog im eignen Hause auf der Spur von Frasquitas vermeintlichem Treuebruch gehört zu den stimmungsreichsten Szenen der Oper. Die Szene der Corregidora im vierten Akt ist — in der Zeichnung ihres Charakterbildes — musikalisch kostbar.

Das dramaturgische Manko der Oper, das sich selbstverständlich auf die Musik wesenhaft auswirkt, bleibt die Reflexionsfülle des Librettos. Mit anderen Worten: es wird — vor allem im vierten Akt — zuviel von dem erzählt, was sich sozusagen in den Pausen der Oper zugetragen hat; auf der Bühne, vor den Augen des Zuschauers ereignet sich zu wenig; das wirkt sich auch auf die Erfindungskraft Wolfs negativ aus, weil das Konventionelle überwiegt und der Bühnendramatiker Hugo Wolf gegen den dramatischen Lyriker Wolf, den Schöpfer des „Feuerreiters“, des „Prometheus“, der vierten „Mignon“, von „Wo find ich Trost“, „Heimweh“, der glühenden Liebeslieder der Suleika, ganz ins Hintertreffen gerät.

Dr. Julius Korngold, der Musikkritiker der „Neuen Freien Presse“, hatte in seiner Kritik über die posthume Wiener Erstaufführung des „Corregidor“ am 18. Februar 1904 in der

Wiener Hofoper schon recht, als er schrieb: „Der ‚Corregidor' führt nach Spanien, in das Land, wo die meisten Opern spielen und die wenigsten geschrieben werden ... Wie alle Intrigenstücke, erleichtert der ‚Corregidor' jedenfalls nicht den Zutritt der Musik, am wenigsten breiteren lyrischen Gesanges. Nicht umsonst hat Hugo Wolf zwei seiner Lieder unterzubringen gesucht. So holte der Opernkomponist Sukkurs vom Liederkomponisten. Wie selten sind beide in der selben Person vereint. Der Lyriker Wolf ist ebensowenig ein echter Bühnenkomponist, wie Schubert oder Schumann, um recht große Namen zu nennen. In gar manchen seiner Lieder ist Wolf dramatischer als in seiner Oper; er ist der Mann intimer Bildchen, nicht auf Fernwirkung berechneter Bühnenprospekte. Wolf floh nach seinem Geständnis den magischen Bann des Musikdramas. Aber wer ‚Tristan' meiden will, fällt in die ‚Meistersinger'. Der ‚Corregidor' ist im ‚Meistersinger'-Stil geschrieben. Wolf beherrscht diesen Stil immerhin als Musiker, weit weniger als Dramatiker.

Direktor Mahler ist dem ‚Corregidor' mit allen Künsten dramaturgischer Geburtshilfe zur Seite gestanden, mit liebevollster Herausarbeitung aller musikalischer Vorzüge. Aber vermöchte auch die vollendetste Darstellung die organischen Schwächen der Oper zu überwinden? Nur billig und mit Zustimmung zu begrüßen ist es ja, daß sich vor dem Werke Hugo Wolfs, des Schöpfers vielgesungener Lieder, der, durch seinen tragischen Tod verklärt, eines mit fieberhaftem Eifer warmerhaltenen Nachruhms teilhaftig ist, die Opernbühnen öffnen. Aber nur der wahre Opernkomponist vermag sich auf ihnen auch zu erhalten. Der ‚Corregidor' ist an Humor, melodischer Kraft, Energie der Charakterzeichnung auch nicht annähernd zu vergleichen mit Cornelius' ‚Barbier von Bagdad' oder Götz' ‚Bezähmter Widerspenstigen'. Und selbst diese Opern werden mehr gerühmt als aufgeführt."

Die zweite Wiener Inszenierung ging an der Staatsoper am 26. Juni 1926 unter Franz Schalk, dem Wolf-Vertrauten, über die Bühne. Ernst Decsey, der Wolf-Biograph, versuchte mit beredten Worten im „Neuen Wiener Tagblatt" eine Ehrenrettung des Werkes: „Ich schrieb einmal eine Biographie Hugo Wolfs und glaubte den ‚Corregidor' gründlich zu kennen; die Aufführung hat mich das Gegenteil gelehrt: ich kannte seine

Schönheit nicht genug, oder vielmehr, sie hat sich seither von selbst gesteigert, wie ein spanischer Wein immer süßer und fruchtiger schmeckt. Und mit Vergnügen bemerkte ich, daß das Publikum diesmal freudig mitging, als hätte es für die Musik ein erst nachgewachsenes Ohr, ja es berauschte sich an der Musik derart, daß es sogar die schwachen Stellen des Textes entschuldigte. Das ist bestes Musiklustspiel, ist, wie jemand sagte, ‚tönender Wilhelm Busch'. Und dieses Kleinod wird nur einmal ausgestellt?"

Die Zahl der Aufführungen kam im Jahr 1926 auf vier und wurde durch je einen (!) Abend in den Jahren 1927 und 1928 ergänzt. Zuletzt hat man den „Corregidor" in Wien am 24. April 1936 in der Staatsoper unter Bruno Walter aufgeführt. (Dieser Neuinszenierung waren nur drei Wiederholungen gegönnt.) Josef Reitlers Bericht in der „Neuen Freien Presse" vom 26. April verdient auch aus der heutigen Sicht volle Zustimmung: „Hugo Wolf, neben Schubert Österreichs größter Liederkomponist, hat, indem er in seinen Gesängen mit der zarten Wärme und der feurigen Glut der ihm zuströmenden Melodien, mit der strahlenden Helligkeit seines Geistes, der sich erst später so traurig umdüstern sollte, die Sprache der Dichter in Musik setzte, zugleich auch die charakteristischen Verborgenheiten ihres Wesens zutiefst erfaßt und metaphysisch umgedeutet. Auch in dem einzigen Bühnenwerk, das Hugo Wolf vollenden sollte, singt das Wort und spricht die Musik, sprüht es von erlesenen Einfällen, von subtilsten Einzelheiten der Ausführung. Warum teilte trotzdem der ‚Corregidor' bisher das Schicksal jener deutschen komischen Opern, die mehr gelobt als geliebt und aufgeführt werden? Man hat nämlich in Wolfs Orchesterpolyphonie einen den ‚Meistersingern' wesensverwandten Stil erblicken wollen, der sich an die leichten Füße des kleineren Werkes wie mit Bleigewicht hängte. Die immer wieder gefangennehmende ‚Corregidor'-Musik besteht ebenso gewiß ohne den Vergleich. Sie hat, wie es Nietzsche für das Lustspiel forderte, die übermütige Geistigkeit und den ‚Lichtschatten des Südens'. Dem Buch ist im übrigen Eigenart in Diktion und Farbe nachzurühmen und man wird dort, wo die Bühnenwirksamkeit nachläßt, mehr als einmal auf geteiltes Verschulden plädieren dürfen. Aus dieser Erkenntnis hat ein so bedeutender und ideenvoller Verfechter der Sache, wie es Bruno Walter ist, seine Bearbeitung, die sich nicht auf notwendige, die Instrumentation ‚entdichtete' Retuschen beschränkt, die inzwischen wieder teilweise entstörte ‚Corregidor'-Einrichtung Gustav Mahlers zugrundegelegt, Striche aufgemacht und die Zusammenziehung in drei Akte beibehalten, wodurch die große Soloszene des Lukas wirksamster Aktschluß wird. Und er läßt nach dem nun verheißungsvoll beginnenden Schlußchor das wieder vereinte Paar Frasquita-Lukas unter den Klängen des aus dem 1. Bild herübergenommenen Liebesmotivs der untergehenden Sonne entgegenschreiten. Dieses das Versöhnliche der Konfliktsliquidierung noch durch den Einfall eines musikalischen Epilogs unterstreichende Finale müßte noch eindringlicher wirken, wäre nur die Intrige selbst ergiebiger, der Humor drastischer. Der Höcker des Corregidor als Lustspielrequisit, als viel mißbrauchter Identitätsnachweis! Gewiß, jedermann hat, bildlich gesprochen, irgendwo seinen Buckel. Die beiden Widersacher, Corregidor und Lukas, tragen ihn zufällig auf dem Rücken, und dadurch wird jenes Quiproquo möglich, ohne das die komische Oper nun einmal nicht auskommt und das auch die beiden Frauen, Müllerin und Corregidora, in eine der Integrität ihrer Ehre nicht ganz zuträgliche Lage bringt. Aber andererseits: welche Segenskraft echten, aller Komödienspielerei entrückten Menschentums entströmt allein dem melodischen Einfall, wenn Wolf seine ‚verrückte Art des Kontrapunktierens' vergißt und einfach eines seiner Liederbücher aufschlägt. Daß es vorwiegend das spanische ist, ergibt sich aus dem Schauplatz der Handlung. Wer könnte sich der Stimmungsgewalt von Frasquitas Soloszenen, der Ausgelassenheit des Trinkgelages im Haus des Alkalden, des mit Bläserfeierlichkeit ausgestatteten Auftritts der Donna Mercedes entziehen?! Die grandiose Szene des Lukas steht für sich allein. Ist das Rauschen, das des Lukas Irrsinnslachen übertönt, nicht doch der Flügelschlag des echten musikalischen Genies?"

Zu den bisher zwanzig Aufführungen an der Wiener Staatsoper seit 1904, also seit 67 Jahren, trat eine konzertante Wiedergabe bei den Wiener Festwochen 1969 im Großen Musikvereinssaal am 5. Juni. Hier kam es zu mehr als einem der üblichen „Achtungserfolge" am Theater. Man genoß die Einfälle Wolfs und war ganz auf die Musik konzentriert. Die Schwächen des Textes kamen einfach nicht zur Geltung. Der Musiker Wolf trug hier verdient den Sieg über die Dramaturgie davon.

Am 9. Juni 1896 hatte Hugo Wolf Mannheim verlassen. Eine Woche lang blieb er in Stuttgart als Gast der Familie Nast; dort konzertierte er auch am 15. Juni zusammen mit Emma Gerok, Karl Lang und Hugo Faisst. Hier ist es nun am Platz, Spuren der letzten Episode in Wolfs Verhältnis zu den Frauen nachzugehen, zumal Margarethe Klinckerfuß, das Subjekt seiner Neigung, ihre „Erinnerungen" in dem Büchlein „Aufklänge aus versunkener Zeit" (es ist erst 1947 im Port-Verlag, Urach und Stuttgart veröffentlicht worden) publiziert hat.

Schon im Jahre 1894 hatte Wolf — wie wir bereits berichtet haben — die damals Siebzehnjährige kennengelernt. Als unser Komponist mit den Vorbereitungen der „Corregidor"-Premiere in Mannheim beschäftigt war, stand das Mädchen in Trauer um ihren Verlobten, den Afrika-Forscher Johannes Wissemann, der einige Monate vorher am Sambesi an Schwarzwasserfieber gestorben war. Auf einem gemeinsamen Spaziergang haben sich die beiden miteinander ausgesprochen; Wolf deutete die Enttäuschung an, die er durch Frieda Zerny erlitten hatte. Man muß leider an die Marlitt denken, wenn man bei diesem Gretchen nachliest: „. . . Als wir uns dann auf einer versteckten Bank niederließen, nahm Hugo Wolf wortlos meine beiden Hände fest in die seinen und ich ließ es mit klopfendem Herzen geschehen. Mir war dabei, als löse sich eine Fessel von meiner Brust, zumal ich jene mädchenhafte Liebe ganz verschwiegen für mich erlebt und durchlitten hatte. ‚Armes Kind, darf ich Dich trösten?' erklang leise Hugo Wolfs Stimme neben mir — er sagte zum ersten Male das vertrauliche Du." Es steht fest, daß die Klinckerfuß mit Wolf in Tübingen war, daß sie ihn in Mannheim besucht hat (Emil Heckel hat sie dort — ohne daß sie es wahrnahm — gesehen), sie gab den Anlaß, daß Wolf immer wieder aus Mannheim davonfuhr und nun auch nach der Premiere nach Stuttgart kam. Auch die nachfolgenden Zeilen aus der Erinnerung der Dame liest man mit Verwunderung (weil ihre Darstellung gar nicht zu dem Wolf-Bild paßt, das wir uns auf Grund seiner Briefe, seiner Lebensäußerungen und — seiner Kompositionen von ihm machen): „. . . Als er sich eines Abends dort" (gemeint ist das Klinckerfußsche Landhaus „Heidfried" auf der Feuerbacher

Heide) „von meinen Eltern verabschiedete, hielt er mich am Tore zurück und flüsterte mir zu, er möchte gerne nochmals zu mir allein zurückkommen. Nach dem Gute Nacht meiner Eltern erwartete ich ihn unter unserem großen Nußbaum. Und ich hörte Hugo Wolf Schumanns sehnsuchtsvolles Lied ‚Der Nußbaum' singen, als er wieder zu mir trat. Er wollte auf dem flachen Dach unseres Hauses die klare Sternennacht mit mir erleben. Wir stiegen im Inneren des Hauses die Stufen und die kleine Wendeltreppe hinan, die aufs Dach führte. Zeitlos Hand in Hand saßen wir beide in vielschweigendem Einverständnis auf einem zusammengerollten dicken Teppich. Als ich zu Hugo Wolf aufsah, der sein blasses Antlitz gegen das Firmament gerichtet hielt, bemerkte ich, wie ihm Thräne um Thräne die Wange herabrollte. Er preßte seine gefalteten Hände vor die Stirne, während er die Beethovensche Melodie zu den Worten: ‚Die Himmel rühmen des Ewigen Ehre' leise vor sich hinsang. Erst gegen Morgen stiegen wir wieder hinunter und Hugo Wolf ‚talpte zu Thal' wie er es mit einem Ausdruck Richard Wagners nannte." Wolf als singender und formulierender Zitatenjäger. Es ist nicht auszudenken ...

Es besteht weder in den Briefen noch in den Äußerungen Hugo Wolfs, die seine Freunde aufgezeichnet haben, eine Bestätigung seiner Sehnsucht nach einer steten Bindung an das liebe Mädchen, wie sie es darstellt: „Wenn Hugo Wolf mir fast schüchtern von einer gemeinsamen Zukunft sprach, war es immer in Wien, wo er hoffte, nachdem sein ‚Corregidor' und seine Lieder Erfolg und Einnahmen gebracht haben würden, auch mir eine zweite Heimat zu bereiten." In den als Buch erschienenen Briefen Wolfs an Freund Faisst ist jene Stelle seines Schreibens vom 10. August 1897 eliminiert, in der er ein wenig eingehender über die Klinckerfuß schreibt: „... Daß Deine weitschauenden Pläne behufs Popularisierung Wolfscher Lieder bereits so greifbare Form und Gestalt annehmen, ist hocherfreulich. Das kleine Klinckerfüßlein wird hoffentlich seinen Mann dabei stellen. Daß Dir nach solchem Honig der Mund wässert, kann ich ganz gut begreifen. Werd mir nur nicht zu genäschig, Du Leckermaul." Walker spricht hier vom „rechthaberischen" Ton Wolfs; ich meine, diese Stelle zeigt, wie wenig ernst Wolf die Episode genommen hat.

Zu guter Letzt macht Margarethe Klinckerfuß aus Wolf

noch einen praktizierenden Katholiken: „Wir gingen hinein" (in die Stuttgarter Marienkirche) „und Wolf kniete lange, inbrünstig betend nieder. Ich war Zeuge seiner demütig-andachtsvollen Haltung in der Kirche. Die Tatsache, daß er Katholik war und ich Protestantin, hätte nie zur Dissonanz zwischen uns führen können. Hugo Wolf würde seine geistlichen Lieder und manches andere Lied nie komponiert haben, wäre er nicht tief religiös gewesen." Wir haben genügend Beweise aus Wolfs Hand, wie er über Religion dachte. Am 29. April 1892 hatte er sich in einem Brief an die gläubige Mutter als „Ungläubigen" bezeichnet, an Frau Mayreder, die gleich ihm Nietzsche anhing, schrieb er am 7. September 1897: „Wie Sie wissen, teile ich in puncto Christentum völlig Ihre Anschauungen, was mich aber gar nicht hindert, demselben seine künstlerischen Seiten abzugewinnen." Und im Tagebuch Heinrich Werners mit Datum vom 3. Februar 1895 steht zu lesen: „... Dann kamen wir auf Nietzsche. Wolf sagt, man läßt sich darum von diesem so leicht gewinnen, weil dieser einem alles so klar macht, so deutlich erklärt, so gewinnend spricht, aber man muß alles mit grano salis nehmen. Das letzte Werk Nietzsches, ‚Der Antichrist', sei etwas geradezu das Christentum vernichtendes, etwas dämonisches ..."

Es gab vertraulichen Briefwechsel zwischen Margarethe Klinkkerfuß und Hugo Wolf. Auch dieser fand ein „romantisches" Ende: auf seine Bitte hin waren die Briefe zu vernichten. So wurden sie unter dem Efeuschmuck des Grabes der einst berühmten Mozart-Sängerin Agnes Schebest-Strauss auf dem Hoppenlau-Friedhof in Stuttgart „beigesetzt". Spätere Briefe trugen nur offiziellen Charakter. Und nach diesen Stuttgarter Tagen hat Hugo Wolf Margarethe Klinckerfuß nicht mehr wiedergesehen.

Am 17. Juni 1896 reiste Wolf von Stuttgart ab. Über München und Salzburg gelangte er zunächst nach Traunkirchen, wo er eine Woche lang bei den Köcherts blieb; ab 24. Juni fand er für die letzten Tage vor dem Einzug in seine Wiener Wohnung bei den Mayreders Unterkunft.

Ab 4. Juli 1896 — sein Aufenthalt im ersten und letzten eigenen Heim sollte mit kurzen Ferienunterbrechungen nur 15 Monate dauern — hieß nun die Adresse: Wien IV, Schwindgasse 3, V. Stock. Selbstverständlich hatten wieder die Freunde finanziell geholfen, den Einzug in die Wohnung zu ermöglichen. Aus den Briefen wissen wir genau Bescheid. Der Blick ging von der Rückseite des Hauses auf den Hof und Garten. Das Eingangszimmer, zugleich der größte Raum dieser Wohnung, blieb zunächst völlig leer. (Wolf: „Das wird einmal mein Empfangszimmer für die Operndirektoren, die sich hier zusammendrängen werden, um meinen ‚Corregidor' zu erwerben.") Wiederholt sind Photographien vom zweiten Zimmer, dem Arbeitsraum, veröffentlicht worden: der alte Kirschholz-Bösendorfer-Flügel beherrscht, an der Wand stehend, den Raum. Daneben ist ein Bücherschrank zu sehen: Goethe und Schiller, Shakespeare, Mörike, die gesammelten Schriften Richard Wagners dominierten; die Partitursammlung setzte sich aus Ausgaben von Beethoven, Weber, Berlioz, Wagner, Liszt und Bruckner zusammen und nahm den unteren Teil des Schrankes ein. Nahe dem Fenster stand ein großer Schreibtisch; Karl von Holtei, der Dichter, Großvater Potpeschniggs, hatte ihn früher einmal besessen. Vor dem Schreibtisch ein rotgestrichener Rohrfauteuil mit Lederkissen, daneben ein japanisches Tischchen. Gegenüber dem Flügel ist ein (von Frau Mayreder gestifteter) Diwan zu sehen, ein Perserteppich, Frau Melanie zu danken, bedeckt den Boden. An den Wänden hingen zwei Drucke Böcklinscher Bilder, ein Beethoven-Bildnis, ein Aquarell, das Rosa Mayreder gemalt hatte, zwei humoristische Zeichnungen Anton Katzers, des Freundes und Schulkameraden Edmund Langs, die Episoden aus Wolfs Leben zum Thema hatten, ein Theaterzettel der ‚Corregidor'-Premiere, geschmückt mit einem Lorbeerkranz. Auf dem Schreibtisch ein Bild Richard Wagners. Im Schlafzimmer stand ein Eisenbett, eine Kommode und die Kautschukbadewanne. Für die Küche hatte Frau Köchert Gerät und Waschgarnitur besorgt; dort waren auch Wolfs Kisten und Koffer verstaut.

Von Luxus also keine Spur; Wolf blieb von diesem ruhigen, freundlichen, sonnigen Heim hingerissen: „Endlich darf ich ganz für mich allein sein, darf walten und schalten ganz nach meinem Belieben. Das Gefühl dieser absoluten Freiheit und Unabhängigkeit berauscht mich förmlich. Ich möchte oft vor Entzücken darüber laut aufschreien. Mein Leben jetzt gleicht einem wunderbar schönen Morgentraum." Freilich gab es auch bald Schwierigkeiten: Ungeziefer mußte vertilgt, Hohlräume in den Wänden zum Nachbar zugemauert werden, eine lärmende

Familie im 3. Stock wurde auf Wolfs Betreiben ausquartiert, Freund Larisch zog an ihrer Stelle ein.

Hier und von 4. bis 16. August auf Schloß Matzen gab es für Wolf viel anstrengende Korrekturarbeit für die Partitur des „Corregidor". Wolf hatte sich zunächst zu zwei kleineren Strichen im vierten Akt entschieden. Dann mußten die Orchesterstimmen kollationiert und für den Lithographen arbeitsfertig gemacht werden. Zusammen mit Wolf waren auch die Freunde Faisst, Paul Müller und Kauffmanns Sohn Max bei Lipperheides einquartiert; Potpeschnigg und seine Familie wohnten im nahen Brixlegg.

Eine Schlechtwetterperiode verleidete Wolf das Bleiben. Also machte er sich mit Potpeschnigg zu einer kleinen Reise nach Graz auf, unterbrach in Toblach, besuchte am 17. und 18. August Cortina, blieb für einen Tag am Wörthersee und kam am 20. in Graz an. Im Prolog zu der Ausgabe von Wolfs Briefen an Potpeschnigg finden sich viele Episoden dieser Reise erzählt. Das wichtigste musikalische Ereignis war für Wolf die Bekanntschaft mit der neapolitanischen Volksmelodie „Funiculí, funiculá", die zwei Italiener mit Begleitung von Gitarre und Mandoline in einem Gasthaus sangen. Wolf konnte sich einfach nicht beruhigen. Das Lied wurde sein „Morgen- und Abendgebet". Das tragische Ereignis dieser Reise: Wolf kam während der Bahnfahrt ein Rußkorn ins Auge, Potpeschnigg brachte ihn in Graz zu dem Spezialisten Dr. Elschnig, und dieser stellte bei dem Patienten Pupillenstarre, ein Symptom beginnender Paralyse, fest . . .

Wolf blieb bei Potpeschnigg in Graz bis 1. September, beide waren mit der Einrichtung und Korrektur des Stimmenmaterials überbeschäftigt. In Wien ging für Wolf diese nerventötende Arbeit das nächste Vierteljahr weiter. Eine neue Freundschaftsbeziehung bahnte sich im September 1896 mit dem Münchner Historiker Karl Mayr an; seine Braut Clementine Schönfield hat als Interpretin von Wolfs Liedern — in der Schwindgasse hörte unser Komponist anläßlich ihres Besuches zum ersten Mal das geistliche spanische Lied „Herr, was trägt der Boden hier" aus Sängermund — viel zu deren Verbreitung beigetragen.

Am 12. September starb Baronin Lipperheide. Wolf war tief getroffen und betrat seither niemals mehr Schloß Matzen. Anton Bruckner war nach langer Krankheit am 11. Oktober gestorben, am 13. fand das solenne Begräbnis statt (Wien hat seit eh und je besondere Vorliebe für eine „schöne Leich'"). Wolf wies man am Eingang der Karlskirche zurück, weil er sich nicht als Mitglied des Singvereins der Gesellschaft der Musikfreunde (!) ausweisen konnte. Laut Paul Müller war Bruckner für Hugo Wolf „der einzige unter den Lebenden, vor dem ich mich beuge" geworden.

Schon seit seiner Rückkehr nach Wien hatte ihn Robert Reinicks Gedicht „Morgenstimmung" immer wieder beschäftigt. Nun war es am 23. Oktober soweit: die Niederschrift der Komposition wurde vollzogen. Das positiv-optimistische Werk in E-Dur ist typischer Wolf im Einleitungsrezitativ, in der Modulationsfreude, in der Verwendung des Tremolos in der rechten Klavierhand (eine Orchesterwirkung, die ihm gerne angekreidet wird), im triumphalen Schluß („Herr, laß uns kämpfen, laß uns siegen!") und im jubelnden Nachspiel. Trotzdem steht es heute relativ selten auf den Programmen, weil „Kampf" und „Sieg" noch immer nicht abstrakt verstanden werden können, sondern den Zuhörer stets an den unseligen Krieg gemahnen, der allerorten heute noch so oder so geführt wird. Zusammen mit diesem neuen Werk publizierte Wolf die beiden anderen Reinick-Lieder, das „Gesellenlied", das in Perchtoldsdorf, noch vor den Mörike-Liedern, am 24. Januar 1888 entstanden war und wie aus einem Guß wirkt, wo immer sein helles C-Dur mit der zwingenden Diktion aufklingt, und „Skolie", das — wie wir uns erinnern — in Rinnbach-Ebensee am 1. August 1889 knapp vor Ende der Komposition des „Spanischen Liederbuches" geschrieben wurde und in seiner Lebhaftigkeit und Feurigkeit ganz dem Bild entspricht, das wir uns von Ferdinand Jäger, dem Widmungsträger dieser drei prächtig zueinander passenden, obwohl verschiedenen Lebensstadien entsprossenen Lieder machen. Gleichzeitig kamen bei Heckel auch die drei Ibsen-Gesänge aus dem „Fest auf Solhaug" heraus; Wolf hatte das erste Lied des Gudmund verändert.

Wolfs Denken und somit auch sein Briefwechsel ist weithin beherrscht von den Aufführungshoffnungen des „Corregidor" in Wien und Berlin; Prag hatte sich trotz angestrengter Propagandaarbeit Franz Schalks zerschlagen, weil Wolf einfach auf wichtige Briefe nicht antwortete. Potpeschnigg versuchte, Muck in Berlin und Wolf wieder zu versöhnen, wohingegen Wolf immer wieder den Kontakt mit der Hofoper in Wien suchte. Der Plan, den „Corregidor" für zwei Wohltätigkeitsveranstaltungen am Wiener Volkstheater herauszubringen, ließ sich trotz erheblichen Interesses so wichtiger Familien wie der Kielmanseggs und der Wilczeks nicht realisieren. Schließlich gelang es Wolf, die Oper am 19. Dezember 1896 dem Hofkapellmeister Fuchs (den er in seinen „Salonblatt"-Kritiken gerne ein „Metronom" genannt hatte!) vorzuspielen. Fuchs schlug weitere, umfangreiche Kürzungen vor, äußerte sich vorsichtig, er würde das Werk seinem Direktor Jahn empfehlen, wenn sich Wolf entschlösse, den gesamten zweiten Teil des 4. Aktes neu zu komponieren und den dritten Akt ausführlicher einzuleiten. Wolf nahm sich überraschenderweise die Einwände zu Herzen, begann mit der Komposition eines neuen Vorspiels zum dritten Akt und bat Frau Mayreder, der Meinung Fuchs' entsprechend das Libretto abzuändern.

Neue Opernpläne wurden nebenher erwogen. „Maria Schweidler, die Bernsteinhexe" war schon ad acta gelegt, ein eigenständiges Opernlibretto Rosa Mayreders, „Eldas Untergang", verworfen worden. Rosa Mayreder unterzog sich nun der mühsamen Arbeit einer neuen Fassung des „Manuel Venegas", von dem Wolf nicht ablassen wollte. Sie hatte als Ersatz Gerhart Hauptmanns „Versunkene Glocke" vorgeschlagen, die Wolf sehr gefiel; es schien jedoch sicher, daß man den Dichter keineswegs von der Notwendigkeit, aus seinem Drama eine Oper zu machen, überzeugen könne. So verlief auch dieser Plan im Sande.

Unter den vielen Weihnachtsgeschenken fand sich — von Paul Müller gesandt — ein Buch mit Michelangelo-Gedichten, ins Deutsche übertragen von Walter Robert-Tornow, an denen Wolf sofort Gefallen fand. Vorläufig aber war er kompositorisch noch anderweitig beschäftigt: Byrons Gedichte in der Übersetzung von Otto Gildemeister hatten ihn in ihren Bann gezogen: „Keine gleicht von allen Schönen" war am 18. Dezember begonnen worden und wurde, wie wir mit aller Wahrscheinlichkeit annehmen können, am Christtag 1896 vollendet. Die Komposition von „Sonne der Schlummerlosen", am 29. Dezember begonnen, wurde am letzten Tag des Jahres zum Abschluß gebracht. Bald darauf kamen die beiden Lieder zusammen mit „Wo wird einst“ nach Heine, das in Perchtoldsdorf bereits 1888 (am 24. Januar) entstanden war, und dem „Lied des transferierten Zettel“ (nach der Schlegel-Übersetzung des „Sommernachtstraumes“ von Shakespeare am 11. Mai 1889 ebenfalls in Perchtoldsdorf komponiert) unter dem Titel „Vier Gedichte nach Heine, Shakespeare und Lord Byron“ im Verlag Heckel heraus.

Loewe und Mendelssohn, und auch Schumann hatten bereits „Sonne der Schlummerlosen“ vertont, freilich hatte jeder der Tondichter (auch Wolf) eine andere Übersetzung gewählt. Hugo Wolfs Vertonung ist — so würden die Stilisten unter den Analytikern sagen — „früher Impressionismus“, erweist höchste Meisterschaft in der Stimmführung, in der Façon der harmonischen Wirkung, im Spannungsrhythmus. Daß es so selten öffentlich interpretiert wird, hat wohl seinen Grund in der Exklusivität des Fühlens und Denkens, in der vom Realen dieser Welt völlig freien Abgeschlossenheit, wie sie beispielsweise auch in Robert Schumanns letztem Lied „Der Wagen rollt langsam“ (nach Heine) erreicht ist. Wagnerisch in der Stimmung tönt dagegen „Keine gleicht von allen Schönen, Zauberhafte, dir!“ Diese Komposition hat wohl einen überzeugenden Anfang, eine harmonische Wandelbarkeit, die den Zuhörer fesselt, aber einen alles offen lassenden Schluß für den Sänger; auch die H-Dur-„Heimkehr“ der abschließenden Klaviertakte kann die Sachlage nicht positiv korrigieren. Der akkordisch begleitete Heine-Monolog „Wo wird einst des Wandermüden letzte Ruhestätte sein“, der zwischen F- und As-Dur pendelt, paßt in seiner introvertierten Stimmung prachtvoll als Prolog, der groteske Shakespeare-Gesang bleibt innerhalb dieser Reihe, so gekonnt er musikalisch formuliert ist, ein Fremdkörper.

„ALLES ENDET, WAS ENTSTEHET“
Michelangelo-Gedichte 1897

„Bedeutender erscheint mir . . das zweite Gedicht zu sein, das ich für das Beste halte, was ich bis jetzt gestümpert habe . . . Wenn Du vor Ergriffenheit dabei nicht Deinen Verstand verlierst, so hast Du nie einen besessen. Es ist wahrlich, um dabei verrückt zu werden, dabei von einer verblüffenden, wahrhaft antiken Einfachheit. Na, Du wirst Augen machen! Ich fürchte mich förmlich vor dieser Komposition, weil mir dabei um meinen Verstand bange wird. So gemeinschädliche und lebensgefährliche Dinger produziere ich jetzt . . .“

Hugo Wolf an Oskar Grohe (1897)

Am 11. Januar 1897 hatte Hugo Wolf — gerade mit der erweiterten Orchestereinteilung zum dritten Akt des „Corregidor“ beschäftigt — den revidierten Text für den vierten Akt von Frau Mayreder erhalten. Er mußte fünfzehn Seiten des fertig ausgedruckten Klavierauszuges opfern, begann die neue Variante am 26. Januar und vollendete sie am 19. Februar. Handlungsmäßig änderte sich der „Corregidor“ nur insoweit, als in der neukomponierten Version Lukas verhaftet und ins Gefängnis abtransportiert wird; beim Läuten der Morgenglocken kommt Donna Mercedes auf die Idee, die ganze Sache dem Bischof zu unterbreiten — worauf der verängstigte Corregidor Lukas freigibt. Erneut wurde auf das theatralische Ereignis an sich verzichtet. Wolf setzte alle Hoffnungen in die Zukunft, daß sie die erste Fassung vorziehen werde. Waren an die Stelle der ursprünglich 5 Takte in der Einleitung zum dritten Akt 52 getreten, so umfaßte die Variante für den Schlußakt neue 64 Takte. Schließlich änderte Hugo Wolf noch den Schluß des ersten Aktes ab und zog ein Idyll dem bisherigen Pomp vor. Die Aussichten, daß sich die Wiener Hofoper des „Corregidors“ annähme, blieben die gleich schlechten wie früher.

Zum letzten Mal erschien Wolf am 22. Februar — genau sechs Jahre vor seinem Tod — auf einem Konzertpodium. Er begleitete im Bösendorfer-Saal in Wien Freund Jäger und Sophie Chotek, die für die verhinderte Hermine Bosetti — sie hatte vom Direktor des Konservatoriums keine Bewilligung für diesen Auftritt erhalten — eingesprungen war. Es stand als Hauptwerk die Folge der Hatem-Suleika-Lieder aus dem Goethe-Band auf dem Programm. Die Sänger waren blendend disponiert, der Saal war gut besucht, mehr als die Hälfte der Lieder mußte wiederholt werden. Jäger sang dann auch die fürs Publikum neue „Morgenstimmung", erhielt stärksten Beifall; sogar Wolf erhob sich — mitten in der Liedgruppe! — und dankte durch Verbeugen für den Applaus. Finanziell blieb wider Erwarten die schöne Summe von 140 Gulden übrig.

Nach dem Konzert kam es zu den ersten Gesprächskontakten mit Michael Haberlandt, seines Zeichens Kurator des Naturhistorischen Museums in Wien, Professor für Sanskrit an der Universität, Ethnologe und Schriftsteller, und Walter Bokmayer, dem Fabrikanten aus Mödling, der sich als Amateurtenor betätigte und geschmackvolle Wolf-Programme zusammenzustellen wußte. Am Vorabend des 37. Geburtstages von Hugo Wolf, am 12. März 1897, versammelten sich die Freunde um ihn, um die neue Bearbeitung des „Corregidor" von A bis Z zu hören. Da waren die Ehepaare Mayreder, Lang, Haberlandt, sowie Joseph Schalk, Heinrich Werner und Richard Hirsch zusammengekommen. In Wolfs Stammwirtshaus „Zum braunen Hirschen" wurde der Abend, an dem der Komponist nach eigenen Worten „famos bei Stimme" war, fröhlich abgeschlossen. Am 13. März ward Wolf „von allen Seiten mit Blumen nur so bombardiert", Geschenke und Glückwunschschreiben aus nah und fern gaben unserem Komponisten ein wolkenloses Glücksgefühl.

Ein neues Opernprojekt schob sich für einige Zeit in den Vordergrund: Kleists „Amphitryon". „Das ist ein idealer Stoff, die wahre ‚göttliche Komödie'! Ich habe letzthin dieses Wunderwerk neuerdings wieder gelesen und war mehr denn je davon hingerissen. Am liebsten würde ich mich gleich an den ‚Amphitryon' machen." So heißt es in einem Brief Wolfs an Grohe. Da kam der vollständige erste Akt „Manuel Venegas" aus dem Mayreder-Haus, und alle anderen Ideen und Projekte waren verflogen: „Dieser 1. Akt ist über alle Maßen herrlich gelungen, und zwar in jeder Hinsicht. Exposition, Aufbau,

Sprache, bis auf einige Trivialitäten, die ausgemerzt wurden, alles entzückend und wirklich sublim ..." So steht es in einem der nächsten Briefe an Grohe.

Während nun Wolf ungeduldig auf das ganze Libretto von Rosa Mayreder wartete („Wenn die zwei folgenden Akte das halten, was der erste Akt verspricht, so ist seit Wagner nichts Ähnliches dagewesen. Die Mine ist gelegt, das Gewitter im Anzug. Nun mag's losgehen!" berichtet er Heckel nach Mannheim), schrieb er in der zweiten Märzhälfte die drei Michelangelo-Lieder nieder, die uns seinen lyrischen Schwanengesang bedeuten. Seit Weihnachten 1896 hatte ihn der Gedichtband gefesselt, nun — in der zweiten Märzhälfte 1897 — war es soweit, das musikalische Erlebnis von vier dieser Gedichte niederzuschreiben. (Das vierte hieß „Irdische und himmlische Liebe", hatte mit den Worten „Zur Schönheit meine Blicke suchend gleiten" begonnen; Wolf sprach von dieser Komposition noch in einem Schreiben an Paul Müller vom 6. April 1897 und hat es, weil er es unzulänglich fand, später vernichtet.) Edmund Hellmer hat Wolf einmal gefragt, was ihn veranlaßt hätte, diese Tongedichte einer tiefen Stimme anzuvertrauen; des Komponisten Erwiderung lautete: „Selbstverständlich muß ein Bildhauer Baß singen."

Der alternde, zurückschauende Meister stand Wolf vor Augen, als er am 18. März die 22 Vierverteltakte („Ziemlich getragen, schwermüthig") zum Poem „Wohl denk' ich oft an mein vergang'nes Leben" — diese Stanze heißt im Original „I'vo pensando al mio viver di prima" — niederschrieb. Wolf hat in einem Brief an Grohe das Lied selbst kommentiert: „Die Musik dazu, welche mit einer schwermüthigen Einleitung beginnt und diesen Ton bis zu den letzten Versen festhält, nimmt unversehens einen strammen Charakter an (entwickelt aus dem vergangenen Motiv) und schließt mit triumphalen Fanfaren, gleichsam einem Tusch, den ihm die huldigenden Zeitgenossen brachten, g-moll wandelt sich zur G-Dur, festlich ab." Wie schreit dieser Klaviersatz nach einer Orchesterpartitur! Selbstüberzeugung spricht aus der strengen, einfach-lapidaren Vertonung. Das, was Wolf „antik" nennt, ist die Klarheit der musikalischen Sprache, der weite melodische Bogen, die „Stimmigkeit" des auch harmonisch fesselnden Kontrapunktes der Gegenmelodie im Klavier, das ruhige Schreiten der Bässe.

„Alla sua donna" — „Seiner Herrin Vittoria Collona" hatte Michelangelo diese Stanze gewidmet.

Das zweite von Hugo Wolf ausgewählte Gedicht, „Alles endet, was entsteht", ist eine Kanzone, der Gesang der Toten (Canto di Morti), das Fragment einer Ballade: „Chiunche nascie a morte arriva". „Langsam und getragen" umfaßt es 45 Viervierteltakte. Der Komponist, dessen Worte zu Grohe über diese Vertonung Motto dieses Kapitels sind, hat einmal an Kauffmann als oberstes Prinzip seiner Kunstauffassung die „strenge, herbe, unerbittliche Wahrheit — Wahrheit bis zur Grausamkeit" genannt. Die harte Aussage im Angesicht der Ewigkeit mildert sich im Rückblick auf das Irdische („Menschen waren wir ja auch") aber das E-Dur dieses Sonnenstrahls verfliegt und wendet sich wieder dem cis-Moll zu, das die Ermüdung durch dieses Leben schildert. Ursprünglich wollte Wolf diesem Lied den Titel „Vanitas vanitatum" geben.

„Fühlt meine Seele das ersehnte Licht von Gott" gilt den Biographen Wolfs von Decsey über Alfred Orel bis Walker nicht so viel. Für mich ist es der ideale Abgesang, die Widmung an die Frau, an die ewige „Peregrina" Wolfs, die man nicht halten kann, die man ersehnt und der die Widmung gilt: „Mich treibt ein Ja und ein Nein, ein Süß und Herbe, darin sind, Herrin, Deine Augen schuld." Vorbei ist's mit der männlichen Zucht und Strenge, die dreiteilige Auftaktigkeit von „Ist es ein Klang, ein mit dem spannungsgeladenen „Sag mir, wie ich's erwerbe" im das Antlitz des Liebenden. Die Milde der musikalischen Diktion, Traumgesicht" enthüllt uns das wahre Gesicht des Philosophen: Mittelpunkt, greift ans Herz. Von e-Moll wendet sich die Komposition zweimal nach E-Dur und verharrt darin im Klaviernachspiel. Ein Reger, Marx, Schreker von heute müßte diese drei Gesänge orchestrieren — die Orchesterlied-Literatur wäre um eine Kostbarkeit reicher, neues Publikum fände sich für Hugo Wolf! Gemeinsam mit Kim Borg habe ich diesen Schwanengesang des Meisters — wahrhaft eine schwere Kost für ferne Länder — auch in Neuseeland und Südafrika auf Tourneen interpretiert; das seelische Echo bei der jeweiligen Zuhörerschaft war überaus stark.

Sechs Gedichte Michelangelos wollte Wolf vertonen, bei diesen dreien ist es geblieben. Sie ergeben in Einheit und Kontrast ein in sich geschlossenes Ganzes.

Wolf hatte dieses sein letztes Liederwerk in der Wohnung in der Schwindgasse geschrieben; plötzlich überfiel ihn Frühlingssehnsucht nach Perchtoldsdorf, dort hielt es ihn aber des schlechten Wetters und der primitiven Lebensweise wegen nur einen Tag, den 7. April, und er kehrte wieder nach Wien zurück. Zudem hatten die Humperdincks ihren Besuch, auf dem Weg nach Budapest, angekündigt. Am 9. April führte Wolf den Komponisten und seine Gattin zunächst ins Kunsthistorische Museum und hernach zum Mittagessen in ein Restaurant. Hier zeigte unser Komponist seltsame Allüren: er wechselte immer wieder seinen Platz, ängstlich, gesehen zu werden, war gereizt und schlechtester Laune. Um fünf Uhr nachmittags spielte Wolf den Humperdincks und seinem Freunde Richard Wallaschek den „Corregidor" vor. Humperdinck mußte nach dem Anhören der beiden ersten Akte davoneilen; Wolf, versprechend, die beiden Schlußakte seinen Gästen nach ihrer Rückkehr aus Budapest vorzuführen, begleitete sie wohl zum Wagen, wandte sich jedoch um und eilte davon, ohne sich zu verabschieden. Fünf Tage später war er „nicht zu Hause", als sich die Humperdincks wieder meldeten. Sein Brief an Kauffmann vom 10. April enthüllt uns den verärgerten, ja auch eifersüchtigen Hugo Wolf: „Wir kamen über ein Drittel der Oper nicht hinaus, da mich seine gänzliche Interesselosigkeit gewaltig verschnupfte. Nun, ich finde es einerseits ganz begreiflich, daß ein Komponist, der das Repertoire sämtlicher Drehorgeln bereichert, für den vornehmeren Ton der Musik eines anderen kein Ohr mehr hat, anderseits berührt es mich doch höchst traurig, wenn derlei musizierende Schwarmgeister als berufenste Nachfolger Wagners in der Welt ausposaunt werden . . ." Humperdinck dagegen hat Decsey von dem „großen Eindruck" erzählt, den die Musik auf ihn gemacht habe; in seinem Tagebuch schließlich finden wir vermerkt, daß er an jenem Abend des 9. April die Burgtheater-Aufführung von Gerhart Hauptmanns „Die versunkene Glocke" besuchte, die um 19 Uhr begann.

Zu Ostern kam Paul Müller, der Initiator des Hugo-Wolf-Vereins in Berlin, zu Besuch in die Schwindgasse. Er schildert in seinen Erinnerungen, wie rührend Hugo Wolf für seine Bequemlichkeit sorgte, berichtet über Meinungen Wolfs: „Tristan und Isolde" bedeutete für ihn den Höhepunkt im Schaffen Wagners, von Schubert könnte die Hälfte der 600 Lieder vernichtet werden, ohne daß die Welt ärmer würde, von Schumann würden zwei Drittel seines Liedschaffens bleiben, Cornelius schätzte er als Librettist der eigenen Opern, von Robert Franz ließ er nur die „Gewitternacht“ gelten. In der Abneigung Wolfs gegen Storm und Raabe glaubte Müller den Schlüssel zu dessen Anti-Brahms-Einstellung gefunden zu haben: in der stets präsenten Abneigung zwischen Süd- und Norddeutschen, und erzählte stolz, daß „Wolf Selbständigkeit und Aufrichtigkeit durchaus zu schätzen“ wußte. Dagegen spricht der Inhalt eines Briefes Wolfs an Faisst (der sich kurz vorher mit Müller zerstritten hatte) in folgendem Passus: „. . . Paul Müller, der vier Tage mein Gast war, ist glücklicherweise wieder abgedampft. Ich muß Dir gestehen, daß Müller bei näherer Bekanntschaft sehr verliert. Ich vermißte bei ihm namentlich das Persönliche. Er ist doch nur ganz Durchschnittsmensch, wie solche zu Tausenden herumlaufen. Der Mangel an Feingefühl macht sich doch zu empfindlich bemerkbar. Auch sein geistiger Horizont scheint ziemlich beschränkt zu sein. Kurz, ich war stark enttäuscht und ernüchtert, also wieder um eine Illusion ärmer geworden. Vanitas vanitatum!“

Im April wurden die Einladungen zur Gründungsversammlung des von Haberlandt initiierten Hugo-Wolf-Vereines abgesandt; am 14. Mai konnte die erste Versammlung des hundert Mitglieder zählenden neuen Verbandes abgehalten werden. Haberlandt wurde erwartungsgemäß zum Obmann gewählt, Dr. Robert Steinhauser zu seinem Stellvertreter, Gustav Schur zum Kassier und Heinrich Werner zum Sekretär. Die weiteren Vorstandsmitglieder hießen Hellmer, Larisch und Karl Mayreder. Fünf Gulden betrug der jährliche Mitgliedsbeitrag, Stifter hatten mindestens 50 Gulden zu erlegen. Unter ihnen befanden sich Grohe, Hildebrandt, Anna Reiß (eine alte Dame, bei der Wolf in Mannheim zu Gast gewesen war), Johanna Steinhauser, Bokmayer, Baron Lipperheide, Henriette Faisst und Franz Edler von Wertheim. Frau Reiß widmete von nun an 200 Gulden jährlich dem Lebensunterhalt Hugo Wolfs, ohne daß der Komponist ihren Namen erfuhr. Er bestätigte bei Larisch den Empfang von vierteljährlich 50 Gulden mit der Floskel: „Von mir unbekannter Seite erhalten.“

Ursprünglich hatte sich Wolf über einzelne Personen lustig gemacht, die zum Beitritt aufgefordert wurden. Haberlandt ließ ihn nicht dreinreden.

Die Interpreten im ersten Konzert des neuen Vereins waren Sophie Chotek, Hermine Bosetti, Ferdinand Jäger junior, der Sohn des Wolf-Sängers (dieser war nun schon alt geworden und wollte den Erfolg des Konzertes durch mangelnde Stimmdisposition nicht gefährden), und Ferdinand Foll am Flügel, der unermüdlich auch später für den Verein und seine Ziele tätig blieb. Der Abend hatte großen Erfolg, Hugo Wolf kam erst zur kleinen Feier nachher ins Pschorrbräu; man konnte ihm die Freude über das Funktionieren der neuen Vereinigung durchaus anmerken. Der Hugo-Wolf-Verein war gerade im rechten Augenblick gegründet worden: wenige Monate später hatte der Verein das Ordnen aller Angelegenheiten des kranken Komponisten vorzunehmen. Auf Grund einer außerordentlichen Gerichtsentscheidung wurde später (von Wolfs Familie nicht unangefochten) das Verlagsrecht aller posthumen Veröffentlichungen von Kompositionen und Briefen des Komponisten dem Hugo-Wolf-Verein zugesprochen. Nach Auflösung wegen Erfüllung seiner Aufgaben im Dezember 1905 fielen diese Rechte an den Wagner-Verein, aus dessen Schoß ja die Wolf-Vereinigung hervorgegangen war. Während seines achtjährigen Bestehens veranstaltete der Wiener Hugo-Wolf-Verein sechsundzwanzig öffentliche Konzerte.

„MANUEL VENEGAS"
Das Opern-Fragment 1897

> „Gestern nachmittags den ganzen Monolog des Manuel in einem Zug aufgeschrieben ... Rufe für den nächsten Sonntag alle Getreuen unter die Fahne. Ich werde aus der neuen Oper vorspielen."
>
> Hugo Wolf an Haberlandt (15. September 1897)

Kurz nach Beendigung der Niederschrift der Michelangelo-Gesänge in Wien, noch bevor es Wolf sehnsuchtsvoll nach Perchtoldsdorf hinauszog, hatte Johannes Brahms am 3. April seine Augen für immer geschlossen. Drei Tage nach Gustav Mahlers entscheidendem Dirigentengastspiel in der Hofoper („Lohengrin" am 11. Mai 1897) hatte die erste Versammlung des Hugo-Wolf-Vereines stattgefunden. Und am 1. Juni kam es zur entscheidenden Besprechung Wolfs mit Moritz Hoernes, dem Freunde Haberlandts, der es übernommen hatte, an Stelle des ungenügenden Libretto-Entwurfes von Rosa Mayreder (die ihr Buch Anfang Mai fertiggestellt hatte, das Wolf anfänglich befriedigte, bis er sich der negativen Meinung der Freunde Kauffmann, Grohe, Heckel und Karl Mayr anschloß) zunächst ein Szenarium zu entwerfen. Mit Wirkung vom 1. Juni wurde Gustav Mahler an die Wiener Hofoper berufen. Bereits am 4. Juni schrieb Hugo Wolf seiner Mutter, das bereits gelieferte Szenarium sei ganz ausgezeichnet. Zu dieser Zeit revidierte unser Komponist die Partitur von „Dem Vaterland", nahm auch für die neue Auflage der Goethe-Lieder nicht unwichtige Veränderungen in dem großen Mignon-Lied und in „Grenzen der Menschheit" vor — hier wurden die Phrasen „Nirgends haften die unsichern Sohlen" sowie „Und viele Geschlechter reihen sich dauernd" umgeformt.

Nun, nach Gustav Mahlers Berufung an die Hofoper, wuchsen erneut Wolfs Hoffnungen auf eine Aufführung des „Corregidor" in Wien. Wenn es stimmt, was Wolf an seine Mutter schrieb: „Ich habe heute" (4. Juni) „die bestimmte Zusicherung von dem neuen Kapellmeister Mahler (ein alter Freund von mir) erhalten. Mahler ist jetzt der Allmächtige in der Wiener Oper. Er selbst wird mein Werk einstudieren und dirigieren, was mir umso erwünschter ist, da Mahler, wie kein Anderer, berufen ist, auf meine Intentionen einzugehen", dann hatte er an diesem Tag ein positives Gespräch mit seinem einstigen Studienfreund geführt, auf das er sich später auch in Briefen an Faisst und Potpeschnigg bezieht. Aussprüche Mahlers wie der zu Oskar Fried „Von den tausenden Liedern von Wolf kenne ich nur 344, aber die gefallen mir nicht", deuten zwar beileibe nicht auf einen Einklang der Seelen (der war vielleicht auf der Basis gemeinsamer Richard-Wagner-Verehrung vor bald zwanzig Jahren gegeben), aber die Premiere des „Corregidor" 1904 hat dann immerhin die Loyalität des Komponisten-Dirigenten gegenüber Wolf, über dessen Tod hinaus, bewiesen.

Wieder ein neues Anzeichen von Wolfs sich der Entscheidung näherndem Krankheitszustand: er hatte im Juni 1897 das Radfahren zu erlernen versucht, doch stürzte er immer häufiger — daß er sich „förmlich tätowiert mit Beulen und Abschürfungen" beschrieb — infolge von Gleichgewichtsstörungen. Bleierne Schwere und Müdigkeit überfielen ihn immer wieder, und er klagte zudem über furchtbare Träume.

Haberlandt überbrachte Wolf am 8. Juli Hoernes' fertiges „Manuel Venegas"-Libretto. Wolf las es auf der Terrasse von Haberlandts Haus in Perchtoldsdorf und war beim Lesen kritiklos ergriffen. Tags darauf teilte er brieflich Hoernes seine Begeisterung über die Dramatik und Poesie der Gestaltung mit.

Nur wenige Tage hielt es Wolf diesmal im Köchertschen Landhaus in Traunkirchen. In der letzten Woche des Juli kehrte er nach Wien zurück und begann am 29. die Arbeit an der neuen Oper mit der Niederschrift des „Frühlingschores". Zehn Tage ging alles klaglos, dann versiegte die Inspiration wieder. Immer von neuem schob sich durch das Kollationieren und Korrigieren der Stimmen der „Corregidor" in den Mittelpunkt seines Denkens und Fühlens.

Erst die zweite Septemberwoche brachte die Gnade inspirierter Stunden wieder, den ersten Akt hoffte er in etwa vierzehn Tagen vollenden zu können. Er schloß sich ungeachtet des heißen Sommers in seiner Wohnung ein, arbeitete vom frühen Morgen bis spät in die Nacht hinein, gönnte sich kaum einmal einen Tag Zeit fürs Mittagessen im nahen Gasthof. Freunden verweigerte er den Eintritt oder komplimentierte sie hinaus. Man erzählt heute noch in den Familien seiner Freunde, er habe auch Alkohol konsumiert, um durchzuhalten.

Am 15. September erhielt Haberlandt eine Postkarte von der Hand Wolfs; der Wortlaut der Mitteilung ist diesem Kapitel als Motto vorangestellt. Zwei Tage später kam eine neue Postsendung, bestehend aus einem Blatt Notenpapier mit Bleistiftskizzen, dazu der Kommentar: „Brühwarm! Eben aus der Pfanne! Bin außer mir! Verkauft's mein Gwand! Bin selig! Rase!“ Worauf Haberlandt voll Sorge in die Schwindgasse eilte. Wolf öffnete, führte ihn ins Musikzimmer, redete wirr und nervös, spielte und sang aus dem „Venegas“, Tränen liefen ihm in den Bart und aufs Klavier. Das eigene Musizieren beruhigte ihn endlich. Melanie Köchert erhielt in Traunkirchen zwei Visitenkarten Wolfs mit folgenden Worten: „Wollen Sie nicht auf einen Tag hierher fahren u. sich den Manuel Venegas anhören? Der große Monolog gehört wohl zum Allerinnigsten, was bisher in der Musik geschaffen wurde. Kommen Sie. Aber allein. Bis dahin werde ich bei der 5. Szene, Auftreten des Don Trinidad, angelangt sein. In Eile Ihr H. W. — 15. September 1897. Am Sonntag spiele ich allen Getreuen in Perchtoldsdorf die Oper vor.“

Die andere Karte lautete: „Potpeschnigg verläßt eine todkranke Schwester u. kommt am Sonntag nach Mödling. Wenn Sie sich am selben Tag nicht einfinden, komme ich *nie* mehr in Ihr Haus. Eiligst Ihr Hugo Wolf. Habe soeben das Liebesmotiv erfunden. Ich rase wie ein Vulkan.“

Fünfzig Seiten des Klavierauszuges für den ersten Akt haben sich in der Schwindgasse gefunden. Es sei hier das Vorwort zur Ausgabe des Opernfragments des Hugo-Wolf-Vereines in Wien, datiert vom Oktober 1902, zitiert:

„Mit inniger Wehmut übergibt der Hugo Wolf-Verein in den folgenden Blättern Hugo Wolfs letzte unvollendet gebliebene Schöpfung den Freunden seiner Kunst und der gesamten Öffentlichkeit.

Über der Vertonung der Dichtung: ‚Manuel Venegas‘ ist der Componist im Herbst des Jahres 1897 bekanntlich zusammengebrochen. Schon zur Zeit, als er an seiner ersten Oper ‚Der Corregidor‘ arbeitete (1895), dessen Stoff, wie man weiß, der Novelle des spanischen Dichters Pedro de Alarcon ‚Der Dreispitz' entnommen ist, hatte Hugo Wolf die feste Absicht, ein zweites musikalisch-dramatisches Werk nach desselben Dichters Roman ‚El niño de la bola' — ‚Das Kind mit der Weltkugel' zu schreiben. Die düstere Leidenschaftlichkeit dieses Stoffes und die tragische Schlußwendung hatten tiefen Eindruck auf ihn gemacht. Es galt nur den Bearbeiter zu finden, den geeigneten Gestalter der dichterischen Grundlage zu dem geplanten Werke. Im Jahre 1897 fügte es sich endlich, daß sich in Dr. Moritz Hoernes (Wien) diese Kraft fand. H. Wolf schreibt selbst in einem Brief an seine Mutter darüber: ‚Glücklicherweise habe ich auch schon den Mann gefunden, der diesem gewaltigen Stoff gewachsen zu sein scheint. Es ist Dr. Hoernes, . . . ein Poet comme il faut. Vor der Hand hat er mir ein Scenarium geliefert von ganz exquisiter Art. Wenn die Ausführung nicht dahinter bleibt, bin ich ein gemachter Mann.'

Die Freunde Hugo Wolfs wissen, wie ihn das Ende Juli fertig gewordene Opernbuch im Tiefsten aufwühlte und ergriff. Sofort machte er sich an die Composition, und schon Mitte September hatte der Künstler, nachdem seine Seele fortwährend zwischen schöpferischer Ekstase und tiefster Niedergeschlagenheit auf- und niederstürzte, die größere Hälfte des ersten Aktes componiert und auch die Leitmotive für alle wichtigen Gestalten und Wendungen der dramatischen Handlung erfunden, als er plötzlich in unaufhaltsamer Steigerung seiner schöpferischen Ekstase in unheilbaren Wahnsinn verfiel.

Nicht nur als letzte Schöpfung des Künstlers, sondern weil es dem Urtheil von Kennern ein neues und letztes künstlerisches Aufsteigen des Componisten bedeutet, darf das hinterlassene Fragment ‚Manuel Venegas' der Öffentlichkeit nicht vorenthalten bleiben. Es schließt in herzbewegender Art die kurze Laufbahn eines Künstlers ab, der nie aufgehört hat, mit tiefstem Ernst an sich zu arbeiten und nur am eigenen, inneren Feuer zu früh sich verzehrte."

Das Personenverzeichnis nennt Manuel Venegas, Antonio Arregui, Soledad, Antonios Gemahlin, Maria Perez, Mutter der Soledad, Don Trinidad, Pfarrer an der Kirche Santa Maria de la Cabeza, Carlos, einen alten Hauptmann, Vitriolo, einen Apotheker, Morisco, einen Maultiertreiber, den Majordomus einer frommen Brüderschaft, einen Lehrling des Apothekers, Chorknaben, Mädchen, Ordensbrüder, Büßer, Volk. Als Ort der Handlung ist eine kleine Stadt im südlichen Spanien angegeben, als Zeit zwei Tage der vierziger Jahre des 19. Jahrhunderts.

Manuel Venegas, der Titelheld, ist Sproß eines alten maurischen Fürstengeschlechtes und liebt Soledad, die Tochter eines Wucherers, der einst den Vater Manuels um sein Besitztum gebracht hat. Beim Fest zu Ehren des Jesuskindes, bei dem man sich durch eine wohltätige Spende einen Tanz mit einer der anwesenden Damen erkaufen kann, will sich Manuel der Geliebten unter diesen Voraussetzungen nähern, wird aber von ihrem Vater öffentlich als Bettler und Verschuldeter geschmäht. Er verläßt die Stadt nicht ohne den Schwur, jedem Werber seiner Braut den Tod zu geben. Bei der Heimkehr findet er die Geliebte durch den Zwang ihres Vaters mit dem angesehenen Bürger Antonio Arragui vermählt. Mühevoll beruhigt der Pflegevater Manuels, Pfarrer Trinidad, die Rachelust des jungen Mannes, die Vitriolo, der Hinterlistige, durch neue Intrigen wieder anfacht. Manuel, der Liebe Soledads gewiß, findet sich beim neuerlichen Fest auf dem Tanzplatz ein, bietet hunderttausend Realen für einen Tanz mit ihr, ihr Gatte will ihn verhindern, aber Soledad wirft sich heftig an des Geliebten Brust und wird von ihm in der Umarmung erdrückt, worauf er durch Antonios Messerstich auch selbst dem Tode verfällt. Wir erkennen, das Zeitalter des „Verismo“ ist im Kommen . . .

Der einleitende Frühlingschor gehört zu den schönsten Einfällen Hugo Wolfs. Die Partitur dieses Chores in Wolfs Instrumentation, vollendet von Langer, wurde bei Heckel 1904 veröffentlicht. Das Manuskript der unvollständigen Partitur, vom 6. Januar 1898 datiert, liegt in der Wiener Stadtbibliothek. Walker nennt sie „Wolfs Karfreitagsmusik“. Die folgenden Szenen zwischen Vittorio und Carlos dienen der Information des Hörers über zurückliegende Ereignisse. Auch Morisco ist lebensvoll geschildert, bis der Auftritt des Titelhelden das Klangbild noch verfeinert. Es gibt hier kaum eine kontrapunktische Verwicklung, die Partitur hat Strahlkraft und Durchsichtigkeit; zu Hellmer hat sich Wolf einmal geäußert, er werde diese Oper „wie Mozart“ orchestrieren. Der Stil ist rein diatonisch, eine gewisse Klangaskese, eine bewußte Einfachheit herrscht vor.

„KOMM, O TOD, VON NACHT UMGEBEN ...“
Wahnsinn — Tod 1897—1903

„... Offengestanden graut es mir vor meiner ganzen Vergangenheit, abgesehen die seligen Stunden des Produzierens. Wie froh bin ich, alle meine bisherigen sogenannten ‚Freunde‘ durch mein Unglück losgeworden zu sein. Ach, wie freu ich mich auf mein kommendes Einsiedlerleben! Der Gedanke, ganz allein in der Welt zu stehen, beseligt mich bis zum Schwindel. Keine Enttäuschungen mehr zu erleben, weil ich von der Welt nichts mehr erhoffe, welche Wonne! ...“

Hugo Wolf an Heinrich Potpeschnigg
(Brief aus der Heilanstalt Dr. Svetlins, Dezember 1897)

„... Gott im Himmel möge mir's vergeben, wenn ich je wissentlich gegen ihn gesündigt.“

Hugo Wolf an Edmund Lang
(Brief aus der Niederösterreichischen Landesirrenanstalt am Alsergrund vom Dezember 1899)

Am Mittag des 19. September traf Edmund Hellmer mit Hugo Wolf im Gasthof „Zum braunen Hirschen“ in der Alleegasse zusammen. Unser Komponist schien erregt zu sein, war höchst ungnädig zum Kellner, der ihm das Essen gebracht hatte, aß überaus schnell, beugte sich spontan vor und flüsterte seinem Tischnachbarn zu: „Ich bin Direktor von der Hofoper geworden, wissen Sie's schon?“ Hellmer war ratlos, Ferdinand Foll kam dazu, wurde mit der gleichen Nachricht bedacht. Nach dem Mittagmahl nahm Wolf beide Freunde in seine Wohnung in der Schwindgasse mit, spielte ihnen vor, trug beiden spontan das Du-Wort an, umarmte sie, sprach sprunghaft über Armut, Familie, über Frauen in seinem Leben, kam auf Musik, las den beiden das Gedicht „An Longus“ von Mörike vor, beschloß, es in Musik zu setzen, und entließ deshalb die Gäste.

Am Sonntagmorgen des 20. September hörte Edmund Hellmer, der mit seinen Eltern das Haus gegenüber vom Bahnhof Perchtoldsdorf bewohnte, Hugo Wolf im Garten, ins Gespräch mit seiner (Hellmers) Mutter vertieft; auch ihr berichtete er von seiner Ernennung zum Hofoperndirektor, zog den Entwurf einer langen Rede an das Personal mit der Schlußwendung der Enthebung Gustav Mahlers von seinem Posten hervor, las ihn laut vor — kein Zweifel: Worte und Taten eines Wahnsinnigen.

Später konnte man den Anlaß dieses Ausbruchs der Tragödie rekonstruieren: Wolf hatte Mahler, der (bereits am 21. Juli) sein Amt als Stellvertreter des Direktor Jahn angetreten hatte, in seiner Kanzlei aufgesucht, auf Mahlers Schreibtisch den Klavierauszug von Rubinsteins Oper „Der Dämon“ vorgefunden, abfällige Bemerkungen gemacht und war mit Mahler in heftigen Streit geraten, bei dem Mahler sich abweisend über den „Corregidor“ äußerte und eine Aufführungsmöglichkeit für diese Oper in absehbarer Zeit bezweifelte. (Er hatte bereits vier Erstaufführungen für die Saison 1897/98 gesichert: für den 9. Oktober „Dalibor“ von Smetana, für den 19. November 1897 Tschaikowskijs „Eugen Onegin“, für 22. Januar 1898 Bizets „Djamileh“ und für 23. Februar Leoncavallos „Bohème“.) Erregt und verbittert war Wolf davongestürmt. So machte er sich selbst in seiner Verzweiflung zum Operndirektor und beseitigte damit das einzige Premierenhindernis.

Nun zwang Wolf Hellmer, ihn nach Mauer bei Wien, von Perchtoldsdorf eine Stunde Fußweg entfernt, zu begleiten, um dem Sänger Hermann Winkelmann den Befehl zu geben, am Nachmittag in Bokmayers Haus in Mödling bei der besprochenen Zusammenkunft der Freunde den „Manuel Venegas“ zu singen; Hellmer blieb keine Zeit, wohl aber der Ausweg, Wolf zu bitten, seinen Weg durch den Ort zu nehmen (und nicht wie sonst über die Felder zu wandern). So trafen sie auf dem Marktplatz Haberlandt, der die Situation sofort erfaßte. Er versprach mitzukommen, aber erst nach Verständigung seiner Familie. Während Wolf vor Haberlandts Haus wütend aufstampfte, sorgte dieser für die Verständigung Bokmayers und für Hinzuziehung eines Arztes zur Nachmittagsgesellschaft. Der Spaziergang mit Wolf muß für die beiden Freunde ein seelisches Spießrutenlaufen gewesen sein. Wut und unerschöpfliche Beredsamkeit bestimmten die nächste Stunde, bis sich Wolf in Winkelmanns Haus dem Sänger als dessen neuer Operndirektor vorstellte. Winkelmann war um eine Antwort verlegen, wurde von einem gerade anwesenden Bekannten „zum Telephon gerufen" und kam nicht mehr zurück. Wolfs Entrüstung schlug sich in dem Satz nieder: „Das soll er mir büßen, die erste Bitte seinem Direktor abzuschlagen!" Bald wanderten die drei den Weg zurück zu Haberlandts Haus, wo bereits Heinrich Werner, vorbereitet, auf sie wartete. Wolf herrschte ihn an: „Hast du mir nichts zu sagen?" Werner brachte zunächst kein Wort heraus. Wolf: „Es ist sehr sonderbar, daß man dich erst ermahnen muß, um dir einige Worte herauszupressen. Ihr seid mir schöne Freunde! Wenn man einmal im Leben etwas erreicht, so freuen sie sich gar nicht. Hört mir auf!"

Wolf nahm dann noch eine Mahlzeit ein, fiel todmüde in tiefen Schlaf (er hatte seit der Gasthofbegegnung mit Hellmer und Foll weder gegessen noch geruht), erschien ein paar Stunden später ausgeruht an der Tür zum Garten, wo die Freunde auf ihn warteten, blickte sie zunächst schweigend an, erzählte mit leiser Stimme von einem wunderschönen Traum, ging plötzlich auf den Neuankömmling Hoernes zu und fragte ihn lachend: „No, was sagst? Hast schon g'hört?" und schwelgte in Zukunftsbildern: er würde nun Mutter und Schwestern in ihrem freudlosen Leben trösten können, alle Freunde sollten mit Stellen an der Hofoper für ihre Treue belohnt werden; einem (sicherlich Franz Schalk, dem späteren Operndirektor) hielt er eine Kapellmeisterstelle offen, an Heinrich Werner hatte er, wohl „strafweise", nur einen Statistenposten zu vergeben. Er drängte zum Aufbruch, stand doch die neue Oper in Bokmayers Mödlinger Haus auf dem Programm dieses Sonntagsnachmittags.

Gegen fünf Uhr trafen sie ein, schon ängstlich erwartet. Wolf las zunächst vor, ekstatisch, mit lebhafter Geste, bestand plötzlich darauf, daß eine Dame, die ihn nicht freundlich genug begrüßt habe, das Zimmer verlasse, wunderte sich über die Abwesenheit Winkelmanns („Also kommt er wirklich nicht, warte! warte! — Winkelmann ist entlassen!"), setzte sich dann im festlich geschmückten Klavierzimmer ans Klavier, die Freunde nahmen wie stets im Kreise um ihn Platz, er spielte den „Venegas" vor, sang, wiederholte, kommentierte, fand kein Wort der Erklärung für den plötzlichen Abbruch der Komposition, schlug das „Meistersinger"-Vorspiel an, brach aus Gedächtnisschwäche ab, verkündete seinen neuen „Lebensauftrag", sprach die Entlassung der Feinde (Mahlers und Winkelmanns vor allem) aus und die Anstellung der Freunde, wechselte auf

Episoden mit Poldi, seiner „Haushaltshilfe“, wie wir heute sagen würden, und dem Hausmeister, der ihm zu schaffen mache. Der anwesende Arzt vom Mödlinger Krankenhaus, ein Dr. Gorhan, riet gleich zur Einweisung in eine Nervenheilanstalt, schlug als eine der besten Privatanstalten Doktor Wilhelm Svetlins Heilanstalt im 3. Wiener Gemeindebezirk, Leonhardgasse 3—5, vor, Larisch machte sich zur Ordnung der Angelegenheiten auf den Weg, bis die Telephonnachricht kam, die Vorschriften verhinderten eine Einweisung von Patienten nach 9 Uhr abends; ein Krankenwagen stünde für den Montagmorgen zur Verfügung. Wolf war inzwischen ruhiger geworden, aß und trank wieder, erzählte sprunghaft von den Jahren der Mühsal, von Konservatoriumszeiten und seinen ersten Vorsprachen bei Hans Richter. Heiterer Stimmung ließ er sich gegen 23 Uhr von Bokmayer, mit dem er auf das Du-Wort überwechselte, und Foll in einer klaren Herbstnacht mit dem Wagen — eineinhalb Stunden fuhr man damals die 15-km-Strecke — heimbringen. Knapp vor dem Ziel kam ihm der verhaßte Hausbesorger in den Sinn; als dieser öffnete, sprang ihm Wolf an die Kehle; dem wütenden Raufen machten die dazwischenspringenden Bokmayer und Foll ein Ende, brachten Wolf in seine Wohnung, veranlaßten ihn, Obst zu essen, und nahmen gegen 2 Uhr früh Abschied vom Eingeschlafenen.

Sehr früh am Morgen suchte Wolf den Hausverwalter auf, bestand als neuer Operndirektor auf Kündigung der Wohnungsnachbarn, deren Räume er für seine Mutter beanspruchte, lief zum Köchert-Haus, bot dort einem Diener Gehaltsverdoppelung für einen Herrschaftswechsel an. Als er heimkehrte, fand er Haberlandt vor, den er zum Begleiter seiner Aufwartung bei Oberhofmeister Prinz Liechtenstein — selbstverständlich wählte er als Kleidung Frack — erkoren hatte; die „Equipage des Fürsten“, eben der Anstaltswagen mit dem begleitenden Arzt, fuhr vor. Bei der Fahrt durch die engen Gassen des 3. Bezirks („Landstraße“) fragte Wolf um die Wohnung des Haushofmeisters; bei der Ankunft vor der Svetlinschen Anstalt verabschiedete sich Wolf und nahm eilig die Stufen zum Eingang hinauf, wo er schon erwartet wurde . . .

Zwei Monate lang gab es keinen Kontakt Wolfs mit seiner bisherigen Umwelt. Die Nachricht vom Ausbruch seiner Geisteskrankheit wurde in mündlichen Versionen, aber auch in Zeitungsartikeln mit Gerüchten angereichert, die Haberlandt zu dementieren verstand. (Noch in dem von Alma Mahler-Werfel 1940 in den USA veröffentlichten Buch „Gustav Mahler — Erinnerungen und Briefe" ist zu lesen, Wolf hätte auf der Ringstraße, vor den Museen stehend, den Passanten zugerufen, er sei Gustav Mahler, der Direktor der Oper, wäre trotz heftiger Gegenwehr überwältigt und in die Heilanstalt gebracht worden!) Decsey, noch von Dr. Svetlin selbst informiert, berichtet von den Wandlungen der Wahnvorstellungen Wolfs: er fühlte sich bald als Direktor des Irrenhauses, hielt sich für berufen, Nietzsches Wahnsinn heilen zu können, dann wieder als Jupiter, der das Wetter diktieren könne, beschloß eines Tages, im Belvedere Jagden abzuhalten. In der zweiten Novemberhälfte wurde er sich wieder seiner wahren Identität bewußt, schrieb am 24. 11. 1897 an Dr. Svetlin einen Entschuldigungsbrief wegen aller „Ungehörigkeiten", begründete seine hochgradige Nervosität mit dem Faktum, spontan auf seine dichterische Begabung gestoßen zu sein, die es ihm ermögliche, sich seine Opern-Librettos selbst zu schreiben, fühle sich nun völlig geheilt und hätte „mit seiner Vergangenheit gebrochen", wolle „ein neues, schöneres, vor allem fruchtbareres Leben beginnen". Ähnlich schrieb er an Rosa Mayreder: „ . . . Ich beabsichtige nach meiner Entlassung aus der Anstalt in die Schweiz zu flüchten und habe Luzern zu meinem Domizil erkoren . . . Meine künftigen Operntexte werde ich mir selber machen. Denken Sie nur, ich habe nicht weniger als vier Tetralogien im Kopf, drei komischen Inhalts und eine von einer Tragik, die jeder bisherigen Tragödie spottet . . ." Auch Potpeschnigg blieb in der Gunst des Kranken. Die Feststellungen Wolfs in seinen damaligen Briefen gehören der Krankengeschichte an: alles wird übersteigert: „Ich instrumentiere jetzt 6 spanische Lieder für den Venegas", heißt es am 3. Dezember 1897, vier Tage später geht es um die Orchestrierung von 10 Liedern. Aus der Symphonischen Dichtung „Penthesilea" wird in den Briefen eine Oper, ebenso aus den Schauspielmusiken zum „Fest auf Solhaug" und zum „Prinzen von Homburg". Glück und Anerkennung außerhalb Österreichs ist das Ziel seiner Phantasievorstellungen: „Nach meiner Freilassung . . . übersiedle ich sofort nach Luzern . . . Von dort aus will ich mich umsehen, um ein Opernpersonal samt Orchester zusammenzutrommeln, das unter meiner Fahne alle Staaten (ausgenommen Österreich) bereisen soll..." (6. Dezember.) — „Gestern ist mir eine prächtige Idee gekommen: Ich werde also nicht nach Luzern, sondern nach Weimar übersiedeln, und zwar aus folgenden Gründen: der dortige Intendant des Hoftheaters, Herr von Vignau" (Hippolyt von Vignau übte diese Funktion von 1895 bis 1908 aus) „ist ein alter Freund und Verehrer meiner Kunst, den ich seinerzeit in seinem Salon zu Berlin kennen und schätzen lernte... Nun will ich meine drei Opern, Corregidor, Venegas und Penthesilea, dort selber studieren und dirigieren. Aber noch weit mehr: Ich werde durch Vermittlung des Intendanten den Großherzog zu bestimmen suchen, mir sein ganzes Personal behufs Weltreisen zur Verfügung zu stellen... Ich lasse weder Klavierauszüge noch Partituren meiner jetzigen und künftigen Werke drucken, da mir nur an solchen Aufführungen was liegt, die ich selber dirigiere." (9. Dezember.) Ähnlichen Sinnes schrieb Wolf am 11. Dezember an die Hofdame der Großherzogin von Weimar, an Baronin von Loen, die er durch Anna Reiß kennengelernt hatte. Die Baronin antwortete (im Einvernehmen mit Rosa Mayreder und den Ärzten) sehr geschickt, so daß Wolf im Verlaufe seiner weiteren Genesung von diesen Plänen langsam abkam. In dieser Zeit durfte er zwei Stunden pro Tag komponieren und orchestrierte für den „Manuel Venegas" in der Zeit von 1. bis 4. Dezember 1897 das spanische Lied „Wer sein holdes Lieb verloren", am 5. und 6. Dezember instrumentierte er „Wenn du zu den Blumen gehst" in meisterlicher Weise. Von den anderen Arbeitsleistungen haben wir in den betreffenden Kapiteln gesprochen: „Penthesilea" erhielt noch einen Schlagwerkpart dazu und den Ersatz der Oboe durch ein Englischhorn, einen neuen Satz, ein Zwischenspiel, das Kindheitserinnerungen der Amazonenkönigin widerspiegeln sollte; vierzig Takte für ein Tarantella-Finale der orchestrierten „Italienischen Serenade" wurden zu Papier gebracht, ebenso ein Fragment mit dem Thema des neapolitanischen Volksliedes „Funiculí, funiculá" für den gleichen Schlußsatz; die Instrumentation des „Frühlingschores" aus „Manuel Venegas" ist unvollständig geblieben, das Reinick-Lied „Morgenstimmung" sollte als „Morgenhymnus" ein Chor mit Orchester werden. Wolf erzählte Rosa Mayreder bei ihrem Besuch, er werde auch den „Feuerreiter" in die Oper „Manuel Venegas" einbauen. Die beiden Manuskriptbogen mit der Aufschrift

„Themen vom Oktober u. November 1897“, die sich in der Skizzensammlung der Österreichischen Nationalbibliothek finden, enthalten 23 meist ziemlich konventionelle Themen . . .

Zu Beginn des Jahres 1898 (wieder war es um die Weihnachts- und Neujahrszeit, die für Hugo Wolf ein Leben lang von entscheidender Bedeutung blieb) besserte sich sein Zustand noch eindeutiger. Nun wollte er nur noch als Kapellmeister in die Schweiz, nach Basel, Zürich, Luzern oder Genf. Im Januar richtete er sein ganzes Streben darauf, aus der Anstalt entlassen zu werden. Melanie Köchert, mit der er sich wieder versöhnt hatte — zählte doch auch sie zu den Freunden, die er niemals wiedersehen wollte —, schmuggelte Briefe aus dem Heim und gab sie an Wolfs Schwester Käthe weiter, die damals bei einem Bergrat Riedl in Cilli in der Südsteiermark beschäftigt war — in dieser südsteiermärkischen Stadt, die heute gleich Slowenjgradec zu Jugoslawien gehört, ist noch zu Wolfs Lebzeiten, am 3. Februar 1902, Erich Marckhl zur Welt gekommen, der führende Komponist aus der Steiermark in unseren Tagen. Käthe sollte Hugo nun ganz offiziell im Namen des Bergrates nach Cilli einladen, von dort sollte Wolf gemeinsam mit Riedl eine größere Reise durch Italien unternehmen. Die Einladung erging, Hugo Wolf wurde am 24. Januar 1898 aus der Anstalt entlassen. Haberlandt war Zeuge, wie „Wolf, mit großen Sätzen, zwei, drei Stufen auf einmal nehmend, der Stätte furchtbarer Erinnerungen entfloh“. Melanie Köchert und Heinrich Werner brachten den Befreiten für drei Tage auf den Semmering, am 27. Januar fuhr Wolf mit Werner nach Graz und war tags darauf in Cilli, wo Riedl und Schwester Käthe ihn erwarteten. Das alte Haus in der Herrengasse wirkte beim kalten Nebelwetter so deprimierend auf Wolf, daß er lieber ins Landhaus nach Hochenegg zog — es gehörte einem Freund Potpeschniggs, Moritz Stallner —, wo er vierzehn Tage lang allein blieb, von einer Wirtschafterin betreut. Käthe und Potpeschnigg waren die einzigen Besucher. Immer wieder bat er die Haushälterin, bei ihm zu bleiben, auch, seine Hand zu halten — er fürchte sich allein.

Drei- bis viermal in der Woche besuchte er in Stallners Wagen Cilli, fuhr auch einmal nach Wöllan, um dort seine alte Mutter wiederzusehen. Es war die Zeit der „Remission“, eines für den Krankheitsverlauf typischen Ritardandos, in der

Wolf weicher, friedlicher, aber noch einsamer und schwermütiger geworden war. Er nennt sich selbst (in einem Schreiben an Faisst) „vergrämt und abgetakelt" und formuliert in einem Brief an Haberlandt: „Verlange keine Briefe von mir. Mich ermüdet die geringste geistige Beschäftigung. Ich glaube überhaupt nichts, musiziere nichts, denke nichts — kurz, ich vegetiere."

Hier in Hochenegg kam es auch zu jenem Zwischenfall beim Besuch Potpeschniggs, den wir im „Penthesilea"-Kapitel beschrieben haben: das erst nachkomponierte Zwischenspiel mißfiel Wolf und wurde vernichtet.

Am 11. Februar 1898 nahm die Italienreise Wolfs ihren Anfang. Schwester Käthe und Melanie Köchert begleiteten ihn. In Triest erlebte Wolf zum erstenmal in seinem Dasein das Meer. Vom Hafen aus sah er unentwegt dem Spiel der Wellen zu, war von einer Segelbootfahrt auf der Adria beglückt und vom Sonnenuntergang hingerissen. Ausflüge in die Umgebung (nach Duino am 14., nach Miramare am 15., nach Pirano und Portoroso am 16. Februar) wurden von der Fahrt mit dem Schiff „Danubio" nach Lussinpiccolo abgelöst. Aus dieser Reise wurde ein Abenteuer auf dem Meer: Zwischen Pola und Lussin wurde das kleine Schiff von einem Schirokko hin und her geworfen. Bei der beinahe mitternächtlichen Ankunft in Lussin waren alle „mehr tot als lebendig". In einem kalten, notdürftig eingerichteten Privathaus erwachte Wolf mit heftiger Erkältung, wurde sie auch so schnell nicht wieder los und fuhr erst nach beruhigter Wetterlage nach neun Tagen mit seinen Begleiterinnen bei ruhiger See nach Abbazia. Am 28. Februar wurde Lovrana erreicht, über Cilli und Wöllan (wo er neuerlich seine Mutter traf) fuhr Wolf nach Graz — Frau Köchert blieb im Zug und reiste nach Wien zurück. In Graz wohnte Wolf bei seiner Schwester Modesta, die er „mit der ganzen jungen Brut" (Brief Wolfs an Käthe vom 3. März, der sich in der Preußischen Staatsbibliothek in Berlin befindet) zu Hause antraf. Auch hier gab es Komplikationen: Hugo, der sich so aufs Nachtmahl gefreut hatte, bekam Magenschmerzen und mußte auf die gemeinsame Mahlzeit mit Schwester, Neffen und Nichten verzichten. Zwei Tage blieb er und schrieb an Käthe: „Bei Modesta gefällt es mir recht gut, aber für die Dauer hielt ich's doch nicht aus. Ob ich's überhaupt irgendwo für die Dauer aushalten werde? Diese Frage macht mich einigermaßen besorgt.“ In diesem Brief findet sich auch die Anmerkung: „Hoffentlich erfährt Potpeschnigg nichts von meinem hiesigen Aufenthalt.“ Der Freund hatte in einem Schreiben an Wolfs Mutter von der Unheilbarkeit der Geisteskrankheit des Komponisten berichtet; diesen Brief hat Hugo Wolf in die Hände bekommen . . .

Am 4. März 1898 finden wir Hugo Wolf in Salzburg, wo er keine ihn ansprechende Bleibe fand, und bereits am 6. März wieder in Wien. Er hatte in Salzburg erfahren, daß der Wiener Wagner-Verein zur Feier seines Vierteljahrhundert-Bestandes ein Festkonzert veranstaltete und auch Werke von ihm auf dem Programm standen. Er zog zunächst einmal im Hotel Tegetthoff ein, nachdem er befriedigt von der Vermietung seiner Wohnung in der Schwindgasse erfahren hatte, und erhielt zu seinem 38. Geburtstag eine neue, stille, helle Wohnung, wieder „auf der Wieden“, in der Mühlgasse 22, im vierten Stock, von seinen Freunden als schönstes Geschenk. Vielleicht freute ihn die Ehrenmitgliedschaft im Richard-Wagner-Verein oder die Nachricht Faissts von der Gründung des Hugo-Wolf-Vereins in Stuttgart noch mehr! Glückwünsche aus aller Welt waren eingetroffen, Geschenke (die Köcherts hatten für eine neue Wohnungseinrichtung gesorgt!) und Blumen, Telegramme und Briefe.

Vor Freude über die neue Wohnung schlug Wolf eine Einladung des Marchese della Valle di Casanova nach Italien aus. Die Musik trat wieder ins Zentrum seines Denkens, er studierte von neuem Hoernes' „Venegas“-Libretto, korrigierte den Schluß von „Dem Vaterland“, gab sein Placet für eine Neuauflage der Eichendorff-Lieder, aus der er freilich drei Piecen („Erwartung“, „Die Nacht“ und „Waldmädchen“) wieder eliminierte.

Die Erstaufführung des „Corregidor“ in der neuen Fassung am 29. April 1898 in Straßburg, auch die dortige Reprise am 13. Mai kümmerte ihn wenig. Intendant Krückl und Kapellmeister Lohse hatten sich um die Aufführung sehr verdient gemacht.

Der 21. Mai war der Abfahrtstag der Familie Köchert zum Sommeraufenthalt in Traunkirchen. Für Wolf wurde das „Kreutzerhaus“, wenige Gehminuten vom „Puchschacher“ entfernt, gemietet und „Liesi“, ein Faktotum aus Windischgraz, führte ihm die Wirtschaft. Zu Pfingsten war Faisst Gast der Köcherts, es wurde musiziert, bei relativ schlechtem Wetter gebadet und gesegelt. Im Juli versöhnte sich Wolf mit Potpeschnigg, Paul Müller kam auf Besuch, im August kündigte Hugo Wolf den Mietvertrag für die Wohnung Mühlgasse (an der er sich nur zwei Monate erfreut hatte), weil er beabsichtigte, im Winter ernstlich an der Fortsetzung der Komposition des „Venegas" zu arbeiten, und hatte schon dafür Schloß Orth bei Gmunden ausersehen. Müller berichtet uns, daß Wolf auch einen Nietzsche-Chor „An den Mistral" schreiben wollte. In den ersten Tagen des September kamen die Michelangelo-Lieder im Druck heraus, doch hatte sie Moritz Frauscher schon vorher einige Male öffentlich gesungen (nach der Kopie in Faissts Besitz), für den Wolf die drei Gesänge auch instrumentieren wollte. Auf diese Weise schien sich vieles für die nahe Zukunft hoffnungsfreudig zu gestalten. Da fand man eines Oktobermorgens das „Kreutzerhaus" leer. Zuletzt hatte man Hugo Wolf auf dem Eisenbahndamm hinter dem Köchert-Besitz gesehen. Man suchte — und Irmina Köchert, die heute — im März 1971 — hochbetagt in Traunkirchen lebt, war unter denen, die Wolf am Rande des nahen Waldes auffanden, durchnäßt und vor Kälte zitternd. Er hatte versucht, im Traunsee seinem Leben ein Ende zu geben, doch hatte ihn die Kälte des Wassers zur Besinnung gebracht, er war ans Ufer zurückgeschwommen. Man brachte ihn zu Bett, und er selbst bat, man möge ihn in eine Anstalt einliefern, „aber um Gottes Willen nur nicht zu Svetlin!" Haberlandt erhielt ein Telegramm. Er ordnete alles mit der Niederösterreichischen Landesirrenanstalt am Alsergrund in Wien, die zwei Wärter nach Traunkirchen sandte, um ihn zurück nach Wien zu bringen. Am 4. Oktober schlossen sich die Tore des Irrenhauses hinter ihm.

Tiefe Depressionen suchten ihn dort zunächst heim, auch Wahnideen, er phantasierte über Brahms und sprach von seiner Angst, zerstückelt zu werden. Die äußerlichen Bedingungen für Wolfs Aufenthalt waren die denkbar besten: im wesentlichen kam der Hugo-Wolf-Verein für den Patienten Erster Klasse auf. Was schon für die Svetlinsche Anstalt gespendet worden war, blieb aufrecht: 2000 Kronen gaben Faisst und seine Mutter im Jahr, ebensoviel stellten die Mannheimer Freunde zur Verfügung, größere Beträge kamen vom Wolf-Verein in Berlin und von der Familie Kauffmann. Kaiser Franz Josephs Spende für Wolfs Aufenthalt in der Anstalt betrug jährlich 600 Gulden, zur Förderung von Wolfs Werk widmete Jahr für Jahr das Ministerium für Kultus und Unterricht 400 Gulden.

Anfang des Jahres 1899 kam es erneut zu erheblicher Besserung. Wolf beteiligte sich am Kegelspiel, verlangte (und erhielt) Lesestoff und Noten, empfing Besuche von Freunden, mit denen er immer wieder am Ende der Unterredungen auf und davon gehen wollte. Ein Klavier kam in sein Zimmer, und er spielte oft darauf. Einige Notenblätter aus dem Jahre 1899 existieren noch. Auf einem Blatt, vom 4. Mai 1899 datiert, finden sich hingekritzelte Anmerkungen, von denen man „Brahms", „Königsmord" und „Prinz von Homburg" entziffern kann. Ein anderes, halbzerrissenes Blatt Papier, das Haberlandt nach einem Besuch mit nach Hause nahm, enthält zwei Programmentwürfe mit Kompositionen von Anton Bruckner, Franz Liszt und Hugo Wolf. Das erste Stück in der Vortragsfolge für den ersten der beiden Programmentwürfe hieß: „Wolf. Ouverture zur Oper ‚Penthesilea', komp. 1883." Oft spielte Wolf vierhändig mit einem Angestellten des Krankenhauses namens August Stiglbauer und sang ihm auch die eigenen Lieder vor, die dieser als Mitglied des Wagner-Vereins schon kannte. Allein schlug er immer wieder den zweiten Satz der e-Moll-Sonate, op. 90 von Beethoven an, der ihm Trost gab.

Schon im Frühsommer 1899 waren ihm kleine Ausfahrten mit Freunden und zwei Wärtern gestattet. Leider kam es damals schon zu Sehstörungen, die ihn alles verzerrt sehen ließen. So sah er spottend vertraute Bauten wie das Rathaus, den Stephansdom oder die Oper als „billige Imitationen" an.

An einem heißen Julitag brachte man ihn ins Werner-Haus nach Perchtoldsdorf, wo sich seine Freunde versammelt hatten. Wolf erkannte sie wieder, schien sich auch zu freuen, wies aber alle Speisen, die er vergiftet glaubte, zurück. Als er sich allein fühlte, schlüpfte er durchs Gartentor, eilte zum Hochberg hinauf. Heinrich Werner schlich ihm nach und blieb oben auf der Höhe bei ihm. Wolf ließ den Blick schweifen — über das Dorf, die Kirche, über den Turm, die Weingärten bis zu den Horizonten des Wienerwalds. Nach langem Schweigen murmelte er: „Ja! Da ist alles noch beim alten — da ist also nichts verzaubert . . ." Zorn überkam ihn, als er die nahenden Wärter bemerkte, die ihn aufgespürt hatten. Freund Werner saß auf der Rückfahrt eine Weile neben Wolf im Wagen. Wolf bat ihn um Geld, um in Liesing aussteigen und nach dem Süden entfliehen zu können. Werner mußte die Ausrede anwenden, er habe kein Geld bei sich. Nicht lange nachher kam er zum letzten Mal in das Werner-Haus. Da lief er gleich durchs Gartentor hinaus in die Weingärten, gefolgt von den Freunden und den Wärtern. Völlig erschöpft kehrte er um, als er die Aussichtslosigkeit einer Flucht erkannte. Lange weigerte er sich, in die Anstalt zurückzukehren, bis er nach vielem Hin und Her in den Wagen sprang.

Neue Fluchtgedanken lassen ihn am 15. Juli an Schwester Modesta schreiben: „... Besuche mich so bald wie möglich. Vielleicht kannst Du mich noch befreien ... Vielleicht kannst Du auch Gilbert veranlassen, Dich bis hierher zu begleiten. Kurz rette mich, wenn ich noch zu retten bin.“ Hilflosigkeit spricht aus dem Brief an Faisst (in der Wiener Stadtbibliothek): „... Leider werde ich hier in einer Anstalt, in der ich untergebracht bin, noch zurückgehalten u. fürchte sehr, überhaupt nicht mehr herauszukommen. Sollte mir's dennoch beschieden sein, wieder der menschlichen Gesellschaft anzugehören, werde ich mich neuerdings an Dich wenden ...“

Mit der Musik und mit den Ausflügen war es bereits im Herbst 1899 vorbei. Das Gedächtnis ließ nach, neue Wahnvorstellungen machten sich breit. Es kam bereits zu Zweifeln an der eigenen Identität — „Ja, wenn ich Hugo Wolf wäre!“ —, alles wurde negiert: das Leben, die Wahrheit, die Realität. Die Nahrungsaufnahme wurde ein Problem, Schlaf garantierten nur noch Medikamente, die Lähmungserscheinungen nahmen überhand. Die Handschrift wurde unleserlich, Sprachstörungen ließen seine Äußerungen unverständlich werden.

Um Weihnachten 1899 kam Potpeschnigg auf Besuch und fand Wolf im Gitterbett. Die Gespräche pendelten zwischen Normalem und Unbegreiflichem hin und her. Worte aus dem Brief jener Zeit an Edmund Lang sind diesem Kapitel vorangestellt. Dreimal in der Woche, bis zum bitteren Ende, kam Melanie Köchert mit ihrer ältesten Tochter zu Hugo Wolf. Sie tat für ihn, was sie konnte, erfüllte die seltsamsten Wünsche, brachte ihm den Trost ihres Anblicks und das Vertrauen ihrer Treue.

Zu Beginn des Jahres 1900 nahmen die Sprachstörungen zu.

Bisweilen aber gab es bessere Tage. Noch am 10. April 1901 wurde er, von zwei Wärtern gestützt, in den Garten gebracht, wo er die Frühlingssonne genoß. In dieser Zeit empfing er den letzten Besuch seiner 77jährigen Mutter, die in einem Brief festhielt, was sie erlebte. Früher sei Wolf aufbrausend gewesen, habe gefragt: „Wer ist diese Frau?“, während sie schluchzend in einer Zimmerecke gestanden habe. Diesmal aber sei er ganz still auf dem Bett gelegen, habe alles mit sich geschehen lassen, nur sehr wenig und mit kaum hörbarer Stimme gesprochen, jedoch aufmerksam verfolgt, was im Zimmer vorgegangen sei. Mutter Katharina habe dem Arzt vom Tode ihres Gatten erzählt, von seinen letzten Augenblicken, in denen er „Hugo, mein Hugo!“ gerufen habe — da habe Hugo laut aufgeweint. Glücklich sei er dagegen gewesen, als sie von der Heirat ihrer Tochter Käthe mit dem Oberkommissär Salomon erzählte — „Hat er die Matura?“ habe er besorgt gefragt und versprochen, den Sommer bei den beiden in Cilli zu verbringen. Bei ihrem Bericht von der Heimkehr der Brüder Max und Gilbert für vier Wochen nach Windischgraz habe er wieder Tränen vergossen. Zum Thema Kunst habe er nur zwei Worte gesagt: „Ekelhafte Musik!“

Wir folgen den Darlegungen von Univ. Prof. Dr. Fritz Schachermeyr, des Gründers und Präsidenten der Internationalen Hugo-Wolf-Gesellschaft in Wien, über die Familie Hugo Wolfs, wenn wir hier einen Überblick über die Schicksale der Geschwister Hugo Wolfs geben: Modesta, die ihren fünf Kindern eine treffliche Erziehung und Ausbildung angedeihen ließ, ist erst am 13. November 1928, mehr als sieben Jahre nach ihrem geschiedenen Gatten Josef Strasser, gestorben. Bruder Max betrieb Handelsgeschäfte, übersiedelte 1904 nach Graz, hatte eine Hedwig Wolf geheiratet und starb am 8. Februar 1915; er hatte in St. Lambrecht eine illegitime Tochter Franziska, die nach ihrer Mutter Krummholz hieß. Gilbert lebte längere Zeit ohne festen Beruf und wanderte 1891 nach Amerika aus. Dort machte er in der Chromledererzeugung eine wichtige Erfindung, gelangte durch Handel mit Seegras zu beträchtlichem Wohlstand und dürfte sich auch musikalisch, vielleicht als Chordirigent, betätigt haben; im Jahre 1894 kehrte er nach Wien zurück, pflegte Kontakt mit Hugo, war bis 1914 Direktor großer russischer Lederfabriken und nachher in der gleichen Branche als gesuchter Fachmann in Agram und in der Lederfabrik Woschnagg in Wien tätig. An seinem Lebensabend zog er heim nach Windischgraz, richtete im Elternhaus eine kleine Hugo-Wolf-Erinnerungsstätte ein, starb am 27. November 1938 und hinterließ zwei Kinder: Stephanie und Hugo; seine Gattin Grete, geborene Schlemmer, die später nochmals heiratete und dann Eschler hieß, hatte als Gesangsschülerin das Konservatorium absolviert. Katharina, das siebente seiner Geschwister, wohnte mit dem späteren Oberbergrat Josef Salomon in Cilli, später in Klagenfurt, übersiedelte als Witwe nach Wien, starb hier am 9. November 1944 und ist im Ehrengrab ihres Bruders beigesetzt. Sie hatte zwei Kinder: Irmgard und Herbert. Adrienne, die Jüngste („Jenny"), hat erst nach dem Tode der Mutter, die am 25. Oktober 1903 starb — sie hat Hugo also nur um etwas mehr als acht Monate überlebt —, den in Idria tätigen Bergingenieur Josef Korschitz geheiratet und gebar drei Kinder: Adrienne, Otto und Ilse. Nach der Pensionierung ihres Gatten übersiedelte sie mit ihrer Familie heim nach Windischgraz und ist dort am 3. August 1923 gestorben.

Das zweite Halbjahr 1901 brachte Verschlechterungen: paralytische Krämpfe zwangen ihn Tag und Nacht ins Bett; er wollte keine Nahrung mehr zu sich nehmen. Im März 1902 bedrohte eine schwere Bronchitis sein Leben — die Ärzte erwarteten seinen Tod, der ihm das furchtbare Ende der Gehirnparalyse erspart hätte. Das Herz hielt jedoch durch, der Gesundheitszustand besserte sich, beinahe ein Jahr sollte dieses unsägliche Leiden noch dauern. „Die Zeit" in Wien schildert am 4. Januar 1903 in einem Kurzbericht den Schlußakt der Lebenstragödie Hugo Wolfs: „Seine Augen blickten ausdruckslos mit starrem Glanz ins Leere. Manchmal streichelt ihn der Wärter. Aber in dem Gesicht des irrsinnigen Meisters ist keine merkliche Änderung wahrzunehmen. Mit brutalem Mitleid frägt der Wärter: ‚Alterchen, wie geht's dir denn?' Aber auch darauf erfolgt keine Antwort, selten ein unverständlicher Laut."

Mitte Februar führte eine starke Erkältung zu einer Lungenentzündung. Als es ans Sterben ging, blieben die Köcherts, Heinrich Werner und Haberlandt durch Stunden an Hugo Wolfs Krankenlager. Aber keiner von ihnen sollte dabei sein, als er am 22. Februar 1903 um 3 Uhr nachmittags in den Armen von

Johann Scheibner, seinem Wärter, nach schweren Krämpfen seine Augen für immer schloß.

Pneumonie war die unmittelbare Todesursache. Schon allein deshalb, vermutlich aber auch wegen der zyklotymen Veranlagung seines Wesens, die ihn zeit seines Lebens plötzlichem Stimmungsumschwung in extremis unterwarf, wird heute noch von Nachkommen jener Familien, die Wolfs Leben umsorgten, eine der Paralyse vorangegangene Geschlechtskrankheit geleugnet.

Trotz vieler Hilfe ist es mir nicht gelungen, den Befund über die Krankheiten Wolfs in der Psychiatrischen Klinik (im Nachfolge-Institut der N. Ö. Landesirrenanstalt) aufzufinden. Franz Grasberger zitiert freilich in der Vorrede zu einem Ausstellungs-Katalog zum 100. Geburtstag Hugo Wolfs das ärztliche Urteil der Direktion der N. Ö. Landesirrenanstalt Nr. 5348 v. 19. November 1898: „Herr Hugo Wolf befindet sich seit 4. Oktober 1898 hier in Verpflegung nach der I. Klasse. Er leidet an progressiver Paralyse. Die Krankheit ist unheilbar. Ihre Dauer dürfte bei regelmäßigem Verlauf beiläufig zwei bis zweieinhalb Jahr betragen." Dieses Schreiben ist im Archiv der Gesellschaft der Musikfreunde in Wien einzusehen.

Augenzeugen berichten, Wolf hätte auf der Bahre „mehr einer weißen Holzpuppe als den sterblichen Resten eines menschlichen Wesens" geglichen.

Am Faschingsonntag war er gestorben. Am Faschingdienstag um 15 Uhr bewegte sich der Leichenzug von der Irrenanstalt zur Votivkirche. Auf den dichtgedrängten Straßen säumten maskierte Harlekine und Spaßmacher, Colombinen mit Ballons, buntgeschmückte, vollbesetzte Pferdegespanne den Weg. Welch makabres Finale!

Der Wiener A-cappella-Chor unter Eugen Thomas sang Wolfs „Ergebung" aus den „sechs geistlichen Liedern nach Gedichten von Eichendorff" — „Dein Wille, Herr, geschehe! Verdunkelt schweigt das Land" —, dann klang die „Trauermusik" (zum Tode Richard Wagners) aus dem langsamen Satz von Anton Bruckners Siebenter Symphonie auf.

Hugo Wolf hatte einst auf dem stillen Perchtoldsdorfer Friedhof begraben werden wollen. Nun wurde er in einem Ehrengrab auf dem Wiener Zentralfriedhof zur letzten Ruhe gebettet, unweit der dorthin verlegten Gräber Beethovens und Schuberts. Michael Haberlandt nahm am offenen Grab im Namen aller — der Stadt Wien, der Gesellschaft der Musikfreunde, des Konservatoriums, des Richard-Wagner- und Hugo-Wolf-Vereins, der Deputation des steirischen Tonkünstler-Vereins, der Stadt Windischgraz, der anwesenden Komponisten, Dirigenten, Sänger, Kritiker — Abschied von dem Toten und schloß seine Rede mit den Versen Justinus Kerners, die Hugo Wolf, der Dreiundzwanzigjährige, am 16. Juni 1883 in Wien vertont hatte: „Zur Ruh, zur Ruh, ihr müden Glieder, schließt fest euch zu, ihr Augenlider, du bist allein, fort ist die Erde — Nacht muß sein, daß Licht dir werde!"

Noch im Todesjahr Wolfs stieg das Interesse der internationalen Musikwelt an seinen Werken. Straßen wurden nach ihm benannt, Erinnerungstafeln enthüllt, berühmte Sänger holten seine Lieder in ihre Programme, der „Corregidor" wurde da und dort aufgeführt, seine Familie erhielt vom Verlag Peters für das Verlagsrecht der zu Lebzeiten Wolfs veröffentlichten Werke die Summe von 260.000 Mark.

Ende Februar 1903 erschien in der Nummer 131, im IV. Jahrgang der „Fackel", ein Leitartikel von Karl Kraus:

„Ist die Folter in Österreich abgeschafft?
Das Genie darf noch immer zu Tode gemartert werden.
Vor Aller Augen!
Smetana wurde gefoltert, bis er in Wahnsinn starb.
Sein Verbrechen?
Der Fortschritt.
Smetanas Leben war ein langsamer Hungertod.
Als er es nicht mehr hören konnte, sicher nicht mehr hören konnte, nannte man ihn den Mozart unserer Zeit.
Wie das wohlthut, wenn man schon zwischen jenen anderen Brettern liegt, die nicht mehr die Welt bedeuten!
Smetana ist erledigt . . .
Anton Bruckner wird vorgeführt. Das hochnothpeinliche Verfahren nimmt seinen Fortgang.
Hanslick fragt:
Bekennst du dich schuldig, Symphonien geschrieben zu haben?
Bruckner schweigt und schafft.
Der Oberrichter legt leicht die kleinen Daumschrauben an.
Er erklärt, vor einer Bruckner-Symphonie den Musikvereinssaal zu verlassen, um die Entwürdigung des Musikvereinssaals nicht mitanzusehen.

Die Menge johlt. Vor jeder Bruckner-Symphonie wird der Musikvereinssaal verlassen.
Bruckner's Knochen knacken.
Aber Bruckner hat eine starke Constitution.
Gehilfe Dömke schürzt die Aermel auf.
Der Oberrichter fragt:
Anton Bruckner, bekennst du dich schuldig, ein Quintett geschrieben zu haben?
Bruckner schweigt und schafft.
Gehilfe Dömke tritt hervor: ‚Anton Bruckner componiert wie ein Betrunkener!'
Die Menge johlt.
Bruckner's Knochen knacken.
Aber Bruckner hat eine starke Constitution.
Gehilfe Kalbeck wird gerufen. Er drückt den Schlapphut ins Gesicht.
Der Oberrichter fragt:
Anton Bruckner, bekennst du dich schuldig, noch immer gegen uns Symphonien zu schreiben und das Ausland zu verlocken?
Bruckner schweigt und schafft.
Gehilfe Kalbeck beginnt Bruckner ‚aufzuziehen'.
Die Menge johlt.
Bruckner's Knochen knacken.
Aber Bruckner hat eine starke Constitution.
Er wird für toll erklärt.
Aber er will nicht wahnsinnig werden. Er hat Gottesglauben und den Glauben an die Kunst.
Er schreibt die Neunte und stirbt.
Gehilfe Kalbeck ‚zieht' ihn immer noch ‚auf' . . .
Jetzt wird Hugo W o l f eingefangen.
Der Oberrichter fragt:
Hugo Wolf, bekennst du dich schuldig, durch deine Lieder den Geist Moericke's, der schon in der Literaturgeschichte schlief, heraufbeschworen zu haben?
Hugo Wolf wettert, tobt und schafft.
Er muß mürbe gemacht werden.
Hugo Wolf wird todtgeschwiegen.
Der Lebende wird aus dem Leben gestrichen.
Der Schaffende wird aus der Welt geschafft.
Hugo Wolf leidet.

Also lebt er noch.
Der Oberrichter fragt:
Hugo Wolf, glaubst du an Brahms?
Hugo Wolf flucht der Clique.
Er wird nicht mürbe.
Gehilfe Dömke ist indessen abgefahren.
Gehilfe Kalbeck ist bereit, auch Hugo Wolf ‚aufzuziehen'.
Der Oberrichter fragt:
Hugo Wolf, bekennst du, noch immer an Richard Wagner zu glauben?
Hugo Wolf wüthet, schlägt um sich und schafft.
Der Oberrichter lockert die Schrauben: ‚Unzweifelhaft ein Mann von Geist und Talent, aber er hat sich vor ‚guten Freunden' und Ueberhebung zu hüten.'
Die guten Freunde geben Hugo Wolf zu essen.
Er soll sich hüten, zu essen.
Die guten Freunde geben Hugo Wolf Wohnung.
Er soll sich hüten, im Bette guter Freunde zu ruhen.
Er hungert nicht mehr. So hüte er sich vor Überhebung, sagt der Oberrichter.
Hugo Wolf hütet sich, geht ins Irrenhaus und stirbt.
Da wacht das Volk auf und condoliert dem Herrn Doctor Michael Haberlandt.
Hugo Wolf ist reif für den Anekdoten-Nekrolog geworden.
Er ist an seinen Goethe- und Moericke-Liedern gestorben.
Hätte er die Gedichte Rudolf Lothar's componiert, so wäre sein Name nicht aus den Spalten der Tageschronik geschwunden; er wäre täglich zweimal ‚unser unsterblicher Hugo Wolf' genannt worden; man hätte ihn interviewt wie einen Confectionär und Hutmacher.

— — — — — — — — —

Nach 200 Jahren wird ein Geschichtsforscher die Wiener Cultur am Ausgang des 19. Jahrhunderts aus vergilbter Tageschronik studieren.
Er wird schreiben:
‚Am Ausgange des 19. Jahrhunderts machten Richard Wagner, Anton Bruckner, Hugo Wolf vergebliche Versuche, in Wien die Anerkennung kleiner Kreise zu erringen; ihre Namen verblassten vor dem Ruhm eines Künstlers, dessen Erinnerung nicht aus dem Gedächtnisse der Wiener schwinden konnte. Als der

bedeutendste Componist um das Jahr 1900 muß, wenn wir den uns zugänglichen Quellen trauen dürfen, Charles Weinberger bezeichnet werden'."

Einundsechzig Jahre später schreibt Harold C. Schonberg in der New York Times vom 22. November 1964 in einem Feuilleton über Hugo Wolf: "As he was, this tortured creator who within the space of a few years left the world a legacy that carried the German Art song to its highest pinnacle."

Doch kehren wir noch einmal zum Jahre 1903 zurück. Am 21. Februar 1903, am Vorabend von Hugo Wolfs Todestag, dirigierte in der Wiener Hofoper Gustav Mahler Richard Wagners „Tristan und Isolde" in einer Neueinstudierung. Schon am nächsten Tag begann er mit der Vorbereitung für eine nächste Premiere, für Charpentiers „Louise", die am 24. März 1903 in Wien zur ersten Aufführung kam. (Nur noch ein neues Werk, Puccinis „La Bohème" am 25. November 1903, lag noch vor der Inszenierung des „Corregidor" von Hugo Wolf.)

In diesen Februartagen arbeitete Richard Strauss, der noch nicht 39jährige, an seinem Opus 52, an der Vertonung des Uhland-Gedichtes „Taileffère" für gemischten Chor, zwei Solostimmen und großes Orchester, das den umfangreichsten Klangapparat auftut, den dieser Komponist je gefordert hat. „Wellingtons Sieg", Beethovens Schlachtengemälde, nimmt sich neben diesem Monsterwerk wie eine Komposition für Kammerorchester aus. Panzergeklirr, Rossewiehern, Siegesgeschrei, Todeswimmern in der Schlacht von Hastings im Jahre 1066 hatte der frisch gebackene Ehrendoktor der Universität Heidelberg in seinem Widmungswerk (das am 26. Oktober 1903 zur Eröffnung der Heidelberger Stadthalle, dirigiert vom Doctor honoris causa Richard Strauss, zur Uraufführung kam) zu schildern unternommen: neben der gewaltigen Vokalbesetzung halfen ihm 24 erste Geiger, ebensoviel zweite, 16 Bratschisten, 14 Cellisten, 12 Kontrabassisten, 2 Spieler der kleinen, 4 der großen Flöte, 4 Oboisten, 2 Englischhornisten, 6 Klarinettisten, Baßklarinette, 4 Fagottisten mit Kontrafagott, 8 Hornisten, 6 Trompeten, 4 Posaunisten, 2 Tubaisten, 4 Pauker, 2 Herren an der kleinen Militärtrommel, 2 an der Rührtrommel, dazu die Spieler von Becken, großer Trommel, Triangel und Glockenspiel.

Den Schlußvermerk „28. Februar 1903" trägt das Manuskript des Opus 5 von Arnold Schönberg, das er selbst in Berlin gebunden und mit folgender Titelseite in der eigenen Handschrift ausgestattet hat:

„Pelleas und Melisande
nach dem Drama von Maurice Maeterlinck
für Orchester
von
Arnold Schönberg."

„AUCH KLEINE DINGE KÖNNEN UNS ENTZÜCKEN“
Der Mikrokosmos in der Miniatur

Ein Nachwort

Hugo Wolf — der Träger dieses dunklen Anapäst-Namens, von seinen Freunden ins zärtliche Diminutivum gesetzt („Wölflein“), von seinen Gegnern (auch den posthumen) zum „Kleinmeister“ degradiert, erscheint an der Schwelle zu unserem Jahrhundert als genialer Miniaturist mit lebenslang ungestillter Sehnsucht nach dem „Großgemälde“.

Unsere Gegenwart, dem „Großen“ zugeordnet und gerade darum voll uneingestandener Bereitschaft, sich dem „Kleinen“ zu ergeben, hat das Oeuvre des Einsamen, des Wunderlichen — als Nerv von ihrem Nerv — in Besitz genommen: Interpreten: Sänger und Pianisten zuallererst, dann die Forscher und gleich hinterher, als „Drahtzieher“, die vom passiven Musikgenuß her Begeisterten, die Hugo-Wolf-Gesellschaften begründet und aufrechterhalten haben, die der Verbreitung seiner Werke stärkste Hilfe angedeihen ließen. Bald aber in Scharen, und keineswegs (wie zu erwarten gewesen wäre) „national“ geschichtet, das Publikum.

Hugo Wolf ist im Laufe der letzten fünfzig Jahre im weltweiten Sinn zum Assoziationsbegriff im Fall „Lied“ geworden. Wenn es zu Hugo Wolfs Lebzeiten um den klavierbegleiteten lyrischen Gesang ging, dachte man zunächst an Schubert und Schumann. Ohne daß sich des „Dichterliebe“-Komponisten Ruhm verringert hätte (das „Tief“ einer sich heroisch gebärdenden, das Idyll kämpferisch verachtenden Zeit ist längst überwunden!), geht es im Bereich des Liedes heute in erster Linie um Schubert und Hugo Wolf. Dieses Nebeneinander ist kein Hintereinander, kein Untereinander, ist nicht einmal alphabetisch oder zeitlich begründbar.

Der eine heißt Franz Schubert, der andere Hugo Wolf. Der andere ist altera pars, der gehört werden muß. „Pollux, nicht Pylades“, hat Hans Weigel einmal in anderem Zusammenhang formuliert. Der tertia comparationis gibt es für beide dazu gar manche: das kurze, ausschließlich an der Musikschöpfung wahrhaft interessierte Leben, das eruptive Schaffen, die Beharrlichkeit im Zu-sich-selbst-Stehen angesichts der Giganten, denen persönliche Verehrung entgegengebracht wurde (hie Beethoven, hie Richard Wagner), die „Flucht vor der Größe“ (wie Weigel formulierte im Falle Schuberts, mit voller Gültigkeit aber auch auf Hugo Wolf beziehbar), die Dominanz der eigenen Seelenlage über das musikalische Material.

Wenig Glanz, viel Elend wies Hugo Wolfs Leben auf — viel Glanz fällt heute auf sein Werk, in dem soviel menschliches Leid sublimiert ist. Dieses Wolf-Buch wollte nicht oft Gesagtes wiederholen, erst recht nicht nach der großartigen Lebenstat Frank Walkers (des Londoner Außenseiters unter den Musikforschern unseres Jahrhunderts, der bei Hugo Wolf über die Darstellung der Lebensgeschichte zum Werk-Urteil kam — ähnlich wie vor ihm Otto Erich Deutsch über die Material-Erkundung zur Schubert-Forschung). Es wollte mit dem tragischen Ende eines mehr oder minder hilflosen Lebens nicht einen Einschnitt markieren, sondern in Bericht und Werkurteil zum Heute weiterschreiten, damit eben nicht des Elends zuviel und des Glanzes, der vom Werk auf den Menschen fällt, nicht zu wenig werde.

Länger als vierzig Jahre lebt der Verfasser nun mit den Liedern Hugo Wolfs: als Elfjähriger sang und spielte er erstmals einzelne Mörike-, Goethe-, Eichendorff-Lieder und aus dem „Italienischen Liederbuch“, als Fünfzehnjähriger begleitete er zum ersten Mal Wolf-Interpreten auf dem Konzertpodium. Es war ihm vergönnt, die führenden Wolf-Sänger der Zeit zwischen den beiden Weltkriegen zu erleben, einige von ihnen — Elisabeth Schumann, Dusolina Giannini, Franz Völker, Hans Duhan, Julius Patzak — selbst zu begleiten. Auf meinen Weltreisen mit Irmgard Seefried (seit 1949), Kim Borg (seit 1951), Walter Berry (seit 1953), Christa Ludwig (seit 1957) haben die Werke Hugo Wolfs einen entscheidenden Platz im Programm der Liederabende, sofern nicht jeweilige Liedfolgen ganz seinem Schaffen gewidmet sind. Wolf-Lieder nach Mörike, Eichendorff, Goethe, aus dem Spanischen und dem Italienischen Liederbuch, nach Gottfried Keller und Michelangelo habe ich seit dem Jahre 1948 mit folgenden Sängerinnen und Sängern (in der Reihenfolge der verschiedenen Aufnahmen) auf Schallplatten aufgenommen: mit Anny Konetzni, Irmgard Seefried, Emmy Loose, Helga Mott,

Rita Streich, Evelyn Lear, Ingeborg Hallstein und Edda Moser — Sopran; mit Christa Ludwig, Hilde Rössel-Majdan, Grace Bumbry und Julia Hamari — Mezzosopran, bzw. Alt; mit Ernst Häfliger, Leopold Simoneau und Horst Laubenthal — Tenor; mit Heinz Rehfuß und Eberhard Wächter — Bariton; mit Kim Borg, Walter Berry und Tugomir Franc — Baßbariton, bzw. Baß. Auch meine Liederkurse — bisher habe ich solche in Salzburg, Stockholm, Brüssel, Helsinki, Tokio, Kopenhagen, 's Hertogenbosch, Buenos Aires und Gent abgehalten —, mögen sie nun europäische, amerikanische, asiatische oder afrikanische Teilnehmer haben, sind seit 1955 zum guten Teil pionierhaft auf Hugo Wolf ausgerichtet und lassen die Reaktion (und Aktion) der Jüngeren und Jüngsten, als der vierten und fünften Generation der Wolf-Sänger seit 1890 (wenn man die Hauptwirkenszeit der Vokalisten mit rund zwanzig Jahren bemißt), orten. Sämtliche Lieder Hugo Wolfs habe ich in einem vier Semester umfassenden Konzertzyklus der Hochschule für Musik in Wien gemeinsam mit Studenten und Absolventen der Klasse für Lied und Oratorium, Erik Werba — Kurt Schmidek, in den Jahren 1968 und 1969 aufgeführt. Die alljährlichen Festwochen-Konzerte in Perchtoldsdorf, von Josef Jemek gestaltet, konfrontieren Wolf-Landschaft, bedeutende Sänger und das Publikum von heute mit den Liedern und der Kammermusik unseres Meisters.

Der Verfasser lebt also beinahe tagtäglich mit den Liedern Hugo Wolfs, wollte aber hier nicht etwa doktrinär verkünden: „So ist es!“, sondern lediglich Ergebnisse dieses engen Zusammenlebens zur Debatte stellen. Der musikalische Schaffensprozeß als Ausdruck oder als Kontrast des Daseins bleibt bei jedem Großen Geheimnis. Den Mikrokosmos der Miniaturen Hugo Wolfs auszuschreiten, ist ein gewaltiges Lebensabenteuer, voll von lösbaren und unlösbaren Rätseln.

Frau Lieselotte Urbach hat die zum Teil schwer leserlichen Briefe Hugo Wolfs an seine Schwester Adrienne transskribiert.

Von Dr. Robert Werba stammt das Personenregister und das Werkverzeichnis.

Herrn Franz Schrapfeneder sei für wertvolle Ratschläge gedankt.

E. W.

HUGO WOLFS BRIEFE AN SEINE SCHWESTER ADRIENNE, 1898

Am 14. Dezember 1970 sind durch Ankauf von Handschriften Hugo Wolfs aus dem Eigentum von Frau Prof. Ilse Strzelba, der Tochter Adriennes, 27 Briefe und Karten aus den Jahren 1894—1898 in den Besitz der Republik Österreich gekommen. Der Leiter der Hochschule für Musik und darstellende Kunst in Graz, Präsident o. Prof. Dr. Erich Marckhl, hatte im Auftrag des Bundesministeriums für Wissenschaft und Forschung die Vertragsverhandlungen zu führen. Die Autographe sind nun der Bibliothek der Hochschule für Musik und darstellende Kunst in Graz einverleibt worden.

Autor und Verlag danken für die Publikationserlaubnis im Rahmen dieser Biographie und glauben, daß diese Erstveröffentlichung eines Teiles dieser schriftlichen Mitteilungen Hugo Wolfs an seine jüngste Schwester Adrienne, die er Jenny nennt, neue Einblicke in Denken und Fühlen des Komponisten gibt.

Korrespondenzkarte vom 3. 2. 1898

Wohlgeboren
Fräulein Adrienny Wolf
Windischgraz
Steiermark

Liebe Jenny! Ich theile Dir in aller Eile mit, daß Du nach Wöllau kein Reisegepäck mitnehmen brauchst, indem ich meine Weiterreise nicht mit Kathi sondern mit meiner alten Freundin Frau Köchert aus Wien machen werde, die mir soeben mittheilte, daß Gesundheitsrücksichten sie veranlassen ein wärmeres Klima aufzusuchen, u. daß sie von Cilli aus gern die Reise mit mir nach Italien machen würde. Da Frau K. perfect italienisch spricht ist mir dieser Antrag hoch willkommen. Kathi bleibt somit in Cilli. Frau K. wird Anfang der nächsten Woche Cilli passiren. Alles Nähere mündlich in Wöllau am Sonntag. Inzwischen herzlichen Gruß.

Hugo.

Hochenegg, 3. Febr. 898

Ansichtskarte vom 6. 3. 1898

Wohlgeboren Fräulein Adrienne Wolf
Windischgraz
Steiermark

[Gruss aus Salzburg den] 6. März [18]98

Liebe Jenny! Durch Kathi erfahre ich soeben, daß Du wieder zu Hause bist. Da morgen, also Montag in Wien ein Festkonzert des Wagner-Vereines stattfindet, wo auch von mir Orchestercompositionen gespielt werden, reise ich heute noch dorthin ab u. werde im Hotel Tegetthof 3. Johannesgasse absteigen. Ich werde mich in einem Vororte Wiens niederlassen u. Dir dann Weiteres mittheilen. Herzliche Grüße an Dich u. Mutter.

Dein Hugo.

Brief vom 26. 3. 1898

Liebe Jenny!
Vor allem danke ich Mutter u. Dir für die Gratulationszeilen zu meinem Geburtstage, der mir eine Menge Blumen u. Süßigkeiten in allen möglichen Weisen gebracht hat. Heute sind es nun genau 8 Tage, daß ich meine neue Wohnung in der Mühlgasse 22, IV. Bezirk bezogen. Ich wohne allerdings im 4. Stock; da aber ein vortrefflicher Aufzug vorhanden ist spielt der 4. Stock keine Rolle. Köcherts haben meine Garçonwohnung auf das Luxuriöseste ausgestattet. Mein neues Heim ist das niedlichste, was man sich nur darunter denken kann, wird auch von allen meinen Bekannten aufs höflichste bewundert. Alles ist so hübsch nah beinander: Vorzimmer, Küche, Dienerzimmer, Badezimmer. Vom Vorzimmer führt eine Glasthüre (mattes Glas) in mein Schlafzimmer, daran das zierliche Speisezimmer stößt, das mit dem Vorzimmer durch eine Tapetenthür verbunden ist. Den Abschluß bildet ein geräumiges Arbeitszimmer, wo auch das Klavier untergebracht ist. / Vor der Hand bin ich hier ganz zufrieden, soweit es meine Wohnung u. Umgebung betrifft, da vor allem kein Klavier in der Nähe ist. Unzufrieden bin ich nur mit meinem Diener, den ich demnächst entlassen werde, um eine ältere Frauensperson aufzunehmen, die mir die Wirthschaft führen soll. Wie schön wäre es gewesen, wenn Du dieses Geschäft hättest besorgen können, aber ich sehe es ein, daß Du als Stütze der Mutter auf diesem Posten ausharren mußt.
Frau Köchert, die Dir inzwischen sowohl mein Bild als das ihrige zugeschickt, wird Dir nächster Tag auch das Diplom meiner Ehrenmitgliedschaft des Wagnervereins einsenden. Ich habe das Diplom zwar Kathi versprochen, finde aber, daß dasselbe in unserem Hause am richtigern Platze ist, auch dürfte es der Mutter Freude machen.

Beiliegend eine Besprechung des 1. Conzertes vom Wolf-Verein in Stuttgart. Der Gründer des Vereins ist mein Freund Faisst. Das Programm des Wagnervereinskonzertes ist mir leider abhanden gekommen, sonst hätte ich es Dir längst schon geschickt.
Herzlichste Grüße u. Küsse an Mutter u. Dich. Hoffentlich läßt Du bald wieder von Dir hören.
Wien, 26. März 898

Brief vom 7. 4. 1898

Liebe Jenny!

Es ist sehr lieb von der Mutter, daß sie mich zu den Feiertagen einlädt nach Hause zu kommen, aber erstlich fühle ich mich viel zu ermüdet eine so lange Reise zu machen u. Ruhe thut mir vor allem wohl, anderseits jedoch weiß doch Mutter wie gräulich mir ein Aufenthalt in Windischgraz wäre. Wozu mich also in unnöthige Aufregung versetzen, weil gerade die Osterfeiertage herannahen? Im Gegentheil gedenke ich hier die Feiertage in aller Stille u. Abgeschiedenheit zu verbringen. Doch wünsche ich Mutter, Dir, Kathi Modesta u. Herrn Bergrath vergnügte Feiertage u. daß ihr vor allem auch vom Wetter begünstigt werdet. — Nun zu was Anderem. Ich habe Frau Köchert Deinen Brief mitgetheilt u. sie räth mir dringend zu die Liesi zu engagiren. Wenn das Alles zutrifft, was Du mir von der Person schreibst, so bin ich gewillt sie ungeschaut in Dienst zu nehmen. Ich erwarte / demnach Liesi am 19. April, an welchem Tag mein Diener entlassen wird, dem ich heute gekündigt habe. Der Dienst bei mir wird sie nicht sehr anstrengen, da Wasserleitung in meiner Wohnung und hydraulischer Aufzug (Lift) im Hause ist. Zu Mittag braucht sie nur Suppe, Rindfleisch u. Gemüse zubereiten, Abends Hirsebrei, eventuell ein kalten Aufschnitt holen. Ein Fleischhauer hat seinen Laden vis-a-vis von meinem Hause u. die Mühlgasse mündet direct in den Naschmarkt ein, wo sie das Gemüse besorgen kann. Die Hauptsache ist, daß sie mir die Wohnung rein hält u. zweimal die Woche die Zimmerböden bürstet, worauf sie hoffentlich eingeschossen ist. Nachmittags kann sie nach Belieben ausgehen, od. in ihrem hübschen Kabinet bleiben, od. schlafen, nähen, kurz was ihr beliebt thun. Ich denke, es wird ihr bei mir gut gefallen, u. wenn sie brav ist bin ich gern erbötig ihr auch mehr als 8 Fl Lohn zu zahlen. Frau Köchert versicherte mir, daß es ungemein schwer hält eine passende Wirtschafterin für mich zu finden u. glaubt daß die Liesi meinen Anforderungen entsprechen dürfte, namentlich, da Du sie empfiehlst. Also wollen wir das beste hoffen. Selbstverständlich zahle ich ihr die Reisekosten III. Classe Eisenbahn. Näheres wegen der Herfahrt der Liesi u. des Abholens am Südbahnhof werde ich Dir nächstens mittheilen, / bis ich mich in Allem orientirt habe.
Die Photographien von unserem Haus kannst Du einstweilen an mich senden. Ich brauche nicht mehr als ein halbes Dutzend, da bis jetzt nur drei

Wolf-Vereine existiren, denen ich sie in Gottes Namen zuschicken werde, da Du schon darauf so versessen bist.
Gleichzeitig mit diesen Zeilen sende ich an die Mutter eine Postanweisung auf 100 fl lautend, da sie durch den Auszug zweier Parteien eine so schwere Einbusse erlitten. Diese 100 fl möge Mutter als ein Ostergeschenk von mir betrachten u. hoffe ich, daß es einigermassen dazu beiträgt ihre momentan so schwierige Lage zu bessern.
Und nun nochmals glückliche Feiertage u. tausend Grüße u. Küsse an Mutter, Dich, Kathi u. Modesta. Auch Herrn Bergrath schönste Grüße.
Dein Dich liebender Bruder

Hugo.

Wien, 7. April 898

Briefkarte vom 9. 5. 1898

Liebes Jennerl! Deine Sendung, so wie Deine Zeilen u. die Gratulation der Mutter habe ich erhalten u. danke schönstens dafür. Die Flanelldecke bewährt sich vortrefflich. Ich liege jetzt wie auf Rosen gebettet, gehe zeitlich zu Bett u. stehe spät auf, Alles der Decke zu Ehren. Hast mir damit eine große Freude gemacht. Mit Liesi bin ich außerordentlich zufrieden; sie kocht jetzt schon wie eine perfekte Köchin, seit sie bei Köcherts in die Schule gegangen. Frau Köchert hat die Haushaltungsangelegenheiten gütigst übernommen, also daß ich von keinen Wirtschaftssorgen geplagt werde. Wahrscheinlich werde ich in ungefähr 10—14 Tagen mit Liesi nach Traunkirchen übersiedeln u. dort bis Mitte Oktb. verbleiben. Inliegend eine Notiz über die Aufführung der Oper in der neuen freien Presse. Faisst u. Grohe haben günstigen Bericht erstattet. Die erste / Aufführung der Oper in Strassburg hat mir die colossale Summe von 16 Fl. 70 Kr. eingetragen, woraus Du ersehen kannst wie „glänzend" das Geschäft geht. Wenn das so fort geht, kann ich mich nächstens begraben lassen. Seit ein paar Tagen herrscht großer Rummel in meiner Nachbarschaft, da die gefürchtete Partei nun doch einzieht. Gott mag wissen, wie das enden wird. Mit der Gemüthlichkeit u. Ungeniertheit in meiner Wohnung ist es jetzt vorbei. Wenn es nicht besser werden sollte wird mir wohl nichts übrig bleiben, als auszuziehen. Vorläufig will ich noch abwarten, wie sich die Dinge weiter entwickeln werden. Vielleicht bleibe ich ganz in Traunkirchen, da ich in Wien ja doch nichts zu suchen habe u. am Lande viel billiger leben könnte. Nun, man wird ja sehen. Hier herrscht seit längerer Zeit fast ununterbrochen schlechtes, trübes u. kaltes Wetter. Ist's bei Euch auch so? Den Koffer der Liesi sende jedenfalls nach Traunkirchen, damit ich nicht die doppelte Schererei mit dem Transport habe. Ich freue mich aufs Land zu kommen u. Liesi freut sich auch. Herzliche Grüße u. Küsse an Mutter u. Dich von Deinem

Hugo.

9. Mai 898

Briefkarte vom 17. 5. 1898

Liebes Jennerl! Nachdem die Witterung seit ein paar Tagen sich gänzlich geändert hat u. es jetzt anfängt warm zu werden haben Köcherts beschloßen am Samstag nach Traunkirchen zu übersiedeln. Natürlich machen wir nun die Reise gemeinsam. Adressire mithin Liesis Koffer Traunkirchen am Traunsee (Puchschacher) Oberoesterreich. Heute schrieb mir auch Kathi, daß sie Mutter u. Dich für den Feiertag erwartet. Also glückliche Reise hin u. zurück. Sollten diese Zeilen noch vor Eurer Abreise eintreffen, so bitte an Kathi u. Bergrath meine schönsten Grüße zu bestellen. Kathi hatte die Unvorsichtigkeit begangen einer jungen Dame, die meine Lieder singen will, meine Photographie zu verehren in der / Meinung, daß ich ihr dieselbe ersetzen werde. Da aber irrt sie sich. Ich besitze nicht eine einzige Photographie von mir u. es fallt mir gar nicht ein, das Bild vom Jahre 94 käuflich zu erwerben u. anders bekomm ich's nicht. Wozu diese Großmuth am unrichtigen Ort? Hoffentlich bist Du von Deinem Husten u. Schnupfen wieder hergestellt, seit sich das Wetter geändert. Mir geht es ganz passabel. Ich freue mich aufs Land zu kommen, denn in Wien wird's schon unleidlich. Von Traunkirchen werde ich weiteres berichten. Für heute nur noch Grüße u. Küsse an Dich u. Mutter, die sich hoffentlich wohl befindet. Frau Köchert grüßt ebenfalls u. bedauert aufs lebhafteste trotz eifrigsten Suchens kein passendes Band gefunden zu haben. Dein aufrichtiger Bruder

Hugo.

Wien 17. Mai 898

Faksimile der Briefkarte vom 17. 5. 1898

Lieber Jenerl! Nachdem die Witterung seit ein paar Tagen sich gänzlich geändert hat und jetzt anfängt warm zu werden haben Köcherts beschlossen am Samstag nach Traunkirchen zu übersiedeln. Natürlich machen wir die Reise gemeinsam. Adresse mithin bis Koffer: Traunkirchen am Traunsee (Puchschachen) Oberösterreich. Heute schrieb mir auch Kathi, daß sie Mutter und dich für den Feiertag erwartet. Also glückliche Reise hin und zurück. Sollten diese Zeilen noch vor Eurer Abreise eintreffen, so bitte an Kathi ich respectiv meine schönsten Grüße zu bestellen. Kathi hatte die Unvorsichtigkeit begangen einer jungen Dame, die meine Lieder singen will, meine Photographie zu verehren in der Meinung, daß ich ihr dieselbe ersetzen werde. Da aber auch bei mir ich gegenwärtig nicht eine einzige Photographie von mir und jedenfalls auch gar nicht eine. Das Bild vom Jahre 94 häufig zu erwerben u. andere habe ich nicht. Sorge diese Geschenk an richtigen Ort? Hoffentlich hast du von deinen Übeln und Schmerzen wiederhergestellt, seit sich das Wetter geändert. Mir geht es ganz passabel. Ich freue mich sehr aufs Land zu kommen. Der in Wien wird's schon unleidlich. Von Traunkirchen werde ich weiteres berichten. Für heute nur noch Grüße und Küsse an dich und Mutter, die sich hoffentlich wohl befindet. Frau Köchert grüßt ebenfalls und bedauert aufs lebhafteste trotz eifrigsten Suchens kein passendes Band gefunden zu haben. Dein dich liebender

Wien 17. Mai 98

Hugo.

HUGO WOLFS WERKE

In dieses chronologische Verzeichnis wurden nur jene von Hugo Wolf fertiggestellten Kompositionen aufgenommen, deren Interpretation auf Grund veröffentlichten Materials möglich ist.

Nr.	Werk:	Besetzung:	Entstehungszeit:	Seite:
1	Rondo Capriccioso	Klavier	4. 4. 1876 — 4. 6. 1876	32 ff., 37 f.
2	Ein Grab (Paul Peitl), Lied	Gesang-Klavier	8. 12. 1876 — 10. 12. 1876	34
3	Mädchen mit dem roten Mündchen (Heine), Lied	Gesang-Klavier	17. 12. 1876	35
4	Du bist wie eine Blume (Heine), Lied	Gesang-Klavier	18. 12. 1876	35 f.
5	Wenn ich in deine Augen seh (Heine), Lied	Gesang-Klavier	21. 12. 1876	35
6	Bescheidene Liebe (anonym), Lied	Gesang-Klavier	undatiert (1876 od. 77)	35
7	Abendbilder (Lenau), Drei Oden	Gesang-Klavier	4. 1. 1877 — 24. 2. 1877	36
8	Ständchen (Körner), Lied	Gesang-Klavier	25. 3. 1877 — 12. 4. 1877	37
9	Andenken (Matthison), Lied	Gesang-Klavier	23. 4. 1877 — 25. 4. 1877	37
10	An * (Lenau), Lied	Gesang-Klavier	24. 4. 1877 — 8. 5. 1877	37, 43
11	Morgentau (Aus einem alten Liederbuch), Lied	Gesang-Klavier	6. 6. 1877 — 19. 6. 1877	37, 43, 48, 124, 13
12	Wanderlied (Aus einem alten Liederbuch), Lied	Gesang-Klavier	14. 6. 1877 — 15. 6. 1877	37, 43
13	Der Schwalben Heimkehr (Herlopsohn), Lied	Gesang-Klavier	August — 29. 12. 1877	42
14	Traurige Wege (Lenau), Lied	Gesang-Klavier	22. 1. 1878 — 25. 1. 1878	42 f.
15	Nächtliche Wanderung (Lenau), Lied	Gesang-Klavier	19. 2. 1878 — 21. 2. 1878	42 f.
16	Die Spinnerin (Rückert), Lied	Gesang-Klavier	5. 4. 1878 — 12. 4. 1878	48, 94, 124
17	Das Kind am Brunnen (Hebbel), Lied	Gesang-Klavier	16. 4. 1878 — 27. 4. 1878	48
18	Das Vöglein (Hebbel), Lied	Gesang-Klavier	2. 5. 1878	48, 124
19	Knabentod (Hebbel), Lied	Gesang-Klavier	3. 5. 1878 — 6. 5. 1878	48
20	Schlummerlied, Klavierstück	Klavier	20. 5. 1878	48
21	Sie haben heut' Abend Gesellschaft (Heine), Lied	Gesang-Klavier	18. 5. 1878 — 25. 5. 1878	48 f.
22	Über Nacht (Sturm), Lied	Gesang-Klavier	23. 5. 1878 — 24. 5. 1878	49
23	Ich stand in dunklen Träumen (Heine), Lied	Gesang-Klavier	26. 5. 1878 — 29. 5. 1878	49
24	Das ist ein Brausen und Heulen (Heine), Lied	Gesang-Klavier	31. 5. 1878	49
25	Wo ich bin, mich rings umdunkelt (Heine), Lied	Gesang-Klavier	3. 6. 1878 — 4. 6. 1878	49

Nr.	Werk:	Besetzung:	Entstehungszeit:	Seite:
26	Aus meinen großen Schmerzen (Heine), Lied	Gesang-Klavier	5. 6. 1878	49
27	Mir träumte von einem Königskind (Heine), Lied	Gesang-Klavier	16. 6. 1878	49, 64
28	Mein Liebchen, wie saßen beisammen (Heine), Lied	Gesang-Klavier	? 1878	49
29	Es blasen die blauen Husaren (Heine), Lied	Gesang-Klavier	22. 6. 1878	49
30	Liebesfrühling (Hoffmann, von Fallersleben), Lied	Gesang-Klavier	9. 8. 1878	50
31	Auf der Wanderung (Hoffmann v. Fallersleben), Lied	Gesang-Klavier	10. 8. 1878	50
32	Ja die Schönst' ich sagt es offen (Hoffmann von Fallersleben), Lied	Gesang-Klavier	11. 8. 1878	50
33	Gretchen vor dem Andachtsbild der Mater Dolorosa (Goethe), Lied	Gesang-Klavier	22. 8. 1878 — 9. 9. 1878	50 f.
34	Nach dem Abschiede (Hoffmann v. Fallersleben), Lied	Gesang-Klavier	31. 8. 1878 — 1. 9. 1878	51
35	Es war ein alter König (Heine), Lied	Gesang-Klavier	4. 10. 1878	52
36	Mit schwarzen Segeln (Heine), Lied	Gesang-Klavier	6. 10. 1878	52
37	Spätherbstnebel (Heine), Lied	Gesang-Klavier	7. 10. 1878	52
38	Ernst ist der Frühling (Heine), Lied	Gesang-Klavier	13. 10. 1878 — 17. 10. 1878	52
39	Herbstentschluß (Lenau), Lied	Gesang-Klavier	8. 7. 1879	58
40	Frage nicht (Lenau), Lied	Gesang-Klavier	21. 7. 1879	58
41	Herbst (Lenau), Lied	Gesang-Klavier	24. 7. 1879	58
42	Erwartung (Eichendorff), Lied	Gesang-Klavier	26. 1. 1880	59, 143 f., 305
43	Die Nacht (Eichendorff), Lied	Gesang-Klavier	3. 2. 1880	59, 143 f., 305
44	Wie des Mondes Abbild zittert (Heine), Lied	Gesang-Klavier	13. 2. 1880	59
45	Nachruf (Eichendorff), Lied	Gesang-Klavier	7. 6. 1880	60
46	Streichquartett in d-Moll	Streichquartett	1878 — 9. 7. 1880 (vollendet 1884)	53, 58, 62, 64, 84, 94 f., 96 ff., 100 ff., 114, 182
47	Sterne mit den goldenen Füßlein (Heine), Lied	Gesang-Klavier	26. 11. 1880	60
48	Suschens Vogel (Mörike), Lied	Gesang-Klavier	24. 12. 1880	60, 63
49	Sechs geistliche Lieder nach Gedichten von Eichendorff:	Gemischter Chor a cappella	1881	65 f., 94
	Aufblick		?	65 f.
	Einklang		14. 4. 1881	65 f
	Resignation		1. 4. 1881	65 f.
	Letzte Bitte		22. 4. 1881	65 f.
	Ergebung		28. 4. 1881	65 f.
	Erhebung		30. 4. 1881	65 f., 311
50	In der Fremde (Eichendorff), Lied	Gesang-Klavier	27. 6. 1881	64

Nr.	Werk:	Besetzung:	Entstehungszeit:	Seite:
51	Mausfallensprüchlein (Mörike), Lied	Gesang-Klavier	18. 6. 1882	71 f., 75, 78, 80, 124
52	Wiegenlied im Sommer (Reinick), Lied	Gesang-Klavier	17. 12. 1882	63, 71, 77, 124
53	Wiegenlied im Winter (Reinick), Lied	Gesang-Klavier	20. 12. 1882	63, 71, 76, 124
54	Wohin mit der Freud? (Reinick), Lied	Gesang-Klavier	31. 12. 1882	76
55	Rückkehr (Eichendorff), Lied	Gesang-Klavier	12. 1. 1883	76 f.
56	Ständchen (Reinick), Lied	Gesang-Klavier	19. 1. 1883	76
57	Nachtgruß (Reinick), Lied	Gesang-Klavier	24. 1. 1883	76
58	In der Fremde — Wolken wälderwärts gegangen (Eichendorff), Lied	Gesang-Klavier	30. 1. 1883	64, 77, 247
59	Frühlingsglocken (Reinick), Lied	Gesang-Klavier	19. 2. 1883	77
60	Liebesbotschaft (Reinick), Lied	Gesang-Klavier	18. 3. 1883	77
61	Liebchen, wo bist du? (Reinick), Lied	Gesang-Klavier	12. 4. 1883	77
62	In der Fremde — Ich geh durch die dunklen Gassen (Eichendorff), Lied	Gesang-Klavier	3. 5. 1883	77, 78
63	Zur Ruh! Zur Ruh! (Kerner), Lied	Gesang-Klavier	16. 6. 1883	80 f., 95, 124, 134, 312
64	Penthesilea, symphonische Dichtung nach der Tragödie von H. v. Kleist	Orchester	19. 7. 1883 — 1885	71, 80, 82, 84, 95, 98 f., 103 f., 108, 110 ff., 118, 122, 134, 182, 196, 206, 229, 233, 235, 243, 301 f., 304
65	Die Tochter der Heide Mörike), Lied	Gesang-Klavier	11. 7. 1884	95
66	Der König bei der Krönung (Mörike), Lied	Gesang-Klavier	13. 3. 1886	114, 124
67	Intermezzo in Es-Dur	Streichquartett	1. 4. 1886 — 1. 10. 1886	99, 114, 116 ff., 120, 182
68	Der Soldat II	Gesang-Klavier	14. 12. 1886	118, 143 f.
69	Biterolf (Scheffel), Lied	Gesang-Klavier	26. 12. 1886	118, 124
70	Wächterlied auf der Wartburg (Scheffel), Lied	Gesang-Klavier	24. 1. 1887	84, 118, 124, 240, 249
71	Wanderers Nachtlied (Goethe), Lied	Gesang-Klavier	30. 1. 1887	118
72	Beherzigung (Goethe), Lied	Gesang-Klavier	1. 3. 1887	118, 124
73	Der Soldat I (Eichendorff), Lied	Gesang-Klavier	7. 3. 1887	118, 143 f., 147
74	Die Zigeunerin (Eichendorff), Lied	Gesang-Klavier	15. 3. 1887	118, 143 f., 147
75	Waldmädchen (Eichendorff), Lied	Gesang-Klavier	20. 4. 1887	118, 143, 145, 305
76	Serenade in G-Dur	Streichquartett	2. 5. 1887 — 4. 5. 1887	114, 118 f.,
77	Nachtzauber (Eichendorff), Lied	Gesang-Klavier	24. 5. 1887	118, 143 f.
78	Gesellenlied (Reinick), Lied	Gesang-Klavier	24. 1. 1888	126, 147, 282
79	Wo wird einst (Heine)	Gesang-Klavier	24. 1. 1888	126, 284

Nr.	Werk:	Besetzung:	Entstehungs-zeit:	Seite:
80	Der Tambour (Mörike), Lied	Gesang-Klavier	16. 2. 1888	127, 147, 224
81	Der Knabe und das Immlein (Mörike), Lied	Gesang-Klavier	22. 2. 1888	128 f.
82	Jägerlied (Mörike), Lied	Gesang-Klavier	22. 2. 1888	129, 147
83	Ein Stündlein wohl vor Tag (Mörike), Lied	Gesang-Klavier	22. 2. 1888	128
84	Der Jäger (Mörike), Lied	Gesang-Klavier	23. 2. 1888	129
85	Nimmersatte Liebe (Mörike), Lied	Gesang-Klavier	24. 2. 1888	125, 129, 152
86	Auftrag (Mörike), Lied	Gesang-Klavier	24. 2. 1888	129
87	Zur Warnung (Mörike), Lied	Gesang-Klavier	25. 2. 1888	129
88	Lied vom Winde (Mörike), Lied	Gesang-Klavier	29. 2. 1888	129, 194
89	Bei einer Trauung (Mörike), Lied	Gesang-Klavier	1. 3. 1888	130
90	Zitronenfalter im April (Mörike), Lied	Gesang-Klavier	6. 3. 1888	130, 193
91	Der Genesene an die Hoffnung (Mörike), Lied	Gesang-Klavier	6. 3. 1888	130, 180
92	Elfenlied (Mörike), Lied	Gesang-Klavier	7. 3. 1888	81, 130, 140, 144
93	Der Gärtner (Mörike), Lied	Gesang-Klavier	7. 3. 1888	144
94	Abschied (Mörike), Lied	Gesang-Klavier	8. 3. 1888	84, 130, 243
95	Denk es, o Seele	Gesang-Klavier	10. 3. 1888	130, 136, 196
	(Mörike), Lied	Gesang-Orchester	4. 5. 1891	141, 215
96	Auf einer Wanderung (Mörike), Lied	Gesang-Klavier	11. 3. 1888	130, 203, 222
97	Gebet (Mörike), Lied	Gesang-Klavier	13. 3. 1888	81, 130, 140
		Gesang-Orchester	4. 9. 1890	141, 154, 200
98	Verborgenheit (Mörike), Lied	Gesang-Klavier	13. 3. 1888	51, 131, 153
99	Lied eines Verliebten (Mörike), Lied	Gesang-Klavier	14. 3. 1888	131
100	Selbstgeständnis (Mörike), Lied	Gesang-Klavier	17. 3. 1888	131
101	Erstes Liebeslied eines			132 f., 224, 246
	Mädchens (Mörike), Lied	Gesang-Klavier	20. 3. 1888	132, 147, 203
102	Fußreise (Mörike), Lied	Gesang-Klavier	21. 3. 1888	
103	Rat einer Alten (Mörike), Lied	Gesang-Klavier	22. 3. 1888	133
104	Begegnung (Mörike), Lied	Gesang-Klavier	22. 3. 1888	49, 133
105	Das verlassene Mägdlein (Mörike), Lied	Gesang-Klavier	24. 3. 1888	133, 136, 152
106	Storchenbotschaft (Mörike), Lied	Gesang-Klavier	27. 3. 1888	152 f.
107	Frage und Antwort (Mörike), Lied	Gesang-Klavier	29. 3. 1888	134
108	Lebe wohl (Mörike), Lied	Gesang-Klavier	31. 3. 1888	134
109	Heimweh (Mörike), Lied	Gesang-Klavier	1. 4. 1888	81, 136, 142 f.
110	Seufzer (Mörike), Lied	Gesang-Klavier	12. 4. 1888	81, 136, 141
		Gesang-Orchester	28. 5. 1889	154 f.
111	Auf ein altes Bild	Gesang-Klavier	14. 4. 1888	136
	(Mörike), Lied	Gesang-Orchester	? 1889	141
112	An eine Äolsharfe (Mörike), Lied	Gesang-Klavier	15. 4. 1888	136 f.
113	Um Mitternacht (Mörike), Lied	Gesang-Klavier	20. 4. 1888	136
114	Auf eine Christblume I (Mörike), Lied	Gesang-Klavier	21. 4. 1888	136, 141, 201

Nr.	Werk:	Besetzung:	Entstehungs-zeit:	Seite:
115	Peregrina I (Mörike), Lied	Gesang-Klavier	28. 4. 1888	136, 141, 147
116	Peregrina II (Mörike), Lied	Gesang-Klavier	30. 4. 1888	136, 141
117	Agnes (Mörike), Lied	Gesang-Klavier	3. 5. 1888	136
118	Er ist's (Mörike), Lied	Gesang-Klavier	5. 5. 1888 —	136, 152, 193
		Gesang-Orchester	20. 2. 1890	141, 179, 237
119	In der Frühe (Mörike), Lied	Gesang-Klavier	5. 5. 1888	136
		Gesang-Orchester	6. 5. 1890	141, 191
120	Im Frühling (Mörike), Lied	Gesang-Klavier	8. 5. 1888	136, 193
121	Nixe Binsefuß (Mörike), Lied	Gesang-Klavier	13. 5. 1888	81, 136
122	Die Geister am Mummelsee (Mörike), Lied	Gesang-Klavier	18. 5. 1888	136
123	Verschwiegene Liebe (Eichendorff), Lied	Gesang-Klavier	31. 8. 1888	142 f.
124	Der Schreckenberger (Eichendorff), Lied	Gesang-Klavier	14. 9. 1888	142 f.
125	Der Glücksritter (Eichendorff), Lied	Gesang-Klavier	16. 9. 1888	142 f.
126	Seemanns Abschied (Eichendorff), Lied	Gesang-Klavier	21. 9. 1888	143, 147
127	Der Scholar (Eichendorff), Lied	Gesang-Klavier	22. 9. 1888	143
128	Der Musikant (Eichendorff), Lied	Gesang-Klavier	22. 9. 1888	143
129	Der verzweifelte Liebhaber (Eichendorff), Lied	Gesang-Klavier	23. 9. 1888	143
130	Unfall (Eichendorff), Lied	Gesang-Klavier	25. 9. 1888	143
131	Der Freund (Eichendorff), Lied	Gesang-Klavier	26. 9. 1888	143, 145, 242
132	Liebesglück (Eichendorff), Lied	Gesang-Klavier	27. 9. 1888	143
133	Das Ständchen (Eichendorff), Lied	Gesang-Klavier	28. 9. 1888	78, 81, 143, 145
134	Heimweh (Eichendorff), Lied	Gesang-Klavier	29. 9. 1888	143 ff., 149, 273
135	Lieber alles (Eichendorff), Lied	Gesang-Klavier	29. 9. 1888	143 f.
136	An den Schlaf (Mörike), Lied	Gesang-Klavier	4. 10. 1888	81, 139
		Gesang-Orchester	4. 9. 1890	141, 200
137	Neue Liebe (Mörike), Lied	Gesang-Klavier	4. 10. 1888	138 f.
		Gesang-Orchester	5. 9. 1890	141, 200
138	Zum Neuen Jahr (Mörike), Lied	Gesang-Klavier	5. 10. 1888	138 f.
139	Schlafendes Jesuskind (Mörike), Lied	Gesang-Klavier	6. 10. 1888	138, 140
		Gesang-Orchester	? 1890	141, 182
140	Wo find ich Trost? (Mörike), Lied	Gesang-Klavier	6. 10. 1888	138 f., 198
		Gesang-Orchester	6. 9. 1890	141, 200, 273
141	Karwoche (Mörike), Lied	Gesang-Klavier	8. 10. 1888	138, 140
		Gesang-Orchester	29. 5. 1889	139, 154 f.
142	Gesang Weylas (Mörike), Lied	Gesang-Klavier	9. 10. 1888	139 f., 239
		Gesang-Orchester	21. 2. 1890	141, 179
143	Der Feuerreiter (Mörike), Lied	Gesang-Klavier	10. 10. 1888	129, 139 ff., 202, 225, 235
144	An die Geliebte (Mörike), Lied	Gesang-Klavier	11. 10. 1888	139, 141
145	Harfenspieler I (Goethe), Lied	Gesang-Klavier	27. 10. 1888	146, 157, 198, 203
		Gesang-Orchester	2. 12. 1890	178, 210
146	Harfenspieler II (Goethe), Lied	Gesang-Klavier	29. 10. 1888	146, 157, 198, 203
		Gesang-Orchester	4. 12. 1890	178, 210

Nr.	Werk:	Besetzung:	Entstehungszeit:	Seite:
147	Harfenspieler III (Goethe), Lied	Gesang-Klavier	30. 10. 1888	146, 157, 198, 203
		Gesang-Orchester	4. 12. 1890	178, 210
148	Philine (Goethe), Lied	Gesang-Klavier	30. 10. 1888	146, 153, 157
149	Spottlied (Goethe), Lied	Gesang-Klavier	2. 11. 1888	157, 215
150	Anakreons Grab (Goethe), Lied	Gesang-Klavier	4. 11. 1888	146 f., 156 f., 159, 181
		Gesang-Orchester	13. 11. 1893	178, 180, 137, 241
151	Der Schäfer (Goethe), Lied	Gesang-Klavier	4. 11. 1888	146
152	Der Rattenfänger (Goethe), Lied	Gesang-Klavier	6. 11. 1888	146 f., 181, 203
		Gesang-Orchester	5. 2. 1890	141, 179
153	Gleich und Gleich (Goethe), Lied	Gesang-Klavier	6. 11. 1888	146, 158
154	Dank des Paria (Goethe), Lied	Gesang-Klavier	9. 11. 1888	159
155	Frech und froh I (Goethe), Lied	Gesang-Klavier	14. 11. 1888	146, 159
156	St. Nepomuks Vorabend (Goethe), Lied	Gesang-Klavier	15. 11. 1888	146, 160, 194
157	Auf eine Christblume II (Mörike), Lied	Gesang-Klavier	26. 11. 1888	139, 141
158	Gutmann und Gutweib (Goethe), Lied	Gesang-Klavier	28. 11. 1888	146, 160
159	Ritter Kurts Brautfahrt (Goethe), Lied	Gesang-Klavier	9. 12. 1888	148, 159
160	Der Sänger (Goethe), Lied	Gesang-Klavier	14. 12. 1888	148, 157
161	Mignon (Goethe), Lied	Gesang-Klavier	17. 12. 1888	148, 158 f., 198
		Gesang-Orchester	? 1890	178, 180, 208, 237
		Gesang-Orchester	31. 10. 1893	178, 180, 208, 273
162	Mignon II (Goethe), Lied	Gesang-Klavier	18. 12. 1888	148, 158, 198
163	Mignon I (Goethe), Lied	Gesang-Klavier	19. 12. 1888	148, 157, 198, 292
164	Frühling übers Jahr (Goethe), Lied	Gesang-Klavier	21. 12. 1888	148, 159, 181, 193
165	Mignon III (Goethe), Lied	Gesang-Klavier	22. 12. 1888	64, 148, 158, 198
166	Epiphanias (Goethe), Lied	Gesang-Klavier	27. 12. 1888	66, 127, 154 f. 182, 184, 209, 254
167	Cophtisches Lied I (Goethe), Lied	Gesang-Klavier	28. 12. 1888	148, 159, 203, 243
168	Cophtisches Lied II (Goethe), Lied	Gesang-Klavier	28. 12. 1888	148, 159, 203
169	Beherzigung (Goethe), Lied	Gesang-Klavier	30. 12. 1888	148, 159
170	Blumengruß (Goethe), Lied	Gesang-Klavier	31. 12. 1888	148, 158
171	Prometheus (Goethe), Lied	Gesang-Klavier	2. 1. 1889	149, 177, 247
		Gesang-Orchester	12. 3. 1890	178, 180, 273
172	Königlich Gebet (Goethe), Lied	Gesang-Klavier	7. 1. 1889	149, 159
173	Grenzen der Menschheit (Goethe), Lied	Gesang-Klavier	9. 1. 1889	149, 177, 292
174	Ganymed (Goethe), Lied	Gesang-Klavier	11. 1. 1889	150, 177 f., 180, 237
175	Was in der Schenke (Goethe), Lied	Gesang-Klavier	16. 1. 1889	160
176	Solang man nüchtern ist (Goethe), Lied	Gesang-Klavier	16. 1. 1889	160
177	Ob der Koran von Ewigkeit sei (Goethe), Lied	Gesang-Klavier	17. 1. 1889	160
178	Sie haben wegen der Trunkenheit (Goethe), Lied	Gesang-Klavier	18. 1. 1889	160
179	Trunken müssen wir alle sein (Goethe), Lied	Gesang-Klavier	18. 1. 1889	159, 194, 204

Nr.	Werk:	Besetzung:	Entstehungs-zeit:	Seite:
180	Phänomen (Goethe), Lied	Gesang-Klavier	19. 1. 1889	159, 203
181	Erschaffen und Beleben (Goethe), Lied	Gesang-Klavier	21. 1. 1889	159
182	Nicht Gelegenheit macht Diebe (Goethe), Lied	Gesang-Klavier	21. 1. 1889	160
183	Hochbeglückt in Deiner Liebe (Goethe), Lied	Gesang-Klavier	23. 1. 1889	177
184	Wie sollt' ich heiter bleiben (Goethe), Lied	Gesang-Klavier	23. 1. 1889	177, 203
185	Als ich auf dem Euphrat schiffte (Goethe), Lied	Gesang-Klavier	24. 1. 1889	203
186	Dies zu deuten, bin erbötig (Goethe), Lied	Gesang-Klavier	24. 1. 1889	177, 203
187	Wenn ich dein gedenke (Goethe), Lied	Gesang-Klavier	25. 1. 1889	177, 203
188	Komm, Liebchen, komm (Goethe), Lied	Gesang-Klavier	25. 1. 1889	177, 203
189	Hätt' ich irgend wohl Bedenken (Goethe), Lied	Gesang-Klavier	26. 1. 1889	
190	Locken, haltet mich gefangen (Goethe), Lied	Gesang-Klavier	29. 1. 1889	177
191	Nimmer will ich dich verlieren (Goethe), Lied	Gesang-Klavier	30. 1. 1889	177
192	Frech und froh II (Goethe), Lied	Gesang-Klavier	2. 2. 1889	150, 159
193	Der neue Amadis (Goethe), Lied	Gesang-Klavier	5. 2. 1889	150, 159
194	Genialisches Treiben (Goethe), Lied	Gesang-Klavier	10. 2. 1889	153, 159
195	Die Bekehrte (Goethe), Lied	Gesang-Klavier	12. 2. 1889	153, 159
196	Lied des transferierten Zettel (Shakespeare-Schlegel)	Gesang-Klavier	11. 5. 1889	155, 186
197	Christnacht (Platen)	Soli, Chor und Orchester	24. 12. 1886 — ? 5. 1889	84, 99, 111, 118, 124, 154 ff., 182, 206 f., 212, 214 217
198	Skolie (Reinick)	Gesang-Klavier	1. 8. 1889	126, 156
199	Die Spröde (Goethe), Lied	Gesang-Klavier	21. 10. 1889	153, 156, 159

SPANISCHES LIEDERBUCH
123, 136, 145, 158 ff., 179, 183 f., 188 ff., 199, 205, 207, 209, 213 f., 230, 235, 260, 282, 318

Nr.	Werk:	Besetzung:	Entstehungs-zeit:	Seite:
200	Wer sein holdes Lieb verloren (aus dem Spanischen, anonym/Geibel), Lied	Gesang-Klavier Gesang-Orchester	28. 10. 1889 1. 12. 1897 — 4. 12. 1897	188, 302 179, 187
201	Ich fuhr übers Meer (aus dem Spanischen, anonym/Heyse), Lied	Gesang-Klavier	31. 10. 1889	179, 188
202	Preciosas Sprüchlein gegen Kopfweh (Cervantes/Heyse), Lied	Gesang-Klavier	31. 10. 1889	179, 184, 187
203	Wenn du zu den Blumen gehst (aus dem Spanischen, anonym/Heyse), Lied	Gesang-Klavier Gesang-Orchester	1. 11. 1889 5. 12. 1897 — 6. 12. 1897	187 188, 302
204	Alle gingen, Herz zur Ruh (aus dem Spanischen, anonym/Geibel), Lied	Gesang-Klavier	2. 11. 1889	49, 187
205	Nun wandre Maria (Ocaña/Heyse), Lied	Gesang-Klavier	4. 11. 1889	184 f.

Nr.	Werk:	Besetzung:	Entstehungszeit:	Seite:
206	Die ihr schwebet (Lope de Vega/Geibel), Lied	Gesang-Klavier	5. 11. 1889	184 f.
207	Die du Gott gebarst (Nuñez/Heyse), Lied	Gesang-Klavier	5. 11. 1889	184 f.
208	Bedeckt mich mit Blumen (Doces/Geibel), Lied	Gesang-Klavier	10. 11. 1889	185, 187
209	Seltsam ist Juanas Weise (aus dem Spanischen, anonym/Geibel), Lied	Gesang-Klavier	14. 11. 1889	188
210	Treibe nur mit Lieben Spott (aus dem Spanischen, anonym/Heyse), Lied	Gesang-Klavier	15. 11. 1889	186
211	Und schläfst du, mein Mädchen (Vicente/Geibel), Lied	Gesang-Klavier	17. 11. 1889	184, 188
212	In dem Schatten meiner Locken (aus dem Spanischen anonym/Heyse), Lied	Gesang-Klavier Gesang-Orchester	17. 11. 1889 ? 1895	186, 225 188, 273
213	Herz verzage nicht geschwind (aus dem Spanischen, anonym/Heyse), Lied	Gesang-Klavier Gesang-Orchester	19. 11. 1889 1895	187 188 f., 273
214	Sagt seid ihr es feiner Herr (aus dem Spanischen, anonym/Heyse), Lied	Gesang-Klavier	19. 11. 1889	187
215	Klinge, klinge, mein Pandero (de Almeida/Geibel), Lied	Gesang-Klavier	20. 11. 1889	184, 188
216	Herr, was trägt der Boden hier (aus dem Spanischen, anonym/Heyse), Lied	Gesang-Klavier	24. 11. 1889	51, 186, 189, 281
217	Blindes Schauen, dunkle Leuchte (de Cota/Heyse), Lied	Gesang-Klavier	26. 11. 1889	184, 188
218	Bitt ihn, o Mutter (aus dem Spanischen, anonym/Heyse), Lied	Gesang-Klavier	26. 11. 1889	188
219	Wer tat deinem Füßlein weh? (aus dem Spanischen, anonym/Geibel), Lied	Gesang-Klavier	5. 12. 1889	185, 188
220	Auf dem grünen Balkon (aus dem Spanischen, anonym/Heyse), Lied	Gesang-Klavier	12. 12. 1889	186
221	Sie blasen zum Abmarsch (aus dem Spanischen, anonym/Heyse), Lied	Gesang-Klavier	13. 12. 1889	49, 187, 221
222	Führ mich, Kind, nach Bethlehem (aus dem Spanischen, anonym/Heyse), Lied	Gesang-Klavier	15. 12. 1889	186
223	Wunden trägst du, mein Geliebter (de Valdivivi/Geibel), Lied	Gesang-Klavier	16. 12. 1889	51, 182, 186, 189
224	Ach, wie lang die Seele schlummert (aus dem Spanischen, anonym/Geibel), Lied	Gesang-Klavier	19. 12. 1889	186
225	Ach, des Knaben Augen (de Abeda/Heyse), Lied	Gesang-Klavier	21. 12. 1889	63, 184, 186
226	Mühvoll komm ich und beladen (del Rio/Geibel), Lied	Gesang-Klavier	10. 1. 1890	184, 186, 214
227	Nun bin ich dein (Ruiz/Heyse), Lied	Gesang-Klavier	15. 1. 1890	184 f.

Nr.	Werk:	Besetzung:	Entstehungs-zeit:	Seite:
228	Trau nicht der Liebe (aus dem Spanischen, anonym/Heyse), Lied	Gesang-Klavier	28. 3. 1890	183, 187
229	Weint nicht, ihr Äuglein (Lope de Vega/Heyse), Lied	Gesang-Klavier	29. 3. 1890	184, 188
230	Schmerzliche Wonnen (aus dem Spanischen, anonym/Geibel), Lied	Gesang-Klavier	29. 3. 1890	188
231	Ach, im Maien war's (aus dem Spanischen, anonym/Heyse), Lied	Gesang-Klavier	30. 3. 1890	188
232	Eide, so die Liebe schwur, (aus dem Spanischen, anonym/Heyse), Lied	Gesang-Klavier	31. 3. 1890	188
233	Geh, Geliebter, geh jetzt (aus dem Spanischen, anonym/Geibel), Lied	Gesang-Klavier	1. 4. 1890	187 f., 214, 229 237, 246
234	Liebe mir im Busen zündet (aus dem Spanischen, anonym/Heyse), Lied	Gesang-Klavier	2. 4. 1890	188
235	Deine Mutter, süßes Kind (Luis el Chico/Heyse), Lied	Gesang-Klavier	2. 4. 1890	185, 188
236	Mögen alle bösen Zungen (aus dem Spanischen, anonym/Geibel), Lied	Gesang-Klavier	3. 4. 1890	187
237	Sagt ihm, daß er zu mir komme (aus dem Spanischen, anonym/Heyse), Lied	Gesang-Klavier	4. 4. 1890	188
238	Dereinst, dereinst, Gedanke mein (de Castillejo/Geibel), Lied	Gesang-Klavier	11. 4. 1890	184, 187 f.
239	Tief im Herzen trag ich Pein (Camoës/Geibel), Lied	Gesang-Klavier	12. 4. 1890	183 f., 187
240	Komm, o Tod von Nacht umgeben (Escriva/Geibel), Lied	Gesang-Klavier	14. 4. 1890	184, 187, 297
241	Ob auch finstre Blicke glitten (aus dem Spanischen, anonym/Heyse), Lied	Gesang-Klavier	16. 4. 1890	188
242	Da nur Leid und Leidenschaft (aus dem Spanischen, anonym/Heyse), Lied	Gesang-Klavier	20. 4. 1890	188
243	Wehe der, die mir verstrickte (Vicente/Heyse), Lied	Gesang-Klavier	27. 4. 1890	184 f., 188
244	Tretet ein, hoher Krieger (Keller), Lied	Gesang-Klavier	25. 5. 1890	192 f., 205, 207
245	Singt mein Schatz (Keller), Lied	Gesang-Klavier	2. 6. 1890	192 ff., 205, 207
246	Wie glänzt der helle Mond (Keller), Lied	Gesang-Klavier	im Juni 1890	192, 194, 205, 207
247	Das Köhlerweib ist trunken (Keller), Lied	Gesang-Klavier	im Juni 1890	192 ff., 205, 207, 247
248	Wandl' ich in dem Morgentau (Keller), Lied	Gesang-Klavier	im Juni 1890	190, 192 f., 205, 207
249	Du milchjunger Knabe (Keller), Lied	Gesang-Klavier	16. 6. 1890	192 ff., 205, 207
250	Frohe Botschaft (Reinick), Lied	Gesang-Klavier	25. 6. 1890	192

Nr.	Werk:	Besetzung:	Entstehungs-zeit:	Seite:
	ITALIENISCHES LIEDERBUCH 64, 120, 144, 187, 200, 208 f., 217 f., 221, 229, 231 f., 235, 249, 260, 263 ff., 318			
251	Mir ward, gesagt, du reisest in die Ferne (Ital. Liederbuch, Heyse), Lied	Gesang-Klavier	25. 9. 1890	201, 219
252	Ihr seid die Allerschönste (Ital. Liederbuch, Heyse), Lied	Gesang-Klavier	2. 10. 1890	201, 219
253	Gesegnet sei, durch den die Welt entstund (Ital. Liederbuch, Heyse), Lied	Gesang-Klavier	3. 10. 1890	201, 219
254	Selig, Ihr Blinden (Ital. Liederbuch, Heyse), Lied	Gesang-Klavier	4. 10. 1890	201, 219
255	Wer rief dich denn (Ital. Liederbuch, Heyse),	Gesang-Klavier	13. 11. 1890	201, 219
256	Der Mond hat eine schwere Klag (Ital. Liederbuch, Heyse), Lied	Gesang-Klavier	13. 11. 1890	201, 219
257	Nun laß uns Frieden schließen (Ital. Liederbuch, Heyse), Lied	Gesang-Klavier	14. 11. 1890	209, 219, 263
258	Elfenlied (Shakespeare-Schlegel)	Sopran-Solo, Frauenchor und Orchester	11. 5. 1889 ? 10. 1891	57, 155, 190 f., 217, 224, 237, 241 f., 251 f.
259	Bühnenmusik zu Ibsens „Fest auf Solhaug"	Soli-Orchester	1890—1891	200 f., 217 f., 230 f., 238, 282, 301
	Gesang Margits		7. 1. 1891	210, 237 f., 241 f.
	Gudmunds I. Gesang . .		30. 10. 1891	211, 217 f.
	Revidiert . . .		12. 11. 1896	
	Gudmunds II. Gesang . . (Übersetzung Emma Klingenfeld)		7. 3. 1891	211, 218
260	Daß doch gemalt all deine Reize wären (Ital. Liederbuch, Heyse), Lied	Gesang-Klavier	29. 11. 1891	209, 218 f.
261	Du denkst mit einem Fädchen mich zu fangen (Ital. Liederbuch, Heyse), Lied	Gesang-Klavier	2. 12. 1891	220
262	Mein Liebster ist so klein (Ital. Liederbuch, Heyse), Lied	Gesang-Klavier	3. 12. 1891	220, 260
263	Und willst du deinen Liebsten sterben sehen (Ital. Liederbuch, Heyse), Lied	Gesang-Klavier	4. 12. 1891	220, 264
264	Wie lange schon (Ital. Liederbuch, Heyse), Lied	Gesang-Klavier	4. 12. 1891	220, 264
265	Geselle, wolln wir uns in Kutten hüllen (Ital. Liederbuch, Heyse), Lied	Gesang-Klavier	5. 12. 1891	220, 260, 264
266	Nein, junger Herr (Ital. Liederbuch, Heyse), Lied	Gesang-Klavier	7. 12. 1891	221
267	Hoffärtig seid ihr (Ital. Liederbuch, Heyse), Lied	Gesang-Klavier	8. 12. 1891	221
268	Auch kleine Dinge (Ital. Liederbuch, Heyse), Lied	Gesang-Klavier	9. 12. 1891	187, 221, 263, 317
269	Ein Ständchen euch zu bringen (Ital. Liederbuch, Heyse), Lied	Gesang-Klavier	10. 12. 1891	221

Nr.	Werk:	Besetzung:	Entstehungs-zeit:	Seite:
270	Ihr jungen Leute (Ital. Liederbuch, Heyse), Lied	Gesang-Klavier	11. 12. 1891	221, 264
271	Mein Liebster singt (Ital. Liederbuch, Heyse), Lied	Gesang-Klavier	12. 12. 1891	221
272	Heb auf dein blondes Haupt (Ital. Liederbuch, Heyse), Lied	Gesang-Klavier	12. 12. 1891	222
273	Wir haben beide lange Zeit geschwiegen (Ital. Liederbuch, Heyse), Lied	Gesang-Klavier	16. 12. 1891	222
274	Man sagt mir, deine Mutter woll' es nicht (Ital. Liederbuch, Heyse), Lied	Gesang-Klavier	23. 12. 1891	218, 222
275	Italienische Serenade	Kleines Orchester	April—Mai 1892	99, 102, 114, 119, 182, 223, 226 ff., 233, 235, 246, 249, 302
276	Der Feuerreiter (Mörike), Ballade	Chor-Orchester	Okt.—Nov. 1892	57, 227, 232, 237 f., 241, 250 ff., 258, 273, 301
277	Der Corregidor, Oper	Soli, Chor und Orchester	1895	98, 119, 189 f., 253 ff., 269 ff., 280, 283, 285 f., 289 ff., 295, 300, 302, 305, 312, 315
278	Ich esse nun mein Brot nicht trocken mehr (Ital. Liederbuch, Heyse), Lied	Gesang-Klavier	25. 3. 1896	260
279	Mein Liebster hat zu Tische mich geladen (Ital. Liederbuch, Heyse), Lied	Gesang-Klavier	26. 3. 1896	260
280	Ich ließ mir sagen (Ital. Liederbuch, Heyse), Lied	Gesang-Klavier	28. 3. 1896	260
281	Schon streckt' ich aus (Ital. Liederbuch, Heyse), Lied	Gesang-Klavier	29. 3. 1896	261
282	Du sagst mir, daß ich keine Fürstin sei	Gesang-Klavier	30. 3. 1896	261, 264
283	Laß sie nur gehen (Ital. Liederbuch, Heyse), Lied	Gesang-Klavier	30. 3. 1896 — 31. 3. 1896	261
284	Wie viele Zeit verlor ich (Ital. Liederbuch, Heyse), Lied	Gesang-Klavier	2. 4. 1896	261
285	Und steht ihr früh am Morgen auf (Ital. Liederbuch, Heyse), Lied	Gesang-Klavier	3. 4. 1896 — 4. 4. 1896	261
286	Wohl kenn ich euren Stand (Ital. Liederbuch, Heyse), Lied	Gesang-Klavier	9. 4. 1896	261
287	Wie soll ich fröhlich sein (Ital. Liederbuch, Heyse), Lied	Gesang-Klavier	12. 4. 1896	261
288	O wär' dein Haus (Ital. Liederbuch, Heyse), Lied	Gesang-Klavier	12. 4. 1896	60, 261
289	Sterb ich, so hüllt in Blumen (Ital. Liederbuch, Heyse), Lied	Gesang-Klavier	13. 4. 1896	261
290	Gesegnet sei das Grün (Ital. Liederbuch, Heyse) Lied	Gesang-Klavier	13. 4. 1896	261

Nr.	Werk:	Besetzung:	Entstehungs-zeit:	Seite:
291	Wenn du mich mit den Augen streifst (Ital. Liederbuch, Heyse), Lied Lied	Gesang-Klavier	19. 4. 1896	261 f.
292	Was soll der Zorn (Ital. Liederbuch, Heyse), Lied	Gesang-Klavier	20. 4. 1896	262
293	Benedeit die sel'ge Mutter (Ital. Liederbuch, Heyse), Lied	Gesang-Klavier	21. 4. 1896	262
294	Schweig einmal still (Ital. Liederbuch, Heyse), Lied	Gesang-Klavier	23. 4. 1896	262
295	Nicht länger kann ich singen (Ital. Liederbuch, Heyse), Lied	Gesang-Klavier	23. 4. 1896	262
296	Wenn du, mein Liebster (Ital. Liederbuch, Heyse), Lied	Gesang-Klavier	24. 4. 1896	262 f
297	Ich hab' in Penna (Ital. Liederbuch, Heyse), Lied	Gesang-Klavier	25. 4. 1896	262
298	Heut nacht erhob ich mich (Ital. Liederbuch, Heyse), Lied	Gesang-Klavier	25. 4. 1896	262
299	O wüßtest du, wieviel ich deinetwegen (Ital. Liederbuch, Heyse), Lied	Gesang-Klavier	26. 4. 1896	262
300	Verschling' der Abgrund (Ital. Liederbuch, Heyse),	Gesang-Klavier	29. 4. 1896	262 f
301	Was für ein Lied soll dir gesungen werden (Ital. Liederbuch, Heyse), Lied	Gesang-Klavier	30. 4. 1896	260 f.
302	Morgenstimmung (Reinick), Lied	Gesang-Klavier	8. 9. 1896 — 23. 10. 1896	226, 282, 286, 302
303	Keine gleicht von allen Schönen (Byron/Gildemeister), Lied	Gesang-Klavier	18. 12. 1896 — 25. 12. 1896	63, 283 f
304	Sonne der Schlummerlosen (Byron/Gildemeister), Lied	Gesang-Klavier	29. 12. 1896 — 31. 12. 1896	63, 284
305	Wohl denk' ich oft (Michelangelo/Robert Tornow), Lied	Gesang-Klavier	18. 3. 1897	217, 285 287, 292, 306
306	Alles endet, was entstehet (Michelangelo/Robert Tornow), Lied	Gesang-Klavier	20. 3. 1897	217, 285, 287, 292, 306
307	Fühlt meine Seele (Michelangelo/Robert Tornow), Lied	Gesang-Klavier	22. 3. 1897 — 28. 3. 1897	287 f., 292, 306

OPERNFRAGMENT

308	Manuel Venegas	Klavierauszug I. Akt	1897	226, 257, 292 ff., 298 f., 301 f., 305 f.
309	Morgenhymnus (Reinick)	Gemischter Chor und Orchester	12. 12. 1897 — 17. 12. 1897	302
310	Dem Vaterland (Reinick)	Männerchor und Orchester	12. 5. 1890 — ? 3. 1898	191 f., 194, 204, 215, 248, 255, 292, 305

PERSONENREGISTER